독자의 1초를
아껴주는 정성을
만나보세요!

세상이 아무리 바쁘게 돌아가더라도 책까지 아무렇게나 빨리 만들 수는 없습니다.

인스턴트 식품 같은 책보다 오래 익힌 술이나 장맛이 밴 책을 만들고 싶습니다.

땀 흘리며 일하는 당신을 위해 한 권 한 권 마음을 다해 만들겠습니다.

마지막 페이지에서 만날 새로운 당신을 위해 더 나은 길을 준비하겠습니다.

 길벗 IT 도서 열람 서비스

도서 일부 또는 전체 콘텐츠를 확인하고 읽어볼 수 있습니다.
길벗만의 차별화된 독자 서비스를 만나보세요.

더북(TheBook) ▶ https://thebook.io

더북은 (주)도서출판 길벗에서 제공하는 IT 도서 열람 서비스입니다.

코딩 자율학습 **리눅스 입문** with 우분투
Introduction to Linux

초판 발행 · 2024년 8월 20일

지은이 · 런잇(LearnIT)
발행인 · 이종원
발행처 · (주)도서출판 길벗
출판사 등록일 · 1990년 12월 24일
주소 · 서울시 마포구 월드컵로 10길 56(서교동)
대표 전화 · 02)332-0931 | **팩스** · 02)323-0586
홈페이지 · www.gilbut.co.kr | **이메일** · gilbut@gilbut.co.kr

기획 및 책임편집 · 정지연(stopy@gilbut.co.kr) | **디자인** · 책돼지 | **제작** · 이준호, 손일순, 이진혁
마케팅 · 임태호, 전선하, 차명환, 박민영, 지운집, 박성용 | **영업관리** · 김명자 | **독자지원** · 윤정아

교정교열 · 이미연 | **전산편집** · 책돼지 | **출력 및 인쇄** · 정민 | **제본** · 경문제책

ISBN 979-11-407-1053-9 93000
(길벗 도서번호 080408)

정가 32,000원

독자의 1초를 아껴주는 정성 길벗출판사

(주)도서출판 길벗 | IT교육서, IT단행본, 경제경영, 어학&실용서, 인문교양서, 자녀교육서
www.gilbut.co.kr
길벗스쿨 | 국어학습, 수학학습, 어린이교양, 주니어 어학학습, 학습단행본
www.gilbutschool.co.kr

페이스북 · https://www.facebook.com/gbitbook
코딩 자율학습단 · https://cafe.naver.com/gilbutitbook

코딩 자율학습

리눅스 입문

with 우분투

입문자를 위한
가장 쉬운 리눅스 자습서

런잇 지음

길벗

베타 학습단의 한마디

운영체제에 대한 기초 없이 리눅스를 처음 배우는 거라 너무 어렵지 않을까 걱정했는데 기우였습니다. 단순하게 명령어를 외우고 리눅스 사용법을 익히는 책이 아니라, 운영체제에 대해 잘 모르는 사람도 운영체제를 이해하고 리눅스라는 새로운 운영체제를 배울 수 있도록 설명에 공을 들였습니다. 운영체제만 다뤄도 두꺼운 책 한 권인데, 리눅스와 운영체제 이론까지 한 권에 차곡차곡 담은 것이 신기했습니다. 모르고 넘어가는 개념이 없도록 꼼꼼하게 설명해서 공부하며 무척 만족스러웠습니다. _김수정

네트워크나 웹 서버 구축을 위해 리눅스를 설명하는 책이 아닌 리눅스에 처음 도전하는 비전공자나 초보 개발자를 위한 진짜 입문용 책입니다. 입문자가 어려워하는 리눅스 설치 과정을 순서대로 설명하고 명령어를 예제로 실습합니다. 설명이 쉬워서 입문자도 실습을 따라 하며 리눅스 시스템의 개념과 사용법을 자연스럽게 익힐 수 있습니다. 어려운 용어도 친절하게 설명해 개념을 이해하기 좋습니다. _정한민

리눅스는 입문자가 접근하기 어려울 수 있는데, 이 책은 입문자도 끝까지 완주할 수 있도록 쉽게 설명합니다. 저는 텍스트로만 읽기보다 리눅스 명령어를 직접 입력하고 실행해 보면서 배우는 것이 더욱 빠르고 실질적인 학습 방법이라고 생각합니다. 입문자라면 이 책에 나온 실습을 따라 하며 리눅스를 공부하기를 강력히 권합니다. _이학인

리눅스 입문자에게 매우 유용한 책입니다. 기본 명령어, 에디터 사용법, 셸 스크립트 문법 등을 상세히 설명해 리눅스의 기초를 탄탄히 다질 수 있습니다. 또한, 실습 예제가 풍부해 이해하기도 쉽고 응용하기도 쉬웠습니다. 이 책을 공부한 후 리눅스 서버 책을 본다면 더 쉽고 빠르게 리눅스를 이해할 것입니다. _안경섭

학원에서 처음 터미널을 맞이했을 때 충격은 어마어마했습니다. CLI는 엔터 키를 누르는 것조차 두렵게 만들었습니다. 솔직히 자바보다 터미널이 더 무섭던 시절이었습니다. 이후 리눅스 마스터 시험에도 도전했는데, 시험 공부를 하다 보니 리눅스라는 운영체제에 대한 기본 학습이 필요하다고 생각됐고 이 책을 만났습니다. 이 책에서 가장 좋았던 점은 'Bash에서 변수, 조건문, 반복문 등을 프로그래밍 언어처럼 사용할 수 있다는 것'을 배운 점입니다. 이전까지는 학원에서 알려주는 코드만 따라 치면서 왜 Bash를 사용하는지 이해하지 못해 괴로워했는데, 비전공자의 원론적인 궁금증을 해소해준 아주 고마운 책입니다. _임경륜

리눅스는 IT를 하는 사람이라면 반드시 알아야 하는 운영체제입니다. 이 책은 입문자 대상으로 쉽게 쓴 책이지만, 리눅스를 다루는 데 필요한 내용은 모두 담고 있습니다. 리눅스의 기본적인 운영 방법부터 셸 스크립트 작성까지 아주 상세하게 설명해 책을 따라 실습하다 보면 쉽게 리눅스와 친해지게 될 겁니다. 리눅스를 사용해야 하지만 아직 리눅스가 익숙하지 않은 분께 이 책을 강력히 추천합니다! _이장훈

리눅스 책을 처음부터 끝까지 본 것은 이번이 처음입니다. 백엔드 개발자가 사용하는 명령어와 개발하면서 접하는 다양한 용어가 체계적으로 잘 정리돼 있습니다. 이 책만 제대로 학습한다면 다양한 지식을 얻을 수 있고, 우분투도 편하게 사용할 수 있을 겁니다. _임승현

이 책은 리눅스 입문을 위해 필요한 모든 내용을 담고 있습니다. 옵션에 대한 정보가 자세하게 적혀 있어 따로 구글에서 검색하지 않아도 될 정도로 독자들의 눈높이에 맞춰 내용이 구성돼 있습니다. SW 전공자는 물론 리눅스를 입문하려는 모든 분께 이 책을 강력히 추천합니다. _추상원

실습 환경 설정 과정의 난관을 잘 극복하고 내용을 살펴보니 윈도우에서 살짝 맛보기 해본 Batch와 비슷해 보여서 반가웠습니다. 따라 하기만 했는데도 나도 모르게 "나 엄청 잘하는 거 아냐?"란 생각이 들기도 했습니다. 셀프체크를 풀며 바로 그 생각을 고쳐먹긴 했지만요. 그래도 언젠가 리눅스 기반으로 개발하게 된다면 조금은 덜 겁먹고 시작할 수 있지 않을까 기대가 되는 배움의 시간이었습니다. _조민혜

이 책 전반부에서는 리눅스와 셸 스크립트의 기초를 설명하고, 후반부에서는 Bash 셸의 다양한 사용 방법을 안내합니다. 이 책의 장점은 셸 스크립트를 직접 작성하고 코드를 점층적으로 쌓으며 앞서 작성한 코드를 계속해서 리팩터링하는 점입니다. 책 안에는 리눅스를 이해하기 위해 알아야 할 내용과 리눅스를 잘 다루기 위해 알아야 할 내용으로 가득합니다. 낯설고 어려운 리눅스와 셸 스크립트를 이 책으로 쉽게 시작해 보세요. 코드에 코드를 더하며 스크립트를 실행하다 보면 조금씩 리눅스의 기초가 보일 겁니다. _임승민

이 책은 리눅스 입문에 어려움을 겪었던 분께 단비와 같은 책입니다. 이론 지식과 함께 단계별로 실습을 따라하며 습득할 수 있어서 리눅스를 처음 접하거나 익숙하지 않은 분들도 쉽게 이해하고 활용할 수 있습니다. 리눅스 명령어가 익숙치 않거나 셸 스크립트 작성이 어려운 분들은 이 책을 통해 리눅스의 기초부터 실무 활용까지 체계적으로 배울 수 있습니다. _이호철

리눅스에 대한 기초를 단단히 다질 수 있는 책입니다. 리눅스를 처음 접하는 사람을 위해 실습 환경 구성부터 필수로 알아야 할 개념과 명령어가 잘 정리돼 있습니다. 실습이 많았는데, 그만큼 리눅스와 친해질 수 있었습니다. 특히 조건문부터 리디렉션, 파이프라인까지 단순한 명령어의 나열이 아닌 셸 스크립트를 자세히 다뤄 도움이 많이 됐습니다. 이 책을 통해 리눅스를 활발히 사용하는 다양한 분야에 더 편하게 접근할 수 있을 것 같습니다. _윤진수

베타 학습단에 참여해 주신 모든 분께 감사드립니다.
여러분의 소중한 의견이 모여 더 좋은 책을 만들 수 있었습니다.

지은이의 말

리눅스를 사용하다 보면 여러 문제에 부딪힙니다. 문제를 해결하기 위한 방법은 무엇인지, 어떤 방법을 사용할 수 있는지, 각 방법의 장단점은 무엇인지 등을 검색해보면 비교적 빠른 시간 안에 원하는 답을 찾을 수 있습니다. 잘 정리된 블로그 글을 찾을 수도 있고, Stack Overflow 같은 질의/응답 서비스의 글타래에서 원하는 내용을 찾을 수도 있습니다. 또 유튜브에서 관련 영상을 검색해볼 수도 있습니다. 요즘은 ChatGPT 같은 대형 언어 모델(LLM, Large Language Model) 기반 인공지능 서비스를 사용해 원하는 정보를 찾을 수도 있습니다. 언뜻 보면 리눅스를 따로 공부할 필요가 없겠다고 생각할 수도 있습니다. 필요할 때 찾아보면 되니까요.

하지만 검색해서 찾은 자료는 사용하고 나면 금방 잊기 마련입니다. 원하는 정보는 빠르게 찾아도 매번 단편적인 지식만 취하다 보니 머릿속에서 구조화되지 않아 금방 잊혀지는 것입니다.

그래서 리눅스를 좀 더 체계적으로 학습할 수 있도록 이 책을 출간하게 됐습니다. 특히, 입문자 관점에서 리눅스를 이해하기 쉽게 설명하려 노력했습니다. 컴퓨터의 작동 방식이나 운영체제의 구성 요소와 역할 등 리눅스의 배경 지식부터 설명합니다. 리눅스 실습 환경을 구축하기 위해 가상 머신에 대한 설명과 리눅스 설치 방법도 다뤘습니다. 리눅스의 파일, 사용자와 사용자 그룹, 소유권과 권한, 프로세스 등 리눅스의 핵심 개념을 자세히 설명하고, 실습을 통해 배운 내용을 다시 한번 확인할 수 있도록 구성했습니다. 그리고 실제 리눅스를 다루는 데 필요한 Bash를 상세히 다뤘습니다. 여기에는 조건문, 반복문, 함수, 리디렉션과 파이프라인은 물론이고, 확장, 셸 옵션 등 현업에서도 요긴하게 사용하는 기능을 모두 포함했습니다. 마지막으로 리눅스를 관리하는 데 필요한 기초 내용도 다뤘습니다.

리눅스를 처음 접하거나 리눅스의 주요 개념(파일, 프로세스, 사용자, 권한 등)을 잘 모르는 분은 목차에 나온 대로 차근히 공부하시길 추천합니다. 리눅스를 둘러싼 컴퓨터 공학의 여러 요소를 포함하기 때문에 순서대로 공부하는 것이 더 도움될 것입니다.

리눅스를 이미 어느 정도 다루는 분은 관심사에 따라 공부 순서를 정해도 좋습니다. 특히 Bash의 문법 부분이나 확장, 커맨드라인 툴 등은 필요한 부분만 찾아봐도 괜찮습니다. 하지만 리눅스를 체계화해 배우고 이해하려면 앞에서부터 순서대로 공부하는 것을 추천합니다. 대신 이미 알고 있는 부분은 가볍게 읽고 지나가도 좋습니다.

이 책의 내용을 다 알게 되면 리눅스를 다 알게 되나요? 리눅스 전문가라고 할 수 있을까요? 아니면 리눅스 관련 자격증을 취득할 수 있을까요? 아쉽지만, '네'라고 답하긴 어렵습니다. 이 책의 목표는 리눅스를 여러 방면으로 활용할 수 있는 기반을 다지는 것입니다. 리눅스라는 넓고 탄탄한 기반을 다지고 나면 그 위에 여러분이 올리고 싶은 것들을 쌓아 올릴 수 있을 것입니다.

자세히 설명하고 싶은 욕심에 생각보다 책이 두꺼워졌습니다. 그만큼 공부하기 더 힘들어졌겠다는 생각에 독자 여러분께 죄송한 마음이 듭니다. 하지만 리눅스를 탄탄히 다져놓고 나면, IT에 관련한 어떤 일을 하든 두고두고 도움될 것이라 확신합니다. 독자 여러분의 승리를 기원합니다. 감사합니다.

thanks to

내게 열심히 살아갈 수 있는 힘을 주는 예지, 현호, 가윤! 언제나 고맙고 사랑해!!

런잇

지은이 소개

런잇(LearnIT)

판교로 출퇴근하는 20년 차 개발자다. 리눅스 커널부터 애플리케이션 수준 시스템 소프트웨어까지 다양한 개발 경험이 있다. 현재는 클라우드 환경에서 여러 IT 서비스를 개발하고 있다. 온라인 교육 플랫폼 인프런에서 지식 공유자(ProgCoach4U)로 활동하고 있으며, 리눅스 강좌 5종을 제공해 지금까지 약 6,000명이 수강했다.

인프런 https://www.inflearn.com/users/127186

책 소개

리눅스 공부, 걱정 마세요.
코딩 자율학습과 함께라면 할 수 있습니다.

대상 독자

이 책은 리눅스를 처음 접하거나 리눅스를 이미 다루지만 개념을 잘 모르는 분을 위한 책입니다. 프로그래밍 경험이 없어도 괜찮습니다. 리눅스라는 운영체제를 다루는 데 필요한 내용을 이해하며 따라갈 수 있도록 주요 개념과 명령어 사용법을 충분히 설명합니다.

리눅스에 입문한다면 순서대로 공부하길 추천합니다. 리눅스를 어느 정도 다룬다면 아는 부분은 가볍게 읽거나 넘어가고 관심 분야나 필요한 부분만 찾아봐도 괜찮습니다.

다루는 내용

이 책은 크게 두 부분으로 나뉩니다. Part 1에서는 리눅스라는 운영체제를 이해하기 위해 알아야 할 내용을, Part 2에서는 리눅스를 잘 다루기 위해 알아야 할 내용을 소개합니다. 현업에서 리눅스를 다루게 된다면 이 책에서 살펴본 내용 정도는 잘 알고 있어야 합니다. 이 책의 내용을 기반으로 본인의 업이나 관심 분야에 맞춰 더 많은 지식을 쌓아가면 됩니다.

Part 1 리눅스 이해하기	Part 2 리눅스 활용하기
· 운영체제의 주요 구성 요소와 역할	· Bash의 사용 방법
· 사용자와 사용자 그룹	· 변수, 함수, 조건문, 반복문 등 프로그래밍 요소
· 파일의 소유권과 권한	· 확장과 셸 옵션
· 리눅스의 프로세스 관리	· 리디렉션과 파이프라인
	· 시스템 관리
	· 필수 커맨드라인 툴

이 책은 인프런 강의인 〈리눅스 입문〉, 〈리눅스 쉘 스크립트〉, 〈리눅스 커맨드라인 툴〉을 바탕으로 집필했습니다.
자세한 실습 과정을 확인하고 텍스트 처리, 검색, 개발 도구, 시스템 정보 등 더 다양한 커맨드라인 툴을 배우고 싶다면 저자의 유료 강의(https://www.inflearn.com/users/127186)를 참고하세요.

이 책의 구성

리눅스를 처음 배우는 사람도 자세한 설명과 다양한 예제로 막힘없이 따라 할 수 있습니다. 기본 설명 외에도 팁, 노트 등을 적재적소에 배치해 완벽한 자율학습을 할 수 있게 이끕니다. 예제로 문법을 익히고 1분 퀴즈, 셀프체크로 이어지는 단계별 학습으로 개념을 완벽하게 이해할 수 있습니다.

① 형식

형식을 이해하고 활용하기 쉽게 정리

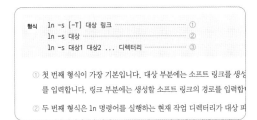

② 팁과 노트

공부하다 생길 수 있는 의문점 해결

> **Note 컨텍스트 스위칭을 발생시키는 이벤트**
>
> 다음과 같은 이벤트가 발생하면 컨텍스트 스위칭이 일어납니다.
>
> - **인터럽트**(interrupt): 하드웨어로부터 발생하는 이벤트로, 이를 처리하기 위해 실
>   단합니다.
> - **시스템 콜**(system call): 프로세스가 파일 읽기/쓰기, 네트워크 통신 요청 등 운영
>   때 시스템 콜을 호출합니다. 프로세스가 시스템 콜을 호출하면 다른 프로세스가
>   록 컨텍스트 스위칭이 일어납니다.

③ 실습

다양한 실습 예제를 제시

7.5.5 실습: 포어그라운드 프로세스로 전환하기

백그라운드 프로세스나 중단된 프로세스가 있을 때 fg 명령어를 실행하다
어그라운드에서 실행할 수 있습니다.

1 ping 프로그램을 포어그라운드 프로세스로 실행합니다. 실행한 후 비
   프로세스를 중단합니다.

   터미널

④ 1분 퀴즈

간단한 문제로 배운 내용 바로 확인

> **1분 퀴즈**
>
> 3. 산술 확장을 이용해 스크립트를 작성했습니다. 이 스크립트의 실행 결과를 작성
>
> ```
> #!/bin/bash
>
> ((i = 1))
> ((total = 0))
> while ((i <= 10))
> ```

⑤ 마무리

장마다 핵심 요약 정리

마무리

1. **커맨드라인 툴**

   명령어 기반 인터페이스에서 사용하는 소프트웨어 프로그램으로, 리눅

⑥ 셀프체크

스스로 명령을 작성해보며 이해도 확인

> **셀프체크**
>
> **다음 순서대로 파일을 생성하고 권한을 설정할 때, 알맞은 명령을 작성하세요.**
>
> ① 텍스트 에디터나 echo 명령어로 로그인한 사용자의 홈 디렉터리에 shared라
>   권한을 조회합니다.
> ② shared 파일을 본인만 읽고 쓸 수 있도록 변경합니다. 8진수 표기법으로 이 파
> ③ 같은 그룹에 속한 사용자에게는 읽기 권한을 부여합니다. 의미 표기법을 이용

코딩 자율학습단과 함께 공부하기

혼자 공부하기 어렵다면 코딩 자율학습단에 참여해 보세요. 코딩 자율학습단은 정해진 기간에 도서 1종을 완독하는 것을 목표로 합니다. 학습단 운영 기간에는 도서별 멘토의 학습 가이드와 학습 팁을 제공하고, 완독을 위한 다양한 이벤트도 진행합니다.

학습단 제대로 활용하기 **1. 멘토의 학습 가이드 참고하기**

코딩 초보자도 공부하기 쉽도록 도서마다 학습 멘토가 공부한 내용을 정리해 학습 가이드를 제공합니다. 혼자 공부하면서 이해하기 어려운 부분이 있다면 학습 가이드를 활용해 보세요.

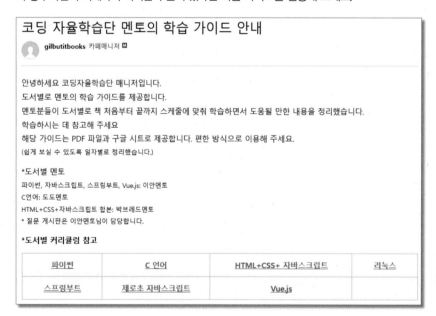

코딩 자율학습단 멘토의 학습 가이드 안내

gilbutitbooks 카페매니저 🅜

안녕하세요 코딩자율학습단 매니저입니다.
도서별로 멘토의 학습 가이드를 제공합니다.
멘토분들이 도서별로 책 처음부터 끝까지 스케줄에 맞춰 학습하면서 도움될 만한 내용을 정리했습니다.
학습하시는 데 참고해 주세요
해당 가이드는 PDF 파일과 구글 시트로 제공합니다. 편한 방식으로 이용해 주세요.
(쉽게 보실 수 있도록 일자별로 정리했습니다.)

*도서별 멘토
파이썬, 자바스크립트, 스프링부트, Vue.js: 이안멘토
C언어: 도도멘토
HTML+CSS+자바스크립트 합본: 박브레드멘토
* 질문 게시판은 이안멘토님이 담당합니다.

*도서별 커리큘럼 참고

파이썬	C 언어	HTML+CSS+ 자바스크립트	리눅스
스프링부트	제로초 자바스크립트	Vue.js	

학습단 제대로 활용하기 2. 학습 질문 게시판 이용하기

공부하다가 모르거나 막히는 부분이 있다면 학습 질문 게시판에 물어보세요. 튜터가 친절하게 답변해 드립니다.

코딩 자율학습단 참여 방법

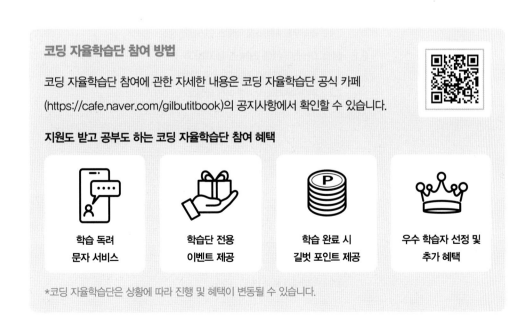

코딩 자율학습단 참여에 관한 자세한 내용은 코딩 자율학습단 공식 카페 (https://cafe.naver.com/gilbutitbook)의 공지사항에서 확인할 수 있습니다.

지원도 받고 공부도 하는 코딩 자율학습단 참여 혜택

학습 독려 문자 서비스	학습단 전용 이벤트 제공	학습 완료 시 길벗 포인트 제공	우수 학습자 선정 및 추가 혜택

*코딩 자율학습단은 상황에 따라 진행 및 혜택이 변동될 수 있습니다.

목차

Part 1

리눅스 이해하기

021

1장

리눅스 소개 ·················· 023

1.1 운영체제란 ·· 024
   1.1.1 운영체제의 구성 요소   026
   1.1.2 운영체제의 역할   029
1.2 리눅스 배포판 ·· 032
1.3 리눅스의 쓰임과 학습 이유 ··· 035
   1.3.1 어디에 쓰일까   035
   1.3.2 누가/왜 배워야 할까   036
마무리   038

2장

리눅스 실습 환경 구축하기 ·················· 039

2.1 리눅스 실습 환경 구축 방법 ··· 040
   2.1.1 PC에 리눅스 직접 설치   040
   2.1.2 가상 머신에 리눅스 설치   040
   2.1.3 클라우드 서비스로 리눅스 인스턴스 생성   041
2.2 실습: 가상 머신에 리눅스 설치하기 ··· 043
   2.2.1 윈도우에 리눅스 가상 머신 생성하기   043
   2.2.2 맥OS에 리눅스 가상 머신 생성하기   060
마무리   070

3장

셸 ·················· 071

3.1 터미널과 셸 ·· 072
   3.1.1 터미널   072
   3.1.2 셸   074
   3.1.3 터미널과 셸의 관계   075

3.2 셸 스크립트 ·· 076

    3.2.1 실습: 셸 스크립트 작성하기 077

3.3 기본 명령어 ·· 081

    3.3.1 명령어 형식 082

    3.3.2 man 083

    3.3.3 ls 085

    3.3.4 cd 086

    3.3.5 pwd 089

    3.3.6 cat 090

    3.3.7 exit 090

    3.3.8 nano 091

마무리 094

4장

파일과 디렉터리   097

4.1 파일 시스템 ·· 098

    4.1.1 디스크 기반 파일 시스템 099

    4.1.2 네트워크 기반 파일 시스템 100

    4.1.3 가상 파일 시스템 101

4.2 리눅스의 파일 계층 구조 ·· 103

4.3 파일의 종류 ·· 105

4.4 디렉터리 ·· 108

    4.4.1 루트 디렉터리 108

    4.4.2 현재 작업 디렉터리 109

    4.4.3 홈 디렉터리 110

    4.4.4 상대 경로와 절대 경로 111

4.5 실습: 파일과 디렉터리 다루기 ··· 115

    4.5.1 디렉터리 생성하기 115

    4.5.2 디렉터리 삭제하기 117

    4.5.3 파일 복사하기 119

    4.5.4 파일 이동하기 121

    4.5.5 파일 삭제하기 125

4.6 소프트 링크와 하드 링크 ·· 130

    4.6.1 아이노드와 덴트리 130

    4.6.2 소프트 링크 132

    4.6.3 하드 링크 138

    4.6.4 소프트 링크와 하드 링크 비교 142

마무리 144

셀프체크 147

5장

사용자와 사용자 그룹   149

5.1 사용자 ·· 150

    5.1.1 사용자의 종류 150

    5.1.2 root 사용자 151

    5.1.3 root 사용자 권한으로 명령을 실행하는 방법 152

    5.1.4 사용자 정보를 관리하는 /etc/passwd 파일 155

5.2 사용자 그룹 ·· 159

    5.2.1 사용자 그룹 정보를 관리하는 /etc/group 파일 159

5.3 실습: 사용자와 사용자 그룹 다루기 ···································· 162

    5.3.1 사용자 추가 및 삭제하기 162

    5.3.2 사용자 그룹 추가 및 삭제하기 166

    5.3.3 실습용 사용자와 사용자 그룹 생성하기 167

    5.3.4 셸 사용자 전환하기 168

    5.3.5 사용자 비밀번호 변경하기 172

마무리 176

셀프체크 178

6장

소유권과 권한   179

6.1 파일 소유권 ··· 180

   6.1.1 파일 소유권이란   180

   6.1.2 실습: 파일 소유권 변경하기   181

6.2 파일 권한 ··· 184

   6.2.1 파일 권한의 종류   184

   6.2.2 실습: 파일 권한 변경하기   186

   6.2.3 실습: 파일 권한 설정하기   190

6.3 디렉터리 권한 ·· 199

   6.3.1 디렉터리 권한이란   199

   6.3.2 실습: 디렉터리 권한 설정하기   201

마무리   209

셀프체크   212

7장

프로세스 관리   213

7.1 컴퓨터의 작동 원리와 프로세스 ··· 214

   7.1.1 컴퓨터의 작동 원리   214

   7.1.2 프로세스란   216

7.2 프로세스의 계층 구조 ··· 217

   7.2.1 부모 프로세스와 자식 프로세스   217

   7.2.2 init 프로세스   217

   7.2.3 프로세스 종료   218

   7.2.4 실습: 프로세스 목록 확인하기   219

   7.2.5 실습: 프로세스 생성과 종료하기   223

7.3 프로세스의 작동 ··· 228

   7.3.1 프로세스의 생애 주기   228

   7.3.2 멀티 태스킹을 위한 여러 기법   231

   7.3.3 프로세스의 관리 정보   236

   7.3.4 스레드   237

7.4 파일 디스크립터와 표준 스트림 ·· 239

    7.4.1 파일 디스크립터 239

    7.4.2 표준 스트림 240

7.5 포어그라운드 프로세스와 백그라운드 프로세스 ···················· 242

    7.5.1 포어그라운드 프로세스와 백그라운드 프로세스란 242

    7.5.2 실습: 포어그라운드 프로세스로 실행하기 245

    7.5.3 실습: 백그라운드 프로세스로 실행하기 246

    7.5.4 실습: 백그라운드 프로세스로 전환하기 248

    7.5.5 실습: 포어그라운드 프로세스로 전환하기 249

    7.5.6 실습: 여러 프로세스 다루기 249

7.6 IPC ·· 253

    7.6.1 파이프 253

    7.6.2 메시지 큐 254

    7.6.3 소켓 254

    7.6.4 공유 메모리 255

    7.6.5 세마포어 256

마무리 257

셀프체크 259

8장

시그널   261

8.1 시그널 송수신 ··· 262

8.2 시그널의 종류 ··· 263

8.3 시그널 처리 방법 ··· 267

8.4 실습: 시그널 전송하기 ·· 269

    8.4.1 kill로 시그널 전송하기 269

    8.4.2 killall로 시그널 전송하기 273

마무리 277

셀프체크 279

Part 2

리눅스 활용하기

281

9장

Bash: 조건문과 테스트 연산자   283

9.1 변수의 기초 ································· 284

   9.1.1 변수에 값 저장   284

   9.1.2 변수 사용   285

   9.1.3 변수의 데이터 타입   287

9.2 조건문과 테스트 연산자 ················· 291

   9.2.1 if 문의 형식   291

   9.2.2 if 문의 조건   294

   9.2.3 [명령어   295

   9.2.4 문자열 테스트 연산자   298

   9.2.5 산술 테스트 연산자   300

   9.2.6 파일 테스트 연산자   304

   9.2.7 논리 테스트 연산자   308

   9.2.8 case 문   312

마무리   315

셀프체크   317

10장

Bash: 반복문, 함수, 변수, 배열, 쿼팅   319

10.1 반복문 ································· 320

   10.1.1 for 문   320

   10.1.2 while 문   325

   10.1.3 until 문   328

   10.1.4 break와 continue   330

10.2 함수 ································· 338

   10.2.1 함수의 선언과 사용   339

   10.2.2 매개변수가 있는 함수   342

   10.2.3 함수의 반환값과 출력값   345

10.3 변수 심화 ································· 349

   10.3.1 특수 매개변수   349

   10.3.2 변수의 범위   357

      10.3.3 변수의 export   359

      10.3.4 환경변수   361

  10.4 배열 ·· 368

      10.4.1 인덱스 배열   368

      10.4.2 연관 배열   372

  10.5 쿼팅 ··· 377

      10.5.1 싱글 쿼트   377

      10.5.2 더블 쿼트   378

      10.5.3 이스케이프 문자   380

  마무리   383

  셀프체크   387

11장

Bash: 확장과 셸 옵션   389

  11.1 확장 ··· 390

      11.1.1 중괄호 확장   390

      11.1.2 틸데 확장   392

      11.1.3 명령어 치환   394

      11.1.4 산술 확장   396

      11.1.5 서브스트링 확장   406

      11.1.6 패턴 찾아 바꾸기   409

      11.1.7 대소문자 바꾸기   412

      11.1.8 변수 값에 따른 확장   414

      11.1.9 간접 확장   417

      11.1.10 일치하는 패턴 제거   418

      11.1.11 확장 연산자   420

  11.2 셸 옵션 ··· 422

      11.2.1 옵션 활성화/비활성화 방법   423

      11.2.2 옵션 상태 확인 방법   423

      11.2.3 주요 옵션   425

  마무리   437

  셀프체크   439

12장

Bash: 리디렉션과 파이프라인   441

12.1 리디렉션 · 442

12.1.1 출력 리디렉션   442

12.1.2 입력 리디렉션   449

12.1.3 here documents   452

12.1.4 here strings   454

12.2 파이프라인 · 457

12.2.1 파이프라인의 개념과 사용법   457

12.2.2 파이프라인의 프로세스 종료 코드   460

마무리   463

셀프체크   465

13장

시스템 관리   467

13.1 패키지 관리 시스템 · 468

13.1.1 패키지와 패키지 관리 시스템   468

13.1.2 실습: apt로 패키지 관리하기   470

13.2 systemd · 477

13.2.1 systemctl의 서비스 조회 및 설정 방법   477

13.2.2 서비스 유닛 파일의 구조   478

13.2.3 실습: 서비스 등록하기   483

13.3 .bashrc 파일을 이용한 개인화 · 489

13.3.1 .bashrc 파일이란   489

13.3.2 실습: .bashrc에 변수 설정하기   491

13.3.3 실습: .bashrc에 alias 설정하기   492

마무리   495

셀프체크   497

14장
필수 커맨드라인 툴 499

14.1 grep ·· 500
    14.1.1 실습: 문자열 검색하기 501

14.2 find ·· 505
    14.2.1 실습: 파일과 디렉터리 검색하기 507

14.3 stat ·· 511
    14.3.1 실습: 파일 상태 정보 조회하기 512

14.4 wc ·· 515
    14.4.1 실습: 텍스트 파일 정보 출력하기 516

14.5 df ·· 517
    14.5.1 실습: 파일 시스템 정보 출력하기 518

14.6 du ·· 520
    14.6.1 실습: 디렉터리 사용량 출력하기 521

14.7 tar ·· 523
    14.7.1 실습: 파일 아카이브하고 압축하기 524
    14.7.2 실습: 디렉터리 아카이브하고 압축하기 527

14.8 read ·· 530
    14.8.1 실습: 사용자 입력받아 처리하기 531
    14.8.2 실습: 파일/변수/명령 결과를 읽어와 처리하기 532

14.9 tr ·· 537
    14.9.1 실습: 다른 명령의 출력 변환하기 538

마무리 540

셀프체크 542

정리하기 543

정답 노트 545

INDEX 554

Part
1

리눅스
이해하기

Part
1

리눅스 이해하기

1장 리눅스 소개

2장 리눅스 실습 환경 구축하기

3장 셸

4장 파일과 디렉터리

5장 사용자와 사용자 그룹

6장 소유권과 권한

7장 프로세스 관리

8장 시그널

1장

리눅스 소개

이 장에서는 리눅스가 무엇인지 알아봅니다. 먼저 운영체제와 리눅스의 개념을 살펴보고 리눅스 배포판이 무엇인지 알아보겠습니다. 그리고 리눅스가 어디에 쓰이고 왜 배워야 하는지도 이야기 해 보겠습니다.

1.1

운영체제란

컴퓨터나 스마트폰을 사용한다면 운영체제란 단어에 익숙할 겁니다. PC에서는 마이크로소프트의 윈도우(Windows), 애플의 맥OS(macOS), 스마트폰에서는 안드로이드(Android)와 iOS가 대표적입니다. 운영체제라는 단어를 잘 몰라도 이 이름들은 한 번쯤 들어봤을 겁니다.

윈도우를 예로 들어봅시다. 컴퓨터의 전원 버튼을 누르면 잠시 어떤 화면(하드웨어를 초기화하는 소프트웨어가 작동한 화면)이 지나가고 윈도우가 부팅됩니다. **부팅**(booting)은 자동차가 시동을 걸 듯 컴퓨터가 운영체제를 초기화하는 과정입니다. 이 과정이 지나면 이제 컴퓨터에 설치된 프로그램을 사용할 수 있습니다. 크롬 같은 웹 브라우저로 구글에서 여러 정보를 검색할 수 있고, 유튜브에서 영상을 시청할 수 있습니다. 워드나 엑셀 같은 프로그램을 실행해 문서를 작성할 수도 있습니다.

윈도우가 설치되지 않은 컴퓨터를 본 적은 없을 겁니다. 운영체제가 설치되지 않으면 컴퓨터를 켰을 때 운영체제가 없다는 에러 메시지를 보여주고 컴퓨터가 멈춥니다. 이런 상태에서는 아무리 좋은 사양의 컴퓨터라 하더라도 아무것도 할 수 없습니다. 맞습니다. 운영체제가 없으면 컴퓨터를 사용할 수 없습니다. 바꿔 말하면, 운영체제가 설치돼야 컴퓨터를 제대로 사용할 수 있습니다.

운영체제가 무엇인지 감을 잡았을 겁니다. **운영체제**(OS, Operating System)는 컴퓨터나 스마트폰 같은 시스템에서 하드웨어와 소프트웨어 자원을 관리하는 시스템 소프트웨어입니다. 하드웨어, 운영체제, 애플리케이션의 관계를 간단히 그리면 **그림 1-1**과 같습니다.

그림 1-1 운영체제의 위치

하드웨어 위에는 운영체제가 있고, 운영체제 위에는 애플리케이션이 있습니다. 마치 단단한 땅이 있어야 그 위에 집을 지을 수 있는 것처럼 잘 작동하는 하드웨어가 있어야 운영체제를 설치할 수 있습니다. 또 집이 있어야 살림살이를 채워넣고 생활할 수 있는 것처럼 컴퓨터에 운영체제가 있어야 애플리케이션(프로그램)을 설치할 수 있습니다. 정리하면 운영체제는 한 컴퓨터에서 여러 애플리케이션이 작동할 수 있게 하는 소프트웨어라고 할 수 있습니다.

> **Note 소프트웨어의 분류**
>
> 소프트웨어는 크게 시스템 소프트웨어와 응용 소프트웨어로 분류할 수 있습니다.
>
> **시스템 소프트웨어**(system software)는 컴퓨터의 기본 기능을 지원하고 관리하는 소프트웨어를 말합니다. 시스템 소프트웨어 자체로는 어떤 목적을 이룰 수 없지만, 시스템 소프트웨어가 있어야 응용 소프트웨어가 작동할 수 있습니다. 운영체제나 장치 드라이버가 여기에 속합니다.
>
> **응용 소프트웨어**(application software)는 어떤 목적에 맞는 기능을 제공하는 소프트웨어를 말합니다. 흔히 **응용 프로그램**이나 **애플리케이션**이라 하는 것이 여기에 속합니다. 예를 들어 웹 브라우저나 엑셀과 같은 프로그램이 응용 소프트웨어입니다.

운영체제는 다양한 하드웨어에서 작동할 수 있어야 하고, 다양한 애플리케이션이 작동할 수 있는 환경을 만들어줘야 합니다. 운영체제가 하는 일이 많다 보니 운영체제를 구성하는 소프트웨어는 규모도 굉장히 크고, 다양한 요소를 내포합니다. 리눅스를 배울 때 이런 요소를 알고 있으면 더 이해하기 쉽습니다. 그래서 운영체제를 구성하는 요소가 무엇인지 간단히 알아보겠습니다(이해하기 어렵다면 운영체제가 이런 기능을 한다는 정도만 알고 넘어가도 좋습니다).

1.1.1 운영체제의 구성 요소

운영체제의 주요 구성 요소를 살펴보겠습니다.

● 커널

커널(kernel)은 하드웨어를 초기화해 사용할 수 있게 하는 운영체제의 핵심 부분입니다. 여러 소프트웨어가 운영체제에서 잘 작동할 수 있도록 메모리와 프로세스를 관리하고, 네트워크를 연결하는 등 주요 기능을 제공합니다. 커널이 제공하는 기능은 규모가 커서 **커널의 서브 시스템**(sub-system)이라고도 합니다. 이런 기능들이 유기적으로 결합해 하나의 운영체제를 이룹니다.

그림 1-2 커널의 역할

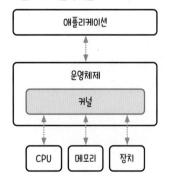

TIP —— 초기화란 CPU, 메모리는 물론 그래픽 카드나 랜 카드 등 주변 장치를 인식해 사용할 수 있는 상태로 만드는 것을 말합니다.

● 장치 드라이버

장치 드라이버(device driver)는 하드웨어 장치를 초기화하고 운영체제와의 통신을 담당하는 소프트웨어입니다. 여기에서 장치는 그래픽 카드, 랜 카드, 디스크 드라이브, 마우스, 키보드 등 컴퓨터에 연결해 사용하는 모든 기기를 말합니다.

컴퓨터에서 장치를 사용하려면 장치에 적합한 초기화 로직을 가진 장치 드라이버가 있어야 합니다. 장치 드라이버는 초기화 가능한 장치 목록을 저장하고 있습니다. 이 목록에 포함되는 장치는 해당 장치 드라이버로 초기화해서 사용할 수 있지만, 적합한 장치 드라이버가 없으면 사용할 수 없습니다.

장치 드라이버는 장치를 초기화한 후 장치와 운영체제 사이 통신을 담당합니다. 운영체제는 장치 드라이버를 통해 장치에 명령을 보내고, 장치는 장치 드라이버를 통해 응답을 운영체제로 보냅니다.

그림 1-3 장치 드라이버

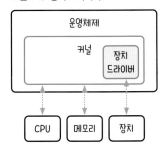

● 파일 시스템

파일(file)은 정보를 저장하는 기본 단위입니다. **파일 시스템**(file system)은 HDD, SSD 등 저장 장치에 파일을 저장하고 관리하는 소프트웨어입니다. 파일 시스템은 파일의 이름, 크기, 저장 위치를 저장하고, 파일에 대한 읽기/쓰기/실행을 제어합니다. 또한 파일의 권한을 관리하고 저장 장치에 대한 접근도 제어합니다.

파일 시스템은 여러 종류가 있습니다. 그중 가장 널리 사용하는 파일 시스템은 다음과 같습니다.

- **FAT**(File Allocation Table): 마이크로소프트에서 개발한 파일 시스템입니다. 파일 할당 테이블(FAT)을 사용해 하드 드라이브 파일을 관리합니다.

- **NTFS**(New Technology File System): FAT를 개선해 만든 파일 시스템으로, Windows NT 계열 운영체제에서 주로 사용합니다.

- **EXT4**(Fourth Extended File System): 확장 파일 시스템(extended file system)의 4번째 버전입니다. 오픈 소스이며 PC 환경의 리눅스 운영체제에서 주로 사용합니다.

- **XFS**(eXtended File System): Silicon Graphics, Inc(SGI)에서 개발한 고성능 파일 시스템입니다. 현재 대부분의 리눅스 운영체제에서 XFS를 지원합니다.

- **ZFS**(Zettabyte File System): 썬 마이크로시스템즈(현재 오라클에 편입)에서 솔라리스(Solaris) 운영체제를 위해 개발한 파일 시스템입니다.

운영체제마다 사용하는 파일 시스템이 다릅니다. 윈도우 계열 운영체제에서는 FAT, NTFS를, 리눅스 계열 운영체제에서는 EXT4와 XFS를 주로 사용합니다.

파일 시스템은 저장 장치의 특성에 맞게 잘 선택해야 합니다. HDD나 SSD와 같은 저장 장치에는 FAT, NTFS, EXT4, XFS 등을 많이 사용합니다. 특정 저장 장치에 특화된 파일 시스템도 있습니다. 플래시 메모리에는 f2fs 같이 플래시 메모리에 적합하도록 개발된 파일 시스템을 사용합니다. 파일 시스템은 **4.1 파일 시스템**에서 더 자세히 설명합니다.

● 네트워크 시스템

인터넷이 되지 않는 컴퓨터가 얼마나 쓸모 있을까요? 잠시 인터넷 통신이 끊긴 경우를 제외하고, 컴퓨터나 모바일 기기에서 인터넷 연결이 안 된다면 이를 사용할 의사가 있을까요? 아마 없을 겁니다. 컴퓨터나 모바일 기기에서 인터넷 사용은 필수입니다.

운영체제는 시스템을 인터넷에 연결하기 위해 네트워크 드라이버와 네트워크 스택을 갖추고 있습니다. **네트워크 드라이버**(network driver)는 유선랜, 와이파이, 블루투스 등 네트워크 장치를 초기화해 사용할 수 있게 하는 장치 드라이버입니다. **네트워크 스택**(network stack)은 네트워크 장치를 통해 들어온 네트워크 트래픽을 처리하는 네트워크 프로토콜을 구현한 소프트웨어입니다. **네트워크 프로토콜**(network protocol)은 네트워크에서 데이터를 주고받는 데 적용되는 통신 규약입니다. 네트워크 스택은 네트워크 프로토콜에 맞게 들어온 네트워크 트래픽을 수신하거나 전송하며, 이 과정을 통해 시스템이 인터넷에 연결됩니다.

1.1.2 운영체제의 역할

운영체제의 주요 구성 요소를 살펴보았습니다. 이렇게 구성된 운영체제가 컴퓨터에서 어떤 역할을 할까요?

● 프로그램 실행과 멀티 태스킹

컴퓨터로 문서 편집기나 게임과 같은 프로그램을 실행할 수 있는 것도 운영체제 덕분입니다. 운영체제는 프로그램을 실행하고, 실행된 프로그램이 잘 작동할 수 있게 합니다. 여러 프로그램이 동시에 실행 중인 경우에도 서로 충돌 없이 작동할 수 있도록 관리합니다.

운영체제에서 프로그램을 실행하면 프로그램의 실제 구동은 CPU가 담당합니다. **CPU**(Central Processing Unit, 중앙 처리 장치)는 컴퓨터의 두뇌로, 프로그램 실행에 필요한 기본 명령어를 실행하는 하드웨어입니다. 여기에서 기본 명령어는 프로그램 실행과 같은 고차원 명령이 아닙니다. CPU는 덧셈, 뺄셈, 곱셈, 나눗셈 등 산술 연산이나 논리곱(logical AND), 논리합(logical OR) 등 논리 연산을 실행할 수 있습니다.

프로그램은 CPU가 해석할 수 있는 기계어로 이루어져 있습니다. 운영체제가 프로그램을 실행하면 디스크에 저장된 프로그램 실행 파일의 실행 코드가 메모리로 적재(load)됩니다. CPU는 메모리에 적재된 실행 코드를 불러와 실행합니다. 정리하면, CPU가 프로그램의 실행 코드를 실행해야 프로그램이 작동합니다. 이때, 실행 중인 프로그램을 **프로세스**(process)라고 합니다.

그림 1-4 운영체제의 프로그램 실행 과정

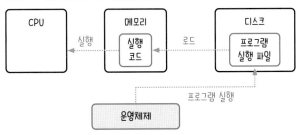

CPU는 한 번에 한 프로그램만 실행할 수 있습니다. 그런데 일반 컴퓨터에는 CPU가 많지 않습니다. 10여 년 전만 해도 대부분 컴퓨터는 CPU가 하나였습니다. 요즘 컴퓨터는 사양에 따라 1개에서 수십 개까지 있습니다.

컴퓨터를 사용할 때 한 프로그램만 실행할까요? 운영체제가 작동할 때 내부에서 실행되는 프로세스만 하더라도 CPU 개수보다 훨씬 많습니다. 그러면 CPU가 실행하는 프로세스만 제대로 작동하고, 나머지는 작동하지 않을까요? 아닙니다. 운영체제에는 희소 자원인 CPU를 사용해 모든 프로세스가 적절히 작동할 수 있게 하는 기능이 있습니다.

CPU는 여러 프로세스를 동시에 처리할 수 없는 대신 짧은 간격으로 번갈아 가며 프로세스를 실행합니다. 어미 새 한 마리가 여러 아기 새에게 먹이를 나눠주듯이 CPU가 여러 프로세스를 돌아가면서 실행합니다. 한 프로세스 입장에서 보면 실행되다 말다 합니다. 하지만 프로세스는 실행이 중단된다는 사실을 알지 못하고 자신이 CPU를 독점하고 있다고 생각합니다.

이렇게 프로세스 중 하나를 골라 CPU가 실행하는 것을 **프로세스 스케줄링**(process scheduling)이 라고 합니다. 그리고 어떤 프로세스를 선택할지 결정하는 방법을 **스케줄링 알고리즘**(scheduling algorithm), 이를 사용해 스케줄링하는 주체를 **프로세스 스케줄러**(process scheduler)라고 합니다. 운영체제는 고유의 방식으로 구현된 프로세스 스케줄러가 내장돼 있습니다. 운영체제가 프로세스 스케줄러를 사용해 여러 프로세스를 동시에 처리하는 방식을 **멀티 태스킹**(multi-tasking)이라 고 합니다. 이처럼 운영체제는 멀티 태스킹을 통해 여러 프로그램을 실행합니다.

● 인터럽트 처리

인터럽트(interrupt)는 하드웨어가 소프트웨어에 보내는 신호입니다. 주로 하드웨어에 어떤 이벤 트가 발생했을 때 인터럽트를 보냅니다. 운영체제는 여러 하드웨어가 보낸 다양한 인터럽트를 받아 처리합니다. 어떤 인터럽트를 어떻게 처리할지는 장치 드라이버에 정의합니다.

인터럽트는 운영체제나 소프트웨어의 실행 상태와 관계없이 발생할 수 있습니다. 인터럽트는 하드웨어가 발생시키는데, 하드웨어는 소프트웨어의 상태를 알 수 없습니다. 운영체제도 언제 어떤 인터럽트가 발생할지 알 수 없습니다. 바꿔 말하면 운영체제는 어떤 상태든지 하던 일을 멈추고 인터럽트를 받아 처리할 수 있어야 합니다.

인터럽트 처리는 굉장히 어려운 작업입니다. 컴퓨터 시스템에는 여러 하드웨어가 연결돼 있기 때문입니다. 운영체제가 인터럽트를 잘 처리하지 못하면 적정 시점에 장치 드라이버가 작동하 지 못합니다. 그러면 인터럽트를 보낸 하드웨어가 비정상적으로 작동하게 됩니다. 컴퓨터 시스 템이 원활하게 작동하려면 운영체제가 인터럽트를 잘 처리해야 합니다.

● 메모리 관리

메모리는 컴퓨터 시스템에서 정말 중요한 자원 중 하나로, 운영체제는 메모리를 잘 관리해야 합 니다. 어떤 프로그램을 실행하려면 프로그램의 실행 코드를 메모리로 적재해야 합니다. 또한,

해당 프로그램이 실행 중 추가 메모리를 요청하면 시스템은 가용할 수 있는 메모리 중 일부를 해당 프로그램에 할당해야 합니다. 운영체제에는 수많은 프로세스가 작동하고 있습니다. 프로세스들이 모두 메모리를 사용하고 있을 테니 운영체제가 메모리를 잘 관리해야 프로그램들이 문제없이 돌아갑니다.

간단하게 설명했지만, 사실 메모리는 이보다 훨씬 더 복잡한 메커니즘으로 관리됩니다. 메모리는 커널이 사용하는 메모리, 하드웨어에 할당된 메모리 등 사용 목적에 따라 구분됩니다. 메모리 주소 체계도 물리 메모리 주소(physical memory address), 가상 메모리 주소(virtual memory address) 등으로 구분해 관리합니다. 가용 메모리가 부족하다면 메모리 영역의 일부를 디스크로 잠시 옮겨놓고 메모리를 사용합니다. 반대로 디스크에 저장된 데이터를 메모리로 복구해 사용합니다. 이를 **스와핑**(swapping)이라고 하는데, 이것도 메모리 관리에 포함된 일입니다.

● 사용자 인터페이스 제공

컴퓨터 시스템은 결국 사람이 사용합니다. 일반 컴퓨터나 모바일 기기처럼 하드웨어를 직접 대면해 사용하기도 하고, 저 멀리 서버실에 설치해둔 서버 시스템에 원격으로 접속해 사용하기도 합니다. 이처럼 사람이 컴퓨터 시스템을 사용하게 하는 방법을 **사용자 인터페이스**(user interface)라고 합니다.

운영체제는 사용자 인터페이스를 제공하고, 사용자는 사용자 인터페이스를 통해 컴퓨터 시스템과 상호작용합니다. 프로그램을 실행하기도 하고, 데이터를 저장하거나 저장된 데이터를 보기도 합니다. 데이터를 입력할 때는 키보드나 마우스, 터치패드와 같은 입력 장치를 이용합니다. 또한, 모니터와 같은 출력 장치로 표시되는 데이터를 보게 됩니다.

사용자 인터페이스는 크게 **그래픽 사용자 인터페이스**(GUI, Graphical User Interface)와 **명령어 기반 인터페이스**(CLI, Command Line Interface)로 나눌 수 있습니다. GUI는 우리가 흔히 사용하는 윈도우나 맥OS 등과 같이 그래픽을 통해 사용자와 상호작용합니다. 반면, CLI는 텍스트 기반 명령어를 통해 사용자와 상호작용합니다. GUI는 직관적이고 사용자 친화적입니다. 반면에 CLI는 명령어 사용 방법을 익혀야 사용할 수 있습니다. 물론 배우고 나면 더 빠르고 간편하게 사용할 수 있습니다. 소프트웨어가 다른 소프트웨어에 명령을 내릴 때는 GUI보다 CLI가 훨씬 더 적합합니다.

지금까지 운영체제가 어떻게 구성돼 있고, 어떤 역할을 하는지 알아보았습니다. 이제 이 책의 주제인 리눅스에 관해 살펴보겠습니다.

1.2

리눅스 배포판

리눅스는 1991년에 리누스 토르발즈(Linus Benedict Torvalds)가 만든 운영체제입니다. 운영체제이므로 앞서 살펴본 구성 요소(커널, 장치 드라이버, 파일 시스템, 네트워크 시스템 등)를 모두 갖추고 있습니다. 그런데 리누스 토르발즈가 리눅스를 최초로 발표했을 때도 리눅스가 운영체제의 구성 요소를 모두 갖췄을까요? 그렇지 않습니다. 리누스 토르발즈가 최초로 개발한 리눅스는 리눅스 운영체제가 아니라 '리눅스 커널'이었습니다. 현재 리누스 토르발즈가 메인 리뷰어(main reviewer) 역할을 하는 것도 리눅스 운영체제가 아니라 '리눅스 커널'입니다. 그래서 '리눅스 커널'과 '리눅스 운영체제'를 잘 구분해야 합니다. 리눅스 운영체제는 '리눅스 배포판'이 정확한 표현입니다.

리눅스 배포판(Linux distribution)은 운영체제의 목적에 맞게 리눅스 커널에 여러 프로그램을 묶어 제공하는 패키지를 의미합니다. 리눅스도 운영체제이므로 커널이 핵심 역할을 합니다. 그래서 리눅스 커널을 사용하지 않는 운영체제는 리눅스라고 하지 않습니다. 리눅스 커널에 각종 기능을 추가해 만든 패키지를 센토스(Centos), 우분투(Ubuntu), 페도라(Fedora), 레드햇(Redhat) 등의 이름으로 배포합니다.

리눅스 배포판들은 공통적으로 GNU 소프트웨어를 탑재합니다. GNU는 유닉스 계열 설계 철학을 따르지만, 유닉스 계열 코드를 사용하지 않고 자유 소프트웨어로써 배포합니다. GNU 소프트웨어 패키지는 리눅스 커널과 거의 한 몸이나 다름없습니다. 리눅스 배포판이 수많은 GNU 소프트웨어 패키지로 구성돼 리눅스를 'GNU/리눅스'라고 부르기도 합니다. 대표적인 GNU 소프트웨어에는 기본 명령어를 구성하는 coreutils, 기본 셸인 Bash, 소프트웨어 개발에 필요한 툴체인(toolchain), POSIX 표준을 따르는 C 라이브러리(glibc) 등이 있습니다.

> **Note GNU와 자유 소프트웨어**
>
> **GNU**(GNU is Not Unix , 그누)는 자유 소프트웨어 운동으로 시작된 프로젝트입니다. 유닉스와 호환되는 자유 소프트웨어를 만드는 데 목적이 있습니다. **자유 소프트웨어**(free software)는 복사, 수정, 배포, 사용 등에 제한이 없는 소프트웨어를 의미합니다.

리눅스 배포판은 종류가 다양하지만 공통 특성을 파악하면 종류가 달라도 다루기가 그리 어렵지 않습니다. 하지만 리눅스 배포판마다 추구하는 방향이 다릅니다. 무료인 것도 있고, 유료인 것도 있습니다. 안정적 버전 소프트웨어 패키지를 선호하는 배포판도 있고, 최신 버전 소프트웨어 패키지를 선호하는 배포판도 있습니다. 일반 사용자가 사용하기 편하게 구성한 배포판도 있고, 서버처럼 기업에서 사용하기 편하게 구성한 배포판도 있습니다. 따라서 사용하는 목적과 환경에 따라 리눅스 배포판을 잘 선택해야 합니다.

리눅스 커널과 GNU 소프트웨어 패키지 외에도 리눅스 배포판을 구성하는 요소는 상당히 많습니다. GUI를 제공하는 데스크톱을 탑재할지, 탑재한다면 어떤 데스크톱 관리자를 사용할지, 소프트웨어 패키지 매니저는 무엇을 사용할지, 파일 시스템은 무엇으로 할지 등 많은 부분이 달라질 수 있습니다. 이런 구성 요소들을 어떻게 탑재할지 결정해 하나의 리눅스 배포판으로 구성합니다.

여기에서는 기술 지원이 가능한 유료 배포판으로 레드햇 리눅스를, 무료 배포판으로 센토스와 우분투를 살펴보겠습니다.

1. 레드햇 리눅스(RHEL, Red Hat Enterprise Linux)

대표적인 유료 리눅스 배포판이며, 기업용 소프트웨어 및 지원 서비스, 업그레이드 서비스 등을 제공합니다. 리눅스를 사용하는 기업 입장에서 운영체제 자체에 문제가 발생했을 때 기술 지원을 받을 수 있다는 것은 굉장히 큰 장점입니다. 무료 리눅스 배포판을 사용하다 운영체제에 문제가 발견되면 스스로 해결해야 합니다. 리눅스 전문가가 있다면 별문제가 아닙니다. 하지만 리눅스를 사용하는 모든 기업에 리눅스 전문가가 있는 것은 아니므로 기술 지원이 가능한 리눅스라는 점은 굉장한 장점입니다. 유료라서 개인이 사용하는 일은 거의 없습니다.

2. 센토스(Centos)

RHEL 소스 코드를 기반으로 하는 무료 라이선스 배포판이라서 안정성과 신뢰성이 높습니다. 장기 지원 버전(LTS, Long Term Support)도 있어서 무료라도 안정적인 서비스를 기대할 수 있습니다. 그러나 래드햇에서 RHEL 소스 코드를 기반으로 센토스를 배포하는 정책을 폐기하면서 의미가 퇴색됐습니다. 그 대신 RHEL과 동일한 소스 코드를 사용하는 배포판인 **록키 리눅스**(Rocky Linux)가 새로 나왔습니다.

3. 우분투(Ubuntu)

무료로 배포되는 대표적인 리눅스 배포판입니다. 우분투는 사용자 친화적인 리눅스 배포판으로 유명합니다. 우분투는 데스크탑이나 서버 환경에서 많이 사용합니다. 사용자 커뮤니티가 매우 발달해 스스로 문제를 해결할 때 도움을 받을 수 있습니다. 여러 소프트웨어 패키지 버전을 비교적 빠르게 업데이트하는 장점도 있습니다. 장기 지원 버전을 제공하기 때문에 일반 사용자뿐만 아니라 기업에서도 많이 사용합니다.

이 책에서는 여러 리눅스 배포판 중 우분투 리눅스를 사용합니다. 우분투는 센토스(또는 록키 리눅스)와 더불어 우리나라에서 가장 많이 사용하는 무료 배포판입니다. 특히, 센토스의 정책이 변경되면서 센토스를 사용하던 사용자/기업이 우분투로 전환하고 있습니다. 우분투는 일반 사용자 관점에서 사용하기 편하고 사용자 커뮤니티를 통해 도움을 받기도 좋습니다. 이런 장점들을 고려해 실습 환경으로 우분투를 택했습니다.

1.3

리눅스의 쓰임과 학습 이유

운영체제가 무엇인지, 리눅스 배포판은 무엇이고 어떤 종류가 있는지 살펴봤습니다. 그렇다면 리눅스는 어디에서 어떻게 사용될까요? 그리고 리눅스를 왜 배워야 할까요?

1.3.1 어디에 쓰일까

리눅스는 여러 분야에서 활발히 사용합니다. 리눅스를 사용하는 주요 분야는 다음과 같습니다.

1. 서버

IT 서비스를 구성하려면 웹 서버, 데이터베이스 서버, 파일 서버, 애플리케이션 서버 등 여러 종류의 서버가 필요합니다. 이런 서버에도 운영체제가 설치됩니다. 이때 설치되는 운영체제가 리눅스입니다. 리눅스는 전 세계 서버 시장의 약 60% 이상을 점유하고 있습니다.

2. 클라우드 컴퓨팅

리눅스는 클라우드 컴퓨팅 분야에서도 활발히 사용됩니다. 전 세계 클라우드 컴퓨팅 분야에서 약 70% 이상 시장 점유율을 기록할 정도입니다. 아마존의 AWS(Amazon Web Service)나 마이크로소프트의 Azure 등 클라우드 서비스 제공자(CSP, Cloud Service Provider)는 클라우드 서비스를 구축하기 위한 백엔드(backend, 애플리케이션이나 서비스의 보이지 않는 뒷단)에 주로 리눅스를 사용합니다. 또한 가상 머신, 스토리지, 데이터베이스 등에도 리눅스를 기본 운영체제로 사용합니다.

3. 임베디드 시스템

임베디드 시스템은 PC나 서버 환경에 비해 제한적인 자원을 갖습니다. CPU 성능이 매우 떨어지고, 탑재된 메모리 양도 현저히 적습니다. HDD와 같은 저장 장치가 없거나, 플래시 메모리와 같은 소형 저장 장치만 탑재한 경우도 많습니다. 리눅스는 이런 환경에서도 잘 작동합니다. 또한, 실시간 성능 보장을 요구하는 경우에도 잘 작동합니다. 게다가 많은 리눅스 배포판이 무료입니다. 이런 점에서 임베디드 시스템의 운영체제로 리눅스가 매우 적합합니다. 리눅스는 전 세계 임베디드 시스템 분야에서 60% 이상을 점유하고 있습니다.

4. 모바일 기기

스마트폰이나 태블릿과 같은 모바일 기기에도 리눅스가 널리 사용됩니다. 스마트폰이나 태블릿에 탑재되는 운영체제인 안드로이드는 구글이 리눅스를 기반으로 만든 모바일용 운영체제입니다. 구글의 크롬OS도 리눅스를 기반으로 만들어졌습니다. 리눅스는 전 세계 모바일 기기 분야에서 시장을 70% 정도 점유하고 있습니다.

1.3.2 누가/왜 배워야 할까

리눅스는 이미 전 세계적으로 다양한 분야에 걸쳐 광범위하게 사용하는 운영체제입니다. 그래서 리눅스를 배우면 다양한 기회를 얻을 수 있습니다. 반대로, 리눅스를 모르면 기회가 왔을 때 기회를 잡을 수 없을지도 모릅니다. 그러면 어떤 직업군에서 리눅스를 알아야 할까요?

컴퓨터와 관련한 직군에서는 리눅스가 필수입니다. 물론 윈도우 애플리케이션 개발자나 윈도우 서버 관리자 같이 리눅스를 사용하지 않는 직군도 있습니다. 하지만 컴퓨터와 관련한 직군 중에 리눅스를 사용하지 않는 직군을 찾기는 쉽지 않습니다.

소프트웨어 개발자는 리눅스를 가장 잘 알아야 하는 직군 중 하나입니다. 소프트웨어 개발자는 리눅스 시스템에서 작동하는 애플리케이션이나 장치 드라이버 등을 개발하고 배포합니다. 따라서 애플리케이션 수준부터 커널 수준까지 깊게 이해해야 합니다. 소프트웨어 개발자는 여러 프로그래밍 언어를 사용해 소프트웨어를 개발합니다. 현대의 거의 모든 프로그래밍 언어는 리눅스에서 개발 및 배포할 수 있습니다. 서버 분야나 클라우드 컴퓨팅 분야 등 리눅스를 기반으로 하는 분야가 상당히 넓기 때문에 리눅스를 배우는 것이 필수라 할 수 있습니다.

시스템 관리자나 소프트웨어 엔지니어도 리눅스를 잘 알아야 합니다. 이 직군은 리눅스가 설치된 서버나 클라우드 컴퓨팅 환경에 소프트웨어 패키지를 설치하고, 안정적인 시스템 운영을 도모합니다. 이들이 관리하는 서버나 가상 머신에 리눅스를 사용하는 경우가 많으므로 리눅스에 깊은 조예가 필요합니다.

네트워크 엔지니어도 리눅스를 잘 알아야 합니다. 라우터나 스위치, 로드 밸런서 등 네트워크 시스템에도 리눅스가 널리 사용됩니다. 네트워크 엔지니어는 네트워크 시스템을 구성하고 설정해 정상적인 네트워킹이 가능하도록 해야 합니다. 뿐만 아니라 네트워크에 오류가 생겼을 때 문제를 분석하고 해결하는 능력도 매우 중요합니다. 네트워크 시스템이 리눅스로 구성된 경우 리눅스를 잘 알아야 이 모든 일을 잘 처리할 수 있습니다.

데이터 과학자나 AI 전문가도 리눅스에 대해 잘 알아야 합니다. 데이터 과학자나 AI 전문가가 사용하는 소프트웨어 패키지나 소프트웨어 프레임워크가 리눅스에서 작동하는 경우가 많기 때문입니다. 이들은 소프트웨어 개발자만큼 리눅스를 깊게 알 필요는 없습니다. 하지만 사용하는 소프트웨어나 프레임워크를 잘 다루기 위해서라도 리눅스에 대한 기본 지식과 사용법 정도는 알고 있어야 합니다.

리눅스를 배운다고 취업이 보장되는 것은 아닙니다. 하지만 컴퓨터와 관련한 직업을 구할 때 리눅스를 모르면 어려움이 생길 수 있습니다.

1장에서는 리눅스를 배우기 앞서 알아야 할 주제를 살펴봤습니다. 이제 본격적으로 리눅스에 대한 개념과 사용 방법에 대해 배웁니다. 이를 위해 2장에서는 리눅스 실습 환경을 구축합니다.

1. 운영체제

컴퓨터나 스마트폰 등에서 하드웨어와 소프트웨어 자원을 관리하는 시스템 소프트웨어입니다.

2. 운영체제의 구성 요소

① **커널**: 하드웨어를 초기화해 사용할 수 있게 하는 운영체제의 핵심 요소로, 메모리와 프로세스를 관리하고 네트워크를 연결하는 등 여러 기능을 제공합니다.

② **장치 드라이버**: 하드웨어 장치를 초기화하고 운영체제와의 통신을 담당하는 소프트웨어입니다.

③ **파일 시스템**: 저장 장치에 파일을 저장하고 관리하는 소프트웨어입니다.

④ **네트워크 시스템**: 시스템을 인터넷에 연결하기 위해 네트워크 장치를 초기화해 사용할 수 있는 네트워크 드라이버, 네트워크 장치로 들어온 트래픽을 처리하는 네트워크 프로토콜로 구현한 네트워크 스택을 갖추고 있습니다.

3. 운영체제의 역할

① **프로그램 실행과 멀티 태스킹**: 프로그램을 실행하고 실행된 여러 프로그램이 충돌 없이 잘 작동할 수 있게 관리합니다.

② **인터럽트 처리**: 하드웨어가 보내는 인터럽트를 받아 처리합니다.

③ **메모리 관리**: 프로그램이 문제없이 돌아 갈 수 있도록 메모리를 관리합니다.

④ **사용자 인터페이스 제공**: 사용자가 컴퓨터와 상호작용할 수 있게 사용자 인터페이스를 제공합니다.

4. 리눅스 배포판

① 운영체제에의 목적에 맞게 리눅스 커널에 여러 프로그램을 묶어 제공하는 패키지입니다.

② 추가된 기능에 따라 센토스, 우분투, 페도라, 레드햇 등의 이름으로 배포합니다.

— 2장 —
리눅스 실습 환경 구축하기

'백문(百聞)이 불여일견(不如一見)'이라는 말을 모르는 사람은 없을 것입니다. 컴퓨터와 관련해서는 이를 조금 변형한 '백문(百聞)이 불여일타(不如一打)'라는 말이 있습니다. 여기에서 '칠 타(打)'는 키보드를 친다는 의미로, 백 번 듣는 것보다 한 번 타자를 쳐보는 것이 낫다는 뜻입니다. 누가 만든 말인지는 모르겠지만 정말 명언 중 명언입니다. 리눅스를 배울 때도 직접 해보는 것이 정말 중요합니다. 이 책에서도 어떤 개념을 배운 후에는 실제 리눅스 시스템에서 실습해 보도록 구성했습니다. 실습을 진행하려면 자유롭게 사용할 수 있는 리눅스가 필요합니다. 그래서 이 장에서는 리눅스 시스템을 구축해 실습 환경을 만들어 보겠습니다.

2.1

리눅스 실습 환경 구축 방법

리눅스 시스템을 구축하는 방법은 여러 가지입니다. 각 구축 방법을 간단히 알아보겠습니다.

2.1.1 PC에 리눅스 직접 설치

가장 직관적인 방법입니다. PC에 윈도우나 맥OS를 설치해 사용하는 것처럼 아무런 운영체제
가 설치되지 않은 PC에 리눅스를 설치하는 방법입니다. 하드웨어 위에 리눅스를 직접 설치하므
로 성능 면에서는 가장 좋습니다. 서버에서 주로 이 방법으로 리눅스를 설치해 운영합니다. PC
가 한 대가 필요한데, 이 책에서 실습하는 내용은 높은 성능을 요구하지 않습니다. 실습용으로
PC 한 대를 사용하기에는 비용과 공간 면에서 비효율적입니다. 리눅스 학습을 위한 방법으로는
추천하지 않습니다.

2.1.2 가상 머신에 리눅스 설치

윈도우나 맥OS가 설치된 PC에 가상 머신으로 리눅스를 설치하는 방법입니다. **가상 머신**(Virtual
machine)은 말 그대로 가상의 컴퓨터라는 개념입니다. 즉, PC(호스트 머신) 안에 또 다른
PC(가상 머신)가 있습니다. 마치 운영체제에 어떤 프로그램을 설치하듯 가상 머신을 생성하는
프로그램을 설치하고, 가상 머신에 리눅스를 설치합니다.

가상 머신이라는 개념을 이해하기 어려울 수도 있지만, 리눅스를 배울 때 가장 추천하는 방법입
니다. 리눅스의 설치 과정부터 직접 경험해볼 수 있고, 리눅스를 설치한 후 마음대로 사용할 수
있기 때문입니다. 이 책에서도 이 방법을 사용합니다.

물론 단점도 있습니다. 호스트 머신의 기능과 성능에 따라 가상 머신 생성 프로그램이 제대로 작동하지 않을 수도 있습니다. 가상 머신 생성 프로그램은 호스트 머신의 하드웨어 기능을 많이 이용합니다. 그래서 호스트 머신의 기능, 성능, 설정에 영향을 많이 받습니다. 오류가 발생하는 이유가 다양해 일률적인 해결 방안을 제시할 수 없으므로 스스로 해결해야 합니다.

2.1.3 클라우드 서비스로 리눅스 인스턴스 생성

AWS나 Azure 같은 클라우드 서비스를 이용해 리눅스 인스턴스를 생성하고 사용하는 방법입니다. **클라우드 서비스**(Cloud Service)는 인터넷을 통해 가상 머신과 같은 컴퓨팅 자원을 제공하는 서비스입니다. 클라우드 서비스를 이용하면 클릭 몇 번만으로 클라우드 서비스 제공자가 준비한 서버에 내가 사용할 가상 머신이 만들어집니다. 클라우드 서비스는 가상 머신뿐만 아니라 데이터를 저장할 수 있는 저장소나 네트워크 등 자원과 기능도 제공합니다. 컴퓨터와 관련한 모든 것을 서비스로 제공하는 셈입니다.

클라우드 서비스에서 제공하는 서비스의 범위와 종류가 너무 넓다 보니 다음처럼 3가지 유형으로 나눕니다.

- **인프라 서비스**(IaaS, Infrastructure as a Service): 가상 머신, 데이터 저장소, 네트워크 기능 등 컴퓨터 시스템 구성에 필요하며 가장 기본이 되는 서비스를 제공합니다.
- **플랫폼 서비스**(PaaS, Platform as a Service): 소프트웨어 개발 환경이나 실행 및 배포 환경 등 IT 서비스에서 자주 사용하는 소프트웨어를 하나의 플랫폼으로 제공합니다.
- **소프트웨어 서비스**(SaaS, Software as a Service): 소프트웨어 자체를 서비스로 제공합니다. 인터넷을 통해 문서 작성 프로그램을 실행하는 것이 가장 쉬운 예입니다.

이 중 리눅스 실습에 이용할 수 있는 서비스는 인프라 서비스입니다. 인프라 서비스를 제공하는 클라우드 서비스 제공자의 웹 사이트에 접속해 가입하고 로그인하면, 클릭 몇 번으로 리눅스가 설치된 가상 머신을 만들어 사용할 수 있습니다.

이 방법은 매우 간단합니다. 하지만 일정 비용을 지불해야 합니다. 클라우드 서비스 제공자는 사용자가 생성한 각종 자원의 종류와 사용 시간을 기준으로 사용한 만큼 사용료를 청구합니다. 클라우드 서비스 제공자마다 가입 시 돈 대신 사용할 수 있는 크레딧(credit)을 주기도 합니다. 학생은 무료인 경우도 있습니다. 비용을 지불하고 싶지 않다면 무료로 또는 저렴한 가격으로 이용할 수 있는 방법을 각자 찾아봐야 합니다.

Note   **인프라 서비스를 제공하는 클라우드 서비스 제공자**

인프라 서비스를 제공하는 주요 글로벌 서비스는 다음과 같습니다.

- 아마존의 AWS(Amazon Web Services)
- 마이크로소프트의 Azure
- 구글의 GCP(Google Cloud Platform)
- 알리바바의 Alibaba Cloud
- 오라클의 Oracle Cloud

인프라 서비스를 제공하는 주요 국내 서비스는 다음과 같습니다.

- 네이버 클라우드
- KT 클라우드
- NHN 클라우드

2.2

실습: 가상 머신에 리눅스 설치하기

이 절에서는 가상 머신에 리눅스를 설치해 실습 환경을 구축하겠습니다. PC의 운영체제에 따라 실습 환경을 구축하는 방법이 달라질 수 있습니다. 여기에서는 윈도우와 맥OS를 기준으로 설명합니다. 여러 리눅스 배포판이 있지만, 전 세계적으로 많이 사용하는 **우분투 리눅스**(Ubuntu linux, 이하 우분투)를 설치합니다.

2.2.1 윈도우에 리눅스 가상 머신 생성하기

PC에서 가장 많이 사용하는 운영체제는 윈도우입니다. 먼저 윈도우에 가상 머신을 생성해 우분투 리눅스를 설치하는 방법을 살펴보겠습니다.

● 우분투 데스크톱 이미지 다운로드

가상 머신 프로그램을 설치하기 전에, 리눅스 설치에 필요한 우분투 설치 이미지를 다운로드합니다. 이미지 파일의 크기가 커서 다운로드하는 데 시간이 오래 걸리기 때문입니다. 우분투 설치 이미지도 여러 종류가 있는데, 일반적으로 **우분투 데스크톱**(Ubuntu Desktop) 버전을 사용합니다.

TIP — **우분투 데스크톱 버전**은 일반 사용자에게 알맞은 패키지들을 모아놓은 것입니다. 설치한 후 부팅하면 GUI 기반 데스크톱 화면이 뜨고, 웹 브라우저나 문서 편집기 등이 기본으로 설치됩니다. **우분투 서버 버전**은 사용자 친화적인 GUI 등의 패키지가 설치되지 않습니다. IT 서비스를 구축하는 데 필요한 여러 종류의 서버에서 주로 사용하는 패키지들로 이뤄져 있습니다.

검색 엔진에서 'download ubuntu'를 검색하면 우분투 데스크톱 다운로드 페이지(https://ubuntu.com/download/desktop)를 찾을 수 있습니다. 해당 페이지로 가면 [Download] 버튼이 보입니다. [Download] 버튼을 클릭해 이미지를 다운로드합니다.

그림 2-1 우분투 데스크톱 설치 이미지 다운로드

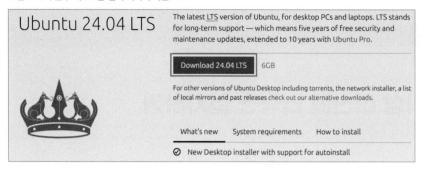

이 책에서는 **24.04 LTS 버전**을 사용합니다(책을 보는 시점에 따라 다운로드 페이지에 보이는 버전이 다를 수 있습니다). 우분투는 배포 시점에 따라 버전명을 결정합니다. '24.04'라고 하면 2024년 4월에 배포한 버전이라는 의미입니다. LTS(Long Term Support)는 일반 버전보다 길게 관리해주는 장기 지원 버전을 의미합니다. 우분투는 짝수년도 4월에 출시되는 버전을 LTS로 지정합니다. 일반 버전은 9개월 동안만 하드웨어 및 소프트웨어 업데이트를 지원하는 데 비해, LTS 버전은 5년 동안 업데이트를 지원합니다. 최신 소프트웨어를 빠르게 사용하고 싶다면 최신 버전을 사용하고, 오랜 기간 업데이트를 받아야 한다면 LTS 버전을 사용하는 것이 좋습니다. 버전마다 설치 방법과 화면 구성 등이 다릅니다. 이 책과 동일한 결과를 확인하고 싶다면 24.04 LTS 버전을 사용하기 바랍니다.

● **VirtualBox 설치**

윈도우에 가상 머신을 생성하려면 가상 머신 프로그램을 설치해야 합니다. 윈도우에서 사용할 수 있는 가상 머신 프로그램에는 여러 가지가 있습니다. 그중 Oracle의 VirtualBox와 VMWare의 VMWare Workstation Player가 대표적입니다. 개인이나 비상업용이면 무료로 사용할 수 있습니다. 기능이나 성능으로 따져볼 때 어떤 프로그램이 더 좋다고 할 수는 없습니다. 두 프로그램 모두 가상 머신에 리눅스를 설치해 사용하기에 좋습니다. 이 책에서는 **VirtualBox**를 사용해 가상 머신을 생성하고, 가상 머신에 리눅스를 설치하겠습니다.

1 검색 엔진에서 'download virtualbox'로 검색하면 다운로드 페이지(https://www.virtualbox.org/wiki/Downloads)를 찾을 수 있습니다. 해당 페이지로 가면 다음과 같은 화면이 보입니다. VirtualBox는 여러 종류의 호스트를 지원하므로 운영체제에 맞는 설치 파일을 다운로드해야 합니다. 여기서는 **Windows hosts**를 클릭해 설치 파일을 다운로드합니다(책을 보는 시점에 따라 다운로드 페이지에 보이는 버전이 다를 수 있습니다).

그림 2-2 VirtualBox 다운로드

2 다운로드한 설치 파일을 클릭해 실행합니다. 설정 단계에서 따로 설정할 부분은 없으니 [Next] 버튼과 [Yes] 버튼을 눌러 다음 단계로 이동하세요.

그림 2-3 VirtualBox 설치

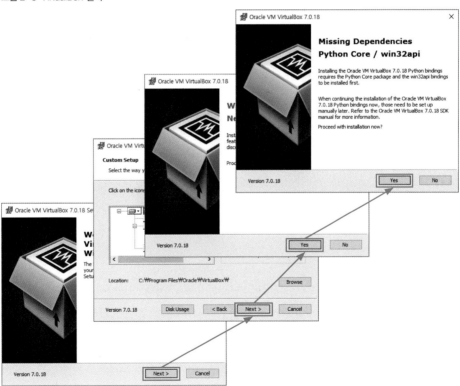

3 설치 준비 화면이 나오면 [Install] 버튼을 클릭해 설치를 진행합니다. 설치 완료 화면이 나오면 가운데 체크박스를 표시한 상태로 [Finish] 버튼을 클릭합니다.

그림 2-4 VirtualBox 설치 완료

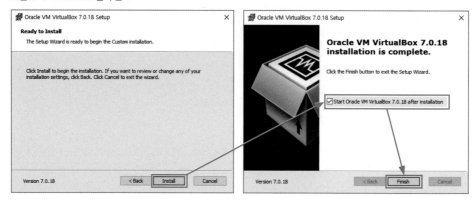

4 VirtualBox 설치가 끝나면 다음과 같이 VirtualBox 관리자 창이 뜹니다. 생성한 가상 머신을 관리할 수 있는 화면이라고 보면 됩니다. 관리자 창에서 가상 머신을 여러 개 생성할 수 있습니다.

그림 2-5 VirtualBox 관리자 창

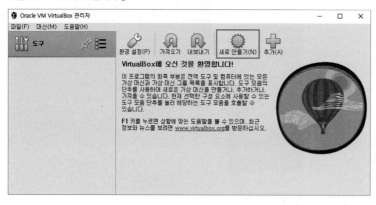

컴퓨터는 CPU, 메모리, 디스크, 그래픽 카드 등으로 구성돼 있습니다. 사양에 따라 가격도 천차만별이라 사용 용도와 예산에 따라 구성 요소의 사양을 적절히 선택합니다. 가상 머신도 CPU, 메모리, 디스크, 그래픽 카드 등으로 구성됩니다. 사양은 가상 머신을 생성할 때 결정합니다. 무조건 좋은 사양을 설정하는 것은 좋지 않습니다. 가상 머신은 호스트 머신의 자원을 나눠 사용하기 때문에 너무 좋은 사양으로 설정하면 호스트 머신이 원활히 작동하지 않을 수 있습니다. 용도에 맞게 적당한 사양으로 설정해야 합니다.

● 가상 머신 생성 및 우분투 설치

VirtualBox에서 가상 머신을 생성하겠습니다.

1 **그림 2-5**와 같은 VirtualBox 관리자 창에서 [새로 만들기] 버튼을 클릭합니다.

2 가상 머신 만들기 창이 뜨면 가상 머신의 이름과 폴더(저장 위치), ISO 이미지를 설정합니다. 설정하고 나면 [다음] 버튼을 클릭합니다.

- **이름**: 가상 머신에 설치할 운영체제의 이름과 버전 등을 넣어 알아보기 쉽게 하는 것이 좋습니다.

- **폴더(저장 위치)**: 가상 머신의 정보가 저장될 위치로, 각자의 컴퓨터에 알맞게 설정하면 됩니다.

- **ISO 이미지**: 다운로드한 우분투 설치 이미지를 선택합니다.

- **무인 설치 건너뛰기**: 옵션을 체크 표시합니다. 우분투 설치 과정 중 사용자 정보 등을 입력하는 단계가 있는데, 무인 설치는 여기에 필요한 정보를 미리 입력받아 한 번에 설치하는 기능입니다. 좋은 기능이지만 입문 단계이므로 리눅스 설치 과정을 자세히 보기 위해 건너뛰겠습니다.

그림 2-6 가상 머신 기본 설정

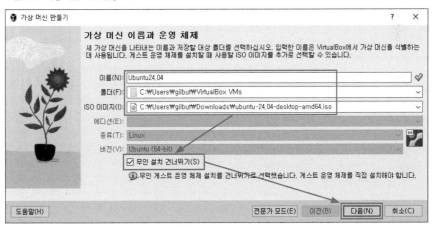

3 하드웨어 화면이 나오면 가상 머신이 사용할 메모리 양과 CPU 개수를 설정합니다. PC 사양에 따라 다르겠지만, 메모리는 **2048MB~4096MB**, CPU는 **1개 이상**으로 설정하면 됩니다. 가상 머신의 사양은 PC 사양의 30–50% 수준으로 여유 있게 설정하는 것이 좋습니다. 설정한 후 [다음] 버튼을 클릭합니다.

그림 2-7 하드웨어 설정

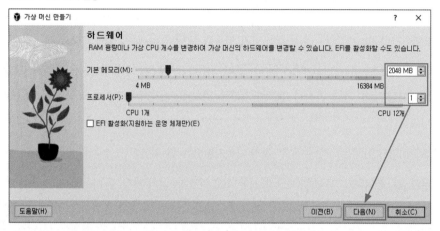

4 가상 머신을 처음 생성하므로 가상 하드 디스크 화면이 나오면 **지금 새 가상 하드 디스크 만들기** 옵션을 선택합니다. 디스크 크기는 **40GB 이상**으로 설정하고 [다음] 버튼을 클릭합니다.

그림 2-8 가상 하드 디스크 설정

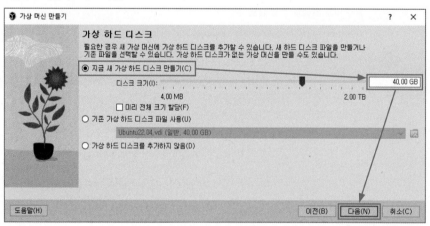

5 요약 화면이 나옵니다. 지금까지 설정한 내용을 검토한 후 [완료] 버튼을 누르면 가상 머신
이 생성됩니다.

그림 2-9 가상 머신 설정 완료

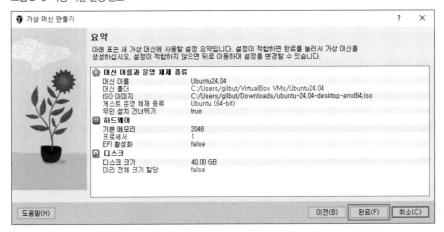

6 가상 머신 관리자 창의 왼쪽 목록에 가상 머신이 추가된 것을 볼 수 있습니다. 생성한 가상
머신을 선택하고 [시작] 버튼을 누르면 가상 머신이 시작됩니다. 이는 컴퓨터의 전원을 켜는
것과 같습니다.

그림 2-10 가상 머신 생성 확인

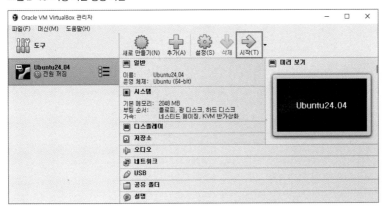

7 가상 머신이 시작되면 새로운 창이 하나 뜹니다. 이 창은 가상 머신의 모니터라 할 수 있습니다. 우분투 설치 이미지로 부팅되고 새로운 창에 다음과 같이 우분투 설치 화면이 나옵니다. 첫 번째 항목인 **Try or Install Ubuntu**를 선택하고 Enter 를 누릅니다.

그림 2-11 우분투 설치 시작 화면

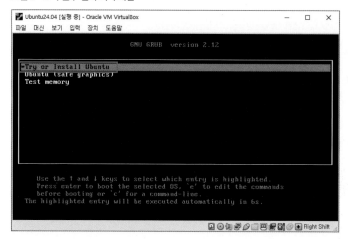

8 우분투 설정 화면이 나옵니다. 몇 단계에 걸쳐 가상 머신에 설치할 우분투에 대한 설정을 진행합니다. 가장 먼저 언어(language)를 선택합니다. 기본값인 영어(English)를 선택(한국어를 선택해도 됨)한 상태로 [Next] 버튼을 클릭합니다.

그림 2-12 언어 설정

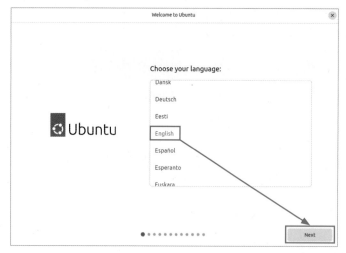

9 접근성(accessibility) 설정 화면에서는 보기, 듣기, 타이핑, 마우스 포인팅과 클릭 등 편의를 위한 접근성 설정을 할 수 있습니다. 기본 설정을 그대로 두고 [Next] 버튼을 클릭합니다. 접근성 설정은 우분투를 설치한 후에 Settings 메뉴에서 다시 변경할 수 있습니다.

그림 2-13 접근성 설정

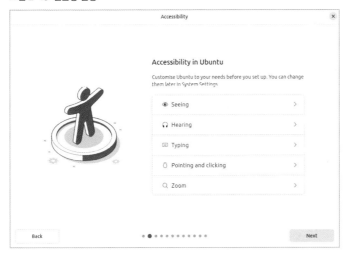

10 키보드 레이아웃 설정 화면이 나옵니다. 기본값(English(US))을 그대로 둬도 되고 Korean 으로 바꿔도 됩니다. 선택한 후 [Next] 버튼을 클릭합니다.

그림 2-14 키보드 레이아웃 선택

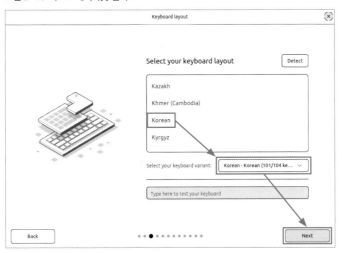

11 네트워크 연결 설정 화면에서는 인터넷에 연결하는 방법을 설정합니다. 연결 상태에 따라 Use wired connection(유선 연결) 또는 Wi-Fi connection(무선 연결)을 선택하고 [Next] 버튼을 클릭합니다.

그림 2-15 네트워크 연결 설정

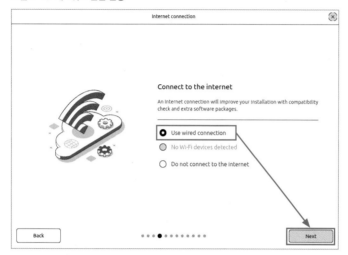

12 실행 방법 선택 화면에서는 Install Ubuntu(우분투 설치)를 선택하고 [Next] 버튼을 클릭합니다. Try Ubuntu를 선택하면 우분투 24.04를 설치하지 않고 우분투를 사용해볼 수 있습니다.

그림 2-16 실행 방법 선택

13 설치 유형을 선택하는 화면이 나오면 Interactive installation^(대화형 설치)을 선택하고 [Next] 버튼을 클릭합니다. Automated installation^(자동 설치)을 선택하면 autoinstall. yaml 파일에 미리 작성된 우분투 설정을 가져와 자동으로 설치합니다.

그림 2-17 설치 유형 선택

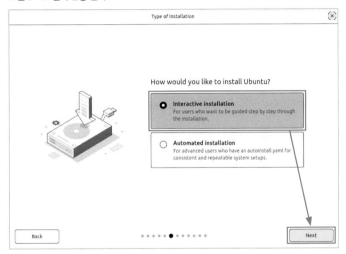

14 애플리케이션 설정 화면에서는 어떤 애플리케이션을 설치할지 선택합니다. Default selection을 선택하면 기본으로 지정된 애플리케이션을 설치하고, Extended selection을 선택하면 도구나 유틸리티를 추가로 설치합니다. Default selection을 선택하고 [Next] 버튼을 클릭합니다.

그림 2-18 애플리케이션 설정

15 추가 옵션 설치 화면에서는 성능을 향상시키는 타사의 소프트웨어나 추가 미디어 형식을 지원하는 소프트웨어를 설치할지 선택합니다. 여기서는 아무것도 선택하지 않고 넘어갑니다.

그림 2-19 추가 옵션 설정

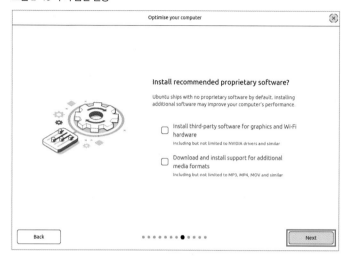

16 다음으로 우분투를 디스크에 어떻게 설치할지 물어보는 디스크 파티션 설정 화면이 나옵니다. **Erase disk and install Ubuntu**를 선택하고 [Next] 버튼을 클릭합니다. 해당 설정을 선택하면 디스크를 전체 삭제하고 설치하므로 기존에 다른 데이터가 있으면 위험합니다. 여기서는 새로 생성한 가상 머신에 설치하니 문제없습니다.

그림 2-20 디스크 파티션 설정

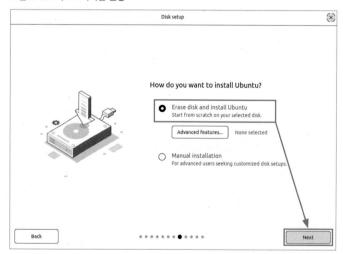

17 컴퓨터 이름과 기본 사용자 설정 화면이 나옵니다. 여기에서 설정하는 사용자는 우분투에 추가할 기본 사용자 계정입니다. 우분투를 설치한 후 해당 사용자 계정으로 시스템에 로그인하므로 ID와 비밀번호를 기억해둬야 합니다. 입력이 끝나면 [Next] 버튼을 클릭합니다.

- your name: 생성한 사용자에 관해 덧붙이는 설명입니다.
- your computer's name: 호스트 머신의 이름입니다.
- your username: 생성할 사용자 이름입니다.

그림 2-21 컴퓨터 이름과 기본 사용자 설정

18 시간대(timezone) 선택 화면이 나오면 현재 위치와 시간대를 선택하고 [Next] 버튼을 클릭합니다.

그림 2-22 시간대 선택

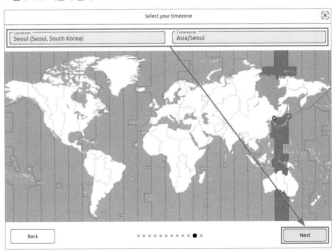

19 설치 준비 화면에 앞에서 선택한 설정들이 표시됩니다. 맞는지 확인한 후 [Install] 버튼을 클릭합니다.

그림 2-23 설치 준비

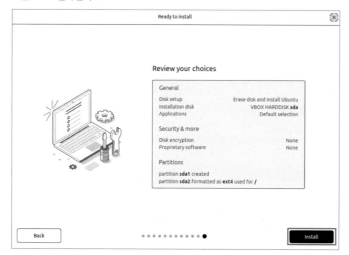

20 설치가 끝나면 컴퓨터를 리부팅하라는 알림창이 나타납니다. [Restart now] 버튼을 클릭해 리눅스를 리부팅합니다. 알림창이 뜨지 않으면 화면 오른쪽 전원 버튼을 이용합니다. 전원 버튼을 누르면 설정 관련 창이 뜨고 창에 있는 전원 버튼을 다시 누르면 전원 메뉴가 뜹니다. [Restart now] 버튼을 클릭합니다.

그림 2-24 가상 머신 리부팅

21 가상 머신이 리부팅되고 리눅스 설치 이미지를 제거한 후에 Enter 를 누르라는 메시지가 출력됩니다. 상단 메뉴에서 **장치 → 광학 드라이브 → 가상 드라이브에서 디스크 꺼내기**를 선택한 후 Enter 를 누릅니다. 가상 머신에서 우분투 설치 이미지를 제거해야 설치한 우분투로 부팅됩니다.

그림 2-25 우분투 설치 이미지 제거

Note   가상 드라이브에서 디스크 꺼내기가 활성화되지 않을 경우

메뉴에서 **가상 드라이브에서 디스크 꺼내기**가 활성화되지 않는 경우가 있습니다. 이럴 때는 그 위에 있는 **디스크 이미지 선택/만들기**를 선택합니다. 광 디스크 선택기 창이 뜨면 Attached 항목에서 우분투 설치 이미지를 선택하고 [비워 두기] 버튼을 클릭합니다. 가상 머신에서 우분투 설치 이미지가 제거됩니다.

그림 2-26 광 디스크 선택기에서 우분투 설치 이미지 제거

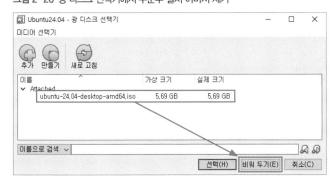

22 리부팅이 완료되고 우분투 로그인 화면이 나옵니다. 우분투 설치 과정에서 설정한 기본 사용자 계정의 ID를 클릭하고 비밀번호를 입력해 로그인합니다.

그림 2-27 우분투 로그인 화면

23 우분투 데스크톱 화면이 나오면 우분투 설치는 끝입니다. 여기서 한발 더 나아가 우분투 데스크톱 을 더 편하게 사용할 수 있는 '게 스트 확장'을 설치하겠습니다. 우 분투 데스크톱 화면의 상단 메뉴 에서 **장치 → 게스트 확장 CD 이미 지 삽입**을 선택합니다.

그림 2-28 우분투 데스크톱 화면에서 게스트 확장 CD 이미지 삽입

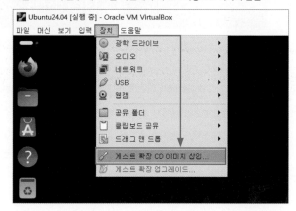

24 CD-ROM 드라이브에 게스트 확장 이미지가 삽입되고 CD의 설치 프로그램을 자동 실행 하겠냐는 메시지가 출력됩니다. [Run] 버튼을 누르면 자동으로 게스트 확장 기능이 우분투 에 설치됩니다. 만약 자동 실행 메시지가 뜨지 않는다면 왼쪽 런처(launcher, 윈도우의 작업표 시줄과 비슷함)에 생긴 **CD 아이콘**을 클릭합니다. 폴더가 열리면 폴더 안에 **autorun.sh** 파일이 보입니다. 해당 파일을 선택한 상태에서 마우스 오른쪽 버튼을 클릭하면 나오는 메뉴(컨텍 스트 메뉴) 중 **Run as a Program**을 선택합니다.

그림 2-29 게스트 확장 기능 설치

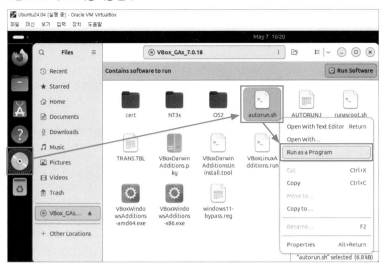

25 인증 요청 창이 뜨면 사용자 계정의 비밀번호를 입력
하고 [Authenticate] 버튼을 클릭합니다.

그림 2-30 인증 요청

26 터미널이 나오고 설치 과정을 보여줍니다. 설치가 끝나면 Enter 를 눌러 터미널을 닫습니다.

그림 2-31 게스트 확장 기능 설치 완료

이제 우분투 데스크톱 창의 크기를 조절할 수 있습니다. 모니터의 해상도에 따라 크기를 적절히
조절해서 사용하세요.

059

2.2.2 맥OS에 리눅스 가상 머신 생성하기

이번에는 맥OS에 가상 머신을 생성해 리눅스를 설치하겠습니다. 맥OS는 맥북이나 아이맥, 맥

미니 등 애플의 컴퓨팅 기기에 설치되는 운영체제입니다.

가상 머신을 생성하기에 앞서, 가상 머신을 생성하려는 기기가 인텔(Intel) 프로세서를 탑재했는

지 애플 프로세서(M1, M2, M3 등)를 탑재했는지 확인해야 합니다. 인텔 프로세서가 탑재된 기

기라면 윈도우에 가상 머신을 생성할 때와 동일한 방법으로 VirtualBox를 설치해 리눅스를 설

치할 수 있습니다. 애플 프로세서를 탑재한 기기라면 VirtualBox가 실행되지 않습니다. 현재

(2024년 6월) VirtualBox는 애플 프로세서를 위한 정식 버전이 출시되지 않았습니다. 그래서

VirtualBox를 사용하기는 어렵습니다. 애플 프로세서를 탑재한 기기에서 사용할 수 있는 가상

머신 프로그램으로는 UTM이 대표적입니다. 여기서는 UTM을 사용해 가상 머신을 생성하겠

습니다.

● ARM용 우분투 서버 이미지 다운로드

우분투 설치 이미지를 다운로드하는 데 시간이 오래 걸리므로 우분투 설치 이미지부터 다운로

드합니다. 우분투 설치 이미지는 설치할 컴퓨터의 프로세서 아키텍처에 맞춰 다운로드해야 합

니다. 애플의 M1, M2, M3 프로세서는 ARM 아키텍처이므로 ARM용 이미지를 다운로드해야

합니다.

현재 우분투 데스크톱은 ARM용 이미지를 제공하지 않습니다. 그 대신 **우분투 서버**(Ubuntu

Server)가 ARM용 이미지를 제공합니다. 우분투 서버 이미지를 다운로드합니다. 다만, 우분투 서

버는 GUI를 제공하는 데스크톱이 함께 설치되지 않으니 데스크톱을 추가로 설치해야 합니다.

검색 엔진에서 'ubuntu for arm'으로 검색하면 ARM용 우분투 서버 이미지를 다운로드할 수 있는 페이지(https://ubuntu.com/download/server/arm)를 찾을 수 있습니다. 해당 페이지로 이동합니다. 해당 페이지로 가면 LTS 버전의 [Download] 버튼이 보입니다. 버튼을 클릭해 설치 이미지를 다운로드합니다. 책을 보는 시점에 따라 버전이 다를 수 있으니 최신 LTS 또는 이 책과 동일한 24.04 LTS 버전을 다운로드하세요.

그림 2-32 우분투 서버 이미지 다운로드

Ubuntu Server for ARM

Ubuntu 24.04 LTS includes support for the very latest ARM-based server systems powered by certified 64-bit processors.

Develop and test using over 50,000 software packages and runtimes — including Go, Java, Javascript, PHP, Python and Ruby — and deploy at scale using our complete scale-out management suite including MAAS and Juju. Ubuntu delivers server-grade performance on ARM, while fully retaining the reliable and familiar Ubuntu experience.

Ubuntu Server | This is the default ISO image of the Ubuntu Server installer.

Download 24.04 LTS

● UTM 설치

UTM은 오픈 소스 프로젝트라서 누구나 무료로 사용할 수 있습니다. UTM 홈페이지를 통해 설치 파일을 다운로드해서 설치할 수도 있고, 애플의 앱스토어를 통해 설치할 수도 있습니다. 두 버전은 완전히 동일하지만 설치 파일을 다운로드하면 무료이고, 앱스토어로 설치하면 유료입니다(일종의 기부라고 하네요). 선택은 여러분에게 맡기겠습니다. 여기서는 설치 파일을 다운로드하는 방식을 택하겠습니다.

맥OS에 UTM을 설치하는 것은 여느 프로그램을 설치하는 방법과 다르지 않습니다. 검색 엔진에서 'macOS utm'으로 검색하면 UTM 홈페이지(https://mac.getutm.app)를 찾을 수 있습니다. 해당 페이지로 가면 다음과 같이 [Download] 버튼이 보입니다. 해당 버튼을 클릭해서 설치 파일을 다운로드합니다.

그림 2-33 UTM 설치 파일 다운로드

다운로드 폴더에서 UTM 설치 파일(UTM.dmg)을 클릭합니다. 다음 그림처럼 가상 이미지 디스크를 여는 창이 뜨면 파인더(Finder)를 실행해 응용 프로그램 폴더를 엽니다. 가상 이미지 디스크 창에 있는 UTM 아이콘을 응용 프로그램 폴더로 드래그해 추가하면 설치가 끝납니다.

그림 2-34 응용 프로그램에 UTM 추가

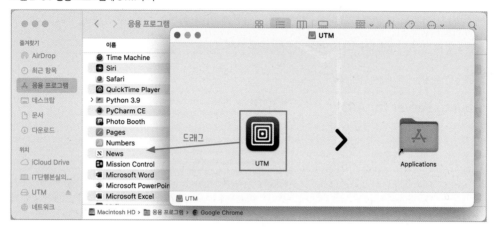

● 가상 머신 생성 및 우분투 설치

UTM에서 가상 머신을 생성하고 리눅스를 설치하겠습니다.

1 설치한 UTM 아이콘을 클릭해 실행하면 다음과 같은 화면이 보입니다. [새 가상 머신 만들기] 버튼을 클릭합니다.

그림 2-35 새 가상 머신 만들기 선택

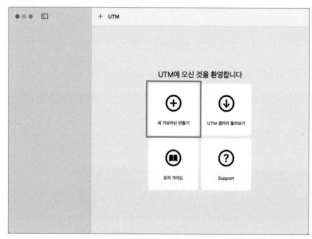

2 Start 창이 뜨면서 Virtualize(가상화)와 Emulate(에뮬레이트) 2가지 모드가 보입니다. 이 중에서 **Virtualize**를 선택합니다.

그림 2-36 Virtualize 모드 선택

TIP —— Virtualize는 UTM이 설치된 컴퓨터와 같은 프로세서 아키텍처를 사용할 때, Emulate는 다른 아키텍처를 사용할 때 선택합니다.

3 가상 머신에 설치할 게스트 운영체제의 종류를 선택하는 화면이 나타나면 **Linux**를 선택합니다.

그림 2-37 운영체제 선택

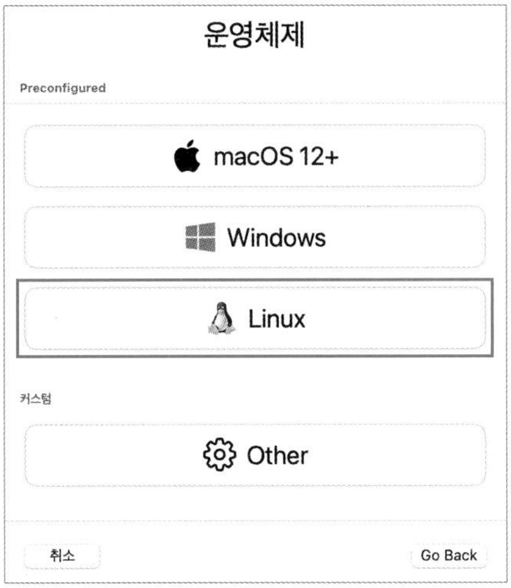

4 여러 옵션을 설정하는 화면이 나타납니다. 나머지 설정은 그대로 두고 하단의 **Boot ISO Image** 항목에 가상 머신에 설치할 운영체제 이미지만 입력합니다. [탐색] 버튼을 클릭하

면 폴더 선택 화면이 나옵니다. 다운로드 폴더로 가서 앞서 다운로드한 ARM용 우분투 서버 설치 이미지를 선택합니다. Boot ISO Image 항목에 이미지가 입력됐는지 확인하고 [Continue] 버튼을 클릭합니다.

그림 2-38 ARM용 우분투 서버 설치 이미지 선택

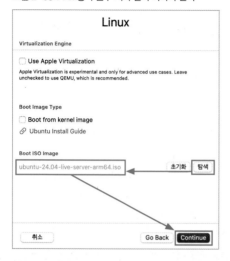

5 가상 머신에 할당할 메모리와 CPU 개수를 설정하는 화면이 나옵니다. 높은 사양을 설정할 필요가 없으므로 호스트 머신의 사양에 따라 메모리는 2,048~4,096MB, CPU 개수는 1~4개 정도로 설정합니다. 가상 머신에 할당할 디스크의 크기는 기본값인 64GB로 설정합니다. 설정한 후에는 [Continue] 버튼을 클릭해 다음 단계로 넘어갑니다.

그림 2-39 하드웨어 사양 설정

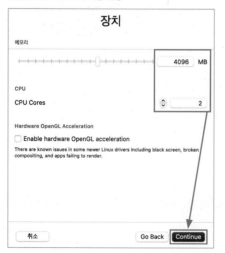
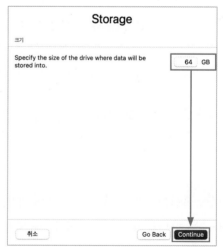

6 호스트 머신과 가상 머신 간 공유 폴더를 설정하는 화면이 나오는데, 아무것도 하지 않고 [Continue] 버튼을 클릭합니다. 마지막으로 지금까지 설정한 내용을 검토하는 요약 화면이 나옵니다. 여기서 생성한 가상 머신의 이름을 설정합니다. 같은 종류의 운영체제로 여러 가상 머신을 만들 수 있으니 이름을 잘 정하는 것이 좋습니다. 이름을 입력하고 [저장] 버튼을 클릭합니다.

그림 2-40 공유 폴더 설정 및 가상 머신 이름 설정

7 UTM 화면의 왼쪽 목록을 보면 가상 머신이 추가됐습니다. 현재는 가상 머신이 작동하고 있지 않습니다. 가상 머신의 전원을 켜보겠습니다. 목록에서 가상 머신을 클릭하거나 화면 가운데 [Run] 버튼을 클릭합니다.

그림 2-41 생성된 가상 머신 실행

8 새로운 창이 뜨고 다음과 같은 화면이 보입니다. 가상 머신에 전원이 들어와 부팅되면서 우분투 설치 화면이 뜬 것입니다. 첫 번째 항목인 **Try or Install Ubuntu Server**를 선택합니다.

그림 2-42 우분투 리눅스 설치 시작 화면

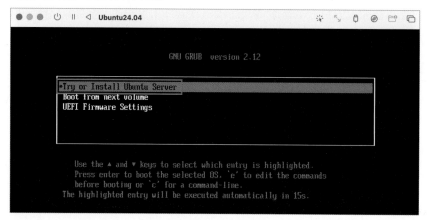

우분투 리눅스 설치가 진행됩니다. 이 과정에서 값의 입력이나 이동은 마우스가 아닌 키보드를 사용합니다. [tab] 키와 화살표 키로 커서를 움직이고, [Enter] 키를 눌러 설정을 선택합니다. 설정마다 기본값이 선택된 상태로 표시되는 것들이 있습니다. 대부분은 그대로 진행해도 큰 문제가 없습니다. 버전에 따라 설치 과정이 조금씩 달라질 수 있습니다. 하지만 설정하는 내용은 거의 비슷하므로 화면이 책과 다르다고 크게 두려워할 필요는 없습니다. 잘못 설정했어도 너무 걱정하지 않아도 됩니다. 처음부터 다시 설치하면 됩니다.

9 우분투 리눅스 설치 과정에서 항목들은 다음과 같이 선택합니다. 별다른 설명이 없는 항목은 기본값을 그대로 두고 [Done]이나 [Continue]를 선택해 다음으로 넘어갑니다.

- 언어 설정
- 키보드 설정
- 설치 유형 설정: Ubuntu server
- 네트워크 설정: 자동으로 발견한 네트워크를 사용합니다.
- 프록시(proxy) 설정
- 아카이브 미러(archive mirror) 설정: 테스트가 끝나면 [Done]을 누릅니다.
- 디스크 레이아웃 설정: Use an entire disk → Set up this disk as an LVM group
- 스토리지 설정 확인: [Done]을 누르면 디스크가 모두 지워진다는 경고 메시지가 출력됩니다. 생성한 가상 머신에 새로 설치하므로 안심하고 [Continue]를 누릅니다.

- 프로필 설정: 서버 이름, 사용자 설정 서버 이름, 기본 사용자를 설정합니다. 'Your name'은 사용자에 대한 설명에 해당하므로 크게 중요하지 않습니다. 'Your servers name'은 설치한 리눅스 머신의 이름입니다. 프롬프트에 서버 이름이 출력되므로 너무 길지 않으면서도 리눅스의 특징을 표현할 수 있으면 좋습니다. 'username'과 'password'는 리눅스에 추가할 기본 사용자 계정의 ID와 비밀번호입니다. 리눅스를 설치한 후에 시스템에 로그인할 수 있는 유일한 사용자이므로 입력한 ID와 비밀번호를 잘 기억해야 합니다.

- 우분투 프로 업그레이드: Skip for now

- SSH 설정

- 추가 패키지 설정

10 앞에서 설정한 대로 우분투가 설치됩니다. 어느 정도 시간이 지나면 설치가 완료됐다는 메시지가 출력됩니다. [Reboot now]를 선택해 리부팅합니다.

그림 2-43 우분투 리눅스 설치 완료

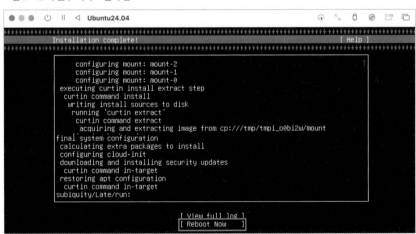

11 가상 머신에는 아직 리눅스 설치 이미지가 입력된 상태라서 가상 머신이 리부팅됐을 때 리눅스 설치 과정이 다시 시작될 수도 있습니다. 오른쪽 상단에 있는 [Drive image options] 버튼을 눌러 삽입된 리눅스 이미지를 꺼낸 후 리부팅합니다.

그림 2-44 우분투 설치 이미지 제거

● 우분투 데스크톱 설치

맥OS의 UTM에 설치한 리눅스 배포판은 우분투 서버입니다. 보통 서버 계열 배포판은 GUI를 제공하는 데스크톱이 설치되지 않아 **그림 2-45**처럼 명령어를 입력받는 터미널이 출력됩니다. 터미널을 사용해본 적이 없다면 굉장히 낯설 수 있습니다. 하지만 괜찮습니다. 우분투 서버에서도 데스크톱을 설치해 사용할 수 있습니다.

1 우분투 서버 설치 과정에서 설정한 사용자 ID와 비밀번호를 입력해 리눅스에 로그인합니다.

그림 2-45 우분투 로그인

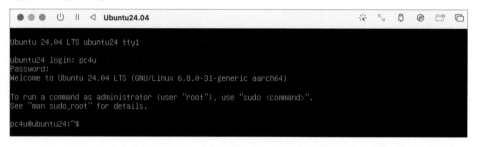

2 프롬프트에 다음 명령어를 순서대로 입력해 우분투 데스크톱을 설치합니다.

sudo apt update는 소프트웨어 패키지를 설치하기 전에 패키지 저장소를 최신으로 업데이트하라는 명령입니다. 이 명령은 관리자 권한, 즉 root 권한이 필요하기 때문에 앞에 sudo를 붙여 실행해야 합니다. sudo 명령으로 실행하면 사용자 비밀번호를 물어봅니다.

sudo apt install -y ubuntu-desktop은 데스크톱을 설치하라는 명령입니다. 해당 명령을 실행하면 소프트웨어 저장소로부터 ubuntu-desktop과 관련한 패키지를 다운로드해 설치합니다. 데스크톱에 필요한 소프트웨어 패키지가 방대해서 설치하는 데 시간이 꽤 걸릴 수 있습니다.

TIP — apt는 **13.1.2 실습: apt로 패키지 관리하기**에서, sudo는 **5.1.3 root 사용자 권한으로 명령을 실행하는 방법**에서 자세히 설명합니다.

3 설치가 끝나도 그래픽한 무언가가 나타나지 않습니다. 설치한 데스크톱은 시스템을 리부팅
   해야 볼 수 있습니다. 다음 명령으로 시스템을 재시작합니다.

```
터미널
$ sudo reboot
```

4 시스템을 리부팅하면 검은 화면에 'display output is not active.'라는 메시지만 뜹니다.
   이 상태로 조금 기다리면 텍스트 로그인 화면 대신 **그림 2-27**처럼 GUI로 구성된 로그인 화
   면이 나옵니다. 사용자 계정을 신택하고 비밀빈호를 입력해 로그인합니다.

5 우분투 데스크톱의 바탕화면이 보입니다. 바탕화면에서 마우스 오른쪽 버튼을 클릭하면 메
   뉴가 나타납니다. 여기에서 'Open in terminal' 메뉴를 선택하면 터미널 프로그램이 실행
   됩니다. 우분투 데스크톱을 설치하기 전에 명령을 입력한 화면과 같다고 보면 됩니다. 터미
   널 프로그램은 여러 개를 동시에 띄울 수 있습니다.

그림 2-46 터미널 실행

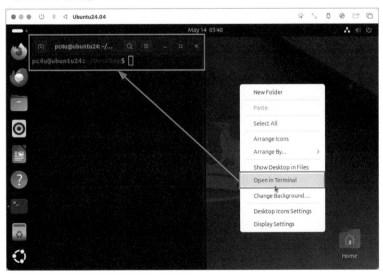

2장에서는 리눅스 실습 환경을 구축했습니다. 여러 리눅스 설치 방법을 알아보고, 그중 가상 머
신에 리눅스를 설치하는 방법을 선택했습니다. 이제 본격적으로 리눅스의 개념을 배우고, 실습
하며 익혀봅시다. 먼저 3장에서는 리눅스를 사용하는 데 필수 도구인 셸에 대해 알아보겠습니다.

마무리

1. 리눅스 실습 환경 구축 방법

① 아무런 운영체제가 설치되지 않은 PC에 리눅스를 직접 설치할 수 있습니다.

② 윈도우나 맥OS가 설치된 PC에 가상 머신으로 리눅스를 설치할 수 있습니다.

③ 클라우드 서비스를 이용해 리눅스 인스턴스를 생성하고 사용할 수 있습니다.

2. 가상 머신에 리눅스 설치하기

① 윈도우에 리눅스 가상 머신 생성하기

· 우분투 데스크톱 이미지 다운로드(https://ubuntu.com/download/desktop)

· VirtualBox 다운로드(https://www.virtualbox.org/wiki/Downloads) 및 설치

· 가상 머신 생성 및 우분투 설치

② 맥OS에 리눅스 가상 머신 생성하기

· ARM용 우분투 서버 이미지 다운로드(https://ubuntu.com/download/server/arm)

· UTM 다운로드(https://mac.getutm.app) 및 설치

· 가상 머신 생성 및 우분투 설치

· 우분투 데스크톱 설치

3장

셸

셸(shell)은 운영체제가 제공하는 명령어 기반 인터페이스(CLI)입니다. 그래픽 유저 인터페이스(GUI)가 그래픽을 통해 사용자와 시스템이 상호작용한다면, 셸은 명령어로 상호작용합니다. 사람과 컴퓨터 시스템이 상호작용한다는 말은 사람이 컴퓨터 앞에 앉아 컴퓨터에 명령을 내리고, 그 결과를 확인한다는 뜻으로 해석할 수 있습니다.

이 장에서는 터미널과 셸의 정의와 관계를 알아봅니다. 그리고 셸에서 동작 가능한 명령을 모아놓은 셸 스크립트를 작성하는 방법과 실습을 위한 리눅스 기본 명령어를 배워 보겠습니다.

3.1

터미널과 셸

셸을 이해하려면 터미널이 무엇인지 알아야 합니다. 이 절에서는 터미널과 셸의 관계를 알아보겠습니다.

3.1.1 터미널

터미널(terminal)은 컴퓨터와 사용자 간에 상호작용할 수 있게 연결하는 장치입니다. 컴퓨터와 사용자의 상호작용에서 가장 중요한 것은, 사용자가 컴퓨터에 명령을 전달하고 컴퓨터는 명령을 수행한 결과를 사용자에게 전달하는 것입니다. 사용자가 컴퓨터에 명령을 전달하는 장치를 **입력 장치**, 컴퓨터가 사용자에게 결과를 보여주는 장치를 **출력 장치**라고 합니다.

현대 컴퓨터는 키보드와 마우스로 명령을 입력하고, 모니터에 결과를 출력합니다. 하지만 입출력 장치가 발달하지 못한 초창기에는 천공 카드(punched card)에 명령과 데이터를 입력해 컴퓨터에 전달했습니다. 모니터와 같은 출력 장치가 없던 시절에는 연산 결과를 종이에 출력하는 형태도 있었습니다. 지금은 상상도 되지 않는 모습입니다.

그림 3-1 천공 카드(출처: https://upload.wikimedia.org/wikipedia/commons/4/4c/Blue-punch-card-front-horiz.png)

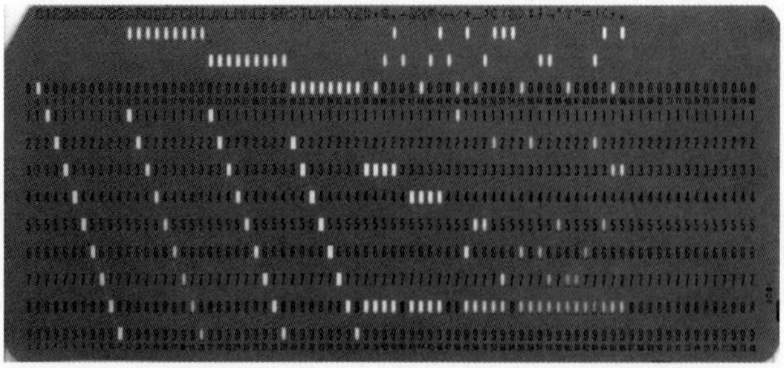

1960~70년대는 컴퓨터가 더 발전해 키보드와 모니터가 결합된 '터미널'을 널리 사용했습니다.

그림 3-2 VT100 터미널(출처: https://en.wikipedia.org/wiki/VT100#/media/File:DEC_VT100_terminal.jpg)

PC와 비슷해 보이지만, 큰 차이점이 있습니다. PC는 본체에 CPU와 메모리를 탑재해 자체적으로 연산이 가능합니다. 그러나 이 당시 터미널은 단순 입출력을 위한 도구일 뿐이었습니다. 실제 연산은 터미널과 연결된 메인프레임(mainframe, 대형 컴퓨터)에서 수행했습니다. 요즘은 이런 터미널을 사용하지 않습니다. 그 대신 소프트웨어로 동작하는 가상 터미널 프로그램을 사용합니다. 운영체제에 설치된 명령 프롬프트 같은 터미널 프로그램이 바로 가상 터미널입니다. 터미널 프로그램은 호스트 머신의 키보드와 마우스로 입력을 받고, 터미널 프로그램의 창으로 결과를 보여줍니다. 실행 명령에 따라 터미널 프로그램은 호스트 운영체제와 연결되기도 하고, 네트워크를 통해 원격에 있는 운영체제에 연결되기도 합니다.

가상 머신은 더 복잡합니다. 2장에서처럼 윈도우와 맥OS에서 가상 머신 생성 프로그램(VirtualBox와 UTM)을 설치해 가상 머신을 생성합니다. 생성한 가상 머신에 리눅스를 설치하고 가상 머신을 시작하면(가상 머신의 전원을 켜면) 새로운 창이 뜨며 리눅스가 부팅하는 모습이 보입니다. 이때 뜬 새로운 창이 가상 머신의 터미널 역할을 합니다.

가상 머신 창에 리눅스 데스크톱이 보이면 그 안에서 터미널 프로그램을 실행합니다. 그러면 터미널 프로그램 안에서 셸이 실행됩니다. 이때 실행된 터미널 프로그램이 가상 머신의 터미널에서 실행된 가상 터미널 프로그램입니다.

그림 3-3 가상 머신에서 실행되는 가상 터미널 프로그램

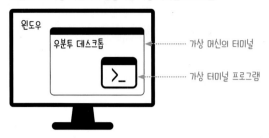

3.1.2 셸

앞에서 언급했듯이 셸은 CLI 프로그램입니다. 사용자는 셸을 통해 운영체제에 명령을 내리고 결과를 확인합니다. 터미널이 컴퓨터와 사용자 간 상호작용할 수 있는 하드웨어라면, 셸은 운영체제와 사용자 간 상호작용을 지원하는 소프트웨어입니다.

셸은 1971년에 켄 톰프슨(Ken Thompson)이 처음 개발했습니다. 톰프슨 셸(Thompson shell)이라는 이름의 유닉스용 셸이었습니다. 이 셸은 단순하게 사용자로부터 명령을 입력받아 해석하고, 결과를 보여주는 역할만 했습니다. 현대적인 셸은 1977년 스티븐 본(Stephen Bourne)이 개발한 본 셸(Bourne shell)입니다. 이전 셸과 비교해 흐름 제어, 변수 등을 사용할 수 있게 개선해 스크립팅이 가능했습니다. 본 셸은 많은 셸의 기반이 됐으며 현재까지 사용되고 있습니다. 이후 Csh(C SHell), Ksh(Korn SHell), Ash(Almquist SHell), Bash(Bourne Again SHell) 등 다양한 셸이 개발됐습니다.

이 중에서 **Bash**(배시)는 리누스 토르발즈가 리눅스를 개발할 때 리눅스로 처음 포팅(porting, 프로그램이 설계한 것과 다른 환경에서 동작할 수 있게 하는 행위)한 프로그램 중 하나입니다. 그 이후 대부분 리눅스는 Bash를 기본 셸로 사용하게 됐습니다. Bash를 기본 셸로 채택한 리눅스에는 Bash가 함께 설치되고, 사용자를 추가할 때 기본 로그인 셸을 Bash로 설정합니다. 대부분 리눅스에 Bash가 설치되므로 Bash를 배우면 거의 모든 리눅스를 다룰 수 있습니다. 물론 Bash가 기본 셸이라도 다른 셸을 설치해 사용할 수 있고, 다른 셸을 기본 셸로 설정할 수도 있습니다.

3.1.3 터미널과 셸의 관계

터미널은 사용자와 컴퓨터가 상호작용하기 위한 매체입니다. 이때 사용하는 도구 중 하나가 바로 셸입니다. 컴퓨터가 부팅되면 운영체제는 터미널을 통해 사용자에게 내용을 보여주거나 사용자로부터 명령을 입력받을 수 있는 상태가 됩니다. GUI를 제공하는 운영체제는 사용자 데스크톱을 화면에 보여줍니다.

CLI 기반 운영체제는 셸을 실행합니다. 사용자는 셸을 통해 운영체제에 여러 명령을 내릴 수 있습니다. 운영체제는 입력받은 명령을 처리한 후 처리 결과를 화면에 출력합니다. 이것이 셸을 사용할 때 전반적인 흐름입니다.

터미널은 내 컴퓨터만 연결할 수 있는 것은 아닙니다. 네트워크로 연결된 원격 운영체제에 터미널을 연결해 셸을 실행할 수도 있습니다. 과거에 터미널을 메인프레임과 연결해 사용한 것처럼 네트워크를 통해 원격 운영체제에 터미널을 연결해 사용하는 것입니다.

과거에는 텔넷(Telnet)과 같은 네트워크 프로토콜을 이용해 원격 운영체제에 터미널을 연결했습니다. 그러나 텔넷은 모든 데이터가 평문(plaintext, 암호화되지 않은 원본 데이터)으로 전송돼 보안에 매우 취약합니다. 근래에는 모든 데이터가 암호화돼 전송되는 SSH(Secure SHell) 프로토콜을 이용해 터미널을 안전하게 원격 운영체제에 연결할 수 있습니다.

로컬(local, 원격의 반대말) 운영체제에 연결한 터미널이나 원격 운영체제에 연결한 터미널이나 사용성 면에서는 차이가 없습니다. 연결된 운영체제에 명령을 내리고, 결과를 확인하는 것은 동일합니다.

리눅스는 쓰임에 따라 GUI 또는 CLI를 기본으로 제공합니다. 우분투 데스크톱 버전은 GUI가 기본 설치되고, CLI도 제공합니다. 우분투 서버 버전은 GUI는 제공하지 않고 CLI만 제공합니다. 그 대신 우분투 서버에 데스크톱 소프트웨어 패키지를 설치하면 GUI를 사용할 수 있습니다. 또한, GUI가 기본 설치된 우분투 데스크톱 버전도 CLI가 기본으로 작동하게 설정을 바꿀 수 있습니다.

3.2

셸 스크립트

셸에서 동작 가능한 명령을 모아놓은 파일을 **셸 스크립트**(shell script)라고 합니다. 셸에서 명령이나 프로그램을 실행하듯 셸 스크립트도 셸에서 실행할 수 있습니다. 물론, 적절한 소유권과 실행 권한이 있어야 합니다. 셸 스크립트를 실행하면 셸 스크립트 파일의 내용이 순차적으로 실행됩니다. 처음부터 끝까지 모두 실행하면 셸 스크립트는 종료됩니다.

셸 스크립트는 **여러 명령을 한 파일에 모아 실행하는 방식**이라서 자동화할 수 있습니다. 어떤 목적을 위해 셸에서 여러 명령을 내려야 하는 경우, 이를 셸 스크립트로 작성하면 실행 한 번으로 원하는 바를 이룰 수 있습니다. 특히 대상 등을 명령어의 인자로 입력받아 실행하면 활용도를 더욱 높일 수 있습니다.

다른 프로그램이 셸 스크립트를 실행할 수도 있습니다. 즉, 소프트웨어를 이용한 자동화가 가능합니다. 주기적으로 실행할 작업을 등록해 사용하는 cron(스케줄 서비스)이라는 프로그램이 있습니다. 이를 예로 들어봅시다. crond(cron daemon)가 수행할 일을 스크립트 파일로 만듭니다. 이를 crontab에 등록하면 crond가 지정된 스크립트를 정의된 주기에 따라 실행합니다. 다른 프로그램이 셸 스크립트를 자동화해 실행할 수 있다는 점은 셸 스크립트의 가장 큰 장점입니다.

또한, 잘 작성된 셸 스크립트가 있다면 오류 발생률을 줄일 수 있습니다. 상당히 많은 오류를 사람이 만들어 냅니다. 사람은 언제나 실수할 수 있기 때문입니다. 중요한 업무를 그때그때 직접 실행하는 것은 무척 위험합니다. 중요한 작업을 셸 스크립트로 작성해두고, 셸 스크립트의 기능을 미리 검증한다면 휴먼 에러(human error, 사람의 결정이나 행동에 의해 발생한 오류)가 발생할 확률을 낮출 수 있습니다.

셸(특히 Bash)은 변수, 조건문, 반복문, 함수 등 프로그래밍 언어의 요소를 일부 제공합니다. 셸을 프로그래밍 언어로 보기는 어렵지만, 프로그래밍 언어의 요소들을 이용해 더욱 복잡하고 정교한 작업을 수행할 수 있습니다.

3.2.1 실습: 셸 스크립트 작성하기

앞서 '백문이 불여일타'라 했습니다. 셸 스크립트가 어떻게 작동하는지 직접 만들어 봅시다.

1 2장에서 생성한 가상 머신을 실행하고 우분투를 부팅해서 로그인합니다. 우분투 데스크톱이 보이면 단축키 Ctrl + Alt + T (맥OS option + control + T)를 눌러 터미널을 실행합니다. 또는 우분투 데스크톱 하단에 show Apps 아이콘을 클릭한 뒤 프로그램 목록에서 터미널을 클릭해 실행합니다.

그림 3-4 우분투 데스크톱에서 터미널 실행

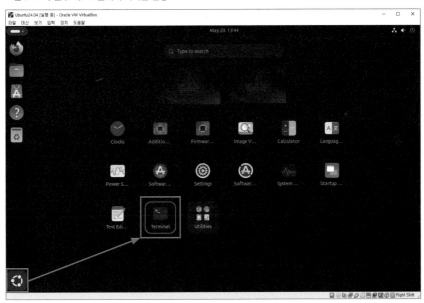

2 터미널이 열리면 다음과 같이 명령을 입력하고 Enter 를 누릅니다. echo 명령어는 입력한 텍스트나 변수를 화면에 출력하는 기능입니다. 화면에 출력하려는 메시지를 큰따옴표로 묶어 echo 명령어 다음에 넣습니다.

터미널

```
gilbut@ubuntu2404:~$ echo "hello"
```

```
hello
gilbut@ubuntu2404:~$ echo "hello world"
hello world
```

3 이번에는 echo 명령어를 셸 스크립트로 실행하겠습니다. 터미널에 다음 명령을 입력하고 Enter를 누릅니다.

4 다음과 같이 hello.sh 파일이 열립니다. 셸 스크립트를 작성할 때는 nano나 vim과 같은 텍스트 편집기를 이용합니다. 둘 다 우분투에 기본으로 탑재돼 있습니다. 여기서는 쓰기 편한 nano를 사용합니다. nano에 관해서는 **3.3.8 nano**에서 자세히 다룹니다.

그림 3-5 nano로 연 hello.sh 파일

5 hello.sh 파일에 다음과 같은 내용을 작성합니다.

hello.sh

```
#!/bin/bash

echo "hello"
echo "hello world"
```

6 작성이 끝나면 Ctrl + X를 누릅니다. 변경 사항을 저장하겠냐는 메시지가 나오면 Y를 누릅니다. hello.sh 파일에 저장(쓰기)한다는 메시지가 나오면 Enter를 눌러 편집기를 빠져나옵니다.

그림 3-6 셸 스크립트 저장

7 hello.sh 파일을 실행해 봅시다. 파일을 실행하려면 실행 권한이 있어야 합니다. 다음과 같이 chmod 명령으로 실행 권한을 추가합니다. 해당 명령이 어떤 의미인지는 **6.2 파일 권한**에서 자세히 다룹니다. 여기서는 파일을 실행하려면 실행 권한이 있어야 한다는 점만 기억해 두세요.

```
터미널                                                    —  □  ×
gilbut@ubuntu2404:~$ chmod +x hello.sh
```

8 실행 권한이 있는 셸 스크립트를 실행할 때는 파일 이름 앞에 ./를 붙입니다. 다음 명령을 입력한 후 Enter 를 누릅니다. 셸 스크립트에 작성된 내용이 실행되며 메시지 두 줄이 출력됩니다. echo 명령어를 각각 실행했을 때와 결과가 같습니다.

```
터미널                                                    —  □  ×
gilbut@ubuntu2404:~$ ./hello.sh
hello
hello world
```

Note   **shabang**

셸 스크립트는 일반적으로 확장자를 sh로 합니다. 그래서 확장자가 sh이면 셸 스크립트임을 쉽게 파악할 수 있습니다. 하지만 셸 스크립트의 확장자가 반드시 sh여야 하는 것은 아닙니다. 확장자가 없거나 확장자가 다른 파일이라도 셸 스크립트로 사용할 수 있습니다. 그러면 무엇이 파일을 셸 스크립트로 동작하게 할까요? 정답은 첫 줄에 있는 shabang(셔뱅)입니다.

shabang(또는 shebang)은 스크립트 파일 첫 줄에 사용하는 특수한 문자열입니다. 셸 스크립트나 파이썬 스크립트 등에서 사용하며 스크립트를 처리할 인터프리터를 지정하는 역할을 합니다. 쉽게 말해, 어떤 프로그램에 스크립트 실행을 맡길지 결정한다고 할 수 있습니다. shabang을 적지 않으면 /bin/sh에 스크립트 실행을 맡깁니다. 리눅스 배포판에 따라 다르지만 /bin/sh는 Bash일 수도 있고 아닐 수도 있습니다. 그래서 Bash로 동작시킬 셸 스크립트에는 첫 줄에 반드시 Bash를 지정하는 shabang을 적어야 합니다.

shabang은 다음과 같은 형식으로 작성합니다.

> **형식** `#!/path/to/interpreter`

`#!`는 shabang을 시작하는 특수 문자입니다. 그 뒤에 오는 /path/to/interpreter 자리에 인터프리터의 절대 경로를 적으면 됩니다. Bash는 기본적으로 /bin/bash에 설치됩니다. 따라서 Bash 셸 스크립트의 shabang은 다음과 같이 작성합니다.

```
#!/bin/bash
```

1분 퀴즈

정답 노트 p.546

1. 다음 빈칸에 알맞은 단어를 넣으세요.

   _____은/는 운영체제가 제공하는 명령어 기반 인터페이스다.

2. 다음 중 리누스 토르발즈가 리눅스를 개발할 때 리눅스로 처음 포팅해 현재 대부분의 리눅스가 기본으로 채택한 셸을 고르세요.

   ① Ash   ② Bash   ③ Csh   ④ Ksh   ⑤ Tcsh

3. 다음 중 옳은 설명을 고르세요.

   ① 스크립트 파일의 이름은 반드시 .sh로 끝나야 한다.

   ② 터미널 프로그램은 호스트 운영체제에만 연결할 수 있다.

   ③ shabang은 스크립트 파일의 실행을 맡길 인터프리터를 정의한다.

   ④ shabang은 스크립트의 주석일 뿐 스크립트의 동작에 아무 영향이 없다.

   ⑤ 스크립트 파일도 일반 프로그래밍 언어처럼 시작 지점(예: main( ) 함수)을 정할 수 있다.

3.3

기본 명령어

운영체제의 사용자 인터페이스는 CLI에서 GUI로 발전했습니다. GUI가 더 직관적이고 사용하기 편하기 때문입니다. 그렇다고 CLI가 완전히 버려진 것은 아닙니다. 유닉스나 리눅스, 윈도우, 맥OS 등 대부분 운영체제가 여전히 CLI를 지원합니다. CLI를 사용하는 이유는 다음과 같습니다.

- CLI가 더 명확하고 세밀한 명령을 내릴 수 있습니다. 물론 GUI도 불가능한 것은 아니지만 불편한 점이 많습니다.
- CLI는 많은 명령을 빠르게 내릴 수 있습니다. 아무리 마우스 동작이 빠른 사람이라도 키보드 타이핑보다 빠를 수 없습니다.
- CLI는 쉽게 자동화할 수 있습니다. CLI로 내릴 명령을 미리 작성했다가 한 번에 실행하는 것도 훌륭한 자동화라 할 수 있습니다.

장점이 많은 대신 치명적인 단점도 있습니다. CLI를 사용하려면 CLI 사용법(문법, 명령어 등)을 익혀야 합니다.

리눅스를 다룰 때도 GUI보다 CLI를 사용하는 것이 편할 때가 많습니다. 실무에서 리눅스를 사용할 때도 대부분 CLI를 사용합니다. 사람이 직접 리눅스를 다룰 때도 있지만 다른 소프트웨어를 통해 리눅스를 다루는 일이 많습니다. 또한, GUI로는 설정할 수 없거나 자동화할 수 없는 기능이 많기 때문입니다. 그래서 리눅스를 배울 때 CLI, 즉 셸을 통해 리눅스를 다루는 방법을 배웁니다.

이 절에서는 앞으로 자주 사용할 기본 명령어 몇 가지를 소개합니다. 터미널을 열고 직접 따라 해보기 바랍니다.

3.3.1 명령어 형식

개별 명령어를 배우기 전에 명령어가 어떻게 구성돼 있는지 형식을 살펴보겠습니다. 리눅스 명령어의 기본 형식은 다음과 같습니다.

> **형식**　$ 명령어 [옵션] [인자]

TIP — 형식에서 대괄호([ ])로 감싼 부분은 선택 사항임을 뜻합니다.

리눅스 명령어는 단독으로 사용하는 경우도 있고, 인자를 추가해 사용하는 경우도 있습니다. 인자는 명령어에 전달하는 값으로 보통 파일 이름이나 디렉터리 이름이 들어갑니다. 인자는 필요에 따라 여러 개가 들어갈 수도 있습니다.

명령어에 옵션을 조합해 사용할 수도 있습니다. 옵션을 추가하면 명령어에 세부 기능을 선택할 수 있습니다. 옵션 앞에는 하이픈 1개(-)나 2개(--)가 붙습니다. -은 주로 알파벳 한 글자로 된 옵션(short option)을 지정할 때 사용합니다. --은 여러 글자로 된 옵션(long option)을 지정할 때 사용합니다. 그리고 대소문자를 구분합니다. 즉, -a와 -A는 다른 옵션입니다. 또한, 옵션은 각각 사용할 수도 있고 한 번에 여러 개를 합쳐 사용할 수도 있습니다. 이때 순서는 상관없습니다.

```
터미널                                                    —  □  ×
# 단독 사용
$ ls
# 옵션 사용
$ ls -l
$ ls -a -l
# 옵션 2개를 합쳐 사용
$ ls -al
$ ls -la
```

리눅스 명령어의 기본 형식을 알았으니 기본 명령어를 중심으로 사용법을 배워 보겠습니다.

3.3.2 man

man은 manual의 약자로, 명령어나 개념 등에 대한 매뉴얼인 맨 페이지(man page, manual page)를 확인하는 명령어입니다. 처음 보거나 잘 모르는 명령어를 사용해야 할 때 참고하면 좋습니다. 대부분 영문으로 작성돼 있어 이해하기 어려울 수 있지만 반복해서 사용하다 보면 점점 익숙해질 겁니다.

man의 사용법은 다음과 같습니다.

> **형식**   man [옵션] [섹션] 페이지

페이지는 조회할 대상입니다. 명령어인 경우도 있고, 어떤 개념인 경우도 있습니다. 이는 맨 페이지가 시스템에 설치될 때 어떤 이름으로 등록됐는지에 따라 결정됩니다.

섹션은 각 페이지를 기준에 맞게 분류해 번호를 붙인 것입니다. 같은 이름의 페이지가 여러 섹션에 존재하는 경우도 있습니다. 페이지 이름이 같아도 섹션을 잘못 지정하면 원치 않는 내용이 조회될 수도 있습니다. 섹션 번호의 의미는 다음과 같습니다. 모두 외울 필요는 없고, 주로 1, 2, 3번 섹션을 사용합니다.

표 3-1 맨 페이지 섹션 번호의 의미

섹션 번호	의미
1	실행 프로그램이나 셸 명령어
2	시스템 콜(system call)
3	라이브러리에 정의된 함수
4	특수 파일(special files)
5	파일 포맷과 컨벤션
6	게임
7	기타 내용
8	시스템 관리 명령
9	커널 루틴(비표준)

섹션을 잘 모를 경우 -a 옵션을 주면 모든 섹션에서 페이지를 조회합니다. 섹션과 옵션은 모두 선택 사항입니다.

맨 페이지에 수록된 내용이 터미널 화면을 넘어설 수 있습니다. 이런 경우 위/아래 화살표 키(방향키)로 페이지를 움직일 수 있습니다. 페이지 업/다운 키 혹은 ⓑ나 ⓕ 키를 사용하면 한 페이지씩 움직일 수도 있습니다.

맨 페이지 내에서 텍스트를 검색하려면 ⓛ 키를 누른 후 검색어를 입력하면 됩니다. 찾는 검색어가 여러 번 검색되면 ⓝ 키를 눌러 다음 검색어 위치로 이동하거나 Ⓝ 키를 눌러 이전 검색어 위치로 이동할 수 있습니다. ⓠ 키를 누르면 페이지를 닫습니다. 조회할 다음 페이지가 있으면 조회되고, 다음 페이지가 없으면 man 프로그램이 종료됩니다.

Note 간단한 도움말

대부분 명령어는 맨 페이지를 제공합니다. 하지만 맨 페이지처럼 자세한 설명 전체를 읽기엔 부담스러울 때도 있습니다. 이때 간단한 도움말을 조회해볼 수 있습니다. 명령어에 --help나 -h 옵션을 붙여 실행하면 해당 명령어의 간단한 도움말이 출력됩니다. 표준 방법은 아니지만 리눅스에서 제공하는 거의 모든 명령어에 적용됩니다.

예를 들어, man에 대한 자세한 설명(맨 페이지)은 man man 명령으로, 간단한 도움말은 man --help 명령으로 확인할 수 있습니다.

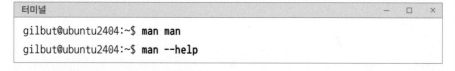

그림 3-7 man 명령어의 맨 페이지(왼쪽)와 간단한 도움말(오른쪽)

잘 모르는 명령어를 사용할 때 --help로 간단한 도움말을 먼저 확인하고, 더 자세히 찾아봐야 할 때 맨 페이지를 조회하면 좋습니다.

3.3.3 ls

ls(list의 약자)는 리눅스에서 가장 많이 사용하는 명령어로, 파일 목록을 화면에 출력합니다. 일반 파일뿐 아니라 디렉터리, 특수 파일도 조회해 출력합니다. 사용법은 다음과 같습니다.

형식 ls [옵션] [파일]

ls 명령어에서 사용할 수 있는 주요 옵션은 다음과 같습니다.

표 3-2 ls 명령어의 주요 옵션

옵션	설명
-a	모든 파일 출력
-l	파일의 여러 속성을 포함해 길게 출력
-t	생성된 순서로 파일 출력(오래된 파일이 가장 뒤로 감)
-R	하위 모든 디렉터리 순회
-h	사람이 읽기 좋은 크기(KB, MB, GB 등)로 파일 출력

파일에 파일 이름이나 파일 이름 패턴을 입력하면 일치하는 파일들만 조회됩니다. 파일 이름 패턴도 여러 방법으로 작성할 수 있습니다. 그중 별표(*, asterisk)를 이용한 방법이 유용합니다. 만약 abc로 시작하는 파일을 조회하고 싶다면 파일 부분에 abc*라고 입력하면 됩니다.

아무런 옵션 없이 ls 명령어만 실행하면 현재 디렉터리 내 모든 파일의 이름이 조회됩니다.

```
터미널                                                    —  □  ×
gilbut@ubuntu2404:~$ ls
Desktop     Downloads    Music     Public     Templates
Documents   hello.sh     Pictures  snap       Videos
```

-a 옵션을 추가해 실행하면 보이지 않던 파일들도 조회됩니다.

```
터미널                                                    —  □  ×
gilbut@ubuntu2404:~$ ls -a
.                .cache      Downloads   Music      snap
..               .config     hello.sh    Pictures   .ssh
.bash_logout     Desktop     .lesshst    .profile   Templates
.bashrc          Documents   .local      Public     Videos
```

-l 옵션도 추가해 ls -al을 실행하면 파일 속성까지 출력됩니다.

```
터미널                                                          —  □  ×
gilbut@ubuntu2404:~$ ls -al
total 80
drwxr-x--- 15 gilbut gilbut 4096 May 21 11:03 .
drwxr-xr-x 3   root   root 4096 May 21 12:07 ..
-rw-r--r-- 1 gilbut gilbut  220 May 21  2023 .bash_logout
-rw-r--r-- 1 gilbut gilbut 3771 May 21  2023 .bashrc
(생략)
```

디렉터리 이름을 추가해 해당 디렉터리에 포함된 파일과 디렉터리를 조회할 수 있습니다. 루트
디렉터리를 조회하고 싶다면 ls 뒤에 /를 추가합니다.

```
터미널                                                          —  □  ×
gilbut@ubuntu2404:~$ ls /
bin                 home           mnt   sbin.usr-ls-merged  usr
bin.usr-ls-merged   lib            opt   snap                var
boot                lib64          proc  srv
cdrom               lib.usr-ls-merged  root  swap.img
dev                 lost+found     run   sys
etc                 media          sbin  tmp
```

3.3.4 cd

cd는 'change directory'의 약자로, **현재 작업 디렉터리**(CWD, Current Working Directory)의 위치
를 이동하는 명령어입니다. 현재 작업 디렉터리가 무엇인지 예를 들어 보겠습니다.

윈도우에서 파일 탐색기를 열면 왼쪽에 트리 형식으로 하드 드라이브나 폴더가 표시됩니다. 여
기에서 특정 드라이브나 폴더를 클릭하면 우측 창에 해당 폴더에 포함된 파일의 목록이 출력됩니
다. 이때 클릭한 폴더가 '현재 작업 디렉터리'와 가장 가까운 개념입니다. 리눅스에서 현재 작
업 디렉터리는 '프로그램이 동작 중인 디렉터리'를 의미합니다. 더 자세한 내용은 **4.4.2 현재 작
업 디렉터리**에서 설명합니다.

그림 3-8 윈도우의 파일 탐색기에서 현재 작업 디렉터리

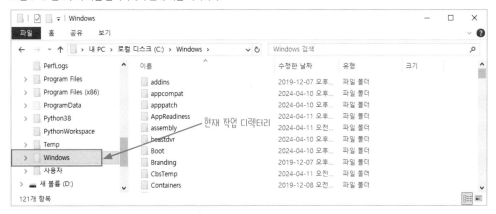

리눅스에 사용자를 추가하면 사용자 개인을 위한 디렉터리를 생성해 할당합니다. 이를 **홈 디렉터리**(home directory)라고 합니다. 리눅스에서 터미널을 열어 Bash가 실행되면 로그인한 사용자의 홈 디렉터리를 현재 작업 디렉터리로 시작합니다. 즉, **Bash가 실행되는 디렉터리가 현재 작업 디렉터리**입니다. 홈 디렉터리에 관한 더 자세한 내용은 **4.4.3 홈 디렉터리**에서 다룹니다.

윈도우의 파일 탐색기에서 특정 폴더를 클릭하듯 cd 명령어를 사용하면 현재 작업 디렉터리를 다른 디렉터리로 변경할 수 있습니다. cd 명령어의 사용법은 다음과 같습니다.

> **형식** cd [디렉터리]

사용법은 간단합니다. cd 명령어 뒤에 이동하고 싶은 디렉터리 이름을 입력합니다. 터미널에서 ls -l 명령을 실행해 보세요. 출력된 파일 중 속성의 첫 번째 글자가 d인 파일이 바로 디렉터리입니다.

```
터미널                                              —  □  ×
gilbut@ubuntu2404:~$ ls -l
total 32
drwxr-xr-x 2 gilbut gilbut 4096 May 21 15:30 Desktop
drwxr-xr-x 2 gilbut gilbut 4096 May 21 15:30 Documents
drwxr-xr-x 2 gilbut gilbut 4096 May 21 15:30 Downloads
-rwxrwxr-x 1 gilbut gilbut   45 May 21 15:30 hello.sh
drwxr-xr-x 2 gilbut gilbut 4096 May 21 15:30 Music
drwxr-xr-x 2 gilbut gilbut 4096 May 21 15:30 Pictures
drwxr-xr-x 2 gilbut gilbut 4096 May 21 15:30 Public
```

```
drwxr----- 4 gilbut gilbut 4096 May 21 16:00 snap
drwxr-xr-x 2 gilbut gilbut 4096 May 21 15:30 Templates
drwxr-xr-x 2 gilbut gilbut 4096 May 21 15:30 Videos
```

cd 명령으로 Downloads 디렉터리로 이동해 봅시다. 프롬프트에 디렉터리 이름인 Downloads
가 표시됩니다.

터미널   —   □   ×
```
gilbut@ubuntu2404:~$ cd Downloads/
gilbut@ubuntu2404:~/Downloads$
```

ls -al 명령으로 현재 디렉터리의 내용을 출력하면 . 과 .. 이라는 파일만 조회됩니다. . 은 현재
작업 디렉터리를 나타내고, ..은 해당 디렉터리의 상위 디렉터리를 나타냅니다.

터미널   —   □   ×
```
gilbut@ubuntu2404:~/Downloads$ ls -al
total 8
drwxr-xr-x  2 gilbut gilbut 4096 May 21 15:30 .
drwxr-x--- 15 gilbut gilbut 4096 May 22 11:03 ..
```

cd .. 명령을 내리면 상위 디렉터리로 갈 수 있습니다.

터미널   —   □   ×
```
gilbut@ubuntu2404:~/Downloads$ cd ..
gilbut@ubuntu2404:~$ ls -l
total 32
drwxr-xr-x 2 gilbut gilbut 4096 May 21 15:30 Desktop
drwxr-xr-x 2 gilbut gilbut 4096 May 21 15:30 Documents
drwxr-xr-x 2 gilbut gilbut 4096 May 21 15:30 Downloads
-rwxrwxr-x 1 gilbut gilbut   45 May 21 15:30 hello.sh
drwxr-xr-x 2 gilbut gilbut 4096 May 21 15:30 Music
drwxr-xr-x 2 gilbut gilbut 4096 May 21 15:30 Pictures
drwxr-xr-x 2 gilbut gilbut 4096 May 21 15:30 Public
drwxr----- 4 gilbut gilbut 4096 May 21 16:00 snap
drwxr-xr-x 2 gilbut gilbut 4096 May 21 15:30 Templates
drwxr-xr-x 2 gilbut gilbut 4096 May 21 15:30 Videos
```

디렉터리에 관해서는 **4.4 디렉터리**에서 자세히 다룹니다.

> **Note   프롬프트**
>
> **프롬프트**(prompt)는 셸에서 사용자에게 입력을 받는 부분에 표시되는 텍스트입니다. 아무런 명령 없이
> Enter 를 누르면 반복해서 출력됩니다. 사용자는 프롬프트 뒤에 명령어를 입력합니다. 프롬프트에 여러 정보
> 가 출력되는데, 주로 현재 작업 디렉터리의 위치, 사용자, 호스트 등의 정보입니다. Bash는 일반적으로 사용
> 자_이름@호스트_이름:현재_작업_디렉터리$ 형태로 표시합니다.

3.3.5 pwd

pwd는 'print working directory'의 약자로, 현재 작업 디렉터리를 절대 경로로 조회하는 명령
어입니다. 사용할 수 있는 옵션이 몇 가지 있지만, 자주 사용하지는 않습니다.

경로(path)는 파일의 위치 정보를 나타냅니다. 경로 표기법에는 상대 경로와 절대 경로가 있습니
다. **상대 경로**는 현재 작업 디렉터리를 기준으로 파일 경로를 나타내고, **절대 경로**는 루트 디렉터
리를 기준으로 파일 경로를 나타냅니다. 더 자세한 내용은 **4.4.4 상대 경로와 절대 경로**에서 살펴
보겠습니다. 여기서는 상대 경로와 절대 경로가 있다는 것만 알아두세요.

터미널이 시작된 위치에서 pwd 명령어를 실행하면 현재 작업 디렉터리를 절대 경로로 조회합니다.

```
터미널                                                              —  □  ×
gilbut@ubuntu2404:~$ pwd
/home/gilbut
```

Downloads 디렉터리로 이동해 pwd 명령어를 실행해 봅시다. 현재 작업 디렉터리가 변경됩니다.

```
터미널                                                              —  □  ×
gilbut@ubuntu2404:~$ cd Downloads/
gilbut@ubuntu2404:~/Downloads$ pwd
/home/gilbut/Downloads
```

cd .. 명령으로 상위 디렉터리로 돌아가 pwd 명령어를 다시 실행해 보세요. 현재 작업 디렉터리
가 원래대로 돌아갑니다.

```
터미널                                                              —  □  ×
gilbut@ubuntu2404:~/Downloads$ cd ..
gilbut@ubuntu2404:~$ pwd
/home/gilbut
```

089

3.3.6 cat

cat 명령어는 파일의 내용을 연결하거나 조회합니다. '사슬로 잇다'라는 뜻의 'concatenate' 또는 'catenate'에서 cat이라는 명령어가 유래했습니다. cat 명령어의 사용법은 다음과 같습니다.

> **형식**   cat [옵션] [파일]

cat에서 사용할 수 있는 옵션은 여럿이지만, 파일 내용과 함께 줄 번호를 출력하는 -n을 주로 사용합니다. 파일 부분에 파일 이름을 입력합니다. 그러면 파일 내용이 화면에 출력됩니다. 파일 이름을 둘 이상 입력하면 각 파일 내용이 화면에 연결돼 출력됩니다. 끝에 별다른 표시나 구분 없이 이어지기 때문에 두 파일의 내용을 연결한 것과 같은 효과를 낼 수 있습니다. 이렇게 파일 내용을 연결한 결과를 새로운 파일에 저장하는 방법은 **12.1 리디렉션**에서 다룹니다.

cat 명령을 한번 사용해 봅시다. cat /etc/passwd 명령을 내리면 /etc/passwd 파일의 내용이 화면에 출력됩니다. 파일 내용이 무엇인지는 **5.1.4 사용자 정보를 관리하는 /etc/passwd 파일**에서 자세히 다룹니다. 여기서는 파일 내용이 화면에 출력되는 것만 확인하면 됩니다.

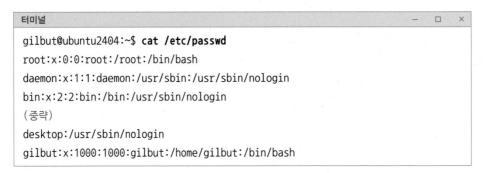

```
터미널                                                    ─  □  ×
gilbut@ubuntu2404:~$ cat /etc/passwd
root:x:0:0:root:/root:/bin/bash
daemon:x:1:1:daemon:/usr/sbin:/usr/sbin/nologin
bin:x:2:2:bin:/bin:/usr/sbin/nologin
(중략)
desktop:/usr/sbin/nologin
gilbut:x:1000:1000:gilbut:/home/gilbut:/bin/bash
```

3.3.7 exit

exit 명령어는 현재 실행 중인 셸을 종료합니다. 사용법은 다음과 같습니다.

> **형식**   exit [종료_코드]

프로세스(process)는 메모리에서 실행 중인 프로그램을 말합니다. **종료 코드**는 실행한 프로세스가 종료되며 남기는 유언과 같은 것입니다. 프로세스가 잘 종료됐는지, 에러가 발생했다면 어떤 에러가 발생했는지 등을 종료 코드로 남깁니다.

exit 명령어로 셸을 종료할 때도 종료 코드를 남길 수 있습니다. 0~255 사이 정수를 입력할 수 있고, 생략하는 경우 0을 입력한 것과 같습니다. 프로세스와 종료 코드에 관해서는 **7장 프로세스 관리**에서 자세히 다룹니다.

터미널에서 exit 명령어를 입력하면 실행 중인 셸이 종료되며 터미널 프로그램도 함께 종료됩니다. 셸에서 다른 셸을 실행하는 경우도 있습니다. 새로 실행된 셸에서 exit 명령어를 실행하면 해당 셸이 종료되고 이전 셸로 되돌아갑니다. 이와 관련한 실습 예제는 **5.3.4 셸 사용자 전환하기**에서 다루겠습니다.

3.3.8 nano

nano는 텍스트 편집기입니다. 리눅스에서 nano로 파일을 새로 생성하거나 기존 파일을 열어 내용을 편집할 수 있습니다. nano는 사용법을 배우기 어려운 vim이나 emacs에 비해 아주 간단하게 사용할 수 있습니다. 사용법은 다음과 같습니다.

> **형식**   nano [파일]

nano 명령어 뒤에 파일 이름을 지정하면 기존 파일을 엽니다. 만약 파일 이름을 입력하지 않거나 존재하지 않는 파일 이름을 입력하면 새로운 파일을 열어 편집을 시작합니다. 화살표로 커서를 움직일 수 있고, 키보드로 입력하는 그대로 파일 내용이 편집됩니다. Ctrl + O 를 누르면 파일을 저장하고 Ctrl + X 를 누르면 nano가 종료됩니다. 이때 실행 방법(신규 파일일 때)이나 편집 상태에 따라 저장할 파일 이름을 물어보는데, 파일 이름을 잘 확인하고 Enter 를 누르면 됩니다.

nano도 많은 옵션과 기능을 제공하지만 vim이나 emacs보다는 아주 단순합니다. 다양한 기능을 사용하고 싶다면 vim이나 emacs를 따로 배워 사용하길 추천합니다.

nano를 사용해 보겠습니다. 터미널에 다음과 같이 nano hello 명령을 실행합니다.

```
터미널                                              —  □  ×
gilbut@ubuntu2404:~$ nano hello
```

hello는 존재하지 않던 파일이므로 화면에 표시되는 내용은 없습니다.

그림 3-9 nano로 새 파일 열기

파일에 'hello world!'라고 입력합니다. Ctrl + O 를 눌러 편집한 내용을 저장합니다. 편집기 하단에 뜨는 저장 메시지를 확인하고 Enter 를 누릅니다. Ctrl + X 를 눌러 nano를 종료합니다.

그림 3-10 nano에서 파일 편집 후 저장

ls 명령어로 파일 목록을 출력해보면 저장한 파일이 보입니다. cat hello 명령을 실행하면 nano 에서 편집한 내용이 화면에 출력됩니다.

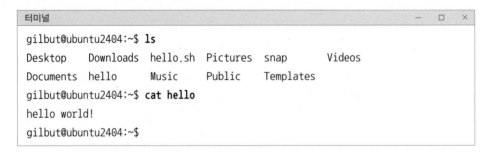

나머지 명령어는 필요에 따라 그때그때 설명하겠습니다.

3장에서는 CLI로 리눅스를 다룰 때 필요한 내용을 다뤘습니다. 이제 본격적으로 리눅스에 대한 개념을 소개하고 실습해 보겠습니다. 4장에서는 파일과 디렉터리에 대한 내용을 다룹니다.

1분 퀴즈

정답 노트 p.546

4. 명령어에 대한 설명이 맞으면 O, 틀리면 X를 빈칸에 넣으세요.

① cd는 현재 작업 디렉터리를 변경하는 명령어다. _____

② ls는 현재 로그인한 사용자의 파일만 조회하는 명령어다. _____

③ man은 명령어나 개념에 대한 매뉴얼을 조회할 수 있는 명령어다. _____

④ pwd는 현재 작업 디렉터리를 상대 경로로 출력하는 명령어다. _____

⑤ exit는 리눅스 가상 머신을 종료할 때 사용하는 명령어다. _____

⑥ cat은 파일의 내용을 연결하거나 조회할 때 사용하는 명령어다. _____

마무리

1. 터미널

터미널(terminal)은 본래 메인프레임에 연결돼 입력과 출력을 담당하는 하드웨어였습니다. 지금은 터미널을 사용하지 않지만 대신 터미널 프로그램을 사용하고 있습니다. 터미널 프로그램을 사용하면 호스트에 설치된 운영체제에 접속할 수 있고, 인터넷을 통해 원격 운영체제에도 접속할 수 있습니다.

2. 셸

셸(shell)은 명령어 기반 인터페이스를 제공하는 프로그램으로, 셸을 통해 리눅스를 다룰 수 있습니다. 셸은 초창기 리눅스부터 사용돼 왔고, 지금도 활발히 사용되고 있습니다.

3. Bash

여러 종류의 셸이 있지만, 여러 리눅스 배포판의 기본 셸로 Bash가 채택돼 가장 널리 사용되고 있습니다. Bash는 명령어의 실행과 결과 조회뿐만 아니라 변수, 조건문, 반복문 등 프로그래밍 언어의 일부 요소를 제공해 상황에 알맞은 정교한 명령을 내릴 수 있습니다.

4. 셸 스크립트

① 셸 스크립트(shell script)는 셸에서 사용할 수 있는 명령을 하나로 모아둔 파일입니다. 셸에서 명령어를 실행하듯 셸 스크립트도 실행할 수 있습니다. 셸 스크립트에 저장된 내용은 처음부터 끝까지 한 줄씩 실행되며, 모든 명령이 실행된 후 종료됩니다.

② 셸 스크립트는 스크립트 파일에 저장된 명령을 순서대로 실행하기 때문에 여러 업무 및 작업을 쉽게 자동화할 수 있습니다. 또한, 셸 스크립트에서 인자를 입력받게 하면 셸 스크립트 하나로 여러 작업을 처리할 수 있습니다.

5. 기본 명령어

리눅스에서 자주 사용하는 명령어는 다음과 같습니다.

- **man**: 명령어의 사용 방법이나 개념에 대한 매뉴얼을 볼 수 있습니다.

- **ls**: 디렉터리에 포함된 파일의 목록을 조회해 출력합니다.

- **cd**: 현재 작업 디렉터리를 다른 디렉터리로 옮길 때 사용합니다.

- **pwd**: 현재 작업 디렉터리를 절대 경로로 표시합니다.

- **cat**: 파일의 내용을 출력하는 데 사용합니다.

- **exit**: 셸을 종료할 때 사용하는 명령어로, 종료 코드를 지정할 수 있습니다.

- **nano**: 쉽게 배울 수 있는 텍스트 에디터입니다.

코딩
자율학습

4장

파일과 디렉터리

파일(file)은 컴퓨터에서 데이터를 저장하고 조직화하는 데 사용하는 기본 단위입니다. 파일은 일련의 바이트(byte stream)로 이루어져 있습니다. 즉, 데이터가 바이트 단위로 연속해서 저장됩니다.

파일은 정보를 담는 그릇과 같아서 텍스트뿐 아니라 이미지, 음악, 비디오, 프로그램 코드 등 원하는 다양한 정보를 저장할 수 있습니다. 저장할 내용이 많으면 여러 파일에 나누어 저장할 수 있고, 파일 수가 많아지면 의미를 구분해 **폴더**(folder)에 나누어 저장할 수도 있습니다. 일반적으로 파일은 저장 장치에 저장됩니다. 저장 장치에 저장된 파일은 컴퓨터의 전원이 끊겨도 안전하게 보관됩니다. 저장 장치에 저장된 파일은 원할 때 다시 사용할 수 있습니다.

리눅스에도 이런 폴더와 파일이 있습니다. 폴더는 주로 윈도우에서 사용하는 말이고, 리눅스에서는 **디렉터리**(directory)라고 합니다. 표현은 다르지만 의미는 같습니다. 리눅스에도 텍스트 파일을 비롯해 사진이나 동영상 파일이 있습니다. 하지만 리눅스의 파일은 이보다 더 큰 의미가 있습니다. 이번 장에서 자세히 살펴봅시다.

4.1

파일 시스템

파일은 1960년대부터 존재했습니다. 당시 파일은 단순히 일련의 바이트를 저장하는 용도로 사용했습니다. 파일에 저장된 내용은 파일 이름으로 표현했습니다. 컴퓨터가 발전하고, 컴퓨터를 여러 용도로 사용하면서 파일 개수가 많아졌습니다. 파일을 효율적으로 관리할 방법이 필요했습니다.

그래서 나온 방법이 폴더를 이용해 파일의 저장 위치를 계층화하는 것이었습니다. 윈도우를 예로 들면 내 PC 밑에 드라이브가 있습니다. 드라이브는 C, D 등 드라이브 문자로 표시합니다. 각 드라이브를 클릭하면 하위에 여러 폴더가 표시됩니다. 폴더를 클릭하면 폴더에 포함된 파일 목록과 폴더 하위에 존재하는 또 다른 폴더가 보입니다.

이렇게 파일을 계층화해 저장하니 사용하기가 훨씬 편했습니다. 하지만 컴퓨터가 발전을 거듭하고, 용도도 다양해지면서 파일을 계층 구조로 저장하는 것만으로는 원하는 성능을 내기가 점점 어려워졌습니다. 이때 등장한 것이 파일 시스템입니다.

파일 시스템(file system)은 파일에 대한 정보를 관리하는 소프트웨어입니다. 파일 시스템은 운영체제의 요청을 받아 파일을 저장 장치에 저장하고, 운영체제가 저장된 파일을 읽을 수 있게 합니다. 그리고 원하는 파일을 빠르게 찾을 수 있도록 합니다. 이를 위해 파일 시스템은 저장 장치의 특성에 따라 데이터를 논리적인 단위로 구분해 읽고 쓸 수 있는 기능을 지원합니다. 또한, 파일의 이름과 크기, 저장 위치를 관리하는 등 파일을 관리하기 위한 여러 기능을 제공합니다.

파일 시스템은 종류가 많고, 운영체제별로 지원하는 파일 시스템이 다릅니다. 파일 시스템을 용도별로 구분하면 디스크 기반 파일 시스템, 네트워크 기반 파일 시스템, 가상 파일 시스템 3가지로 나눌 수 있습니다.

4.1.1 디스크 기반 파일 시스템

디스크 기반 파일 시스템(disk-based file system)은 HDD나 SSD와 같은 저장 장치(보통 디스크라고 함)를 위한 파일 시스템으로, 가장 흔히 사용합니다. 보통 파일 시스템이라고 하면 디스크 기반 파일 시스템을 의미합니다.

디스크 기반 파일 시스템은 컴퓨터에 물리적으로 연결된 저장 장치에 설치하고 사용할 수 있습니다. 저장 장치에 저장된 파일의 이름, 크기, 속성, 경로 등에 대한 정보와 실제 파일 내용이 저장되는 위치 정보를 관리합니다. 그래서 사용자나 소프트웨어가 어떤 파일에 대한 속성을 조회하거나 파일 내용을 조회할 때 빠르게 대응할 수 있습니다.

윈도우를 예로 들어 보겠습니다. 윈도우가 설치된 PC에 새로운 디스크나 USB 메모리를 연결한 후 파일 탐색기에서 해당 저장 장치를 클릭하면 '디스크를 사용하기 전에 포맷해야 한다'는 알림창이 뜹니다.

그림 4-1 컴퓨터에 새 드라이브 연결 시 뜨는 알림창

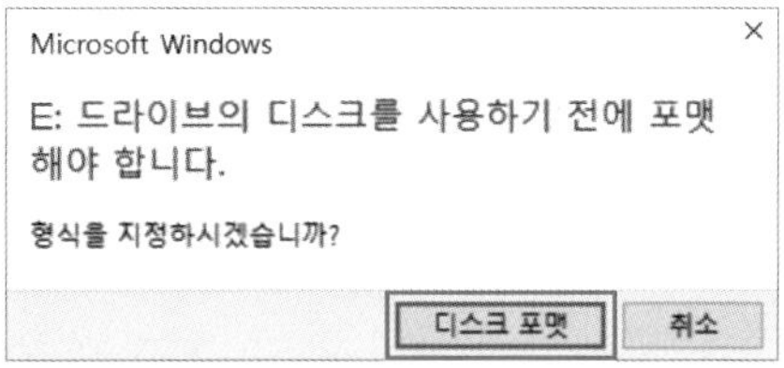

포맷(format)은 저장 장치에 파일 시스템을 설치하는 것을 의미합니다. 즉, 저장 장치를 사용하기 전에 파일 시스템을 설치해 파일을 저장할 수 있는 상태로 만드는 것입니다. 저장 장치에 파일 시스템을 설치하면 기존 파일 시스템의 정보가 지워지므로 데이터는 모두 삭제됩니다. 저장 장치에서 포맷 메뉴를 선택하면 다음과 같은 옵션 창이 뜹니다.

그림 4-2 디스크 포맷 옵션 창

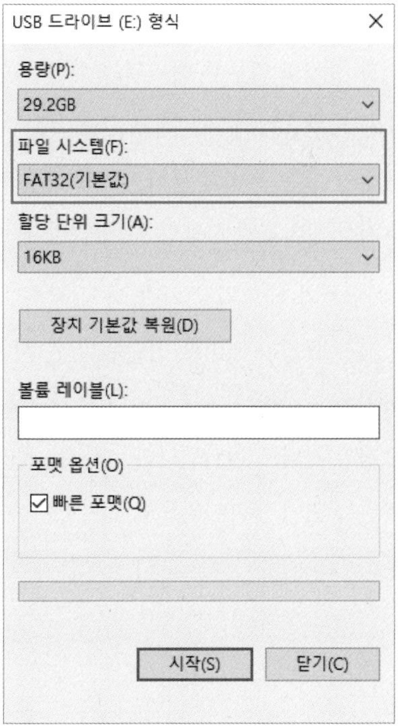

윈도우를 사용하다가 이런 창을 한 번쯤 본 적이 있을 겁니다. 그런데 두 번째 항목인 '파일 시스템'을 유심히 본 적이 있나요? 이 항목이 저장 장치에 설치할 파일 시스템의 종류를 선택하는 옵션입니다. 일반적으로는 기본 옵션을 선택합니다. 하지만 파일 시스템마다 지원하는 기능과 특성이 다르므로 사용 목적에 따라 파일 시스템

의 종류를 선택해야 합니다.

[시작] 버튼을 클릭하면 포맷을 시작하고 일정 시간이 지나면 완료됩니다. 포맷이 완료된 저장 장치는 사용할 수 있습니다. 파일 탐색기를 보면 기존 드라이브 아래 새로운 저장 장치가 표시됩니다. 이제 해당 저장 장치에 파일을 저장하거나 읽어올 수 있습니다.

디스크 기반 파일 시스템은 윈도우뿐만 아니라 리눅스에서도 동일합니다. 리눅스 시스템의 디스크도 파일 시스템을 설치해야 사용할 수 있습니다. 리눅스에서 주로 사용하는 디스크 파일 시스템은 EXT4와 XFS입니다. EXT4(Extended Filesystem 4)는 PC 환경에서 널리 쓰이는 파일 시스템으로 안정적이고 균형 잡힌 성능을 보여줍니다. XFS는 EXT4보다 대용량 파일에 최적화돼 있어 대용량 데이터 처리나 서버 환경에서 주로 사용됩니다.

4.1.2 네트워크 기반 파일 시스템

네트워크 기반 파일 시스템(network-based file system)은 원격 컴퓨터(서버)에 연결된 저장 장치를 네트워크로 연결해 로컬 컴퓨터(클라이언트)에서 사용하는 파일 시스템입니다. 네트워크 기반 파일 시스템이 제대로 작동하려면 네트워크를 통해 저장 장치를 제공하는 서버와 저장 장치를 제공받는 클라이언트에 적절하게 설정해야 합니다. 서버는 서버 컴퓨터에 직/간접적으로 연결된 저장 장치의 일부를 네트워크 기반 파일 시스템으로 제공할 수 있도록 설정합니다. 클라이언트는 서버 컴퓨터의 네트워크 주소, 네트워크 기반 파일 시스템의 경로, 로컬 시스템의 경로 등을 설정합니다. 서버와 클라이언트 모두 제대로 설정되면 클라이언트는 원격 저장 장치를 마치 로컬 저장 장치처럼 사용할 수 있습니다.

클라이언트가 네트워크 기반 파일 시스템에 파일을 저장하면 파일에 대한 여러 정보를 포함한 파일 저장 요청이 서버로 전달됩니다. 서버는 클라이언트가 보낸 요청을 받아 서버의 저장 장치에 파일을 저장합니다. 클라이언트가 네트워크 파일 시스템의 파일에 읽기를 시도하면 파일 읽기 요청이 서버로 전달됩니다. 서버는 클라이언트가 보낸 파일 읽기 요청을 받아 저장 장치로부터 파일을 읽어 클라이언트로 전달합니다.

대표적인 네트워크 기반 파일 시스템에는 NFS(Network File System), Samba 등이 있습니다.

그림 4-3 네트워크 기반 파일 시스템

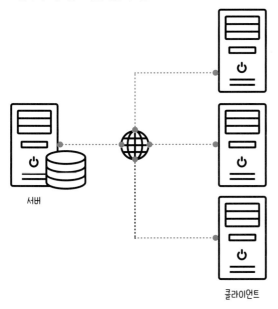

서버

클라이언트

4.1.3 가상 파일 시스템

일반적인 파일 시스템은 사용자나 소프트웨어가 저장하려는 정보를 디렉터리와 파일로 구조화해 저장합니다. 반면에 **가상 파일 시스템**(pseudo file system)은 파일이 실존하지 않습니다. 소프트웨어가 노출하려는 정보(실시간 상태 등)를 디렉터리와 파일로 구조화해 노출합니다. 리눅스에서 procfs와 sysfs가 대표적인 가상 파일 시스템입니다.

리눅스 커널은 수많은 정보를 관리합니다. 응용 프로그램은 커널이 관리하는 데이터에 직접 접근할 수 없고, 커널이 제공하는 인터페이스를 통해서만 접근할 수 있습니다. 이때 커널이 제공하는 인터페이스가 바로 procfs와 sysfs입니다.

커널은 응용 프로그램에 제공할 정보를 디렉터리와 파일로 구조화합니다. 응용 프로그램은 커널이 구조화한 디렉터리와 파일에 접근해 데이터를 읽거나 쓸 수 있습니다. 응용 프로그램이 가상 파일 시스템의 어떤 파일을 읽으면 커널은 해당 파일의 핸들러 함수(handler function, 파일에 대한 동작을 정의한 함수)를 호출합니다. 핸들러 함수는 커널 정보를 바탕으로 파일 내용을 실시간으로 만들어 응용 프로그램이 읽어가게 합니다. 이러한 방식으로 커널은 가상 파일 시스템을 이용해 커널의 실시간 정보를 응용 프로그램에 제공합니다. 덕분에 응용 프로그램은 파일 시스템 형태로 제공되는 커널의 데이터를 쉽게 읽고 쓸 수 있습니다.

리눅스 커널은 procfs를 통해 관리하는 모든 프로세스 정보를 제공합니다. procfs는 /proc 디렉터리에 마운트되는데, 이때 프로세스 정보가 /proc 디렉터리에 저장됩니다. 만약 프로세스 ID(PID)가 2555인 프로세스가 있다면 이에 대한 정보가 /proc/2555 하위에 노출됩니다. 리눅스 커널은 각 프로세스에 관한 상당히 많은 정보를 갖고 있습니다. 리눅스 커널은 이런 프로세스 정보를 의미별로 구분해 각각의 파일로 제공합니다.

그림 4-4 procfs에서 제공하는 프로세스 정보의 예

```
gilbut@ubuntu2404:~$ ls -al /proc/2555/
total 0
dr-xr-xr-x   9 gilbut gilbut 0 Jun  9 12:00 .
dr-xr-xr-x 241 root   root   0 Jun  9 11:59 ..
-r--r--r--   1 gilbut gilbut 0 Jun  9 12:04 arch_status
dr-xr-xr-x   2 gilbut gilbut 0 Jun  9 12:04 attr
-rw-r--r--   1 gilbut gilbut 0 Jun  9 12:04 autogroup
-r--------   1 gilbut gilbut 0 Jun  9 12:04 auxv
-r--r--r--   1 gilbut gilbut 0 Jun  9 12:04 cgroup
--w-------   1 gilbut gilbut 0 Jun  9 12:04 clear_refs
-r--r--r--   1 gilbut gilbut 0 Jun  9 12:04 cmdline
-rw-r--r--   1 gilbut gilbut 0 Jun  9 12:04 comm
-rw-r--r--   1 gilbut gilbut 0 Jun  9 12:04 coredump_filter
-r--r--r--   1 gilbut gilbut 0 Jun  9 12:04 cpu_resctrl_groups
-r--r--r--   1 gilbut gilbut 0 Jun  9 12:04 cpuset
lrwxrwxrwx   1 gilbut gilbut 0 Jun  9 12:04 cwd -> /home/gilbut
```

sysfs도 procfs와 비슷합니다. 리눅스 커널은 sysfs를 통해 커널의 하위 시스템과 하드웨어 장치 등에 대한 정보를 제공합니다. sysfs는 /sys 디렉터리에 마운트되며, block, bus 등 여러 정보가 디렉터리로 구조화돼 있습니다.

그림 4-5 sysfs에서 제공하는 정보 예

```
gilbut@ubuntu2404:~$ sudo ls -l /sys/
[sudo] password for gilbut:
total 0
drwxr-xr-x   2 root root 0 May 23 09:48 block
drwxr-xr-x  48 root root 0 May 23 09:48 bus
drwxr-xr-x  73 root root 0 May 23 09:48 class
drwxr-xr-x   4 root root 0 May 23 09:48 dev
drwxr-xr-x  16 root root 0 May 23 09:48 devices
drwxr-xr-x   5 root root 0 May 23 09:48 firmware
drwxr-xr-x   8 root root 0 May 23 09:48 fs
drwxr-xr-x   2 root root 0 May 23 09:48 hypervisor
drwxr-xr-x  16 root root 0 May 23 09:48 kernel
drwxr-xr-x 180 root root 0 May 23 09:48 module
drwxr-xr-x   3 root root 0 May 23 09:48 power
gilbut@ubuntu2404:~$
```

4.2

리눅스의 파일 계층 구조

윈도우에는 **드라이브**(drive)라는 개념이 있습니다. 윈도우에 연결된 물리 디스크나 논리 디스크
는 각 드라이브로 연결됩니다. 보통 운영체제가 설치된 디스크는 'C 드라이브'가 되고, 나머지
디스크는 차례로 D, E, F 드라이브가 됩니다. 즉, 드라이브는 각각의 디스크를 의미합니다. 각
드라이브를 클릭하면 하위에 여러 폴더가 표시됩니다. 폴더를 클릭하면 폴더에 포함된 파일 목
록과 폴더 하위에 존재하는 또 다른 폴더가 보입니다.

그림 4-6 윈도우의 드라이브

리눅스의 파일 계층 구조는 윈도우와 다릅니다. 디스크별로 드라이브라는 개념을 도입한 윈도
우와 달리 리눅스는 모든 파일이 하나의 계층 구조로 관리됩니다. 시스템에는 하나의 루트 디렉
터리(/)만 존재합니다. 시스템상에 존재하는 모든 파일은 루트 디렉터리 하위 어딘가에 존재합
니다.

물리 디스크나 논리 디스크가 리눅스 시스템에 연결되면 리눅스 커널은 디스크별로 이름(예: /dev/sda)을 붙입니다. 해당 디스크를 운영체제에 연결하려면 디스크에 파일 시스템을 설치해야 합니다. 파일 시스템을 설치하고 나면 디스크를 리눅스 시스템에 마운트합니다. **마운트**(mount)는 파일 시스템이 설치된 디스크를 특정 디렉터리에 연결하는 작업입니다. 가상 파일 시스템에서 언급한 것처럼 procfs는 /proc 디렉터리에, sysfs는 /sys 디렉터리에 마운트됩니다.

간단한 예를 들어 보겠습니다. 디스크 3개가 있습니다. 디스크 이름은 각각 /dev/sda, /dev/sdb, /dev/hda이고, ext4와 xfs 파일 시스템이 설치됐습니다. disk1은 루트 디렉터리(/)에, disk2는 /mnt 디렉터리에, disk3은 /data 디렉터리에 마운트됐습니다.

그림 4-7 파일 시스템이 설치된 디스크 마운트

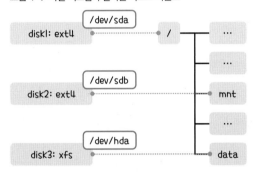

disk1이 루트 디렉터리에 마운트됐으니 disk1에 hello_world라는 파일이 있다면 리눅스 시스템에는 /hello_world 경로에 해당 파일이 존재합니다. disk2는 /mnt 디렉터리에 마운트됐으므로 disk2에 foobar라는 파일이 있다면 리눅스 시스템에는 /mnt/foobar 경로에 파일이 존재합니다. 마지막으로 disk3에 foobar라는 파일이 있다면 리눅스 시스템에는 /data/foobar 경로에 파일이 존재합니다.

리눅스는 모든 파일이 단일 계층 구조를 이루므로 윈도우의 드라이브 개념보다는 이해하기 어려울 수 있습니다. 하지만 단일 계층 구조라서 더 유연하게 시스템을 구성할 수 있습니다.

4.3

파일의 종류

파일의 종류라고 하면 보통 텍스트 파일, 사진 파일, 동영상 파일, 음성 파일 등을 떠올릴 겁니다. 이런 분류가 틀린 것은 아닙니다. 하지만 리눅스는 일반 파일뿐만 아니라 여러 대상을 파일로 표현합니다. 대표적으로 디렉터리도 파일의 한 종류입니다. 또한, 유닉스 도메인 소켓(Unix-domain socket, 프로세스 간 통신에 사용되는 도구인 소켓의 일종)을 생성하면 해당 소켓에 대응되는 소켓 파일이 생성됩니다. 하드웨어 장치를 제어하기 위한 디바이스 파일도 있습니다. 이렇듯 리눅스에는 파일 종류가 다양합니다.

리눅스에서 지원하는 파일의 종류는 다음과 같습니다.

표 4-1 파일의 종류

종류	설명
일반 파일(regular file)	텍스트 파일, 동영상 파일, 사진 파일 등이 속합니다.
디렉터리(directory)	리눅스에서는 디렉터리도 파일의 한 종류입니다.
심볼릭 링크 파일(symbolic link file)	어떤 파일을 가리키는 파일로, 윈도우의 바로 가기와 같은 개념입니다.
블록 디바이스 파일(block device file)	블록 장치(HDD, SDD, CD, DVD 등)를 제어하기 위한 파일입니다.
문자 디바이스 파일(character device file)	문자 장치(키보드, 마우스, 프린터 등)를 제어하기 위한 파일입니다.
파이프 파일(pipe file)	프로세스 간 통신에 사용되는 파이프를 나타내는 파일입니다.
소켓 파일(socket file)	프로세스 간 통신에 사용되는 소켓을 나타내는 파일입니다.

파일 목록을 조회하는 ls 명령어에 -l 옵션을 붙이면 파일 속성을 자세히 볼 수 있습니다.

```
터미널                                                      —  □  ×
gilbut@ubuntu2404:~$ ls -l
total 36
drwxr-xr-x 2 gilbut gilbut 4096 May 21 12:49 Desktop
drwxr-xr-x 2 gilbut gilbut 4096 May 21 12:49 Documents
drwxr-xr-x 2 gilbut gilbut 4096 May 21 12:49 Downloads
-rwxr-xr-x 1 gilbut gilbut   45 May 21 17:23 hello.sh
drwxr-xr-x 2 gilbut gilbut 4096 May 21 12:49 Music
drwxr-xr-x 3 gilbut gilbut 4096 Mar 22 10:29 Pictures
drwxr-xr-x 2 gilbut gilbut 4096 May 21 12:49 Public
drwxr-xr-x 2 gilbut gilbut 4096 May 21 12:49 Templates
drwxr-xr-x 2 gilbut gilbut 4096 May 21 12:49 Videos
```

조회 결과에서 가장 앞부분에 d나 -는 파일 종류를 표시하는 문자입니다. 파일 종류별 표시 문자는 다음과 같습니다.

표 4-2 파일 종류별 표시 문자

표시 문자	파일 종류	표시 문자	파일 종류
-	일반 파일	c	문자 디바이스 파일
d	디렉터리	p	파이프 파일
l	심볼릭 링크 파일	s	소켓 파일
b	블록 디바이스 파일		

디바이스 파일과 파이프 파일, 소켓 파일은 일반 사용자가 다룰 일이 거의 없습니다. 주로 소프트웨어를 개발할 때 사용합니다. 리눅스 일반 사용자는 일반 파일, 디렉터리, 심볼릭 링크 파일 등을 주로 사용합니다. 이 파일들을 어떻게 다루는지 하나씩 알아보겠습니다.

1분 퀴즈

정답 노트 p.546

1. 다음 빈칸에 알맞은 단어를 넣으세요.

_____은/는 저장 장치의 특성에 따라 데이터를 논리적인 단위로 구분해 읽고 쓸 수 있는 기능을 지원합니다.

2. 다음 중 설명이 틀린 것을 고르세요.

① procfs는 리눅스 커널이 관리하는 모든 프로세스 정보를 제공한다.

② sysfs는 커널 하위 시스템, 하드웨어 장치 등에 대한 정보를 제공한다.

③ 가상 파일 시스템은 가상 머신이 노출하려는 정보를 디렉터리와 파일로 구조화한다.

④ 디스크 기반 파일 시스템은 컴퓨터에 물리적으로 연결된 저장 장치에 설치해 사용한다.

⑤ 네트워크 기반 파일 시스템은 컴퓨터에 연결된 저장 장치를 네트워크로 연결해 사용한다.

3. 시스템에 새로운 SSD를 연결하는데, 새로 연결된 SSD는 /dev/sdc로 할당됐습니다. 이 SSD를 /mnt 디렉터리에 마운트했을 때, SSD에 저장된 /data/output 파일이 갖는 경로로 알맞은 것을 고르세요.

① /data/output

② /mnt/data/output

③ /dev/sdc/data/output

④ /dev/sdc/mnt/data/output

⑤ /mnt/dev/sdc/data/output

4.4

디렉터리

디렉터리(directory)는 파일 시스템을 계층화할 때 사용하는 도구입니다. 디렉터리로 여러 개념을 동등한 수준에서 수평적으로 분리할 수 있습니다. 또한, 디렉터리 하위에 다른 디렉터리를 구성해서 상하 개념을 만들 수 있습니다.

4.4.1 루트 디렉터리

루트 디렉터리(root directory)는 파일 시스템의 최상단에 위치하는 디렉터리로, /로 표기합니다. 시스템의 모든 파일과 디렉터리가 루트 디렉터리 하위에 구성됩니다.

루트 디렉터리의 바로 아래에 생성된 디렉터리는 전통적으로 그 이름과 역할이 정해져 있습니다. 반드시 지켜야 하는 규칙은 아니지만 전통적으로 그래 왔고, 앞으로도 그럴 것입니다. 대표적인 디렉터리는 다음과 같습니다.

표 4-3 루트 디렉터리 하위의 주요 디렉터리

디렉터리	용도	디렉터리	용도
/bin	기본 실행 명령어가 위치합니다.	/proc	procfs가 마운트됩니다.
/dev	디바이스 파일이 위치합니다.	/root	root 사용자의 홈 디렉터리입니다.
/etc	시스템 설정 파일이 위치합니다.	/sbin	시스템 관리용 명령어가 위치합니다.
/home	사용자의 홈 디렉터리가 위치합니다.	/sys	sysfs가 마운트됩니다.
/lib	시스템 라이브러리가 설치됩니다.	/tmp	시스템 임시 파일이 위치합니다.
/mnt	시스템에 디스크 등을 임시로 마운트할 때 사용합니다.	/usr	시스템 소프트웨어가 설치됩니다.

실제 터미널에서 ls 명령으로 루트 디렉터리의 파일과 디렉터리를 조회해 봅시다. ls 명령 뒤에
디렉터리 경로를 지정하면 해당 경로에 포함된 파일과 디렉터리가 출력됩니다.

```
터미널                                                    — ☐ ✕
gilbut@ubuntu2404:~$ ls /
bin                home            mnt    sbin.usr-ls-merged   usr
bin.usr-ls-merged  lib             opt    snap                 var
boot               lib64           proc   srv
cdrom              lib.usr-ls-merged root  swap.img
dev                lost+found      run    sys
etc                media           sbin   tmp
```

-l 옵션을 붙이면 더 자세한 내용을 조회할 수 있습니다.

```
터미널                                                    — ☐ ✕
gilbut@ubuntu2404:~$ ls -l /
total 4010076
lrwxrwxrwx   1 root root        7 Apr 22 22:08 bin -> usr/bin
drwxr-xr-x   2 root root     4096 Feb 26 21:58 bin.usr-ls-merged
drwxr-xr-x   3 root root     4096 May 21 16:30 boot
dr-xr-xr-x   2 root root     4096 Apr 24 20:28 cdrom
drwxr-xr-x  19 root root     4080 May 21 17:00 dev
drwxr-xr-x 138 root root    12288 May 21 17:01 etc
drwxr-xr-x   3 root root     4096 MAY 21 17:00 home
(생략)
```

4.4.2 현재 작업 디렉터리

Bash는 언제나 특정 디렉터리를 기준으로 실행됩니다. Bash가 실행 중인 디렉터리가 **현재 작업
디렉터리**입니다. 터미널에서 pwd 명령어를 실행하면 현재 작업 디렉터리를 확인할 수 있습니다.

```
터미널                                                    — ☐ ✕
gilbut@ubuntu2404:~$ pwd
/home/gilbut
```

Bash의 현재 작업 디렉터리는 3장에서 배운 cd 명령어로 옮길 수 있습니다. 흔히 '디렉터리를 옮긴다/이동한다'라고 표현합니다. cd 명령어로 현재 작업 디렉터리를 루트 디렉터리로 이동하고 pwd 명령어로 현재 작업 디렉터리를 확인해 봅시다.

```
터미널                                                    —  □  ×
gilbut@ubuntu2404:~$ cd /
gilbut@ubuntu2404:/$ pwd
/
```

/home/gilbut으로 다시 이동해 현재 작업 디렉터리를 확인해 봅시다.

```
터미널                                                    —  □  ×
gilbut@ubuntu2404:/$ cd /home/gilbut
gilbut@ubuntu2404:~$ pwd
/home/gilbut
```

4.4.3 홈 디렉터리

홈 디렉터리(home directory)는 리눅스에 사용자를 추가하면 사용자별로 할당하는 디렉터리로, 추가한 사용자를 위한 공간입니다. 일반 사용자는 모두 사용자만의 홈 디렉터리가 존재합니다. 홈 디렉터리에는 사용자별 설정이나 데이터가 저장됩니다. 사용자가 터미널을 실행하거나 SSH로 리눅스 시스템에 접속하면 로그인한 사용자의 홈 디렉터리를 현재 작업 디렉터리로 설정해 시작합니다.

리눅스를 부팅한 직후 터미널에서 pwd 명령어를 실행하면 홈 디렉터리를 확인할 수 있습니다. /home/gilbut은 gilbut 사용자의 홈 디렉터리입니다.

```
터미널                                                    —  □  ×
gilbut@ubuntu2404:~$ pwd
/home/gilbut
```

Bash에는 홈 디렉터리를 나타내는 특수한 표현이 있습니다. 바로 ~(tilde, 물결표)입니다. ~사용자_이름은 해당 사용자의 홈 디렉터리를 나타냅니다. 사용자 이름 없이 ~만 사용하면 현재 사용자의 홈 디렉터리를 나타냅니다. 루트 디렉터리로 이동했다가 cd ~ 명령을 실행해 봅시다. 현재 사용자(gilbut)의 홈 디렉터리로 이동한 것을 확인할 수 있습니다.

```
터미널                                                    —   □   ×
gilbut@ubuntu2404:~$ cd /
gilbut@ubuntu2404:/$ pwd
/
gilbut@ubuntu2404:/$ cd ~
gilbut@ubuntu2404:~$ pwd
/home/gilbut
```

4.4.4 상대 경로와 절대 경로

리눅스에서 모든 파일은 루트 디렉터리 아래 어딘가에 위치합니다. 파일마다 위치가 다른데, 파일의 위치 정보를 표현한 것을 **경로**(path)라고 합니다. 경로는 디렉터리 구조를 기반으로 파일 위치를 나타냅니다. 리눅스에서 경로를 나타내는 방법은 상대 경로와 절대 경로가 있습니다.

● **상대 경로**

상대 경로(relative path)는 현재 작업 디렉터리를 기준으로 파일 경로를 나타냅니다. 현재 작업 디렉터리는 변경될 수 있어서 파일 위치를 상대 경로로 표시하면 현재 작업 디렉터리의 위치에 따라 표시 방법이 달라집니다.

파일을 상대 경로로 표시할 때 사용하는 표기법은 .과 ..입니다. .은 현재 작업 디렉터리를, ..은 현재 작업 디렉터리의 상위 디렉터리를 나타냅니다. 그래서 현재 작업 디렉터리를 현재 작업 디렉터리의 상위 디렉터리로 옮기는 명령은 cd ../가 됩니다. 또는 / 없이 cd ..이라고 입력해도 됩니다.

간단히 확인해 봅시다. 먼저 pwd로 현재 작업 디렉터리를 확인합니다(로그인한 사용자에 따라 출력되는 현재 작업 디렉터리가 다릅니다).

```
터미널                                                    —   □   ×
gilbut@ubuntu2404:~$ pwd
/home/gilbut
```

ls로 현재 작업 디렉터리의 내용을 확인합니다. 현재 작업 디렉터리에는 리눅스를 설치할 때 기본으로 생성된 디렉터리들이 있습니다.

```
터미널                                                        ─  □  ×
gilbut@ubuntu2404:~$ ls
Desktop    Downloads  hello.sh  Pictures  snap       Videos
Documents  hello      Music     Public    Templates
```

현재 작업 디렉터리의 하위에 있는 Downloads 디렉터리로 이동해 봅시다. cd Downloads/라
고 입력합니다. 이는 Downloads 디렉터리가 현재 작업 디렉터리의 하위에 존재해서 상대 경
로로 표시한 것입니다. 경로 끝에 /가 붙으면 디렉터리임을 나타내는데, 생략할 수도 있습니다.

```
터미널                                                        ─  □  ×
gilbut@ubuntu2404:~$ cd Downloads/
gilbut@ubuntu2404:~/Downloads$ pwd
/home/gilbut/Downloads
```

현재 작업 디렉터리의 상위 디렉터리로 이동해 봅시다. 상위 디렉터리를 나타내는 ..을 이용합
니다.

```
터미널                                                        ─  □  ×
gilbut@ubuntu2404:~/Downloads$ cd ../
gilbut@ubuntu2404:~$ pwd
/home/gilbut
```

다시 Downloads 디렉터리로 이동합니다.

```
터미널                                                        ─  □  ×
gilbut@ubuntu2404:~$ cd Downloads/
```

이번에는 상위 디렉터리에 있는 Pictures 디렉터리로 이동해 봅시다. Pictures 디렉터리는 현재
작업 디렉터리인 Downloads와 같은 위치에 있는 디렉터리입니다. 이럴 때는 cd ../Pictures/
명령으로 한 번에 이동할 수 있습니다.

```
터미널                                                        ─  □  ×
gilbut@ubuntu2404:~/Downloads$ cd ../Pictures/
gilbut@ubuntu2404:~/Pictures$ pwd
/home/gilbut/Pictures
```

루트 디렉터리까지 한 번에 이동하고 싶다면 어떻게 할까요? 상위 디렉터리로 3번 올라가면 되
므로 cd ../../../이라고 명령하면 됩니다.

```
터미널                                                    —  □  ×
gilbut@ubuntu2404:~/Pictures$ cd ../../../
gilbut@ubuntu2404:/$ pwd
/
```

홈 디렉터리로도 한 번에 이동할 수 있습니다(로그인한 사용자에 맞춰 입력해 주세요).

```
터미널                                                    —  □  ×
gilbut@ubuntu2404:/$ cd home/gilbut/
gilbut@ubuntu2404:~$ pwd
/home/gilbut
```

● 절대 경로

절대 경로(absolute path)는 루트 디렉터리를 기준으로 파일 경로를 나타냅니다. 모든 파일은 루트 디렉터리 하위에 존재합니다. 따라서 모든 파일은 하나의 절대 경로로 표시할 수 있습니다. 절대 경로는 항상 루트 디렉터리(/)부터 시작한 파일 경로를 적습니다.

절대 경로를 간단히 사용해 봅시다. 먼저 현재 작업 디렉터리를 확인합니다(로그인한 사용자에 따라 출력되는 현재 작업 디렉터리가 달라집니다). 그리고 절대 경로를 이용해 루트 디렉터리로 이동합니다. 방법은 아주 간단합니다.

```
터미널                                                    —  □  ×
gilbut@ubuntu2404:~$ pwd
/home/gilbut
gilbut@ubuntu2404:~$ cd /
gilbut@ubuntu2404:/$ pwd
/
```

다시 홈 디렉터리로 이동해 봅시다. 절대 경로를 이용해 다음과 같이 명령할 수 있습니다(로그 인한 사용자에 맞춰 입력해 주세요).

```
터미널                                                    —  □  ×
gilbut@ubuntu2404:/$ cd /home/gilbut/
gilbut@ubuntu2404:~$ pwd
/home/gilbut
```

113

이번에는 홈 디렉터리 하위의 Pictures 디렉터리로 이동해 봅시다. 절대 경로로 표시하니 상대 경로보다 길어서 불편하네요.

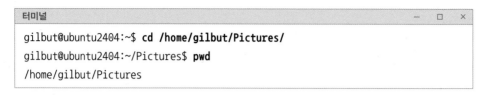

```
터미널                                                                     —  □  ×
gilbut@ubuntu2404:~$ cd /home/gilbut/Pictures/
gilbut@ubuntu2404:~/Pictures$ pwd
/home/gilbut/Pictures
```

경로를 표기하는 2가지 방법을 살펴봤습니다. 상대 경로와 절대 경로 중 어떤 방법이 좋은 방법일까요? 정답은 '그때그때 다르다'입니다. 예제에서 보듯이 상대 경로가 편한 경우도 있고, 절대 경로가 편한 경우도 있습니다. 파일의 위치가 현재 작업 디렉터리와 가깝다면 상대 경로로 표시하는 것이 더 편합니다. 루트 디렉터리와 가깝거나 현재 작업 디렉터리와 멀다면 절대 경로로 표시하는 것이 더 편하고요. 그리고 현재 작업 디렉터리와 관계없이 파일 위치를 표시해야 한다면 절대 경로로 표시해야 합니다. 그때그때 적합한 방법을 선택합니다.

1분 퀴즈
정답 노트 p.546

4. 현재 작업 디렉터리가 /home/gilbut/Downloads인 상태에서 /home/gilbut/Pictures 디렉터리로 한 번에 이동하려 합니다. cd 명령어와 상대 경로 표기법을 사용해 이동할 때 다음 빈칸에 알맞은 답을 넣으세요.

```
터미널                                                                     —  □  ×
$ cd _____ /Pictures
```

5. 루트 디렉터리의 하위 디렉터리 중 설명이 틀린 것을 고르세요.

   ① /proc: procfs가 마운트됩니다.

   ② /root: 시스템의 루트 디렉터리입니다.

   ③ /bin: 기본 실행 명령어가 위치합니다.

   ④ /tmp: 시스템의 임시 파일들이 위치합니다.

   ⑤ /home: 사용자의 홈 디렉터리가 위치합니다.

4.5

실습: 파일과 디렉터리 다루기

이 절에서는 리눅스에서 파일과 디렉터리를 다루는 방법을 실습하겠습니다. 터미널 프로그램을 실행해 직접 명령을 내리고 결과를 확인해 보세요.

4.5.1 디렉터리 생성하기

디렉터리는 다음과 같이 mkdir(make directory) 명령어로 생성할 수 있습니다.

> **형식**   mkdir [옵션] 디렉터리

디렉터리 부분에 새로 만들 디렉터리 이름을 입력합니다. 디렉터리 이름을 하나 이상 입력하면 입력한 디렉터리를 모두 생성합니다. 자주 사용하는 옵션은 -p입니다. -p 옵션을 사용하면 디렉터리가 이미 존재하더라도 에러가 발생하지 않습니다. 또한, 존재하지 않는 디렉터리가 있으면 필요한 디렉터리를 모두 생성합니다. 실습하며 자세히 알아봅시다.

1   mkdir 명령어로 animals 디렉터리를 만듭니다. 명령을 내리고 아무런 메시지가 없으면 명령이 성공한 것입니다. ls 명령어로 animals 디렉터리가 제대로 생성됐는지 확인합니다.

```
터미널                                                    ─  □  ×
gilbut@ubuntu2404:~$ mkdir animals
gilbut@ubuntu2404:~$ ls
animals   Documents  hello      Music     Public   Templates
Desktop   Downloads  hello.sh   Pictures  snap     Videos
```

2 생성한 animals 디렉터리로 이동해 dog, cat, cow 디렉터리를 한꺼번에 생성합니다.

```
터미널                                                        ─  □  ×
gilbut@ubuntu2404:~$ cd animals/
gilbut@ubuntu2404:~/animals$ mkdir dog cat cow
gilbut@ubuntu2404:~/animals$ ls
cat  cow  dog
```

3 상위 디렉터리로 이동해 명령 한 번으로 animals 하위에 snake 디렉터리를 만듭니다.

```
터미널                                                        ─  □  ×
gilbut@ubuntu2404:~/animals$ cd ..
gilbut@ubuntu2404:~$ mkdir animals/snake
gilbut@ubuntu2404:~$ cd animals/
gilbut@ubuntu2404:~/animals$ ls
cat  cow  dog  snake
```

4 -p 옵션이 어떤 효과가 있는지 확인해 봅시다. 사용자의 홈 디렉터리로 돌아가서 fruits 디렉터리 하위에 apple 디렉터리를 생성합니다. 현재 작업 디렉터리에는 fruits 디렉터리가 없습니다. 그래서 fruits 디렉터리 하위에 apple 디렉터리를 생성하려고 하면 에러가 발생합니다.

```
터미널                                                        ─  □  ×
gilbut@ubuntu2404:~/animals$ cd ~
gilbut@ubuntu2404:~$ mkdir fruits/apple
mkdir: cannot create directory 'fruits/apple': No such file or directory
```

5 이번에는 -p 옵션을 넣어 생성합니다. 에러가 발생하지 않습니다. ls로 확인해보면 fruits 디렉터리도 만들어지고, 그 하위에 apple 디렉터리도 만들어졌습니다.

```
터미널                                                        ─  □  ×
gilbut@ubuntu2404:~$ mkdir -p fruits/apple
gilbut@ubuntu2404:~$ ls
animals  Documents  fruits  hello.sh  Pictures  snap       Videos
Desktop  Downloads  hello   Music     Public    Templates
gilbut@ubuntu2404:~$ ls fruits/
apple
```

6 방금 생성한 fruits/apple 디렉터리를 -p 옵션을 줘서 다시 생성해 봅시다. -p 옵션 때문에
   디렉터리가 존재해도 에러가 발생하지 않습니다.

```
gilbut@ubuntu2404:~$ mkdir -p fruits/apple
gilbut@ubuntu2404:~$
```

4.5.2 디렉터리 삭제하기

디렉터리를 삭제할 때는 rmdir 명령어를 사용합니다.

> **형식**   rmdir [옵션] 디렉터리

mkdir 명령어와 비슷한 형식이며 입력받은 디렉터리를 삭제합니다. 여러 디렉터리를 입력하면
입력한 디렉터리를 모두 삭제합니다. 단, rmdir은 비어 있는 디렉터리만 삭제할 수 있습니다.
삭제 대상 디렉터리에 일반 파일이나 디렉터리가 있으면 rmdir 명령어는 실패합니다.

rmdir 명령어도 -p 옵션을 주로 사용합니다. -p 옵션을 주면 대상 디렉터리의 상위 디렉터리까
지 삭제합니다. 예를 들어, rmdir -p a/b/c라고 명령을 내리면 rmdir a/b/c a/b a라고 명령
을 내린 것과 동일합니다.

디렉터리 생성 실습에서 만든 디렉터리를 삭제해 봅시다.

1 ls 명령어로 animals과 fruits 디렉터리가 존재하는지 확인합니다.

터미널

```
gilbut@ubuntu2404:~$ ls
animals  Documents  fruits  hello.sh  Pictures  snap       Videos
Desktop  Downloads  hello   Music     Public    Templates
```

2 animals 디렉터리로 이동해 하위 디렉터리 4개도 확인합니다.

터미널

```
gilbut@ubuntu2404:~$ cd animals/
gilbut@ubuntu2404:~/animals$ ls
cat  cow  dog  snake
```

3 cat 디렉터리부터 삭제합니다. 명령을 실행한 후 아무런 메시지가 출력되지 않으면 성공한 것입니다.

```
터미널                                                    —  □  ×
gilbut@ubuntu2404:~/animals$ rmdir cat
gilbut@ubuntu2404:~/animals$ ls
cow  dog  snake
```

4 남아 있는 디렉터리 3개를 한꺼번에 삭제합니다. animals 디렉터리의 하위 디렉터리가 모두 삭제됐습니다.

```
터미널                                                    —  □  ×
gilbut@ubuntu2404:~/animals$ rmdir cow dog snake
gilbut@ubuntu2404:~/animals$ ls
gilbut@ubuntu2404:~/animals$
```

5 상위 디렉터리로 이동해 animals 디렉터리도 삭제합니다.

```
터미널                                                    —  □  ×
gilbut@ubuntu2404:~/animals$ cd ..
gilbut@ubuntu2404:~$ rmdir animals/
gilbut@ubuntu2404:~$ ls
Desktop    Downloads  hello     Music     Public  Templates
Documents  fruits     hello.sh  Pictures  snap    Videos
```

6 fruits 디렉터리도 삭제해 봅시다. 먼저 fruits 디렉터리의 하위 디렉터리를 확인합니다.

```
터미널                                                    —  □  ×
gilbut@ubuntu2404:~$ ls fruits/
apple
```

7 fruits 디렉터리 안에는 apple 디렉터리가 존재합니다. 이 상태에서 fruits 디렉터리를 삭제합니다. 디렉터리가 비어 있지 않아서 에러가 발생하며 삭제에 실패합니다.

```
터미널                                                    —  □  ×
gilbut@ubuntu2404:~$ rmdir fruits/
rmdir: failed to remove 'fruits/': Directory not empty
```

```
gilbut@ubuntu2404:~$ ls
Desktop    Downloads   hello     Music     Public   Templates
Documents  fruits      hello.sh  Pictures  snap     Videos
```

8 rmdir 명령어에 -p 옵션을 사용해 fruits 디렉터리를 삭제합니다. -p 옵션은 삭제하려
  는 디렉터리의 상위 디렉터리도 삭제합니다. 즉, rmdir -p fruits/apple 명령은 rmdir
  fruits/apple fruits 명령과 같습니다. ls로 확인해 봅시다.

터미널   — □ ×

```
gilbut@ubuntu2404:~$ rmdir -p fruits/apple
gilbut@ubuntu2404:~$ ls
Desktop    Downloads   hello.sh  Pictures  snap        Videos
Documents  hello       Music     Public    Templates
```

fruits 디렉터리가 삭제됐습니다. 다른 방법으로도 하위 디렉터리까지 한 번에 삭제할 수 있습
니다. 이 방법은 **4.5.5 파일 삭제하기**에서 다룹니다.

4.5.3 파일 복사하기

다음으로 파일과 관련한 명령어를 알아보겠습니다. 파일을 복사할 때는 cp 명령어를 사용합니
다. cp 명령어는 2가지 형식이 있습니다. 흔히 사용하는 형식은 다음과 같습니다. 원본 부분에
는 원본 파일의 경로를, 복사본 부분에는 복사한 파일을 저장할 경로를 지정합니다.

> **형식**   cp [옵션] 원본 복사본

두 번째 형식은 여러 파일을 한 디렉터리로 복사할 때 사용합니다. 원본 부분에는 원본 파일들
의 경로를, 디렉터리 부분에는 복사본을 저장할 디렉터리를 지정합니다.

> **형식**   cp [옵션] 원본1 원본2 ... 디렉터리

cp 명령어에서 사용할 수 있는 옵션은 **표 4-4**와 같습니다.

표 4-4 cp 명령어의 주요 옵션

옵션	설명
-f(--force)	복사본 파일이 존재하면 이를 무시하고 강제로 덮어씁니다.
-r(--recursive)	지정한 디렉터리 하위의 파일을 모두 복사합니다.

파일 복사 방법을 실습해 보겠습니다.

1 실습용으로 testdir 디렉터리를 만듭니다.

```
터미널                                                    —  □  ×

gilbut@ubuntu2404:~$ mkdir testdir
gilbut@ubuntu2404:~$ cd testdir/
gilbut@ubuntu2404:~/testdir$ pwd
/home/gilbut/testdir
```

2 echo 명령어로 greetings 파일을 생성합니다. echo 명령어와 출력할 텍스트를 입력하고 그 뒤에 > 기호와 파일 이름(greetings)을 넣습니다. 이렇게 작성하면 해당 파일을 생성해 화면에 출력할 텍스트를 파일 내용으로 넣습니다. 이를 **리디렉션**(redirection)이라고 합니다. 리디렉션은 **12.1 리디렉션**에서 자세히 다룹니다. 여기서는 텍스트를 파일로 보낸다고만 알면 됩니다.

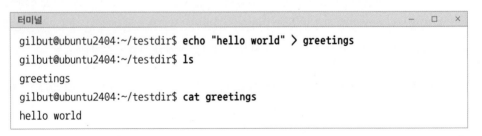

```
터미널                                                    —  □  ×

gilbut@ubuntu2404:~/testdir$ echo "hello world" > greetings
gilbut@ubuntu2404:~/testdir$ ls
greetings
gilbut@ubuntu2404:~/testdir$ cat greetings
hello world
```

3 cp 명령어의 첫 번째 형식으로 파일을 복사합니다. 원본 파일은 greetings고, 복사본 파일 이름은 say-hi로 합니다. 파일이 복사되고 파일 내용도 같은 것을 확인할 수 있습니다.

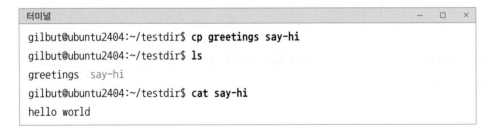

```
터미널                                                    —  □  ×

gilbut@ubuntu2404:~/testdir$ cp greetings say-hi
gilbut@ubuntu2404:~/testdir$ ls
greetings  say-hi
gilbut@ubuntu2404:~/testdir$ cat say-hi
hello world
```

4 두 번째 형식으로 여러 파일을 다른 디렉터리로 복사해 봅시다. 먼저 복사본을 저장할 새로운 디렉터리를 만듭니다.

```
터미널                                                          ─  □  ✕
gilbut@ubuntu2404:~/testdir$ mkdir temporary
```

5 cp 명령어 뒤에 복사할 원본 파일들을 나열하고, 마지막에 복사할 디렉터리를 입력해 실행합니다. ls로 확인하면 파일들이 잘 복사됐고 파일 내용도 같은 것을 볼 수 있습니다.

```
터미널                                                          ─  □  ✕
gilbut@ubuntu2404:~/testdir$ cp greetings say-hi temporary/
gilbut@ubuntu2404:~/testdir$ cd temporary/
gilbut@ubuntu2404:~/testdir/temporary$ ls
greetings  say-hi
gilbut@ubuntu2404:~/testdir/temporary$ cat greetings
hello world
gilbut@ubuntu2404:~/testdir/temporary$ cat say-hi
hello world
```

4.5.4 파일 이동하기

파일 이동 방법을 알아보겠습니다. 여기서 이동은 두 가지 의미가 있습니다. 첫 번째는 **파일 위치를 변경하는 것**입니다. 어떤 파일의 저장 위치를 A 디렉터리에서 B 디렉터리로 옮기는 것을 의미합니다. 두 번째는 **파일 이름을 변경하는 것**입니다. 이동이라는 단어와는 조금 어울리지 않지만 리눅스에서는 파일 이름을 변경할 때 파일 위치를 변경하는 것과 같은 명령어를 사용합니다.

파일 이동에는 mv 명령어를 사용합니다. mv 명령어도 두 가지 형식이 있습니다. 첫 번째 형식은 다음과 같습니다.

형식   mv [옵션] 원본 대상

원본 부분에는 이동할 원본 파일을 지정합니다. 대상 부분에는 파일을 이동해 저장할 경로를 지정합니다. 대상에 디렉터리를 지정하면 원본 파일을 대상 디렉터리로 옮깁니다. 대상에 디렉터리와 파일 이름까지 지정하면 원본 파일을 대상 디렉터리로 옮기고 파일 이름도 변경합니다. 이 부분은 실습에서 자세히 다루겠습니다.

두 번째 형식은 여러 파일을 한꺼번에 다른 디렉터리로 이동할 때 사용합니다.

> **형식**   mv [옵션] 원본1 원본2 ... 디렉터리

원본 부분에는 원본 파일들을 입력합니다. 디렉터리 부분에는 파일들을 이동할 디렉터리를 지정합니다. 두 번째 형식을 사용하면 파일 저장 위치는 변경되지만, 파일 이름은 변경되지 않습니다.

주로 사용하는 옵션은 다음과 같습니다.

표 4-5 mv 명령어의 주요 옵션

옵션	설명
-f(--force)	파일을 덮어쓸 때 묻지 않고 실행합니다.
-i(--interactive)	파일을 덮어쓸 때 사용자에게 실행 여부를 물어봅니다.

두 가지 형식으로 파일 이동 방법을 실습하겠습니다.

● 일반 파일 이동

먼저 파일 이름을 변경하고 이동해 봅시다.

1 현재 작업 디렉터리는 파일을 복사할 때 만든 temporary 디렉터리입니다. 이 디렉터리에는 파일이 2개 있습니다.

```
터미널                                                          ─  □  ×
gilbut@ubuntu2404:~/testdir/temporary$ pwd
/home/gilbut/testdir/temporary
gilbut@ubuntu2404:~/testdir/temporary$ ls
greetings   say-hi
```

2 mv 명령어로 say-hi 파일의 이름을 hello로 변경합니다.

```
터미널                                                          ─  □  ×
gilbut@ubuntu2404:~/testdir/temporary$ mv say-hi hello
gilbut@ubuntu2404:~/testdir/temporary$ ls
greetings   hello
```

3 이번에는 greetings 파일을 welcome으로 변경합니다.

```
터미널                                                           —  □  ×
gilbut@ubuntu2404:~/testdir/temporary$ mv greetings welcome
gilbut@ubuntu2404:~/testdir/temporary$ ls
hello  welcome
```

4 파일 경로까지 변경해 봅시다. 상위 디렉터리로 이동해 파일 목록을 조회합니다. 파일 복사
   실습에서 만든 파일 2개(greetings, say-hi)와 디렉터리(temporary) 1개가 보입니다.

```
터미널                                                           —  □  ×
gilbut@ubuntu2404:~/testdir/temporary$ cd ..
gilbut@ubuntu2404:~/testdir$ ls
greetings  say-hi  temporary
```

5 temporary 디렉터리를 조회합니다. temporary 디렉터리에는 앞에서 파일 이름을 변경한
   두 파일이 있습니다.

```
터미널                                                           —  □  ×
gilbut@ubuntu2404:~/testdir$ ls temporary/
hello  welcome
```

6 temporary 디렉터리의 hello 파일을 현재 작업 디렉터리로 이동해 봅시다. 상대 경로로 현
   재 작업 디렉터리(./)를 지정하고 파일 이름은 지정하지 않습니다. 명령을 실행하면 현재 작
   업 디렉터리에는 hello 파일이 추가됩니다. 파일 이름을 지정하지 않아서 파일 위치만 변경
   되고 이름은 변경되지 않았습니다. temporary 디렉터리에는 welcome 파일만 남았습니다.

```
터미널                                                           —  □  ×
gilbut@ubuntu2404:~/testdir$ mv temporary/hello ./
gilbut@ubuntu2404:~/testdir$ ls
greetings  hello  say-hi  temporary
gilbut@ubuntu2404:~/testdir$ ls temporary/
welcome
```

7 이번에는 파일을 이동하며 파일 이름도 변경해 봅시다. temporary 디렉터리의 welcome
   파일을 현재 디렉터리로 옮기며 이름을 WELCOME으로 변경합니다. 명령을 실행하면 현재
   작업 디렉터리에는 WELCOME 파일이 추가되고, temporary 디렉터리는 비어 있습니다.

```
터미널                                                         —  □  ×
gilbut@ubuntu2404:~/testdir$ mv temporary/welcome ./WELCOME
gilbut@ubuntu2404:~/testdir$ ls
greetings  hello  say-hi  temporary  WELCOME
gilbut@ubuntu2404:~/testdir$ ls temporary/
gilbut@ubuntu2404:~/testdir$
```

● 디렉터리 이동

디렉터리 이동도 파일을 이동하는 것과 다르지 않습니다. 파일 대신 디렉터리를 지정하면 됩니다.

1 현재 디렉터리의 상태를 확인합니다.

```
터미널                                                         —  □  ×
gilbut@ubuntu2404:~/testdir$ ls
greetings  hello  say-hi  temporary  WELCOME
```

2 haha라는 디렉터리를 새로 생성합니다.

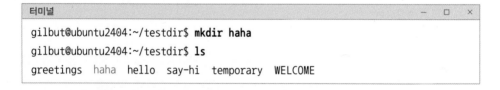

```
터미널                                                         —  □  ×
gilbut@ubuntu2404:~/testdir$ mkdir haha
gilbut@ubuntu2404:~/testdir$ ls
greetings  haha  hello  say-hi  temporary  WELCOME
```

3 디렉터리의 이름을 hoho로 변경합니다.

```
터미널                                                         —  □  ×
gilbut@ubuntu2404:~/testdir$ mv haha hoho
gilbut@ubuntu2404:~/testdir$ ls
greetings  hello  hoho  say-hi  temporary  WELCOME
```

4 디렉터리 위치도 이동해 봅니다. hoho 디렉터리를 temporary 디렉터리 밑으로 이동합니다.

```
터미널                                                         —  □  ×
gilbut@ubuntu2404:~/testdir$ mv hoho temporary/
gilbut@ubuntu2404:~/testdir$ ls temporary/
hoho
```

5 디렉터리의 위치를 이동하며 이름도 변경해 봅시다. temporary 디렉터리 하위의 hoho 디렉터리를 현재 작업 디렉터리로 옮기며 이름을 hihi로 변경합니다.

```
터미널                                                                    —   □   ×
gilbut@ubuntu2404:~/testdir$ mv temporary/hoho ./hihi
gilbut@ubuntu2404:~/testdir$ ls
greetings  hello  hihi  say-hi  temporary  WELCOME
```

4.5.5 파일 삭제하기

파일을 삭제할 때는 rm 명령을 사용합니다.

형식   rm [옵션] 파일

파일 부분에 파일 이름을 명시하면 해당 파일이 삭제됩니다. 기본적으로 일반 파일만 삭제되고 디렉터리는 삭제되지 않습니다. 디렉터리를 삭제하려면 옵션을 추가해야 합니다.

자주 사용하는 옵션은 다음과 같습니다.

표 4-6 rm 명령어의 주요 옵션

옵션	설명
-d(--dir)	디렉터리를 삭제합니다. 디렉터리가 비어 있을 때만 삭제할 수 있습니다.
-f(--force)	파일이 존재하지 않아도 실패로 처리하지 않고 사용자에게 실행 여부를 묻지 않습니다.
-i(--interactive)	파일을 삭제하기 전에 사용자에게 실행 여부를 묻습니다.
-r(--recursive)	디렉터리와 디렉터리에 포함된 모든 파일과 디렉터리를 삭제합니다.

Note ┳ 옵션 사용 시 주의 사항

-r 옵션을 사용하면 디렉터리도 삭제합니다. 이때 디렉터리에 포함된 파일과 하위 디렉터리까지 모두 삭제합니다. 한 번의 실수로 시스템을 돌이킬 수 없는 상태로 만들 수도 있습니다. 만약 sudo rm -rf / 명령을 실행하면 어떻게 될까요? root 사용자의 권한으로 모든 파일을 삭제합니다. 절대 실행해서는 안 되는 명령입니다.

● 일반 파일 삭제

파일을 삭제해 봅시다.

1 현재 상태를 확인합니다.

```
터미널                                              —  □  ×
gilbut@ubuntu2404:~/testdir$ ls
greetings  hello  hihi  say-hi  temporary  WELCOME
```

2 일반 파일인 say-hi 파일만 삭제합니다. 명령을 실행한 뒤 아무런 메시지가 출력되지 않으면 성공입니다.

```
터미널                                              —  □  ×
gilbut@ubuntu2404:~/testdir$ rm say-hi
gilbut@ubuntu2404:~/testdir$ ls
greetings  hello  hihi  temporary  WELCOME
```

3 이번에는 -i 옵션을 주고 hello 파일을 삭제합니다. 사용자에게 삭제할지 물어봅니다. y 또는 Y를 입력해 삭제를 실행합니다.

```
터미널                                              —  □  ×
gilbut@ubuntu2404:~/testdir$ rm -i hello
rm: remove regular file 'hello'? y
gilbut@ubuntu2404:~/testdir$ ls
greetings  hihi  temporary  WELCOME
```

4 마지막으로 여러 파일을 한꺼번에 삭제합니다.

```
터미널                                              —  □  ×
gilbut@ubuntu2404:~/testdir$ rm WELCOME greetings
gilbut@ubuntu2404:~/testdir$ ls
hihi  temporary
```

● **디렉터리 삭제**

디렉터리를 삭제해 봅시다. rmdir 명령어로도 디렉터리를 삭제할 수 있지만, rmdir 명령어는 비어 있지 않은 디렉터리를 삭제할 수 없습니다. rm 명령어는 비어 있지 않은 디렉터리도 삭제가 가능합니다. 실습 내용을 잘 확인해 보세요.

1 현재 상태를 확인하면 빈 디렉터리 2개만 존재합니다.

```
터미널                                                    —  □  ×
gilbut@ubuntu2404:~/testdir$ ls
hihi   temporary
gilbut@ubuntu2404:~/testdir$ ls hihi/
gilbut@ubuntu2404:~/testdir$ ls temporary/
gilbut@ubuntu2404:~/testdir$
```

2 touch는 빈 파일을 생성하는 명령어입니다. touch 명령어로 hihi 디렉터리 밑에 새로운 파일을 만듭니다.

```
터미널                                                    —  □  ×
gilbut@ubuntu2404:~/testdir$ touch hihi/newfile
gilbut@ubuntu2404:~/testdir$ ls hihi
newfile
```

TIP — touch 명령어는 뒤에 파일 이름을 입력해 실행합니다. 이때 해당 파일이 존재하지 않으면 입력한 파일 이름으로 된 빈 파일을 생성합니다. 이미 존재하는 파일이라면 파일 접근 시각과 변경 시각을 현재 시각으로 바꿉니다.

3 temporary는 디렉터리라서 아무 옵션 없이 rm 명령어를 실행하면 디렉터리를 삭제하는 데 실패합니다.

```
터미널                                                    —  □  ×
gilbut@ubuntu2404:~/testdir$ rm temporary/
rm: cannot remove 'temporary/': Is a directory
```

4 -d 옵션을 주고 다시 실행합니다. temporary가 빈 디렉터리여서 삭제됩니다.

```
터미널                                                    —  □  ×
gilbut@ubuntu2404:~/testdir$ rm -d temporary/
gilbut@ubuntu2404:~/testdir$ ls
hihi
```

5 이번에는 파일이 포함된 디렉터리를 삭제합니다. hihi 디렉터리가 비어 있지 않아서 삭제하는 데 실패합니다.

```
터미널                                                          ˙  —  □  ×
gilbut@ubuntu2404:~/testdir$ rm -d hihi/
rm: cannot remove 'hihi/': Directory not empty
```

6 비어 있지 않은 디렉터리를 삭제하려면 -r 옵션이 필요합니다. -r 옵션을 주고 다시 실행합니다. hihi 디렉터리와 hihi 디렉터리 밑에 있던 newfile 파일까지 삭제됩니다.

```
터미널                                                          —  □  ×
gilbut@ubuntu2404:~/testdir$ rm -r hihi
gilbut@ubuntu2404:~/testdir$ ls
gilbut@ubuntu2404:~/testdir$
```

7 실습을 위해 만든 testdir을 삭제합니다.

```
터미널                                                          —  □  ×
gilbut@ubuntu2404:~/testdir$ cd ../
gilbut@ubuntu2404:~$ ls
Desktop    Downloads  hello.sh  Pictures  snap       testdir
Documents  hello      Music     Public    Templates  Videos
gilbut@ubuntu2404:~$ rmdir testdir/
Desktop    Downloads  hello.sh  Pictures  snap       Videos
Documents  hello      Music     Public    Templates
```

1분 퀴즈 ▬▬▬▬▬▬▬▬▬▬▬▬▬▬▬▬▬▬▬▬
정답 노트 p.546

6. 다음 중 설명이 틀린 것을 고르세요.

① mvdir 명령어로 디렉터리의 이름을 변경할 수 있다.

② cp 명령어로 여러 파일을 한 디렉터리에 복사할 수 있다.

③ rm 명령어는 비어 있지 않은 디렉터리도 삭제할 수 있다.

④ rmdir 명령어는 비어 있지 않은 디렉터리를 삭제할 수 없다.

⑤ 디렉터리 생성 시 mkdir 명령어에 -p 옵션을 사용하면 필요한 모든 디렉터리를 생성한다.

7. 다음 설명에 알맞은 옵션을 빈칸에 넣으세요.

① cp 명령으로 디렉터리 복사할 때 사용   _____

② rm 명령으로 비어 있지 않은 디렉터리 삭제할 때 사용   _____

③ mv 명령으로 파일 이름을 이동할 때 묻지 않고 덮어쓸 때 사용 _____

4.6

소프트 링크와 하드 링크

소프트 링크와 하드 링크는 파일의 일종입니다. 링크(link)는 '연결'을 의미합니다. 소프트 링크는 유연한 연결, 하드 링크는 견고한 연결 정도로 볼 수 있습니다. 둘의 다른 점은 파일을 연결하는 방법입니다. 이를 설명하기 전에 소프트 링크와 하드 링크를 이해하는 데 필요한 아이노드와 덴트리 개념부터 살펴보겠습니다.

4.6.1 아이노드와 덴트리

파일 시스템은 파일을 잘 관리하기 위한 소프트웨어입니다. 파일 시스템의 기능이 잘 작동하려면 파일 정보가 잘 관리돼야 합니다.

파일 시스템은 각 파일에 대한 정보를 **아이노드**(inode, index node)라는 자료구조에 저장합니다. 아이노드는 파일의 내용이 아니라 파일의 접근 권한, 마지막 접근 시간, 파일 소유자, 그룹, 크기, 데이터 블록의 위치 같은 정보를 저장합니다. 파일에 대한 메타데이터(metadata)를 저장한다고 보면 됩니다. 그리고 파일의 실제 내용을 저장하고 있는 **데이터 블록**(data block)을 아이노드에 연결합니다. 아이노드에는 식별자(identifier)인 **아이노드 번호**(inode number)가 있어서 아이노드를 구분할 수 있습니다.

아이노드에는 파일의 경로 정보(위치 + 이름)가 포함되지 않습니다. 파일의 경로 정보는 **덴트리**(dentry, directory entry)라는 자료구조로 표현합니다. 덴트리는 파일의 계층 구조를 유지하는 데 사용합니다. 각 덴트리는 파일 경로를 나타내며, 파일의 메타데이터를 저장하는 하나의 아이노드와 연결됩니다. 즉, 덴트리는 파일의 경로와 파일의 실체(아이노드로 표현되는 파일의 메타데이터)를 연결하는 매개체로 볼 수 있습니다.

그림 4-8 아이노드와 덴트리의 기본 구조

'xxx'의 덴트리 ——— 아이노드 nnn ——→ 데이터 블록

파일 하나를 보면 비교적 간단하지만, 계층화 구조를 고려하면 그렇게 간단하지 않습니다. 예를 들어, /home/gilbut 디렉터리에 일반 파일인 foo와 bar가 있다고 합시다.

- 루트 디렉터리도 하나의 덴트리와 아이노드로 구성됩니다. 루트 디렉터리의 하위 디렉터리 목록(sub-dirs)은 루트 디렉터리 덴트리로 관리됩니다.

- 루트 디렉터리의 하위 디렉터리인 home 니렉터리노 덴트리와 아이노드로 구성돼 있습니다. 루트 디렉터리와 마찬가지로 home 디렉터리도 하위 디렉터리 목록을 덴트리로 유지하고 있습니다.

- gilbut 디렉터리는 home 디렉터리의 하위 디렉터리입니다. gilbut 디렉터리에 포함된 foo와 bar 파일은 gilbut 덴트리의 자식(child) 목록으로 관리됩니다.

그림 4-9 아이노드와 덴트리의 계층화 구조

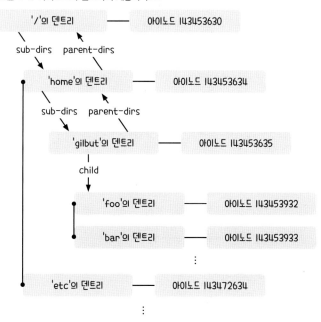

리눅스 파일이 어떻게 관리되는지 간단히 살펴보았습니다. 더 복잡한 내용이 많지만, 소프트 링크와 하드 링크를 이해하는 데는 이 정도만 알아도 충분합니다.

4.6.2 소프트 링크

윈도우에서 바탕화면의 바로 가기를 사용해봤을 겁니다. 바탕화면에서 워드나 엑셀 같은 프로그램의 아이콘을 더블 클릭하면 해당 아이콘이 연결된 프로그램이 실행됩니다. 이 아이콘이 바로 가기입니다. **바로 가기**는 프로그램의 실행 파일이 아니라 대상 파일의 위치를 저장하고 있습니다. 사용자가 바로 가기를 실행하면 실제로는 아이콘에 연결된 파일, 즉 프로그램이 실행되는 것입니다.

리눅스에서 소프트 링크가 윈도우의 바로 가기와 같은 개념입니다. **소프트 링크**(soft link)는 연결할 대상 파일의 경로를 저장합니다. 소프트 링크를 조회하거나 실행하면 실제로는 연결된 대상 파일을 조회하거나 실행하게 됩니

그림 4-10 윈도우의 바로 가기 등록 정보

다. 소프트 링크는 **심볼릭 링크**(symbolic link) 또는 **심링크**(symlink)라고도 합니다.

소프트 링크는 그 자체로 하나의 파일입니다. 파일이므로 파일에 대한 아이노드와 덴트리가 있습니다. 그리고 연결할 대상에 대한 정보는 데이터 블록 안에 저장합니다.

그림 4-11 소프트 링크의 구조

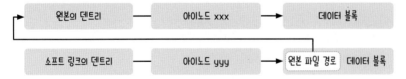

소프트 링크의 사용법을 실습하며 알아보겠습니다.

● 실습: 소프트 링크 사용하기

소프트 링크와 하드 링크 모두 1n 명령어로 생성합니다. 소프트 링크를 생성할 때는 반드시 -s 옵션을 설정해야 합니다. -s 옵션을 설정하지 않으면 하드 링크가 생성됩니다. 옵션에 따라 링크 종류가 달라질 수 있으니 유의하세요.

형식 ln -s [-T] 대상 링크 ————————— ①
　　　　ln -s 대상 ————————————— ②
　　　　ln -s 대상1 대상2 ... 디렉터리 ————— ③

① 첫 번째 형식이 가장 기본입니다. 대상 부분에는 소프트 링크를 생성할 대상 파일의 경로를 입력합니다. 링크 부분에는 생성할 소프트 링크의 경로를 입력합니다.

② 두 번째 형식은 ln 명령어를 실행하는 현재 작업 디렉터리가 대상 파일의 위치와 다를 때만 사용합니다. 이 형식은 소프드 링크를 현재 작업 디렉터리에 대상 파일과 같은 이름으로 생성합니다.

③ 세 번째 형식은 여러 파일에 대한 소프트 링크를 한꺼번에 생성할 때 사용합니다. 단, 소프트 링크는 지정한 디렉터리에 생성되고, 대상 파일과 이름이 같습니다.

소프트 링크를 생성해 봅시다.

1 사용자의 홈 디렉터리에 linktest라는 실습용 디렉터리를 생성합니다.

```
터미널                                                    —  □  ×
gilbut@ubuntu2404:~$ mkdir linktest
gilbut@ubuntu2404:~$ cd linktest/
gilbut@ubuntu2404:~/linktest$
```

2 echo 명령어와 리디렉션으로 새로운 파일인 target을 생성해 데이터를 저장합니다.

```
터미널                                                    —  □  ×
gilbut@ubuntu2404:~/linktest$ echo "this is a target file" > target
gilbut@ubuntu2404:~/linktest$ cat target
this is a target file
```

3 ln -s 명령으로 target 파일의 소프트 링크인 s-link 파일을 만듭니다. 그리고 ls -li 명령을 실행합니다. ls -l 명령에 -i 옵션을 추가하면 아이노드 번호를 확인할 수 있습니다. target 파일의 아이노드 번호(655976)와 s-link 파일의 아이노드 번호(655995)가 서로 다른 것을 알 수 있습니다. 또한, 소프트 링크는 ls -l 명령으로 조회했을 때 권한 앞에 l로 표기됩니다.

```
터미널                                                                    —  □  ×

gilbut@ubuntu2404:~/linktest$ ln -s target s-link
gilbut@ubuntu2404:~/linktest$ ls -li
total 4  ┄┄┄┄┄┄┄┄┄┄┄┄┄┄┄┄┄┄┄┄┄┄┄┄┄┄┄┄ 소프트 링크임을 나타냄
655995 lrwxrwxrwx 1 gilbut gilbut  6 May 23 11:15 s-link -> target
655976 -rw-rw-r-- 1 gilbut gilbut 23 May 23 11:15 target
gilbut@ubuntu2404:~/linktest$ cat s-link
this is a target file
```

4 파일 내용을 변경했을 때 어떻게 동작하는지 확인해 봅시다. stat 명령어로 파일의 변경 시
   간을 확인합니다. stat은 디렉터리나 파일의 상세 정보를 표시하는 명령어입니다. 실행하면
   두 파일의 변경 시각(modify)이 다른 것을 확인할 수 있습니다.

```
터미널                                                                    —  □  ×

gilbut@ubuntu2404:~/linktest$ stat target
  File: target
  Size: 23          Blocks: 8       IO Block: 4096      regular file
Device: 253,0     Inode: 655976    Links: 1
Access: (0664/-rw-rw-r--)   Uid: ( 1000/ gilbut)    Gid: ( 1000/ gilbut)
Access: 2024-05-23 11:15:17.515999063 +0000
Modify: 2024-05-23 11:15:15.268082441 +0000
Change: 2024-05-23 11:15:15.268082441 +0000
 Birth: 2024-05-23 11:15:15.268082441 +0000
gilbut@ubuntu2404:~/linktest$ stat s-link
  File: s-link -> target
  Size: 6           Blocks: 0       IO Block: 4096      symbolic link
Device: 253,0    Inode: 655995    Links: 1
Access: (0777/lrwxrwxrwx)   Uid: ( 1000/ gilbut)    Gid: ( 1000/ gilbut)
Access: 2024-05-23 11:15:47.902871632 +0000
Modify: 2024-05-23 11:15:42.547070392 +0000
Change: 2024-05-23 11:15:42.547070392 +0000
 Birth: 2024-05-23 11:15:42.547070392 +0000
```

5 echo 명령어로 target 파일의 내용을 변경합니다. stat 명령어로 두 파일을 확인합니다.
   target 파일의 변경 시각은 바뀌었지만 s-link 파일의 변경 시각은 그대로입니다.

```
터미널                                                            —  □  ×
gilbut@ubuntu2404:~/linktest$ echo "this file is modified" > target
gilbut@ubuntu2404:~/linktest$ stat target
  File: target
  Size: 22          Blocks: 8        IO Block: 4096    regular file
Device: 253,0    Inode: 655976    Links: 1
Access: (0664/-rw-rw-r--)  Uid: ( 1000/ gilbut)   Gid: ( 1000/ gilbut)
Access: 2024-05-23 11:15:17.878796773 +0000
Modify: 2024-05-23 11:21:49.542902831 +0000
Change: 2024-05-23 11:21:49.542902831 +0000
 Birth: 2024-05-23 11:15:15.268082441 +0000
gilbut@ubuntu2404:~/linktest$ stat s-link
  File: s-link -> target
  Size: 6           Blocks: 0        IO Block: 4096    symbolic link
Device: 253,0    Inode: 655995    Links: 1
Access: (0777/lrwxrwxrwx)  Uid: ( 1000/ gilbut )  Gid: ( 1000/ gilbut)
Access: 2024-05-23 11:15:47.902871632 +0000
Modify: 2024-05-23 11:15:42.547070392 +0000
Change: 2024-05-23 11:15:42.547070392 +0000
 Birth: 2024-05-23 11:15:42.547070392 +0000
```

6 target 파일을 조회하든 s-link 파일을 조회하든 파일 내용은 같습니다.

```
터미널                                                            —  □  ×
gilbut@ubuntu2404:~/linktest$ cat target
this file is modified
gilbut@ubuntu2404:~/linktest$ cat s-link
this file is modified
```

7 s-link 파일을 변경해 봅시다. echo 명령어와 리디렉션으로 s-link 파일의 내용을 변경합
   니다. 파일 내용을 조회하면 두 파일 모두 변경된 결과가 나옵니다. s-link 파일의 내용을
   변경하라고 명령했지만, 실제로는 대상인 target 파일이 변경됐기 때문입니다.

```
터미널                                                            —  □  ×
gilbut@ubuntu2404:~/linktest$ echo "this file is modified from s-link" > s-link
gilbut@ubuntu2404:~/linktest$ cat target
this file is modified from s-link
gilbut@ubuntu2404:~/linktest$ cat s-link
this file is modified from s-link
```

8 두 파일의 변경 시각도 확인합니다. target 파일의 변경 시각은 바뀌었지만, s-link 파일의 변경 시각은 변함없습니다. 내용 변경 명령이 실제로는 target 파일에 적용됐기 때문입니다.

```
터미널                                                        —  □  ×

gilbut@ubuntu2404:~/linktest$ stat target
  File: target
  Size: 34          Blocks: 8        IO Block: 4096    regular file
Device: 253,0     Inode: 655976    Links: 1
Access: (0664/-rw-rw-r--)   Uid: ( 1000/  gilbut)   Gid: ( 1000/  gilbut)
Access: 2024-05-23 11:31:30.251422100 +0000
Modify: 2024-05-23 11:31:28.391486750 +0000
Change: 2024-05-23 11:31:28.391486750 +0000
 Birth: 2024-05-23 11:15:15.268082441 +0000
gilbut@ubuntu2404:~/linktest$ stat s-link
  File: s-link -> target
  Size: 6           Blocks: 0        IO Block: 4096    symbolic link
Device: 253,0     Inode: 655995    Links: 1
Access: (0777/lrwxrwxrwx)   Uid: ( 1000/  gilbut)   Gid: ( 1000/  gilbut)
Access: 2024-05-23 11:15:47.902871632 +0000
Modify: 2024-05-23 11:15:42.547070392 +0000
Change: 2024-05-23 11:15:42.547070392 +0000
 Birth: 2024-05-23 11:15:42.547070392 +0000
```

9 이번에는 원본 파일을 이동하거나 삭제하는 경우 어떻게 동작하는지 알아봅시다. 현재 파일 목록을 확인합니다.

```
터미널                                                        —  □  ×

gilbut@ubuntu2404:~/linktest$ ls -li
total 4
655995 lrwxrwxrwx 1 gilbut gilbut  6 May 23 11:15 s-link -> target
655976 -rw-rw-r-- 1 gilbut gilbut 34 May 23 11:31 target
```

10 mv 명령어로 target 파일을 moved_target 파일로 변경합니다. 변경 후 ls -li로 파일 목록을 조회하면 target 파일 대신 moved_target 파일이 보입니다. 이 파일의 아이노드 번호를 보면 기존 target 파일의 아이노드 번호(655976)와 같은 것을 확인할 수 있습니다. 그런데 s-link 파일은 여전히 target 파일을 가리키고 있습니다.

```
터미널                                                        —  □  ×
gilbut@ubuntu2404:~/linktest$ mv target moved_target
gilbut@ubuntu2404:~/linktest$ ls -li
total 4
655976 -rw-rw-r-- 1 gilbut gilbut 34 May 23 11:31 moved_target
655995 lrwxrwxrwx 1 gilbut gilbut  6 May 23 11:15 s-link -> target
```

11 moved_target 파일을 조회하면 파일 내용은 기존과 같습니다. 하지만 s-link 파일은 기존 파일인 target을 가리키고 있어서 명령이 실패합니다. 대상 파일이 존재하지 않아서 링크가 깨졌기 때문입니다.

```
터미널                                                        —  □  ×
gilbut@ubuntu2404:~/linktest$ cat moved_target
this file is modified from s-link
gilbut@ubuntu2404:~/linktest$ cat s-link
cat: s-link: No such file or directory
```

12 moved_target 파일의 이름을 다시 target으로 변경합니다. cat 명령어로 s-link 파일을 조회하면 정상적으로 출력합니다. 링크가 다시 살아났기 때문입니다.

```
터미널                                                        —  □  ×
gilbut@ubuntu2404:~/linktest$ mv moved_target target
gilbut@ubuntu2404:~/linktest$ ls -li
total 4
655995 lrwxrwxrwx 1 gilbut gilbut  6 May 23 11:15 s-link -> target
655976 -rw-rw-r-- 1 gilbut gilbut 34 May 23 11:31 target
gilbut@ubuntu2404:~/linktest$ cat s-link
this file is modified from s-link
```

13 다음 실습을 위해 생성한 두 파일을 삭제합니다.

```
터미널                                                        —  □  ×
gilbut@ubuntu2404:~/linktest$ rm target s-link
```

4.6.3 하드 링크

하드 링크는 소프트 링크와 전혀 다른 방식으로 대상을 연결합니다. 파일을 연결한다기보다는 대상 파일의 **복제본**(clone)을 만든다고 보면 됩니다. 소프트웨어 관점에서 복사본을 만드는 것과 복제본을 만드는 것은 조금 다릅니다. 파일을 복사하면 파일 이름은 다르지만, 파일 내용은 같은 새로운 파일을 만듭니다. 그래서 다음 그림처럼 복사본 자체의 덴트리, 아이노드, 데이터 블록을 갖게 됩니다.

그림 4-12 원본과 복사본의 구조

반면에 하드 링크는 대상 파일의 아이노드와 데이터 블록을 공유합니다. 대상 파일과 하드 링크는 상/하 개념이나 원본/복제본 개념이 없습니다. 사실상 어떤 파일이 원본이고 어떤 파일이 복제본인지 구분할 수 없습니다. 그래서 하드 링크를 대상 파일에 대한 **별칭**(alias)을 부여하는 것으로 볼 수도 있습니다.

그림 4-13 하드 링크의 구조

이런 구조라서 대상 파일을 수정하고 하드 링크를 조회하면 대상 파일에 수정한 내용이 하드 링크에 반영돼 있습니다. 파일 내용은 데이터 블록에 저장돼 있고, 대상 파일과 하드 링크는 같은 데이터 블록과 연결돼 있기 때문입니다.

그림 4-13과 같은 구조일 때 대상 파일을 삭제하면 어떻게 될까요? 대상 파일에 연결된 덴트리가 삭제될 겁니다. 하지만 아이노드와 데이터 블록은 삭제되지 않습니다. 연결된 하드 링크 파일이 남아 있기 때문입니다. 하드 링크 파일까지 삭제하면 그때 아이노드와 데이터 블록도 삭제됩니다. 따라서 아이노드는 자신에게 연결된 덴트리 수를 알고 있어야 합니다. 이 정보는 ls 명령어로 확인할 수 있습니다. 이 부분은 실습하며 확인해 보겠습니다.

● 실습: 하드 링크 사용하기

하드 링크는 소프트 링크와 마찬가지로 ln 명령어로 생성합니다. 하드 링크를 만들 때는 ln 명령어 뒤에 -s 옵션이 없어야 합니다. 그 외에는 소프트 링크를 생성할 때와 같습니다.

1 linktest 디렉터리에 echo 명령어로 새로운 대상 파일인 new-target 파일을 만듭니다. ls -li 명령을 실행해 하드 링크를 생성하기 전의 아이노드 번호를 확인합니다.

```
터미널                                                        ─  □  ×
gilbut@ubuntu2404:~/linktest$ echo "this is a new target file" > new-target
gilbut@ubuntu2404:~/linktest$ cat new-target
this is a new target file
gilbut@ubuntu2404:~/linktest$ ls -li
total 4
655976 -rw-rw-r-- 1 gilbut gilbut 26 May 23 11:56 new-target
```

2 new-target 파일에 연결되는 하드 링크인 h-link 파일을 만듭니다. 하드 링크를 생성한 후 ls -li 명령을 실행합니다. 두 파일의 아이노드 번호가 같습니다. 그리고 하드 링크 생성 전에는 세 번째 칼럼 값이 1이었는데 2로 바뀌었습니다. 이 값은 해당 아이노드에 연결된 하드 링크의 수를 나타냅니다.

```
터미널                                                        ─  □  ×
gilbut@ubuntu2404:~/linktest$ ln new-target h-link
gilbut@ubuntu2404:~/linktest$ ls -li
total 8
655976 -rw-rw-r-- 2 gilbut gilbut 26 May 23 11:56 h-link
655976 -rw-rw-r-- 2 gilbut gilbut 26 May 23 11:56 new-target
```

3 stat 명령어로 두 파일의 상태를 확인합니다. 변경 시각이 같습니다. 하드 링크의 수(Links)도 친절하게 표시돼 있습니다.

```
터미널                                                        ─  □  ×
gilbut@ubuntu2404:~/linktest$ stat new-target
  File: new-target
  Size: 26          Blocks: 8        IO Block: 4096     regular file
Device: 253,0    Inode: 655976   Links: 2
Access: (0664/-rw-rw-r--)  Uid: ( 1000/  gilbut)  Gid: ( 1000/  gilbut)
```

```
Access: 2024-05-23 11:58:39.504666470 +0000
Modify: 2024-05-23 11:56:17.916752123 +0000
Change: 2024-05-23 12:00:46.720820427 +0000
 Birth: 2024-05-23  11:56:17.916752123 +0000
gilbut@ubuntu2404:~/linktest$ stat h-link
  File: h-link
  Size: 26          Blocks: 8      IO Block: 4096    regular file
Device: 253,0   Inode: 655976   Links: 2
Access: (0664/-rw-rw-r--)   Uid: ( 1000/ gilbut)   Gid: ( 1000/ gilbut)
Access: 2024-05-23 11:58:39.504666470 +0000
Modify: 2024-05-23 11:56:17.916752123 +0000
Change: 2024-05-23 12:00:46.720820427 +0000
 Birth: 2024-05-23 11:56:17.916752123 +0000
```

4 이제 파일 내용을 변경해 봅시다. echo 명령어로 new-target의 파일 내용을 변경합니다. 그런 다음 new-target 파일과 h-link 파일을 조회하면 둘 다 변경된 파일 내용이 표시됩니다. 아이노드를 공유하기 때문입니다.

터미널   — □ ✕
```
gilbut@ubuntu2404:~/linktest$ echo "modified version of new target file" >
new-target
gilbut@ubuntu2404:~/linktest$ cat new-target
modified version of new target file
gilbut@ubuntu2404:~/linktest$ cat h-link
modified version of new target file
```

5 stat 명령어로 두 파일의 상태를 조회합니다. 둘 다 변경 시각이 바뀌었습니다. h-link 파일의 내용을 변경해도 같은 결과가 나옵니다.

터미널   — □ ✕
```
gilbut@ubuntu2404:~/linktest$ stat new-target
  File: new-target
  Size: 36          Blocks: 8      IO Block: 4096    regular file
Device: 253,0   Inode: 655976   Links: 2
Access: (0664/-rw-rw-r--)   Uid: ( 1000/ gilbut)   Gid: ( 1000/ gilbut)
Access: 2024-05-23 12:07:09.224593002 +0000
Modify: 2024-05-23 12:07:06.784673253 +0000
Change: 2024-05-23 12:07:06.784673253 +0000
```

```
 Birth: 2024-04-15 11:56:17.916752123 +0000
gilbut@ubuntu2404:~/linktest$ stat h-link
  File: h-link
  Size: 36          Blocks: 8        IO Block: 4096    regular file
Device: 253,0    Inode: 655976    Links: 2
Access: (0664/-rw-rw-r--)    Uid: ( 1000/   gilbut) Gid: ( 1000/  gilbut)
Access: 2024-05-23 12:07:09.224593002 +0000
Modify: 2024-05-23 12:07:06.784673253 +0000
Change: 2024-05-23 12:07:06.784673253 +0000
 Birth: 2024-05-23 11:56:17.916752123 +0000
```

6 이번에는 대상 파일의 이름이 변경되거나 삭제되면 어떻게 될지 확인해 봅시다. 먼저 파일 목록을 조회합니다.

터미널 — □ ×
```
gilbut@ubuntu2404:~/linktest$ ls -li
total 8
655976 -rw-rw-r-- 2 gilbut gilbut 36 May 23 12:07 h-link
655976 -rw-rw-r-- 2 gilbut gilbut 36 May 23 12:07 new-target
```

7 new-target 파일의 이름을 new-target2로 변경합니다. 그리고 파일 목록을 다시 조회합니다. 파일 이름이 변경됐지만 아이노드 번호는 바뀌지 않았습니다. 즉, 아이노드 자체는 그대로 유지됩니다.

터미널 — □ ×
```
gilbut@ubuntu2404:~/linktest$ mv new-target new-target2
gilbut@ubuntu2404:~/linktest$ ls -li
total 8
655976 -rw-rw-r-- 2 gilbut gilbut 36 May 23 12:07 h-link
655976 -rw-rw-r-- 2 gilbut gilbut 36 May 23 12:07 new-target2
```

8 파일 내용도 조회합니다. 파일 이름이 변경됐지만 내용을 조회하는 데 아무 문제없습니다.

터미널 — □ ×
```
gilbut@ubuntu2404:~/linktest$ cat h-link
modified version of new target file
gilbut@ubuntu2404:~/linktest$ cat new-target2
modified version of new target file
```

9 new-target2 파일을 삭제한 후 파일 목록을 다시 조회합니다. net-target2 파일은 삭제됐지만 h-link 파일은 그대로 있습니다. 세 번째 칼럼의 값만 2에서 1로 바뀌었습니다.

```
터미널                                                              −  □  ×
gilbut@ubuntu2404:~/linktest$ rm new-target2
gilbut@ubuntu2404:~/linktest$ ls -li
total 4
655976 -rw-rw-r-- 1 gilbut gilbut 36 May 23 12:07 h-link
```

10 h-link 파일의 내용을 조회하면 내용이 그대로 출력됩니다. new-target2에 대한 덴트리가 삭제됐지만, 아이노드와 데이터 블록은 그대로 유지되기 때문입니다. 이것이 소프트 링크와 하드 링크의 다른 점입니다.

```
터미널                                                              −  □  ×
gilbut@ubuntu2404:~/linktest$ cat h-link
modified version of new target file
```

4.6.4 소프트 링크와 하드 링크 비교

소프트 링크와 하드 링크의 연결 방식과 사용 방식을 실습으로 확인했습니다. 두 파일의 차이점을 정리하면 다음과 같습니다.

1. 대상 파일의 확인

소프트 링크는 파일 목록을 조회했을 때 파일 타입이 l로 표시되고, 파일 이름 옆에 대상 파일의 경로(s-link -> target)가 표시됩니다. 그래서 소프트 링크와 대상 파일을 쉽게 확인할 수 있습니다. 반면에 하드 링크는 한 아이노드를 공유하는 파일 수는 쉽게 확인할 수 있지만, 어떤 파일과 아이노드를 공유하는지 알기 어렵습니다.

2. 대상 파일의 범위

소프트 링크는 일반 파일뿐만 아니라 디렉터리, 다른 파일 시스템이나 다른 파티션의 파일도 연결할 수 있습니다. 반면에 하드 링크는 디렉터리, 다른 파일 시스템이나 다른 파티션의 파일을 연결할 수 없습니다. 소프트 링크는 대상 파일의 경로를 저장해서 가능하지만, 하드 링크는 아이노드를 공유하는 방식이라서 한계가 있습니다.

3. 대상 파일과 링크 파일의 결합도

소프트 링크는 대상 파일이 삭제되거나 다른 경로로 이동하면 깨진(broken) 상태가 됩니다. 대상 파일이 연결돼 있지 않아서 제대로 된 역할을 수행하지 못합니다. 반면에 하드 링크는 대상 파일이 삭제돼도 대상 파일의 내용은 그대로 남아 있어 하드 링크로 내용에 접근할 수 있습니다. 그리고 하드 링크는 대상 파일이 다른 경로로 이동해도 연결이 깨지지 않습니다.

지금까지 파일과 디렉터리에 대해 살펴봤습니다. 리눅스를 사용할 때 파일과 디렉터리를 다루는 것은 가장 기본입니다. 5장에서는 멀티 유저 시스템인 리눅스의 사용자와 사용자 그룹에 대해 배웁니다. 사용자와 사용자 그룹은 파일의 소유권과 권한과도 밀접한 관계가 있어서 잘 알아야 합니다.

1분 퀴즈

정답 노트 p.546

8. 다음 빈칸에 알맞은 단어를 넣으세요.

① _____은/는 연결할 대상 파일의 경로를 저장합니다.

② _____은/는 파일에 대한 정보를 저장하는 공간입니다.

③ _____은/는 파일의 경로 정보를 저장하는 공간입니다.

④ _____은/는 아이노드와 데이터 블록을 공유하기 때문에 원본과 복제본이 없습니다.

9. 다음 중 설명이 틀린 것을 고르세요.

① ln 명령에 -s 옵션을 넣으면 소프트 링크를 생성한다.

② 하드 링크 파일은 아이노드와 데이터 블록을 공유한다.

③ ls 명령에 -i 옵션을 넣으면 아이노드 번호를 확인할 수 있다.

④ 아이노드에는 파일의 메타데이터와 경로 정보, 데이터 블록까지 저장돼 있다.

⑤ 소프트 링크는 그 자체로 하나의 파일이라 별도의 아이노드, 덴트리, 데이터 블록을 갖는다.

마무리

1. 파일

파일(file)은 컴퓨터에서 데이터를 저장하고 조직화하는 데 사용하는 기본 단위입니다.

2. 파일 시스템

① 파일 시스템은 파일에 대한 정보를 저장하는 소프트웨어입니다. 운영체제의 요청을 받아 파일을 저장 장치에 저장하고, 저장 장치에 저장된 파일을 읽을 수 있게 합니다.

② 파일 시스템의 종류는 다음과 같습니다.

- **디스크 기반 파일 시스템**: HDD나 SSD와 같은 저장 장치에서 사용합니다.

- **네트워크 기반 파일 시스템**: 원격 서버에 있는 저장 장치를 네트워크로 연결해 로컬에서 사용할 수 있게 합니다.

- **가상 파일 시스템**: 커널과 같은 소프트웨어가 정보 노출을 위해 사용합니다.

3. 파일 계층 구조

① 리눅스의 파일 시스템은 연결된 모든 저장 장치를 하나의 경로상에 연결합니다. 그래서 모든 파일이 루트 디렉터리 하위의 어딘가에 연결됩니다.

② 파일의 경로를 표시하는 방법은 두 가지입니다.

- **상대 경로**: 현재 작업 디렉터리를 기준으로 대상 파일의 경로를 표시합니다.

- **절대 경로**: 루트 디렉터리로 시작해 대상 파일의 경로를 표시합니다.

4. 파일의 종류

리눅스는 문서, 사진과 같은 일반 파일뿐만 아니라 디렉터리, 소켓, 문자/블록 디바이스 파일 등도 파일로 다룹니다.

5. 디렉터리

① 디렉터리(directory)는 파일 시스템을 계층화할 때 사용하는 도구입니다.

② 루트 디렉터리(root directory)는 /로 표기하며, 파일 시스템의 최상단에 위치합니다. 시스템의 모든 파일과 디렉터리가 루트 디렉터리 하위에 구성됩니다.

③ Bash는 특정 디렉터리를 기준으로 실행되며, Bash가 실행 중인 디렉터리가 현재 작업 디렉터리(current working directory)가 됩니다.

④ 홈 디렉터리(home directory)는 리눅스에 사용자를 추가하면 할당되는 디렉터리로, 추가한 사용자를 위한 공간입니다.

6. 디렉터리 생성과 삭제

① 디렉터리는 mkdir(make directory) 명령어로 생성합니다.

```
형식    mkdir [옵션] 디렉터리
```

② 디렉터리를 삭제할 때는 rmdir 명령어를 사용합니다.

```
형식    rmdir [옵션] 디렉터리
```

7. 파일 복사

① 파일을 복사할 때는 cp(copy) 명령어를 사용합니다.

② 첫 번째 형식은 파일 하나를 지정한 경로로 복사할 때, 두 번째 형식은 여러 파일을 한 디렉터리로 복사할 때 사용합니다.

```
형식    cp [옵션] 원본 복사본
        cp [옵션] 원본1 원본2 ... 디렉터리
```

8. 파일 이동

① 파일 이동에는 mv(move) 명령어를 사용합니다.

② 첫 번째 형식은 파일 하나를 지정한 경로로 이동할 때 사용합니다. 대상 부분에 디렉터리와 파일 이름까지 지정하면 원본 파일을 대상 디렉터리로 옮기고 파일 이름도 변경합니다.

③ 두 번째 형식은 여러 파일을 한꺼번에 다른 디렉터리로 이동할 때 사용합니다. 파일 저장 위치는 변경되지만, 파일 이름은 변경되지 않습니다.

형식   mv [옵션] 원본 대상
        mv [옵션] 원본1 원본2 ... 디렉터리

9. 파일 삭제

① 파일을 삭제할 때는 rm(remove) 명령을 사용합니다.

② 파일 위치에 하나 이상의 파일 이름을 명시하면 해당 파일이 삭제됩니다. 디렉터리를 삭제하려면 -r 옵션을 추가합니다.

형식   rm [옵션] 파일

10. 아이노드와 덴트리

① **아이노드**(inode, index node)는 파일 시스템이 각 파일에 대한 정보를 저장하는 자료구조입니다. 아이노드의 식별자인 **아이노드 번호**(inode number)와 파일의 접근 권한, 마지막 접근 시간, 파일의 소유자, 그룹, 크기, 데이터 블록의 위치 같은 정보가 저장돼 있습니다.

② 파일의 경로 정보는 **덴트리**(dentry, directory entry)라는 자료구조로 표현하고, 파일의 실제 내용은 **데이터 블록**(data block)에 저장됩니다.

③ 데이터 블록과 아이노드가 연결돼 있고, 덴트리가 아이노드에 연결됩니다.

11. 소프트 링크와 하드 링크

① **소프트 링크**(soft link)는 대상 파일을 가리키는 파일로, 그 자체로 하나의 파일입니다. 대상 파일이 삭제되거나 이름이 변경되면 소프트 링크가 깨져 제 역할을 하지 못합니다.

② **하드 링크**(hard link)는 대상 파일의 아이노드와 데이터 블록은 공유하지만 경로를 나타내는 덴트리는 따로 갖는 형태입니다.

③ 소프트 링크와 하드 링크는 ln(link) 명령어로 생성합니다. 소프트 링크를 생성할 때는 -s 옵션을 설정하고, 설정하지 않으면 하드 링크가 생성됩니다.

형식   ln [-s] [-T] 대상 링크
        ln [-s] 대상
        ln [-s] 대상1 대상2 ... 디렉터리

정답 노트 p.546

1. 현재 작업 디렉터리에 hello라는 파일이 있습니다. 이 파일을 /tmp 디렉터리로 이동하면서 파일 이름을 world로 변경하려 합니다. 이 작업을 수행할 한 줄 명령을 작성하세요.

2. 현재 작업 디렉터리에는 subjects라는 디렉터리가 없습니다. subjects 디렉터리 하위에 math, english 디렉터리를 생성하려 합니다. 이 작업을 수행할 한 줄 명령을 작성하세요.

3. 2번에서 생성한 subjects 디렉터리와 그 하위의 math, english 디렉터리를 삭제하려 합니다. 이 작업을 수행할 한 줄 명령을 작성하세요.

4. 현재 작업 디렉터리에 /tmp 디렉터리의 소프트 링크를 my_soft_tmp라는 이름으로 생성하려 합니다. 이 작업을 수행할 한 줄 명령을 작성하세요.

코딩
자율학습

5장

사용자와 사용자 그룹

컴퓨터나 스마트폰 등 IT 기기를 사용한다면 '로그인(log-in)'을 모르는 사람은 없을 것입니다. 로그인은 메일이나 메신저 등 회원 개개인에 맞춘 최적화 서비스가 제공되는 곳에서 주로 볼 수 있습니다. 이와 같은 서비스는 수많은 사람이 함께 사용하므로 '나'라는 사람이 누구인지 밝히고 (authentication, 인증), 어떤 서비스를 사용할 권한이 있는지 확인(authorization, 인가)하는 과정이 필요합니다.

리눅스도 여러 사람이 동시에 사용할 수 있는 시스템입니다. 여러 사람이 동시에 사용하려면 각 사용자를 구분하고 각 사용자가 할 수 있는 일도 구분해야 합니다.

이 장에서는 리눅스에서 사용자를 구분하고 역할을 정의하는 '사용자'와 '사용자 그룹'에 대해 살펴봅니다.

5.1

사용자

리눅스는 여러 사용자가 동시에 로그인할 수 있는 멀티 유저 시스템(multi-user system)입니다. 여기에서 '사용자'는 '사용하는 사람'이 아니라 사용자(user)라는 이름의 '계정(account)'을 의미합니다. 한 사람이 여러 계정을 소유할 수 있고, 여러 계정을 동시에 사용할 수도 있습니다.

5.1.1 사용자의 종류

리눅스는 실제 사람이 사용하는 사용자 말고도 여러 사용자를 등록해 시스템을 운용합니다. 리눅스의 사용자는 크게 3가지로 나눌 수 있습니다.

1. root 사용자

root 사용자는 리눅스 시스템의 모든 권한을 가진 관리자 계정입니다. 시스템 내 모든 파일에 대한 읽기/쓰기/실행 권한이 있으며, 시스템의 주요 설정 변경, 패키지 관리, 시스템 전원 관리 및 리부팅 등을 수행할 수 있습니다.

2. 시스템 사용자

시스템 사용자는 리눅스 시스템에서 만든 사용자입니다. 백그라운드 서비스나 데몬(daemon)을 실행하는 등 특정 기능을 수행합니다. 그래서 보통 리눅스를 설치할 때 또는 특정 드라이버나 프로그램을 설치할 때 자동으로 추가됩니다. 시스템 관리용이라서 일반적으로 로그인이 불가능합니다.

TIP — 데몬은 특정 서비스를 제공하기 위해 시스템을 부팅할 때 자동으로 실행돼 백그라운드에서 작동하는 프로세스를 의미합니다.

3. 일반 사용자

일반 사용자는 root 사용자와 시스템 사용자를 제외한 모든 사용자를 의미합니다. 시스템에 로그인해 리눅스를 사용하는 일반적인 사용자입니다.

리눅스는 왜 사용자를 구분할까요? 가장 중요한 이유는 보안을 강화하고 시스템의 효율성을 높이기 위함입니다. 한 리눅스 시스템 안에는 여러 사용자가 존재합니다. 시스템의 보안 수준을 높이려면 사용자별로 알맞은 권한을 부여하고, 권한에 맞는 작업만 허용해야 합니다. 그러기 위해 목적별로 사용자를 나누고, root 사용자를 비롯해 기능별 시스템 사용자를 두어 관리하는 것입니다.

5.1.2 root 사용자

root 사용자는 시스템 내 모든 파일에 대해 읽기/쓰기/실행 권한이 있어서 시스템의 모든 설정을 변경할 수 있습니다. 또한, 시스템 업데이트, 주요 소프트웨어 및 패키지 설치/업데이트/제거, 시스템 복구 등 시스템에 중요한 일을 모두 담당합니다.

이처럼 root 사용자는 권한이 막강해서 비밀번호 유출 등으로 권한이 탈취되면 시스템 전체가 탈취당했다고 해도 과언이 아닙니다. 그만큼 root 사용자는 보안에 각별히 신경 써야 합니다.

root 사용자에 대한 일반적인 보안 권고 사항은 다음과 같습니다.

1. root 사용자의 비밀번호를 복잡하게 설정하고, 주기적으로 변경하라

사용자 인증을 하려면 비밀번호가 필요합니다. '1111'처럼 쉬운 비밀번호를 사용하는 것은 보안을 신경 쓰지 않는 것과 같습니다. 복잡한 비밀번호를 사용해야 보안 수준을 높일 수 있습니다. 그리고 비밀번호는 주기적으로 변경해야 합니다. 아무리 복잡한 비밀번호라도 너무 오래 사용하면 유출될 가능성이 높아집니다. 안전을 위해 비밀번호를 주기적으로 변경하는 것이 좋습니다.

2. 시스템 외부에서 root 사용자로 로그인하지 못하게 설정하라

root 사용자로 로그인하지 못하게 설정하면 보안은 한층 더 단단해집니다. root 사용자 권한을 노리는 악성 코드나 해커는 네트워크를 통해 접근하는 경우가 많습니다. root 사용자가 네트워크를 통해 SSH로 접속할 수 있게 설정한다면 악성 코드나 해커에게 시스템에 로그인할 수 있는 방법을 제공하는 것과 마찬가지입니다. 따라서 root 사용자가 SSH로 로그인하는 것을 제한하는 것이 좋습니다. 요즘 리눅스 배포판은 root 사용자가 SSH로 로그인하지 못하게 설정한 경우가 많습니다.

5.1.3 root 사용자 권한으로 명령을 실행하는 방법

SSH로 접속할 때 root 사용자로 로그인이 불가능하다면, root 사용자의 권한이 필요한 작업은 어떻게 수행할까요? 리눅스는 일반 사용자로 로그인한 상태에서 root 사용자의 권한을 사용할 수 있는 3가지 방법을 제공합니다.

● su 명령어 사용

사용자를 전환하는 su(switch user 또는 substitute user) 명령어를 사용하는 방법입니다. su 명령어는 다음과 같이 사용할 수 있습니다.

> **형식** su [옵션] [-] [사용자]

이 명령에서 가장 중요한 것은 사용자입니다. su 명령어 뒤에 사용자 이름을 입력하면 현재 셸의 사용자를 입력한 사용자로 전환하려고 시도합니다. 이때 전환할 권한이 있는지 확인하기 위해 비밀번호를 묻습니다. 입력한 사용자의 비밀번호를 정확히 입력하면 현재 셸의 사용자는 입력한 사용자로 전환됩니다.

사용자 위치에 아무것도 입력하지 않으면 root 사용자로 전환한다는 뜻입니다. 이때도 root 사용자의 비밀번호를 입력하면 셸의 사용자가 root 사용자로 변환됩니다.

사용자 앞에 하이픈(-)은 선택사항입니다. 하이픈을 입력하면 마치 새로운 사용자가 셸에 로그인한 것처럼 현재 작업 디렉터리도 새로운 사용자의 홈 디렉터리로 변경됩니다. 또한, 환경변수도 새로운 사용자의 환경변수로 설정됩니다. 하이픈을 입력하지 않으면 현재 사용자의 현재 작업 디렉터리와 환경변수가 그대로 유지됩니다. 새로운 사용자로 어떤 작업을 할지에 따라 하이픈 입력 여부를 잘 결정해야 합니다.

su 명령어에는 여러 옵션을 넣을 수 있습니다. 그 중 -c 옵션을 사용하면 새로운 사용자로 전환하지 않고도 입력한 명령을 새로운 사용자의 권한으로 실행할 수 있습니다. -c 옵션은 뒤에 나오는 sudo 명령어와 비슷하게 동작합니다.

root 사용자로 전환된 셸은 모든 명령이 root 사용자의 권한으로 실행됩니다. root 사용자는 시스템 내 모든 파일에 읽기/쓰기/실행할 수 있는 권한이 있으므로 조심히 사용해야 합니다. root 사용자는 작은 실수라도 시스템을 망가뜨리기가 아주 쉽습니다.

● sudo 명령어 사용

특정 사용자의 권한으로 단일 명령을 실행하는 sudo 명령어를 사용하는 방법입니다. sudo 명령어는 다음과 같이 사용합니다.

> **형식**　sudo [옵션] [명령어]

sudo 명령어는 보통 root 사용자의 권한으로 명령을 실행할 때 사용합니다. 실행할 때는 su 명령어와 마찬가지로 비밀번호를 입력해야 합니다. 이때 입력하는 비밀번호는 root 사용자가 아니라 sudo 명령어를 실행한 사용자의 비밀번호입니다. sudo 명령어를 실행할 수 있는 사용자에 대한 설정이 있어서 sudo 명령어를 실행할 수 있는 사용자인지만 확인하면 되기 때문입니다. 사용자 편의를 고려해 인증에 한 번 성공하면 sudo 명령어를 다시 실행하더라도 일정 시간 동안 비밀번호를 다시 묻지 않습니다.

● runuser 명령어 사용

runuser 명령어로 사용자를 전환하거나 다른 사용자의 권한으로 명령을 실행하는 방법입니다. runuser 명령어는 보통 root 사용자만 이용할 수 있습니다. runuser 명령어를 사용하려면 su 명령어를 사용해 root 사용자로 전환하거나 sudo 명령어로 실행해야 합니다. 그런데 su 명령어로 사용자를 전환한 뒤에 다시 runuser 명령어로 사용자를 전환하는 것은 조금 이상합니다. 그래서 보통 sudo 명령어로 runuser 명령어를 실행합니다.

runuser 명령어는 여러 동작을 수행할 수 있는 만큼 사용법이 복잡합니다. runuser 명령어를 사용하는 방법은 다음과 같습니다.

> **형식**　runuser [옵션] -u 사용자 [명령어]
> 　　　　runuser [옵션] [-] 사용자 [명령어]

runuser 명령어에 사용할 수 있는 옵션은 다음과 같습니다.

표 5-1 runuser 명령어의 주요 옵션

옵션	설명
-l	다른 사용자의 셸을 시작합니다.
-g group	다른 사용자의 기본 그룹을 지정합니다.
-s shell	다른 사용자의 기본 셸을 지정합니다.
-c command	다른 사용자로 실행할 명령을 지정합니다.
-P	다른 사용자의 프로세스 ID를 지정합니다.
-f	다른 사용자의 환경변수를 지정합니다.

셋 중 어떤 방식이 좋은지는 정답이 없습니다. 상황에 맞게 사용하면 됩니다. su나 runuser 명령어를 사용하는 방법은 root 권한으로 실행할 명령이 많거나 지속적으로 실행해야 하는 경우에 편리합니다. 반면에 sudo 명령어를 사용하는 방법은 일반 사용자 권한으로 여러 명령을 실행하다 가끔씩 root 권한이 필요할 경우에 편리합니다.

su 명령어는 root 사용자의 비밀번호를 모르거나 비밀번호가 설정되지 않았으면 사용할 수 없습니다. 이럴 때는 runuser 명령어를 사용합니다. sudo 명령어를 사용할 권한이 있는 사용자라면 sudo runuser 명령으로 root 권한이 있는 셸을 실행할 수 있습니다.

보안 면에서는 su나 runuser 명령어를 사용하는 것보다 sudo 명령어를 사용하는 것이 더 좋습니다. sudo 명령어를 사용하면 root 권한이 필요한 경우에만 사용할 수 있어서 불필요한 권한 상승을 막아줍니다.

> **Note   sudo 명령어 실행 권한을 가진 사용자(사용자 그룹)를 지정하는 방법**
>
> sudo 명령어는 일반 사용자가 root 권한으로 해당 명령을 실행할 수 있게 합니다. 아무 사용자나 sudo 명령어를 실행할 수 있다면 그 자체로 보안을 위협하는 요소가 될 수 있습니다. 마치 금고(root 권한)를 길거리에 두고 아무나 접근할 수 있게 하는 것과 같습니다.
>
> 리눅스에서는 보안 수준을 높이기 위해 sudo 명령어를 실행할 권한을 가진 사용자를 지정할 수 있습니다. 금고에 접근할 수 있는 사람을 지정하는 것이죠. sudo 명령어를 사용할 수 있는 사용자나 사용자 그룹은 /etc/sudoers 파일에 지정합니다. /etc/sudoers 파일에 다음과 같은 설정을 추가하면 해당 사용자는 sudo 명령어를 사용할 수 있습니다.
>
> **형식**   [사용자]   ALL=(ALL) ALL

또한, /etc/sudoers 파일에 다음과 같은 설정을 추가하면 해당 사용자 그룹에 속한 사용자는 sudo 명령어를 사용할 수 있습니다.

형식   %[사용자_그룹]   ALL=(ALL) ALL

우분투는 설치할 때 추가한 기본 사용자를 sudo라는 그룹에 포함합니다. /etc/sudoers 파일에는 sudo 사용자 그룹이 실행하는 모든 명령을 허용하도록 설정돼 있습니다. 그래서 우분투를 설치할 때 추가한 사용자는 sudo 명령어를 사용할 권한이 있습니다.

이밖에도 /etc/sudoers 파일은 특정 사용자, 사용자 목록, 사용자 그룹에 대해 어떤 명령을 허용할지 설정할 수 있습니다. 그래서 설정 규칙이 조금 복잡합니다. 자세한 설정 규칙은 다음 명령을 실행해 확인할 수 있습니다.

```
터미널                                                        —  □  ×
$ man 5 sudoers
```

5.1.4 사용자 정보를 관리하는 /etc/passwd 파일

리눅스 시스템에 등록된 사용자에 대한 정보는 /etc/passwd라는 파일에서 관리합니다. /etc/passwd 파일의 내용을 살펴보면서 사용자의 속성을 알아보겠습니다.

다음과 같이 cat 명령어로 /etc/passwd 파일을 조회하면 시스템에 등록된 사용자 목록과 정보를 확인할 수 있습니다.

```
터미널                                                        —  □  ×
gilbut@ubuntu2404:~$ cat /etc/passwd
root:x:0:0:root:/root:/bin/bash
daemon:x:1:1:daemon:/usr/sbin:/usr/sbin/nologin
bin:x:2:2:bin:/bin:/usr/sbin/nologin
sys:x:3:3:sys:/dev:/usr/sbin/nologin
(중략)
gdm:x:120:121:Gnome Display Manager:/var/lib/gdm3:/bin/false
gilbut:x:1000:1000:gilbut:/home/gilbut:/bin/bash
```

/etc/passwd 파일의 조회 결과가 꽤 깁니다. 그만큼 리눅스 시스템에 등록된 사용자가 많다는 의미입니다. 리눅스를 설치할 때 직접 추가한 사용자는 하나이므로 나머지는 자동으로 추가된 시스템 사용자라는 것을 알 수 있습니다.

/etc/passwd 파일은 한 사용자에 대한 정보를 한 줄로 표기합니다. 각 줄에는 사용자의 여러 정보가 포함돼 있습니다. 정보는 각각 **필드**(field)로 나눠 표시하고, 각 필드는 **콜론**(:)으로 구분합니다. 리눅스를 설치하며 등록한 gilbut 사용자를 확인해 봅시다.

그림 5-1 사용자 정보

① 사용자 이름

첫 번째 필드는 사용자 이름을 나타냅니다. 사용자 이름은 통상 영문자, 숫자, 밑줄(_), 마침표(.)로 구성합니다. 셸에 로그인할 때 'username을 입력하라'는 프롬프트가 뜨면 여기에 사용자 이름을 입력합니다. 사용자 이름은 자주 사용하므로 너무 길지 않으면서도 다른 사용자와 구분할 수 있게 정하는 것이 좋습니다.

② 비밀번호

두 번째 필드는 비밀번호입니다. 초창기 유닉스 시스템에서는 이 필드에 사용자의 비밀번호를 저장했습니다. 하지만 비밀번호가 쉽게 노출되는 문제가 있어서 이제는 이 방식을 사용하지 않습니다. 비밀번호 필드에 'x'라고 표시하고, 실제 비밀번호는 암호화된 형태로 /etc/shadow 파일에 저장합니다.

③ 사용자 ID

세 번째 필드는 사용자 ID(UID, User ID)입니다. gilbut 사용자는 이 값이 '1000'으로 설정돼 있습니다. 사용자 이름이 있는데, 왜 UID를 따로 사용할까요? 사람은 리눅스 사용자를 사용자 이름으로 구분하지만, 리눅스는 사용자를 UID로 구분합니다. 문자열로 구성된 사용자 이름보다는 정수 값으로 된 UID가 처리하기 더 편하기 때문입니다. UID는 사용자별로 다르게 할당된 값이라서 다른 사용자의 UID와 중복되지 않습니다.

UID는 0보다 크거나 같은 정수로 설정하며, 값의 크기는 아무 의미가 없습니다. 다만,

모든 리눅스 시스템에서 0은 root 사용자의 UID로 사용합니다. 이외 값은 자유롭게 사용해도 됩니다. 리눅스 배포판의 종류에 따라 1~99 또는 1~999를 시스템 사용자의 UID로 사용하고, 그 이후 값은 일반 사용자의 UID로 사용합니다.

④ 사용자 그룹 ID

네 번째 필드는 사용자 그룹 ID(GID, Group ID)입니다. 뒤에서 배우지만, 리눅스에는 사용자를 포함하는 사용자 그룹이란 개념이 있습니다. GID는 이 사용자 그룹의 ID를 나타냅니다. UID와 마찬가지로 0보다 크거나 같은 정수 값을 가집니다. 사용자 그룹에 관해서는 **5.2 사용자 그룹**에서 자세히 설명합니다.

⑤ 추가 설명

다섯 번째 필드에는 추가 설명이 저장됩니다. 일반 사용자는 조직이나 소속, 전화번호, 이메일 등 개인 정보를 저장할 수 있고, 시스템 사용자는 해당 사용자를 추가한 소프트웨어나 패키지 이름을 넣기도 합니다. 정해진 양식이 없으므로 해당 사용자를 설명할 수 있는 내용이면 됩니다. 생략해도 문제없습니다.

⑥ 홈 디렉터리

여섯 번째 필드는 홈 디렉터리를 나타냅니다. gilbut 사용자는 /home/gilbut으로 설정돼 있습니다. 홈 디렉터리는 보통 /home 디렉터리 밑에 사용자 이름과 같은 이름의 디렉터리를 설정합니다. 물론, 다른 디렉터리를 홈 디렉터리로 지정할 수도 있습니다.

홈 디렉터리는 사용자의 데이터를 저장하는 기본 디렉터리입니다. 사용자의 데이터를 반드시 홈 디렉터리에 저장해야 하는 것은 아닙니다. 하지만 일반적으로 일반 사용자에게는 홈 디렉터리 외 공간에 파일을 저장할 권한을 주지 않습니다. 모든 사용자가 접근 가능한 공용 디렉터리는 파일 읽기/쓰기가 가능하지만, 공용 목적의 파일만 저장하는 것이 좋습니다. 그래서 홈 디렉터리가 사용자의 데이터를 저장하기에 가장 적합한 공간입니다. 홈 디렉터리는 셸이 시작될 때 현재 작업 디렉터리로 사용합니다.

⑦ 로그인 셸

일곱 번째 필드는 로그인할 때 사용할 셸을 설정합니다. 사용할 셸의 이름이 아니라 셸 실행 바이너리(실행 파일)의 위치를 절대 경로로 표시합니다. 일반적으로 셸은 /bin 디렉터리에 설치되며, Bash의 실행 바이너리는 /bin/bash에 위치합니다. 대부분의 리눅스 배포판에서는 Bash를 기본 셸로 사용합니다. 리눅스에 원하는 셸이 설치돼 있지 않으면 직접 셸을 설치할 수도 있습니다.

1. 다음 빈칸에 알맞은 단어를 넣으세요.

_____ 사용자는 리눅스 시스템의 모든 권한을 가진 관리자 계정입니다.

2. 다음 중 su 명령으로 사용자를 변경할 때 입력해야 하는 비밀번호를 고르세요.

① root 사용자 비밀번호

② 변경하려는 사용자의 비밀번호

③ 현재 실행 중인 사용자의 비밀번호

3. 다음 중 sudo 명령으로 사용자를 변경할 때 입력해야 하는 비밀번호를 고르세요.

① root 사용자 비밀번호

② 변경하려는 사용자의 비밀번호

③ 현재 실행 중인 사용자의 비밀번호

5.2

사용자 그룹

사용자 그룹은 여러 사용자를 편리하게 관리하기 위한 도구입니다. 각 사용자는 하나 이상의 사용자 그룹에 소속됩니다. 사용자 그룹에는 한 사용자만 있을 수도 있고 여러 사용자가 포함될 수도 있습니다.

사용자 그룹 단위로 파일 접근 권한을 관리할 수 있습니다. 어떤 사용자 그룹에 파일이나 디렉터리에 대한 권한을 부여했다면 해당 사용자 그룹에 속한 사용자에게는 사용자 그룹에 부여한 권한이 그대로 적용됩니다.

특정 사용자 그룹의 내부 사용자에게만 정보를 공유할 수도 있습니다. 예를 들어, 리눅스에서 조별 과제를 한다고 해봅시다. 조별 과제이므로 같은 조원끼리는 정보를 공유해야 합니다. 하지만 다른 조원에게는 정보를 공유할 필요가 없겠죠? 이럴 때 한 조를 하나의 사용자 그룹으로 지정하면 그룹 단위로 정보를 공유할 수 있습니다. 이렇게 여러 사용자를 그룹 단위로 묶으면 사용자를 편리하게 관리할 수 있습니다. 사용자를 사용자 ID로 관리하는 것처럼 사용자 그룹도 사용자 그룹 ID로 관리합니다.

5.2.1 사용자 그룹 정보를 관리하는 /etc/group 파일

사용자 정보를 /etc/passwd 파일에 저장하는 것처럼 사용자 그룹 정보는 /etc/group 파일에 저장합니다. /etc/group 파일을 cat 명령어로 조회하면 시스템에 등록된 사용자 그룹 목록과 정보를 확인할 수 있습니다.

```
터미널                                                    —   □   ✕

gilbut@ubuntu2404:~$ cat /etc/group
root:x:0:
daemon:x:1:
bin:x:2:
sys:x:3:
adm:x:4:syslog,gilbut
(중략)
gdm:x:121:
gilbut:x:1000:
```

/etc/passwd 파일과 마찬가지로 한 줄에 한 사용자 그룹에 대한 설정을 저장하고, 사용자 그룹별 필드는 콜론(:)으로 구분합니다.

그림 5-2 사용자 그룹 정보

① 사용자 그룹 이름

첫 번째 필드는 사용자 그룹의 이름입니다. 사용자 그룹 이름은 최대 32자까지 설정할 수 있고, 영문, 숫자, 하이픈(-), 언더스코어(_)로 구성할 수 있습니다. 사용자 그룹의 특성을 잘 표현할 수 있는 이름으로 짓는 것이 좋습니다.

② 비밀번호

두 번째 필드는 비밀번호입니다. 예전에는 사용자 그룹에도 비밀번호가 있었는데, 요즘은 보안 때문에 더 이상 사용하지 않습니다. 그래서 x로 표시하거나 필드 자체가 없는 경우도 있습니다.

③ 사용자 그룹 ID

세 번째 필드는 사용자 그룹 ID(GID)입니다. 사용자 그룹을 식별하는 고유한 값으로, 0보다 크거나 같은 정수로 표시합니다. 사용자 ID 0이 root 사용자를 의미하듯, 사용자 그룹 ID 0은 root 사용자 그룹을 의미합니다. root 사용자 그룹을 제외한 다른 사용자 그룹은 양수 값을 가집니다.

④ **사용자 목록**

네 번째 필드는 사용자 그룹에 속한 사용자의 목록입니다. 사용자 그룹에 여러 사용자가 속한 경우 쉼표(,)로 구분합니다.

1분 퀴즈

정답 노트 p.547

4. 다음 설명 중 옳은 것을 고르세요.

① 사용자는 하나의 사용자 그룹에만 속할 수 있다.

② 파일의 권한을 사용자 그룹 단위로 설정할 수 있다.

③ 사용자 그룹에 속한 사용자도 있고, 사용자 그룹에 속하지 않은 사용자도 있다.

④ /etc/group 파일에 사용자의 비밀번호를 저장한다.

5.3

실습: 사용자와 사용자 그룹 다루기

사용자와 사용자 그룹에 관해 배웠으니 이들을 추가하고 삭제하는 법을 간단히 실습해 보겠습니다.

5.3.1 사용자 추가 및 삭제하기

사용자부터 추가하고 삭제하겠습니다. 사용자를 추가하는 명령어에는 adduser와 useradd가 있습니다. 단어의 조합 순서만 다를 뿐, 하는 일은 비슷합니다. 여기서는 더 간편한 adduser를 사용합니다. 사용자를 추가한 후에 언제라도 삭제할 수 있으니 부담 없이 만들어도 됩니다.

adduser 명령어는 다음과 같이 사용합니다.

> **형식** adduser [옵션] 사용자_이름

사용법은 간단합니다. 추가하려는 사용자 이름을 adduser 명령어 뒤에 입력합니다. 자주 사용하는 옵션은 다음과 같습니다.

표 5-2 adduser 명령어의 주요 옵션

옵션	설명
--home 디렉터리	사용자의 홈 디렉터리를 지정한 디렉터리로 설정합니다.
--shell 셸	사용자의 로그인 셸을 지정한 셸로 설정합니다.
--ingroup 그룹_이름	사용자를 지정한 사용자 그룹에 포함합니다.

사용자를 삭제하는 명령어에는 deluser와 userdel이 있는데, 여기서는 deluser를 사용합니다.

형식 deluser [옵션] 사용자_이름

deluser 명령어에서 주로 사용하는 옵션은 다음과 같습니다.

표 5-3 deluser 명령어의 주요 옵션

옵션	설명
--remove-home	사용자의 홈 디렉터리까지 삭제합니다.
--remove-all-files	사용자의 홈 디렉터리를 포함해 사용자 파일을 모두 삭제합니다.

1 사용자 john을 추가합니다. 'root 사용자만 사용자나 그룹을 시스템에 추가할 수 있다'는 메
시지와 함께 명령이 실패합니다. 메시지에 나온 대로 새로운 사용자를 추가하려면 root 권
한이 필요합니다.

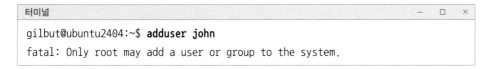

```
터미널                                                    —  □  ×
gilbut@ubuntu2404:~$ adduser john
fatal: Only root may add a user or group to the system.
```

2 다음과 같이 sudo 명령어로 사용자 추가 명령을 다시 실행합니다. 한 가지 명령만 실행하므
로 sudo 명령어를 사용합니다. 이때 현재 실행 중인 사용자의 비밀번호를 요구합니다. 사용자
비밀번호를 입력하면 사용자가 추가됩니다. 추가한 사용자의 비밀번호도 새로 입력합니다.

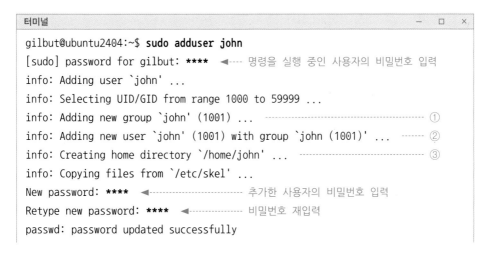

```
터미널                                                    —  □  ×
gilbut@ubuntu2404:~$ sudo adduser john
[sudo] password for gilbut: ****  ◀---- 명령을 실행 중인 사용자의 비밀번호 입력
info: Adding user `john' ...
info: Selecting UID/GID from range 1000 to 59999 ...
info: Adding new group `john' (1001) ...  ------------------------------------- ①
info: Adding new user `john' (1001) with group `john (1001)' ...  -------  ②
info: Creating home directory `/home/john' ...  ----------------------------  ③
info: Copying files from `/etc/skel' ...
New password: ****  ◀------------------------- 추가한 사용자의 비밀번호 입력
Retype new password: ****  ◀---------------- 비밀번호 재입력
passwd: password updated successfully
```

```
Changing the user information for john
Enter the new value, or press ENTER for the default
        Full Name []: ----
        Room Number []:      |
        Work Phone []:       |    ◄---- [Enter] 입력
        Home Phone []:       |
        Other []:        ----
Is the information correct? [Y/n] y
info: Adding new user `john' to supplemental / extra groups `users' ...
info: Adding user `john' to group `users' ...
```

root 사용자 권한으로 adduser 명령어를 실행하니 사용자가 정상적으로 추가됩니다. 사용자를 추가하는 과정에서 화면에 출력되는 정보는 다음과 같습니다.

① 사용자 john을 위해 그룹 john을 추가합니다. 이때 그룹 john의 GID는 1001입니다.

② 사용자 john의 UID는 1001이고, 그룹 john에 넣습니다.

③ 사용자 john의 홈 디렉터리는 /home/john으로 생성합니다.

3 사용자 john이 잘 추가됐는지 /etc/passwd 파일을 조회해 봅시다. /etc/passwd 파일의 마지막 줄에 사용자 john이 보입니다. adduser 명령어를 실행할 때 나온 정보대로 UID와 GID는 1001, 홈 디렉터리는 /home/john, 셸은 Bash로 설정됐습니다.

```
터미널                                                    —  □  ×
gilbut@ubuntu2404:~$ cat /etc/passwd
(중략)
john:x:1001:1001:,,,:/home/john:/bin/bash
```

4 그룹 john도 잘 추가됐는지 /etc/group 파일을 조회해 봅시다. /etc/group 파일 마지막 줄에 그룹 john이 추가됐습니다.

```
터미널                                                    —  □  ×
gilbut@ubuntu2404:~$ cat /etc/group
(중략)
john:x:1001:
```

5 홈 디렉터리도 확인해 봅시다. ls -al 명령에 john 사용자의 홈 디렉터리를 넣고 조회합니다. 로그인한 사용자는 이 디렉터리에 읽기 권한이 없습니다. 그래서 sudo 명령어를 사용해 root 사용자 권한으로 john 사용자의 홈 디렉터리를 조회해야 합니다. 홈 디렉터리에 사용자 john을 위한 설정 파일들이 생성된 것을 볼 수 있습니다.

```
터미널                                                                      —  ☐  ✕
gilbut@ubuntu2404:~$ sudo ls -al /home/john/
total 20
drwxr-x--- 2 john john 4096 May 24 11:16 .
drwxr-xr-x 4 root root 4096 May 24 11:16 ..
-rw-r--r-- 1 john john  220 May 24 11:16 .bash_logout
-rw-r--r-- 1 john john 3771 May 24 11:16 .bashrc
-rw-r--r-- 1 john john  807 May 24 11:16 .profile
```

6 사용자를 추가했으니 이번에는 삭제해 봅시다. 임시로 만든 사용자라서 바로 지워도 됩니다. deluser 명령어 역시 root 사용자만 사용할 수 있어서 sudo 명령어로 실행해야 합니다. 홈 디렉터리까지 삭제하도록 --remove-home 옵션을 추가합니다.

```
터미널                                                                      —  ☐  ✕
gilbut@ubuntu2404:~$ sudo deluser --remove-home john
info: Looking for files to backup/remove ...
info: Removing files ...
info: Removing crontab ...
info: Removing user `john' ...
```

7 /etc/passwd 파일과 /etc/group 파일에서 john을 찾아봅시다. 파일 내용에서 특정 키워드를 찾을 때는 grep 명령어를 사용합니다. grep 명령어에 관해서는 **14.1 grep**을 참고하기 바랍니다. 두 명령 모두 결과에 아무것도 나오지 않습니다. 두 파일에서 사용자 john과 그룹 john을 찾지 못했다는 의미입니다.

```
터미널                                                                      —  ☐  ✕
gilbut@ubuntu2404:~$ grep john /etc/passwd
gilbut@ubuntu2404:~$ grep john /etc/group
```

8 마지막으로 john의 홈 디렉터리인 /home/john이 삭제됐는지 확인합니다. 해당 디렉터리를 찾을 수 없다고 나옵니다. john 사용자와 관련한 내용이 모두 삭제됐음을 확인할 수 있습니다.

```
터미널                                                              —  □  ×
gilbut@ubuntu2404:~$ sudo ls -al /home/john
ls: cannot access '/home/john': No such file or directory
```

5.3.2 사용자 그룹 추가 및 삭제하기

이번에는 사용자 그룹을 추가하고 삭제하겠습니다. 그룹을 추가하는 명령어는 addgroup, 삭제하는 명령어는 delgroup입니다. 사용자를 추가 및 삭제할 때와 비슷합니다.

> **형식** addgroup 그룹_이름
> delgroup 그룹_이름

1 그룹 animals를 추가합니다. 사용자 그룹을 추가할 때도 root 권한이 필요하므로 sudo 명령어를 사용합니다. sudo 명령어를 한 번 사용하고 나면 일정 시간 동안 비밀번호를 묻지 않습니다.

```
터미널                                                              —  □  ×
gilbut@ubuntu2404:~$ sudo addgroup animals
info: Selecting GID from range 1000 to 59999 ...
info: Adding group `animals' (GID 1001) ...
```

2 /etc/group 파일에 그룹 animals가 포함됐는지 확인합니다.

```
터미널                                                              —  □  ×
gilbut@ubuntu2404:~$ grep animals /etc/group
animals:x:1001:
```

3 그룹을 삭제하는 delgroup 명령어로 그룹 animals를 삭제합니다.

```
터미널                                                              —  □  ×
gilbut@ubuntu2404:~$ sudo delgroup animals
info: Removing group `animals' ...
```

매우 간단하죠?

5.3.3 실습용 사용자와 사용자 그룹 생성하기

사용자와 그룹을 추가하고 삭제하는 방법을 간단히 배웠습니다. 이후 실습에서 사용할 사용자와 사용자 그룹을 추가하겠습니다. 추가할 사용자와 사용자별 그룹은 다음과 같습니다.

표 5-4 실습용 사용자와 사용자 그룹

사용자	사용자 그룹
dog	animals
pig	animals
duck	animals
mango	fruits
banana	fruits

1 다음 명령을 순서대로 실행합니다. adduser 명령어에서 **--ingroup 옵션**은 추가하는 사용자를 해당 사용자 그룹에 포함하라는 의미입니다. 사용자 그룹을 추가할 때는 옵션을 지정할 필요가 없지만, 그룹에 사용자를 추가할 때는 --ingroup 옵션으로 사용자 그룹을 지정합니다. adduser 명령어를 실행하면 사용자의 비밀번호를 설정하라고 나옵니다. 각자 적절한 값으로 입력하세요. 입력한 비밀번호는 나중에 다시 사용하니 잘 기억해두길 바랍니다.

```
터미널                                                        —  □  ×
gilbut@ubuntu2404:~$ sudo addgroup animals
gilbut@ubuntu2404:~$ sudo adduser --ingroup animals dog
gilbut@ubuntu2404:~$ sudo adduser --ingroup animals pig
gilbut@ubuntu2404:~$ sudo adduser --ingroup animals duck
gilbut@ubuntu2404:~$ sudo addgroup fruits
gilbut@ubuntu2404:~$ sudo adduser --ingroup fruits mango
gilbut@ubuntu2404:~$ sudo adduser --ingroup fruits banana
```

TIP —— 같거나 비슷한 명령을 반복 실행할 때는 키보드의 위/아래 화살표 키를 이용해 보세요. 기존에 실행한 명령이 키를 누를 때마다 차례대로 출력됩니다.

2 /etc/group 파일을 조회해 그룹 animals와 fruits의 GID를 확인합니다. 실행 결과는 리눅스 시스템에 따라 다르게 나올 수 있습니다. 여기서는 animals의 GID는 1001, fruits의 GID는 1002로 할당됐습니다.

```
터미널                                                    —  □  ×
gilbut@ubuntu2404:~$ cat /etc/group
(중략)
gilbut:x:1001
animals:x:1001:
fruits:x:1002:
```

3 사용자 정보를 조회해 소속된 GID가 제대로 설정됐는지도 확인합니다. 여기도 실행 결과
   는 리눅스 시스템에 따라 다르게 나올 수 있습니다. /etc/passwd 파일에 저장된 사용자의
   GID가 앞에서 입력한 그룹의 GID로만 설정되면 됩니다.

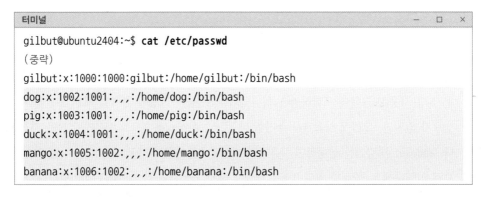
```
터미널                                                    —  □  ×
gilbut@ubuntu2404:~$ cat /etc/passwd
(중략)
gilbut:x:1000:1000:gilbut:/home/gilbut:/bin/bash
dog:x:1002:1001:,,,:/home/dog:/bin/bash
pig:x:1003:1001:,,,:/home/pig:/bin/bash
duck:x:1004:1001:,,,:/home/duck:/bin/bash
mango:x:1005:1002:,,,:/home/mango:/bin/bash
banana:x:1006:1002:,,,:/home/banana:/bin/bash
```

5.3.4 셸 사용자 전환하기

앞에서 추가한 사용자를 이용해 su 명령어로 사용자를 전환해 봅시다.

1 whoami는 현재 로그인한 사용자의 이름을 조회하는 명령어입니다. whoami로 현재 로그인한
   사용자를 확인합니다. pwd로 현재 작업 디렉터리도 확인합니다.

```
터미널                                                    —  □  ×
gilbut@ubuntu2404:~$ whoami
gilbut
gilbut@ubuntu2404:~$ pwd
/home/gilbut
```

2 사용자를 dog로 변경합니다. 이때 dog 사용자의 암호를 입력해야 합니다. 인증에 성공하니
   프롬프트가 변경됩니다.

```
터미널                                                        —  □  ×
gilbut@ubuntu2404:~$ su dog
Password: ****
dog@ubuntu2404:/home/gilbut$
```

3 현재 사용자가 누구인지 다시 확인해 볼까요? 현재 작업 디렉터리도 함께 확인합니다. 현재
   사용자는 dog이지만 현재 작업 디렉터리는 /home/gilbut입니다.

```
터미널                                                        —  □  ×
dog@ubuntu2404:/home/gilbut$ whoami
dog
dog@ubuntu2404:/home/gilbut$ pwd
/home/gilbut
```

Note **프롬프트 표시**

Bash는 일반적으로 프롬프트를 사용자_이름@호스트_이름:현재_작업_디렉터리$ 형태로 표시합니다.
현재 사용자의 홈 디렉터리를 나타낼 때는 ~로 표현합니다. gilbut 사용자일 때 현재 작업 디렉터리가 홈 디
렉터리이므로 프롬프트를 gilbut@ubuntu2404:~$로 표시합니다. 하지만 dog 사용자로 전환되면서 현재
작업 디렉터리는 dog 사용자의 홈 디렉터리가 아닙니다. 그래서 dog@ubuntu2404:/home/gilbut$처럼
절대 경로로 표시합니다.

---

4 이전 사용자로 돌아가 봅시다. 그러려면 셸을 종료해야 합니다. 셸을 종료할 때는 exit 명령
   어를 사용합니다.

```
터미널                                                        —  □  ×
dog@ubuntu2404:/home/gilbut$ exit
exit
gilbut@ubuntu2404:~$
```

5 다시 사용자가 누구인지 확인합니다. 현재 작업 디렉터리도 확인합니다. 원래 사용자로 돌
   아왔습니다. 사용자는 gilbut이고 현재 /home/gilbut 디렉터리에 있습니다.

```
터미널                                                        —  □  ×
gilbut@ubuntu2404:~$ whoami
gilbut
gilbut@ubuntu2404:~$ pwd
```

```
/home/gilbut
```

6 이번에는 su 명령어에 - 옵션을 넣어봅시다. 새로운 사용자 앞에 - 옵션을 붙여 su 명령어를 실행합니다. **5.1.3절**에서 설명했듯이 사용자 앞에 - 옵션을 입력하면 마치 새로운 사용자가 셸에 로그인한 것처럼 작업 디렉터리와 환경변수가 새로운 사용자의 것으로 변경됩니다. 결과를 보면 새로운 셸이 실행되며 프롬프트가 바뀝니다. 현재 작업 디렉터리 역시 dog의 홈 디렉터리인 /home/dog로 바뀌어 ~로 표시됩니다.

```
터미널                                                          —  □  ×
gilbut@ubuntu2404:~$ su - dog
Password: ****
dog@ubuntu2304:~$ whoami
dog
dog@ubuntu2404:~$ pwd
/home/dog
```

7 exit 명령어로 셸을 종료하고 이전 사용자로 돌아갑니다. 다시 원래 사용자의 셸로 돌아왔고, 디렉터리도 /home/gilbut으로 바뀌었습니다.

```
터미널                                                          —  □  ×
dog@ubuntu2404:~$ exit
logout
gilbut@ubuntu2404:~$ whoami
gilbut
gilbut@ubuntu2404:~$ pwd
/home/gilbut
```

8 앞에 실행한 명령에 -c 옵션을 주고 다시 실행해 봅시다. su 명령어에 -c 옵션을 붙이면 셸은 바뀌지 않고 그 뒤에 오는 명령이 새로운 사용자 권한으로 실행되고 끝납니다. -c 옵션으로 whoami까지 실행하면 현재 실행되는 명령이 어느 사용자의 권한인지 확인할 수 있습니다. 예상대로 dog 사용자의 권한으로 whoami가 실행됩니다.

```
터미널                                                          —  □  ×
gilbut@ubuntu2404:~$ su dog -c whoami
Password: ****  ◀---- dog 사용자의 비밀번호 입력
dog
```

9 dog 사용자의 권한으로 /tmp/dogs_file을 생성해 봅시다. 빈 파일을 생성하는 touch 명
령어를 사용합니다. -c 옵션 뒤에 빈칸이 포함된 명령을 입력할 경우 이를 하나의 인자로 처
리할 수 있게 큰따옴표("")로 묶어야 합니다. 해당 내용은 **10.5 쿼팅**에서 자세히 다룹니다.
해당 명령을 실행한 후 내가 누구인지(whoami)도 확인합니다.

```
터미널                                                                    ─  □  ×

gilbut@ubuntu2404:~$ su dog -c "touch /tmp/dogs_file"
Password: ****  ◀---- dog 사용자의 비밀번호 입력
gilbut@ubuntu2404:~$ whoami
gilbut
```

10 새로 생성한 /tmp/dogs_file을 조회합니다. 생성한 파일의 소유자는 dog, 소유자 그룹은
animals입니다. 즉, dog 사용자의 권한으로 만들어진 파일임을 확인할 수 있습니다.

```
터미널                                                                    ─  □  ×

gilbut@ubuntu2404:~$ ls -al /tmp/dogs_file
-rw-r--r-- 1 dog animals 0 May 24 13:49 /tmp/dogs_file
```

11 파일 삭제 명령어인 rm으로 생성한 파일을 삭제합니다. 삭제할지 묻는 메시지가 나오면 y를 입
력합니다. 권한이 없다며 삭제하지 못합니다. 현재 사용자가 gilbut이라서 그렇습니다.

```
터미널                                                                    ─  □  ×

gilbut@ubuntu2404:~$ rm /tmp/dogs_file
rm: remove write-protected regular empty file '/tmp/dogs_file'? y
rm: cannot remove '/tmp/dogs_file': Operation not permitted
```

12 해당 파일을 생성한 dog 사용자의 권한으로 파일을 삭제합니다. 삭제하는 데 성공합니다.

```
터미널                                                                    ─  □  ×

gilbut@ubuntu2404:~$ su dog -c "rm /tmp/dogs_file"
Password: ****  ◀---- dog 사용자의 비밀번호 입력
gilbut@ubuntu2404:~$ ls -al /tmp/dogs_file
ls: cannot access '/tmp/dogs_file': No such file or directory
```

dog 사용자가 생성한 파일은 gilbut 사용자의 권한으로 삭제할 수 없다는 것을 확인했습니다.
왜 그럴까요? 그 이유는 **6장 소유권과 권한**에서 자세히 다룹니다.

5.3.5 사용자 비밀번호 변경하기

로그인할 때나 su 명령어를 사용할 때 비밀번호를 입력합니다. 이번에는 사용자의 비밀번호를 변경해 보겠습니다. 비밀번호를 변경할 때는 passwd 명령어를 사용합니다.

> **형식**   passwd [옵션] [사용자_이름]

형식에서 사용자 이름을 생략하면 현재 로그인한 사용자의 비밀번호를 변경합니다. 사용자 이름에 일반 사용자 이름을 입력하면 해당 사용자의 비밀번호를 변경합니다. 이때 명령은 root 사용자의 권한으로 실행해야 합니다.

passwd 명령어에 사용할 수 있는 옵션은 다음과 같습니다.

표 5-5 passwd 명령어의 주요 옵션

옵션	설명
-d	비밀번호를 제거합니다.
-e	비밀번호를 만료시켜 다음 로그인할 때 새 비밀번호를 설정하도록 강제합니다.
-l	사용자를 잠가서(lock) 로그인하지 못하게 합니다.
-u	사용자 잠금을 해제합니다.
-x DAYS	비밀번호의 최대 사용 기간을 일 단위로 설정합니다.
-n DAYS	비밀번호를 변경하는 최소 기간을 일 단위로 설정합니다.
-w DAYS	사용자에게 비밀번호 만료를 며칠 전에 경고할지 설정합니다.

소개한 옵션 모두 시스템 관리자가 일반 사용자를 제어하는 용도로 사용합니다.

● **일반 사용자 비밀번호 변경하기**

로그인한 사용자의 비밀번호를 바꿔봅시다.

1 현재 로그인한 사용자는 gilbut입니다. su 명령어를 사용해 pig 사용자로 전환합니다. pig 사용자의 셸로 변경된 것을 확인할 수 있습니다.

```
터미널                                                    —  □  ×
gilbut@ubuntu2404:~$ su pig
Password:  ◀---- pig 사용자의 비밀번호 입력
pig@ubuntu2404:/home/gilbut$
```

2 pig 사용자의 비밀번호를 변경합니다. 현재 사용자이므로 passwd 명령어를 옵션 없이 실행
  하면 됩니다. 현재 비밀번호를 확인한 후 새 비밀번호를 입력받습니다. 새 비밀번호 확인까
  지 성공하면 비밀번호가 변경됩니다.

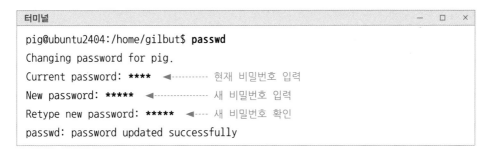

```
터미널                                                    —  □  ×
pig@ubuntu2404:/home/gilbut$ passwd
Changing password for pig.
Current password: ****  ◀---------- 현재 비밀번호 입력
New password: *****  ◀--------------- 새 비밀번호 입력
Retype new password: *****  ◀---- 새 비밀번호 확인
passwd: password updated successfully
```

3 exit 명령어로 pig 사용자의 셸을 종료합니다. 다시 gilbut 사용자의 셸로 돌아옵니다.

```
터미널                                                    —  □  ×
pig@ubuntu2404:/home/gilbut$ exit
exit
gilbut@ubuntu2404:~$
```

4 pig 사용자로 다시 전환합니다. 이때 기존 비밀번호를 입력합니다. 당연히 사용자 전환에
  실패합니다. 새 비밀번호를 입력해야 사용자 전환에 성공합니다.

```
터미널                                                    —  □  ×
gilbut@ubuntu2404:~$ su pig
Password: ****  ◀------------------------- 기존 비밀번호 입력
su: Authentication failure
gilbut@ubuntu2404:~$ su pig
Password: *****  ◀----------------------- 새 비밀번호 입력
pig@ubuntu2404:/home/gilbut$
```

● root 사용자로 다른 사용자 비밀번호 변경하기

이번에는 root 사용자로 전환해 다른 사용자의 비밀번호를 변경해 봅시다. root 사용자 권한으
로 단일 명령을 실행할 때는 sudo 명령어를 사용하는 것이 편합니다. 하지만 root 사용자 권한으
로 여러 명령을 내려야 한다면 su 명령어로 사용자를 전환한 후 명령을 내리는 것이 낫습니다.

su 명령어를 사용해 root 사용자로 전환하려면 root 사용자의 비밀번호를 입력해야 합니다. 그런데 앞에서 root 사용자의 비밀번호를 설정한 적이 없습니다. 리눅스를 설치할 때 기본 사용자의 비밀번호만 설정했을 뿐입니다. root 사용자의 비밀번호가 설정돼 있지 않으면 su 명령어로 root 사용자 전환이 불가능합니다. 그렇다면 어떻게 root 사용자로 전환할까요?

sudo 명령어로 su나 runuser 명령어를 실행하면 됩니다. sudo 명령어는 로그인 사용자의 비밀번호를 입력해 root 사용자의 권한으로 명령어를 실행합니다. root 사용자의 권한으로 su나 runuser 명령어를 실행하므로 root 사용자로 전환이 가능합니다. 그럼 실습해 봅시다.

1 sudo su 명령으로 root 사용자로 전환합니다. 이때 비밀번호는 현재 로그인한 사용자(여기서는 gilbut)의 비밀번호를 입력합니다. root 사용자 셸로 전환된 것을 확인할 수 있습니다. 시스템 관리자의 셸일 때는 프롬프트에 $ 대신 #로 표시됩니다.

```
터미널                                                    —  □  ×
gilbut@ubuntu2404:~$ sudo su
[sudo] password for gilbut: ****  ◀---- gilbut 사용자의 비밀번호 입력
root@ubuntu2404:/home/gilbut#
```

2 root 사용자로 전환됐으므로 이 셸에서 입력하는 모든 명령은 root 사용자의 권한으로 실행됩니다. pig 사용자의 비밀번호를 변경합니다.

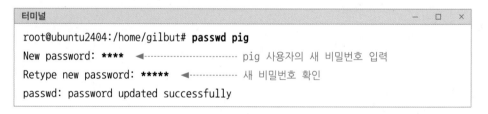

```
터미널                                                    —  □  ×
root@ubuntu2404:/home/gilbut# passwd pig
New password: ****  ◀------------------------- pig 사용자의 새 비밀번호 입력
Retype new password: *****  ◀------------- 새 비밀번호 확인
passwd: password updated successfully
```

pig 사용자의 현재 비밀번호를 묻지 않고, 바로 새로운 비밀번호를 입력하게 합니다. 이처럼 관리자 권한으로 사용자의 비밀번호를 변경하면 현재 비밀번호를 확인하지 않고 새로운 비밀번호를 설정할 수 있습니다.

지금까지 사용자와 사용자 그룹에 대해 알아봤습니다. 리눅스는 멀티 유저 시스템으로 여러 사용자가 로그인할 수 있습니다. 각 사용자는 비밀번호를 이용해 인증을 거쳐 시스템에 로그인합니다. 시스템에 로그인한 사용자는 각자의 권한에 맞는 명령 수행이 가능합니다.

6장에서는 파일의 소유권과 권한에 대해 배웁니다. 파일별로 소유권과 읽기/쓰기/실행 권한이 어떤 의미를 갖는지 알아봅니다. 파일의 소유권이 사용자와 사용자 그룹 소유권으로 설정되고, 파일의 권한도 사용자/그룹 사용자/일반 사용자별로 설정되기 때문에 파일의 소유권과 권한은 사용자 및 사용자 그룹과 밀접한 관계가 있습니다.

1분 퀴즈

정답 노트 p.547

5. 다음 설명 중 옳은 것을 고르세요.

① 셸을 종료할 때는 sudo exit 명령을 사용한다.

② 사용자의 비밀번호를 바꾸는 명령어는 chpasswd이다.

③ 사용자를 추가할 때 반드시 관리자 권한으로 실행해야 한다.

④ root 사용자의 비밀번호가 설정돼 있지 않으면 root 사용자로 전환할 수 없다.

⑤ 사용자의 홈 디렉터리와 사용자 파일까지 모두 삭제하려면 --remove-home 옵션을 사용한다.

마무리

1. 사용자

① 사용자는 사용자(user)라는 이름의 '계정(account)'을 의미합니다.

② 리눅스 사용자는 다음과 같이 나눌 수 있습니다.

- **일반 사용자**: 시스템에 로그인해 리눅스를 사용하는 일반적인 사용자입니다.

- **시스템 사용자**: 리눅스 운영체제나 프로그램 등이 설치될 때 생성되는 사용자입니다. 백그라운드 서비스나 데몬을 실행하는 등 특정 기능을 수행하는 데 사용됩니다.

- **root 사용자**: 리눅스에서 가장 특별한 사용자입니다. root 사용자는 모든 파일에 대한 읽기/쓰기/실행 권한이 있습니다. 시스템 주요 설정 변경, 패키지 관리, 전원 관리 등 시스템 관리에 필요한 모든 일을 담당합니다.

2. root 사용자 권한으로 명령을 실행하는 방법

① 사용자를 전환하는 su(switch user 또는 substitute user) 명령어를 사용합니다.

> **형식**   su [옵션] [-] [사용자]

② 단일 명령만 특정 사용자의 권한으로 실행하는 sudo 명령어를 사용합니다.

> **형식**   sudo [옵션] [명령어]

③ runuser 명령어로 사용자를 전환하거나 다른 사용자의 권한으로 명령을 실행합니다.

> **형식**   runuser [옵션] -u 사용자 [명령어]
> runuser [옵션] [-] 사용자 [명령어]]

3. 사용자 그룹

① 사용자 그룹은 동일한 특성을 가진 사용자를 묶어 시스템을 편하게 관리하기 위한 도구입니다.

② 각 사용자는 반드시 하나 이상의 사용자 그룹에 소속됩니다.

③ 리눅스는 파일의 권한 관리를 그룹 단위로 적용할 수 있습니다.

4. 사용자와 사용자 그룹 관리

① 사용사를 추가할 때는 adduser, 사용자를 삭제할 때는 deluser 명령어를 사용합니다.

> **형식** adduser [옵션] 사용자_이름
> deluser [옵션] 사용자_이름

② 그룹을 추가할 때는 addgroup, 그룹을 삭제할 때는 delgroup 명령어를 사용합니다.

> **형식** addgroup [GID] 그룹_이름
> delgroup [GID] 그룹_이름

③ 사용자의 비밀번호를 변경할 때는 passwd 명령어를 사용합니다. 사용자 이름을 생략하면 현재 로그인한 사용자의 비밀번호를 변경합니다.

> **형식** passwd [옵션] [사용자_이름]

다음 순서대로 사용자와 사용자 그룹을 추가 및 삭제할 때, 알맞은 명령을 작성하세요.

① 사용자 그룹 vegies를 추가합니다.

② 사용자 onion을 추가하며 사용자 그룹은 vegies를 지정합니다.

③ 새로 추가한 onion 사용자로 전환합니다.

④ passwd 명령어를 이용해 비밀번호를 변경합니다.

⑤ sudo 명령어를 사용해 사용자 onion을 삭제합니다. 이때 onion 사용자의 홈 디렉터리도 같이 삭제하는
옵션을 지정합니다.

⑥ sudo 명령어를 이용해 사용자 그룹 vegies를 삭제합니다.

터미널			− □ ×
①			
②			
③			
④			
⑤			
⑥			

6장

소유권과 권한

앞서 살펴보았듯 리눅스는 멀티 유저 시스템입니다. 여러 사용자가 한 시스템을 사용하면 어떤 문제가 발생할 수 있을까요? 다른 사용자가 생성한 파일을 삭제하거나 개인 정보가 포함된 파일을 다른 사용자가 보는 등 문제가 생길 수 있습니다. 리눅스는 이런 문제가 발생하지 않도록 파일마다 소유권과 권한을 설정하게 합니다. 이 장에서는 소유권과 권한이 무엇이고, 이를 이용해 파일을 어떻게 관리하는지 살펴보겠습니다.

6.1

파일 소유권

리눅스에서 파일이 생성되면 루트 디렉터리 아래 어딘가에 존재합니다. 그런데 리눅스는 여러 사용자의 수많은 파일이 루트 디렉터리에서 시작된 하나의 트리 안에 혼재돼 있습니다. 파일의 위치나 디렉터리 이름 같은 정보로는 파일 소유자를 판단할 수 없습니다. 그래서 리눅스의 모든 파일에는 소유권이 설정돼 있습니다.

6.1.1 파일 소유권이란

소유권(ownership)은 파일이 사용자의 소유임을 나타내는 속성입니다. 파일이 생성되는 순간 파일을 생성한 사용자(user)와 그룹(group)이 소유권을 가지도록 설정됩니다. '내 파일'도 있지만 '우리 파일'도 있다는 뜻입니다. 소유권은 변경할 수 있는데, 소유권을 변경하는 방법은 실습하면서 확인하겠습니다.

파일 소유권은 파일 목록을 조회하는 ls 명령어로 확인할 수 있습니다. 이때 -l 옵션을 붙이면 파일 속성을 자세히 볼 수 있습니다. 현재 디렉터리에 있는 파일들의 소유권을 확인해보면 다음과 같습니다(결과는 사용자에 따라 다를 수 있습니다).

```
터미널                                                    —  □  ×
gilbut@ubuntu2404:~$ ls -l
total 32
drwxr-xr-x 2 gilbut gilbut 4096 May 21 12:49 Desktop
drwxr-xr-x 2 gilbut gilbut 4096 May 21 12:49 Documents
drwxr-xr-x 2 gilbut gilbut 4096 May 21 12:49 Downloads
-rwxr-xr-x 1 gilbut gilbut   45 May 21 17:23 hello.sh
```

```
drwxr-xr-x 2 gilbut gilbut 4096 May 23 11:15 linktest
drwxr-xr-x 2 gilbut gilbut 4096 May 21 12:49 Music
drwxr-xr-x 3 gilbut gilbut 4096 Mar 22 10:29 Pictures
drwxr-xr-x 2 gilbut gilbut 4096 May 21 12:49 Public
drwxr-xr-x 2 gilbut gilbut 4096 May 21 12:49 Templates
drwxr-xr-x 2 gilbut gilbut 4096 May 21 12:49 Videos
```

출력된 내용 중에서 살펴볼 부분은 세 번째와 네 번째 필드에 위치한 파일의 소유자와 소유 그룹입니다. 이 파일을 포함해 현재 디렉터리의 모든 파일은 gilbut 사용자와 gilbut 사용자 그룹이 소유권을 갖고 있습니다.

그림 6-1 파일 소유권

로그인한 사용자의 홈 디렉터리 말고 다른 디렉터리도 조회해서 파일 소유권을 누가 갖고 있는지 연습 삼아 확인해보길 바랍니다.

6.1.2 실습: 파일 소유권 변경하기

파일의 소유권은 변경할 수 있습니다. 정확히는 파일의 소유자와 소유 그룹을 변경할 수 있습니다. 5장에서 만든 동물 사용자를 이용해 파일의 소유권을 변경하는 실습을 해보겠습니다.

파일의 소유권은 chown 명령어로 변경합니다. chown 명령어는 다음과 같이 사용합니다.

형식   chown [옵션] 사용자[:그룹] 파일

사용자 부분에는 파일의 소유자로 설정할 사용자 이름을 입력합니다. 소유 그룹도 변경하고 싶으면 사용자 이름 뒤에 :을 붙이고 사용자 그룹 이름을 입력합니다. 변경하지 않을 때는 생략합니다. 파일 부분에는 소유권을 변경할 파일 이름을 입력합니다. 여러 파일을 한꺼번에 변경하고 싶을 때는 파일 이름을 공백(한 칸 띄어쓰기)으로 구분해 입력합니다.

181

chown 명령어에 주로 사용하는 옵션은 다음과 같습니다. 이 중에서 -R 옵션은 대상 파일에 디렉터리를 지정할 때 자주 사용합니다.

표 6-1 chown 명령어의 주요 옵션

옵션	설명
-R(--recursive)	지정한 디렉터리와 그 하위 항목의 소유권을 모두 변경합니다.
-v(--verbose)	변경된 파일과 디렉터리 정보를 출력합니다.
-c(--changes)	실제 변경된 항목만 출력합니다.

파일의 소유권을 변경해 봅시다.

1 일반 파일을 하나 생성합니다.

```
터미널                                              —  □  ×
gilbut@ubuntu2404:~$ echo "hello world" > normal_file
```

2 파일 속성을 확인합니다. 파일 소유자와 소유 그룹 모두 gilbut입니다.

```
터미널                                              —  □  ×
gilbut@ubuntu2404:~$ ls -l normal_file
-rw-rw-r-- 1 gilbut gilbut 12 May 27 14:59 normal_file
```

3 chown 명령어로 normal_file의 소유자를 dog 사용자로 변경합니다.

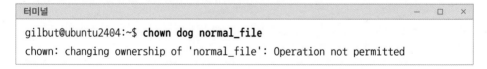

```
터미널                                              —  □  ×
gilbut@ubuntu2404:~$ chown dog normal_file
chown: changing ownership of 'normal_file': Operation not permitted
```

4 권한 문제로 변경할 수 없다고 나오네요. root 사용자는 무엇이든 할 수 있으니 sudo 명령어로 chown 명령어를 다시 실행합니다.

```
터미널                                              —  □  ×
gilbut@ubuntu2404:~$ sudo chown dog normal_file
[sudo] password for gilbut: ****  ◀···· gilbut 사용자의 비밀번호 입력
```

5 소유권을 다시 확인하면 소유자가 변경됐습니다. 하지만 소유 그룹은 그대로입니다.

```
터미널                                                          —  □  ×
gilbut@ubuntu2404:~$ ls -al normal_file
-rw-rw-r-- 1 dog gilbut 12 May 27 14:59 normal_file
```

6 소유 그룹까지 한 번에 변경해 봅시다. chown 명령어 뒤에 변경할 사용자 이름과 그룹 이름
을 넣으면 됩니다. 이번에는 소유자와 소유 그룹이 모두 바뀌었습니다.

```
터미널                                                          —  □  ×
gilbut@ubuntu2404:~$ sudo chown dog:animals normal_file
gilbut@ubuntu2404:~$ ls -al normal_file
-rw-rw-r-- 1 dog animals 12 Apr 17 14:59 normal_file
```

왜 리눅스 시스템은 파일마다 소유권을 설정하게 했을까요? 이는 파일의 소유 여부에 따라 파
일 권한을 다르게 설정할 수 있기 때문입니다. 다음 절에서는 파일 권한이 무엇인지 알아보겠
습니다.

1분 퀴즈

정답 노트 p.547

1. 다음 빈칸에 알맞은 단어를 넣으세요.

① 파일의 소유권을 변경하는 명령어는 ＿＿＿＿＿＿＿ 입니다.

② 디렉터리와 그 하위의 파일을 모두 변경할 때 사용하는 옵션은 ＿＿＿＿＿ 또는 ＿＿＿＿＿
입니다.

6.2

파일 권한

파일의 소유 여부에 따라 파일 권한을 다르게 설정할 수 있다고 했습니다. 이 절에서는 파일 권한이 무엇이고 권한은 어떻게 설정하는지 알아보겠습니다.

6.2.1 파일 권한의 종류

파일 권한(permission)은 해당 파일에 어떤 행위를 할 수 있는지를 정의한 것으로, 다음과 같이 나눕니다.

표 6-2 파일 권한의 종류

권한	의미
읽기(read)	파일 내용을 조회하는 행위
쓰기(write)	파일 내용을 변경하는 행위
실행(execution)	파일을 실행하는 행위

파일마다 권한을 조합해 설정할 수 있습니다. 어떤 파일은 읽기, 쓰기, 실행 모두 가능하게, 다른 파일은 읽기만 허용할 수 있습니다.

한 파일에 설정한 권한을 모든 사용자에게 동일하게 적용한다면 멀티 유저 시스템인 리눅스에서는 여러 보안 문제가 발생할 수 있습니다. 그래서 리눅스에서는 **파일 권한을 파일의 소유자(user), 소유 그룹(group), 일반 사용자(other)별로 따로 설정**합니다.

리눅스로 조별 과제를 하는 상황을 예로 들어 보겠습니다. 철수네 반 친구들이 조별 과제를 위해 리눅스 시스템을 설치했습니다. 한 사람당 사용자 한 개를 생성하고, 조별 그룹도 설정했습니다. 철수는 보고서 작성을 담당하기로 하고, report.txt 파일을 만들어 리눅스 시스템에 저장했습니다. 철수는 자신만 이 파일을 읽고 쓸 수 있고, 같은 조원에게는 읽기만 허용하고 싶습니다. 물론, 다른 조원은 읽지도 못하게 하고요. 철수가 report.txt 파일에 파일 권한을 잘 설정하면 이런 설정이 가능합니다.

사용자의 홈 디렉터리에 권한이 어떻게 설정돼 있는지 조회해 보겠습니다. 소유권을 확인할 때처럼 ls -l 명령을 사용하면 됩니다.

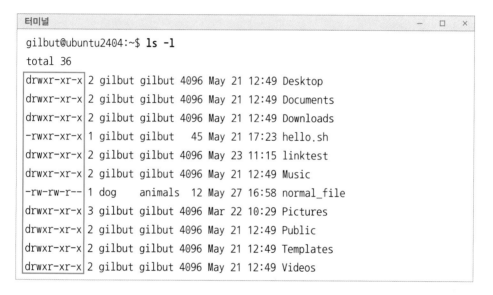

```
gilbut@ubuntu2404:~$ ls -l
total 36
drwxr-xr-x 2 gilbut gilbut 4096 May 21 12:49 Desktop
drwxr-xr-x 2 gilbut gilbut 4096 May 21 12:49 Documents
drwxr-xr-x 2 gilbut gilbut 4096 May 21 12:49 Downloads
-rwxr-xr-x 1 gilbut gilbut   45 May 21 17:23 hello.sh
drwxr-xr-x 2 gilbut gilbut 4096 May 23 11:15 linktest
drwxr-xr-x 2 gilbut gilbut 4096 May 21 12:49 Music
-rw-rw-r-- 1 dog    animals  12 May 27 16:58 normal_file
drwxr-xr-x 3 gilbut gilbut 4096 Mar 22 10:29 Pictures
drwxr-xr-x 2 gilbut gilbut 4096 May 21 12:49 Public
drwxr-xr-x 2 gilbut gilbut 4096 May 21 12:49 Templates
drwxr-xr-x 2 gilbut gilbut 4096 May 21 12:49 Videos
```

첫 번째 칼럼에서 디렉터리를 나타내는 d를 제외하고, rwx로 시작하는 부분이 파일 권한을 나타냅니다. 파일 권한은 3글자로 구성되며, 순서대로 읽기(r), 쓰기(w), 실행(x) 권한을 나타냅니다. 권한이 있으면 해당하는 영문자를 표시하고, 권한이 없으면 하이픈(-)으로 표시합니다. 순서대로 3글자씩 각각 소유자/소유 그룹/일반 사용자의 권한입니다. 여기에서 일반 사용자는 소유자와 소유 그룹에 속하지 않는 사용자를 말합니다.

그림 6-2 파일 권한

```
-rw-rw-r-- 1 dog    animals  12 May 27 16:58 normal_file
```
소유자 → 소유 그룹 → 일반 사용자

파일 목록의 조회 결과에서 normal_file 파일의 권한은 rw-rw-r--입니다. 의미를 풀이하면 다음과 같습니다.

- rw-: 소유자는 읽기와 쓰기를 할 수 있습니다.

- rw-: 소유 그룹의 사용자는 읽기와 쓰기를 할 수 있습니다.

- r--: 일반 사용자는 읽기만 할 수 있습니다.

6.2.2 실습: 파일 권한 변경하기

파일 권한은 chmod 명령어로 변경합니다. 3장에서 hello.sh 파일을 실행할 때 사용한 명령어입니다. 기본 형식은 다음과 같습니다.

> **형식**   chmod [옵션] 권한 파일

권한 부분에는 파일에 설정할 권한을 입력하고, 파일 부분에는 대상 파일을 지정합니다. 여러 파일을 한꺼번에 변경하고 싶다면 파일 이름을 공백(한 칸 띄어쓰기)으로 구분해 입력합니다.

자주 사용하는 옵션은 다음과 같습니다. 소유권을 변경하는 chown 명령어와 유사합니다.

표 6-3 chmod 명령어의 주요 옵션

옵션	설명
-R(--recursive)	디렉터리와 그 하위 항목까지 권한을 모두 변경합니다.
-v(--verbose)	변경된 파일 및 디렉터리 정보를 출력합니다.
-c(--changes)	실제 변경된 항목만 출력합니다.

권한을 설정하는 방법은 두 가지입니다. 간단한 실습과 함께 사용법을 익혀 보겠습니다.

● 8진수 표기법 사용하기

첫 번째는 소유자, 소유 그룹, 일반 사용자의 권한을 8진수 3자리로 표현하는 방법입니다. 8진수를 2진수로 바꾸면 3자리 수가 나오고 각 자리는 읽기(r), 쓰기(w), 실행(x) 권한을 나타냅니다. 즉, 2진수의 각 자리 숫자가 1이면 해당 권한이 있다는 뜻입니다. 정리하면 다음과 같습니다 (자주 사용하는 권한을 알고 있으면 편합니다).

표 6-4 파일 권한의 8진수 표기법

8진수	2진수	권한	의미
0	000	---	아무 권한 없음
1	001	--x	실행 권한 있음
2	010	-w-	쓰기 권한 있음
3	011	-wx	쓰기/실행 권한 있음
4	100	r--	읽기 권한 있음
5	101	r-x	읽기/실행 권한 있음
6	110	rw-	읽기/쓰기 권한 있음
7	111	rwx	모든 권한 있음

8진수 표기법을 소유자/소유 그룹/일반 사용자에게 각각 설정할 수 있습니다. 파일 권한이 8진수 표기법에 따라 어떻게 표시되는지 예를 들면 다음과 같습니다.

표 6-5 8진수 표기법 예

8진수 표기법	권한	의미
644	rw-r--r--	소유자는 읽기/쓰기 권한이 있고, 소유 그룹과 일반 사용자는 읽기 권한만 있음
400	r--------	소유자만 읽기 권한이 있고, 나머지는 아무 권한 없음
777	rwxrwxrwx	소유자/소유 그룹/일반 사용자 모두 읽기/쓰기/실행 권한이 있음
755	rwxr-xr-x	소유자는 모든 권한이 있고, 소유 그룹과 일반 사용자는 읽기/실행 권한이 있음

8진수 표기법으로 파일 권한을 변경해 봅시다.

1 파일을 새로 만들고, 파일 권한을 확인합니다.

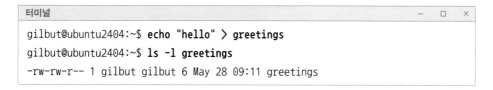

```
gilbut@ubuntu2404:~$ echo "hello" > greetings
gilbut@ubuntu2404:~$ ls -l greetings
-rw-rw-r-- 1 gilbut gilbut 6 May 28 09:11 greetings
```

2 모든 사람(소유자/소유 그룹/일반 사용자)에게 모든 권한(읽기/쓰기/실행)을 줍니다.

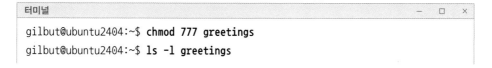

```
gilbut@ubuntu2404:~$ chmod 777 greetings
gilbut@ubuntu2404:~$ ls -l greetings
```

```
-rwxrwxrwx 1 gilbut gilbut 6 May 28 09:11 greetings
```

3 파일 권한을 rw-r--r--로 설정합니다.

```
터미널                                               —  □  ×
gilbut@ubuntu2404:~$ chmod 644 greetings
gilbut@ubuntu2404:~$ ls -l greetings
-rw-r--r-- 1 gilbut gilbut 6 May 28 09:11 greetings
```

4 모든 권한을 다 없애면 어떻게 될까요?

```
터미널                                               —  □  ×
gilbut@ubuntu2404:~$ chmod 000 greetings
gilbut@ubuntu2404:~$ ls -l greetings
---------- 1 gilbut gilbut 6 May 28 09:11 greetings
```

5 파일 소유자도 파일 내용을 읽지 못합니다.

```
터미널                                               —  □  ×
gilbut@ubuntu2404:~$ cat greetings
cat: greetings: Permission denied
```

6 자주 사용되는 644로 설정합니다. 이제 소유자만 읽고 쓸 수 있고, 나머지는 읽기만 할 수
   있습니다.

```
터미널                                               —  □  ×
gilbut@ubuntu2404:~$ chmod 644 greetings
gilbut@ubuntu2404:~$ ls -l greetings
-rw-r--r-- 1 gilbut gilbut 6 May 28 09:11 greetings
```

● **의미 표기법 사용하기**

두 번째는 의미 표기법입니다. 현재 파일에 설정된 권한에 어떤 변화를 줄지 정하는 방식입니
다. 의미 표기법은 ① 누구에게 ② 어떻게 ③ 무엇을 주는지, 이 3가지 정보를 다음과 같이 지정
해 표기합니다.

표 6-6 의미 표기법

구분	표기	의미
누구에게	u	소유자(user)
	g	소유 그룹(group)
	o	일반 사용자(other)
	a	모두(all), ugo와 같음
어떻게	+	지정된 대상에 지정된 권한 추가
	-	지정된 대상에 지정된 권한 제거
	=	지정된 대상에 지정된 권한 설정
무엇을	r	읽기 권한
	w	쓰기 권한
	x	실행 권한

3가지 정보를 한 번에 표기해야 완벽한 의미 표기법이 됩니다. 단, 누구에게 주는지 생략하면 a
로 해석됩니다. 몇 가지 예를 살펴보겠습니다.

표 6-7 의미 표기법 예

표기	의미
g+w	소유 그룹에 쓰기 권한 추가
a-x	모든 사용자에게서 실행 권한 제거
ug=rx	소유자와 소유 그룹의 권한을 읽기와 실행으로 설정

의미 표기법을 사용해 파일 권한을 변경해 봅시다.

1 파일 권한을 확인합니다.

```
터미널                                                        —  □  ✕

gilbut@ubuntu2404:~$ ls -l greetings
-rw-r--r-- 1 gilbut gilbut 6 May 28 09:11 greetings
```

2 모든 사용자(a)에게 쓰기 권한을 추가(+w)합니다.

```
터미널                                                        —  □  ✕

gilbut@ubuntu2404:~$ chmod a+w greetings
gilbut@ubuntu2404:~$ ls -l greetings
-rw-rw-rw- 1 gilbut gilbut 6 May 28 09:11 greetings
```

3 모든 사용자(a)에게서 쓰기 권한을 제거(-w)합니다.

```
터미널                                                              —  □  ×
gilbut@ubuntu2404:~$ chmod a-w greetings
gilbut@ubuntu2404:~$ ls -l greetings
-r--r--r-- 1 gilbut gilbut 6 May 28 09:11 greetings
```

4 일반 사용자는 그대로 두고, 소유자(u)와 소유 그룹(g)의 권한을 읽기와 쓰기로 설정(=rw)합니다.

```
터미널                                                              —  □  ×
gilbut@ubuntu2404:~$ chmod ug=rw greetings
gilbut@ubuntu2404:~$ ls -l greetings
-rw-rw-r-- 1 gilbut gilbut May 28 09:11 greetings
```

5 처음 상태로 돌아가기 위해 소유 그룹(g)에서 쓰기 권한을 제거(-w)합니다. 파일 권한이 실습하기 전과 동일하게 바뀌었습니다.

```
터미널                                                              —  □  ×
gilbut@ubuntu2404:~$ chmod g-w greetings
gilbut@ubuntu2404:~$ ls -l greetings
-rw-r--r-- 1 gilbut gilbut 6 May 28 09:11 greetings
```

6.2.3 실습: 파일 권한 설정하기

사용자와 사용자 그룹의 개념을 배우고 파일 권한에 대해서도 공부했습니다. 모든 사용자는 하나 이상의 그룹에 속해 있습니다. 한 그룹에 한 명의 사용자만 있을 수도 있고, 한 그룹에 여러 사용자가 있을 수도 있습니다. 모든 파일에는 소유자, 소유 그룹, 일반 사용자에 대한 권한이 존재합니다. 파일 권한은 읽기, 쓰기, 실행 3가지이고, ls -l 명령으로 확인할 수 있습니다.

이를 바탕으로 실습을 진행하겠습니다.

● 실습용 디렉터리 생성

실습을 진행할 디렉터리부터 새로 생성합니다.

1 /tmp 디렉터리에 playground 디렉터리를 root 권한으로 생성합니다.

```
터미널                                                          —  □  ×
gilbut@ubuntu2404:~$ cd /tmp
gilbut@ubuntu2404:/tmp$ sudo mkdir playground/
[sudo] password for gilbut: ****
```

2 디렉터리 권한이 어떻게 설정됐는지 조회합니다.

```
터미널                                                          —  □  ×
gilbut@ubuntu2404:/tmp$ ls -l
total 52
drwxr-xr-x 2 root root 4096 May 28 09:28 playground
(생략)
```

3 playground 디렉터리의 권한을 777로 변경합니다. 그러면 모든 사용자가 해당 디렉터리의
파일을 읽고 쓰고 실행할 수 있습니다. root 사용자가 만든 디렉터리이므로 sudo 명령어를
사용해야 합니다.

```
터미널                                                          —  □  ×
gilbut@ubuntu2404:/tmp$ sudo chmod 777 playground/
gilbut@ubuntu2404:/tmp$ ls -l
total 52
drwxrwxrwx 2 root root 4096 May 28 09:28 playground
(생략)
```

TIP — 디렉터리 권한은 파일 권한과는 의미가 조금 다른데, 자세한 내용은 **6.3절**에서 다루겠습니다. 여기서는 777로
권한을 설정하면 모든 사용자가 해당 디렉터리를 마음대로 사용할 수 있다고만 알아두세요.

● 읽기 권한

읽기 권한부터 설정해 봅시다. 이번에는 다른 사용자로 바꿔 셸을 실행합니다.

1 Ctrl + Alt + T를 눌러 새로운 터미널을 엽니다. 원래 사용하던 사용자의 셸에서 su 명령어
에 - 옵션까지 사용해 사용자를 dog로 변경합니다. 이제 셸이 dog 사용자로 실행됩니다.

```
터미널                                                          —  □  ×
gilbut@ubuntu2404:~$ su - dog
Password: ****  ◄---- dog 사용자의 비밀번호 입력
```

```
dog@ubuntu2404:~$ whoami
dog
dog@ubuntu2404:~$
```

2 앞에서 만든 playground 디렉터리로 이동합니다.

터미널   – □ ×
```
dog@ubuntu2404:~$ cd /tmp/playground/
dog@ubuntu2404:/tmp/playground$ pwd
/tmp/playground
```

3 간단한 인사말이 담긴 msg_from_dog 파일을 만들고 파일의 소유권을 확인합니다. 파일의 소유자는 dog이고, 소유 그룹은 animals입니다. 당연히 파일 내용 조회도 가능합니다.

터미널   – □ ×
```
dog@ubuntu2404:/tmp/playground$ echo "hello friends" > msg_from_dog
dog@ubuntu2404:/tmp/playground$ ls -l msg_from_dog
-rw-r--r-- 1 dog animals 14 May 28 09:43 msg_from_dog
dog@ubuntu2404:/tmp/playground$ cat msg_from_dog
hello friends
```

4 이번에는 mango 사용자의 셸을 띄웁니다. 새로운 터미널에서 dog 사용자와 같은 방법으로 실행하면 됩니다.

터미널   – □ ×
```
gilbut@ubuntu2404:~$ su - mango
Password: ****  ◄---- mango 사용자의 비밀번호 입력
mango@ubuntu2404:~$ whoami
mango
```

5 /tmp/playground 디렉터리로 이동해 msg_from_dog 파일을 조회합니다.

터미널   – □ ×
```
mango@ubuntu2404:~$ cd /tmp/playground/
mango@ubuntu2404:/tmp/playground$ ls -l msg_from_dog
-rw-r--r-- 1 dog animals 14 May 28 09:43 msg_from_dog
mango@ubuntu2404:/tmp/playground$ cat msg_from_dog
hello friends ························································· 일반 사용자는 읽기 권한이 있음
```

다른 사용자가 만든 파일인데 어떻게 조회가 가능할까요? 텍스트 파일이라서 그럴까요? 아닙니다. mango 사용자가 msg_from_dog 파일에 대한 읽기 권한이 있어서 그렇습니다. mango 사용자는 dog 사용자와 같은 그룹에 속하지 않습니다. 한마디로 남남이죠. 그래서 mango 사용자는 dog 사용자가 소유자인 파일에 접근할 때 '일반 사용자'의 권한을 사용합니다. msg_from_dog 파일에서 일반 사용자는 r--으로 읽기 권한만 있는 상태입니다. 그래서 파일 내용을 조회만 할 수 있습니다.

이번에는 msg_from_dog 파일에서 일반 사용자의 읽기 권한을 제거하겠습니다. 그 후 mango 사용자가 파일 내용을 조회했을 때 결과가 어떻게 나오는지 확인해 봅시다.

1 dog 사용자의 셸에서 chmod 명령어로 일반 사용자(o)의 읽기(r) 권한을 제거(-)합니다.

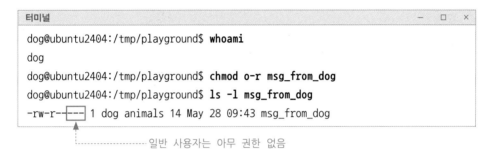

------------- 일반 사용자는 아무 권한 없음

2 mango 사용자의 셸에서 msg_from_dog 파일을 조회하면 접근이 거부됩니다.

3 dog 사용자와 같은 그룹에 속해 있는 pig 사용자가 조회하면 어떻게 될까요? 한번 확인해 봅시다. mango 사용자에서 pig 사용자로 변경합니다. /tmp/playground 디렉터리로 이동해 msg_from_dog 파일을 조회합니다.

```
터미널                                                        —  □  ×
mango@ubuntu2404:/tmp/playground$ su - pig
Password:
pig@ubuntu2404:~$ whoami
pig
pig@ubuntu2404:~$ cd /tmp/playground/
pig@ubuntu2404:/tmp/playground$ cat msg_from_dog
```

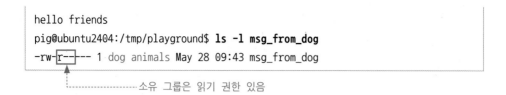

소유 그룹은 읽기 권한 있음

msg_from_dog 파일의 소유자는 dog고, dog와 pig는 animals 그룹에 속해 있습니다. msg_from_dog 파일의 소유 그룹에는 읽기 권한이 있기 때문에 같은 그룹에 속한 pig는 파일을 읽을 수 있습니다.

● 쓰기 권한

이번에는 쓰기 권한을 설정해 봅시다.

1 pig 사용자의 셸에서 msg_from_dog 파일에 쓰기를 시도합니다. 권한이 없다며 실패합니다. msg_from_dog 파일은 소유 그룹에 쓰기 권한이 없습니다(r--). 그룹 사용자에게 쓰기 권한을 주고 싶다면 파일의 소유자가 chmod 명령어로 설정해야 합니다.

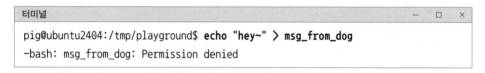

```
pig@ubuntu2404:/tmp/playground$ echo "hey~" > msg_from_dog
-bash: msg_from_dog: Permission denied
```

2 파일 소유자인 dog 사용자의 셸에서 그룹 사용자(g)에게 쓰기(w) 권한을 추가(+)합니다. 파일 권한을 보면 이제 그룹 사용자에게 쓰기 권한이 있습니다

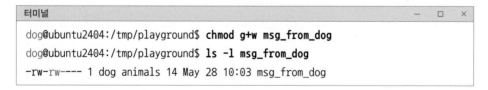

```
dog@ubuntu2404:/tmp/playground$ chmod g+w msg_from_dog
dog@ubuntu2404:/tmp/playground$ ls -l msg_from_dog
-rw-rw---- 1 dog animals 14 May 28 10:03 msg_from_dog
```

3 pig 사용자로 파일에 쓰기 명령을 다시 실행합니다. 이번에는 문제없이 파일에 내용이 잘 써집니다.

```
pig@ubuntu2404:/tmp/playground$ echo "hey~" > msg_from_dog
pig@ubuntu2404:/tmp/playground$ cat msg_from_dog
hey~
```

● 실행 권한

파일을 실행하려면 사용자가 해당 파일에 대한 실행 권한이 있어야 합니다. 읽기/쓰기 권한과 마찬가지로 실행하려는 사용자와 파일 소유자의 관계에 따라 실행 권한 검사를 하게 됩니다.

여기서 종종 놓치는 부분이 있는데, 파일 소유자도 파일을 실행하려면 실행 권한이 있어야 한다는 점입니다. 일반적으로 nano, vim, touch, echo 같은 명령어로 파일을 생성하면 실행 권한이 없는 상태로 생성됩니다. 그래서 파일 소유자에게도 따로 실행 권한을 부여해야 합니다.

한 가지 더! 파일을 실행하려면 경로를 정확히 지정해야 합니다. 경로는 4장에서 설명한 상대 경로와 절대 경로로 지정할 수 있습니다. '지금까지 여러 명령어를 사용하면서 경로를 지정하지 않았는데 왜 갑자기 경로를 지정하지?'라는 생각이 들 수 있습니다. 정확한 경로명을 지정하지 않고 명령어를 실행하면 PATH라는 환경변수에 저장된 디렉터리들을 차례로 순회하며 해당 명령어가 존재하는지 확인한 후 실행하게 됩니다. ls나 cp 같은 명령어들은 이 명령어가 저장된 디렉터리가 PATH 환경변수에 정의돼 있어서 정확한 경로명을 지정하지 않아도 실행할 수 있었습니다.

그러면 실행 권한을 어떻게 설정하는지 실습해 봅시다.

1 msg_from_dog 파일의 소유자인 dog 사용자의 셸에서 msg_from_dog 파일을 조회합니다. 실행 결과를 보면 실행 권한이 전혀 없습니다.

········· 소유자/소유 그룹/일반 사용자 모두 실행 권한이 없음

2 파일 소유자에게 실행 권한을 부여합니다. 명령어에서 u+x는 '소유자(u)에게 실행(x) 권한을 추가(+)한다'는 의미입니다.

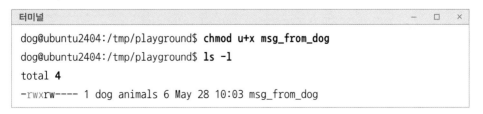

3 파일명 앞에 ./를 붙여 실행합니다. 여기서 .은 현재 작업 디렉터리, 즉 /tmp/playground를 의미합니다. playground 디렉터리에 있는 msg_from_dog 파일이라서 ./라고 표기합니다. 실행했지만 'hey~라는 명령어를 찾을 수 없다'는 오류 메시지가 나옵니다.

```
터미널                                                          —  □  ✕
dog@ubuntu2404:/tmp/playground$ ./msg_from_dog
./msg_from_dog: line 1: hey~: command not found
```

4 절대 경로로 다시 파일을 실행합니다. 이번에도 오류가 발생합니다. 경로 지정 방법만 다르게 했을 뿐 같은 파일을 실행했기 때문입니다.

```
터미널                                                          —  □  ✕
dog@ubuntu2404:/tmp/playground$ /tmp/playground/msg_from_dog
/tmp/playground/msg_from_dog: line 1: hey~: command not found
```

왜 파일을 실행했을 때 'hey~'라는 명령어를 찾을 수 없다는 오류 메시지가 나올까요? 셸에서 파일을 실행하면 시스템이 알아서 파일 형식에 맞춰 실행합니다. msg_from_dog는 'hey~'라는 일반 텍스트를 저장해놓은 파일입니다. 리눅스는 일반 텍스트로 작성된 파일의 내용을 명령어로 인식해 실행합니다. 예를 들어, ls -al이라는 텍스트가 저장된 파일을 실행하면 실제로는 ls -al이 실행됩니다. 파일에 이런 명령이 여러 줄 저장돼 있으면 리눅스는 명령들을 순차적으로 실행합니다. 이것이 **3.2절**에서 다룬 셸 스크립트입니다. 셸 스크립트는 실행할 셸 명령어가 차곡차곡 저장된 텍스트 파일입니다.

셸 스크립트를 작성해 확인해 봅시다.

1 nano를 사용해 exec_test라는 파일을 생성합니다.

```
터미널                                                          —  □  ✕
dog@ubuntu2404:/tmp/playground$ nano exec_test
```

2 exec_test 파일에 다음과 같은 명령어를 작성하고 저장합니다.

```
pwd
whoami
ls -al
```

196

파일에 직접 작성하는 대신 다음과 같이 echo 명령어로 작성할 수도 있습니다. >는 4장에서 소개한 리디렉션입니다. 화면에 출력될 내용을 파일에 쓰라는 의미인데, 기존에 있던 파일이라면 파일 내용을 덮어쓰게 됩니다. >>도 리디렉션의 일종으로, 화면에 출력될 내용을 파일 끝에 덧붙이라는 의미입니다. 더 자세한 내용은 **12.1 리디렉션**에서 다룹니다.

```
터미널                                                          —  □  ×
dog@ubuntu2404:/tmp/playground$ echo "pwd" > exec_test
dog@ubuntu2404:/tmp/playground$ echo "whoami" >> exec_test
dog@ubuntu2404:/tmp/playground$ echo "ls -al" >> exec_test
```

3 파일이 잘 작성됐는지 확인합니다.

```
터미널                                                          —  □  ×
dog@ubuntu2404:/tmp/playground$ cat exec_test
pwd
whoami
ls -al
```

4 권한을 확인합니다. 파일을 새로 만들면 기본으로 실행 권한은 부여되지 않습니다.

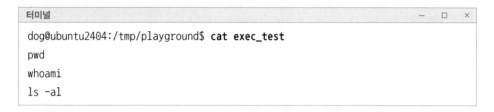

```
터미널                                                          —  □  ×
dog@ubuntu2404:/tmp/playground$ ls -l exec_test
-rw-r--r-- 1 dog animals 18 May 28 10:15 exec_test
```
⌐ ····················· 소유자/소유 그룹/일반 사용자 모두 실행 권한이 없음

5 모든 사용자에게 실행 권한을 줍니다. a+x는 '모든 사용자(a)에게 실행(x) 권한을 추가(+)한다'는 의미입니다.

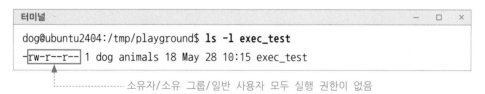

```
터미널                                                          —  □  ×
dog@ubuntu2404:/tmp/playground$ chmod a+x exec_test
dog@ubuntu2404:/tmp/playground$ ls -l
total 8
-rwxr-xr-x 1 dog animals 18 May 28 10:15 exec_test
-rwxrw---- 1 dog animals  6 May 28 10:03 msg_from_dog
```

6 exec_test 파일을 실행합니다.

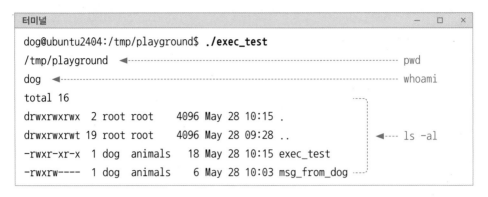

exec_test 파일에 작성된 대로 pwd, whoami, ls -al 명령을 차례로 실행하고 결과를 화면에 출력합니다.

3장 내용을 기억한다면 '첫 줄에 왜 #!/bin/bash를 쓰지 않았지? 잘못된 것이 아니야?'라고 생각할 수 있습니다. 맞습니다. 셸 스크립트를 시작할 때 #!/bin/bash와 같은 shebang을 반드시 작성해야 한다고 했습니다. shebang을 작성하는 것이 관례적으로 더 좋은 방법이기 때문입니다. 셸 스크립트에 shebang이 없으면 /bin/sh가 기본 인터프리터로 설정돼 스크립트가 실행됩니다.

1분 퀴즈

2. 다음 중 8진수 표기법에 따른 읽기/쓰기/실행 권한이 <u>잘못</u> 연결된 것을 고르세요.

① 777 → rwxrwxrwx ② 644 → rw-r--r-- ③ 400 → r--------

④ 755 → rwxrw-rw- ⑤ 775 → rwxrwxr-x

3. 어떤 파일의 권한이 rw-r--r--로 설정돼 있습니다. 이 파일을 일반 사용자는 읽지 못하게 변경하고 싶습니다. 의미 표기법을 사용할 때 빈칸에 알맞은 내용을 넣으세요.

```
$ chmod _____ file
```

6.3

디렉터리 권한

지금까지 파일을 읽고, 쓰고, 실행할 수 있는 파일 권한을 알아봤습니다. 그동안 ls 명령어를 실행하는 과정을 유심히 봤다면 디렉터리에도 권한이 부여된 것을 알 수 있습니다. 디렉터리에서 읽기, 쓰기, 실행 권한은 어떤 의미일까요? 해당 권한이 있으면 어떤 일을 할 수 있을까요?

6.3.1 디렉터리 권한이란

디렉터리 권한은 일반 파일의 권한과는 의미가 조금 다릅니다. 디렉터리의 **읽기 권한**은 해당 디렉터리에 있는 파일 목록을 읽을 수 있는 권한입니다. **실행 권한**은 해당 디렉터리에 들어가 디렉터리 안에 있는 파일에 접근할 수 있는 권한입니다. **쓰기 권한**은 그 자체만으로는 의미가 없고, 실행 권한이 있어야 의미가 있습니다. 실행 권한과 쓰기 권한이 있으면 해당 디렉터리 안에서 파일 생성, 삭제, 파일 이름 바꾸기 등 변경 작업을 할 수 있습니다. 실행 권한은 있지만 쓰기 권한이 없으면 파일 변경 작업이 불가능합니다.

몇 가지 유용한 조합을 정리하면 다음과 같습니다.

표 6-8 디렉터리의 주요 권한 조합

권한	의미
rwx	파일 목록 조회, 파일 생성/실행/변경/삭제 등 모두 가능
r-x	파일 목록 조회와 파일 실행은 가능하나 파일 생성/변경/삭제는 불가능
---	파일 목록 조회조차 불가능하고, 디렉터리 진입도 불가능

디렉터리를 마음대로 변경할 수 있게 하려면 rwx로 설정합니다. 디렉터리 안에서 파일 생성/변경/삭제는 못하게 하면서 조회하거나 드나드는 것은 자유롭게 놔두려면 r-x로 설정합니다. 아무것도 못하게 하려면 ---으로 설정합니다.

일반적으로 디렉터리 소유자는 rwx로 설정합니다. 그룹 사용자와 일반 사용자는 디렉터리의 성격에 따라 권한을 부여합니다. 디렉터리에 기밀 정보가 포함돼 있으면 ---으로 설정해야 합니다. 디렉터리에 공유가 필요한 문서가 있다면 rwx나 r-x로, 파일 변경을 막고 싶다면 r-x로 설정합니다.

이처럼 목적에 따라 디렉터리 권한을 설정합니다. 일반적으로 디렉터리는 rwxr-xr-x 권한을 많이 사용합니다. 소유자는 마음대로 하되 그룹 사용자와 일반 사용자는 파일 변경을 못하게 막습니다.

/etc 디렉터리를 보면 다음과 같이 설정돼 있습니다.

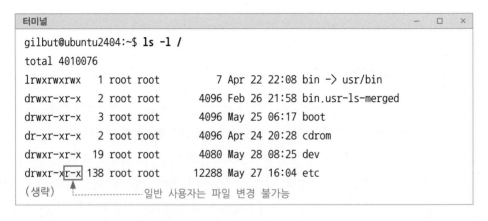

/etc 디렉터리는 시스템 설정 파일들이 저장된 디렉터리입니다. 소유자와 소유자 그룹 모두 root이고, root를 제외한 사용자는 모두 일반 사용자로 분류됩니다. /etc 디렉터리에서 일반 사용자의 권한은 r-x입니다. 디렉터리 진입, 파일 조회/실행 등은 가능하지만 파일을 변경할 수는 없습니다. 시스템 설정 파일에 알맞은 권한입니다.

6.2.3절에서 실습용으로 생성한 playground 디렉터리는 root 사용자의 권한으로 생성한 후 디렉터리의 권한을 rwxrwxrwx(8진수 표기법으로는 777)로 설정했습니다. 그리고 이 디렉터리에서 여러 사용자로 파일을 읽고 쓰고 변경하는 실습을 했습니다. 만약 playground 디렉터리를 rwxr-xr-x(8진수 표기법 755)로 설정했다면 어떻게 됐을까요? 해당 디렉터리를 생성한 root 사용자만 파일 생성이 가능하고, 나머지 사용자는 파일 생성/변경/삭제가 불가능했을 겁니다.

6.3.2 실습: 디렉터리 권한 설정하기

디렉터리 권한을 어떻게 설정하는지 실습해 봅시다. 이번에는 dog 사용자와 mango 사용자로
진행합니다.

● 공유 디렉터리로 설정하기

1 dog 사용자의 셸을 열고 dog 사용자의 홈 디렉터리에서 test_with_mango 디렉터리를
생성합니다.

```
터미널                                                        ─  □  ×
gilbut@ubuntu2404:~$ su - dog
Password: ****  ◀---- dog 사용자의 비밀번호 입력
dog@ubuntu2404:~$ pwd
/home/dog
dog@ubuntu2404:~$ mkdir test_with_mango
```

2 생성한 디렉터리의 권한을 조회합니다. 디렉터리 권한이 rwxr-xr-x로 설정돼 있습니다.

```
터미널                                                        ─  □  ×
dog@ubuntu2404:~$ ls -l
total 4
drwxr-xr-x 2 dog animals 4096 May 27 11:19 test_with_mango
```

3 test_with_mango 디렉터리 안에 message라는 파일을 만듭니다. message 파일을 실행
할 수 있도록 'echo i am the king'이라는 텍스트를 넣어 생성합니다. 파일이 잘 생성됐는
지 파일 내용을 조회합니다.

```
터미널                                                        ─  □  ×
dog@ubuntu2404:~$ echo "echo i am the king" > test_with_mango/message
dog@ubuntu2404:~$ cat test_with_mango/message
echo i am the king
```

4 message 파일에 모든 사용자(a)의 실행(+) 권한을 추가(x)합니다.

```
터미널                                                        ─  □  ×
dog@ubuntu2404:~$ chmod a+x test_with_mango/message
dog@ubuntu2404:~$ ls -l test_with_mango/
```

```
total 4
-rwxr-xr-x 1 dog animals 19 May 28 11:21 message
```

5 message 파일을 실행합니다. 화면에 'i am the king' 메시지가 출력됩니다.

```
터미널                                                    —  □  ×
dog@ubuntu2404:~$ ./test_with_mango/message
i am the king
```

이 상태에서 잠깐 멈춰 생각해 봅시다. mango 사용자의 셸에서 test_with_mango 디렉터리의 파일 목록을 조회할 수 있을까요? 또한, message 파일의 내용을 조회하고 실행할 수 있을까요? 어떤 결과가 나오는지 확인해 봅시다.

6 새로운 터미널에서 mango 사용자의 셸을 열어 /home/dog 디렉터리로 이동합니다. mango 사용자로는 /home/dog 디렉터리 진입에 실패합니다.

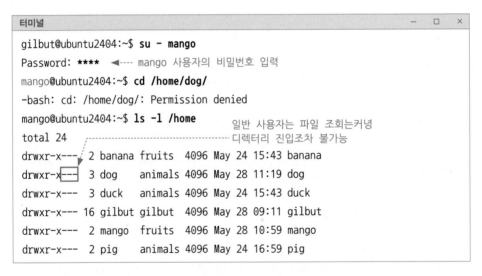

```
터미널                                                    —  □  ×
gilbut@ubuntu2404:~$ su - mango
Password: ****   ◄---- mango 사용자의 비밀번호 입력
mango@ubuntu2404:~$ cd /home/dog/
-bash: cd: /home/dog/: Permission denied
mango@ubuntu2404:~$ ls -l /home        일반 사용자는 파일 조회는커녕
total 24         ------------------------- 디렉터리 진입조차 불가능
drwxr-x--- 2 banana fruits  4096 May 24 15:43 banana
drwxr-x--- 3 dog    animals 4096 May 28 11:19 dog
drwxr-x--- 3 duck   animals 4096 May 24 15:43 duck
drwxr-x--- 16 gilbut gilbut 4096 May 28 09:11 gilbut
drwxr-x--- 2 mango  fruits  4096 May 28 10:59 mango
drwxr-x--- 2 pig    animals 4096 May 24 16:59 pig
```

디렉터리에 집입하지 못한 이유가 뭘까요? 바로 /home/dog 디렉터리에 설정된 권한 때문입니다. dog 사용자와 mango 사용자는 서로 다른 그룹에 속한 남남인 관계입니다. mango 사용자가 /home/dog 디렉터리에 접근하면 일반 사용자의 권한을 적용받습니다. /home/dog 디렉터리는 일반 사용자 권한이 ---으로 설정돼 있습니다. 그래서 mango 사용자는 /home/dog 디렉터리에 진입조차 할 수 없습니다.

7 mango 사용자가 /home/dog 디렉터리에 진입할 수 있게 해봅시다. dog 사용자의 셸에서 일반 사용자에게도 /home/dog 디렉터리의 읽기와 실행 권한을 주도록 rwxr-xr-x로 변경합니다. 디렉터리도 의미 표기법을 이용해 권한을 설정할 수 있습니다.

```
터미널                                                    –  □  ×
dog@ubuntu2404:~$ whoami
dog
dog@ubuntu2404:~$ chmod o+rx /home/dog/
dog@ubuntu2404:~$ ls -l /home
total 24 ------------------------------- 일반 사용자에게 읽기와 실행 권한 추가
drwxr-x---  2 banana fruits  4096 May 24 15:43 banana
drwxr-xr-x  3 dog    animals 4096 May 28 11:19 dog
drwxr-x---  3 duck   animals 4096 May 24 15:43 duck
drwxr-x--- 16 gilbut gilbut  4096 May 28 09:11 gilbut
drwxr-x---  2 mango  fruits  4096 May 28 10:59 mango
drwxr-x---  2 pig    animals 4096 May 24 16:59 pig
```

8 mango 사용자로 /home/dog 디렉터리에 다시 접근합니다. 진입은 물론 파일 조회까지 성공하는 것을 확인할 수 있습니다.

```
터미널                                                    –  □  ×
mango@ubuntu2404:~$ whoami
mango
mango@ubuntu2404:~$ cd /home/dog/
mango@ubuntu2404:/home/dog$ ls -l
total 4
drwxr-xr-x 2 dog animals 4096 May 28 11:21 test_with_mango
```

9 test_with_mango 디렉터리로 진입해 message 파일도 조회와 실행이 되는지 확인합니다. test_with_mango 디렉터리의 일반 사용자 권한이 r-x로 설정돼 있어 디렉터리 진입에 성공합니다. message 파일도 일반 사용자 권한이 r-x로 설정돼 있어 내용 조회와 실행에 성공합니다.

```
터미널                                                    –  □  ×
mango@ubuntu2404:/home/dog$ ls -l
total 4
drwxr-xr-x 2 dog animals 4096 May 28 11:21 test_with_mango
```

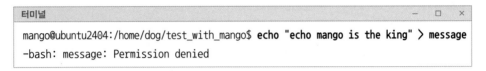

```
mango@ubuntu2404:/home/dog$ cd test_with_mango/
mango@ubuntu2404:/home/dog/test_with_mango$ ls -l
total 4
-rwxr-xr-x 1 dog animals 19 May 28 11:21 message
mango@ubuntu2404:/home/dog/test_with_mango$ cat message
echo i am the king
mango@ubuntu2404:/home/dog/test_with_mango$ ./message
i am the king
```

10 이번에는 파일 내용까지 변경해 볼까요? 파일 내용 변경에는 실패합니다. message 파일의 일반 사용자 권한이 r-x로 설정돼 있어서 mango 사용자로는 파일을 수정할 수 없습니다.

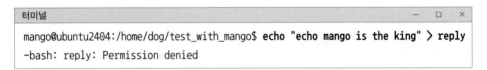

터미널

```
mango@ubuntu2404:/home/dog/test_with_mango$ echo "echo mango is the king" > message
-bash: message: Permission denied
```

11 test_with_mango 디렉터리에 신규 파일을 생성하면 어떨까요? 이번에도 mango 사용자는 권한(r-x)이 없어 실패합니다.

터미널

```
mango@ubuntu2404:/home/dog/test_with_mango$ echo "echo mango is the king" > reply
-bash: reply: Permission denied
```

12 mango 사용자가 test_with_mango 디렉터리에 파일을 생성할 수 있도록 일반 사용자 권한을 rwx로 설정합니다. dog 사용자의 셸에서 test_with_mango 디렉터리에 대해 일반 사용자(o)의 쓰기(w) 권한을 추가(+)합니다.

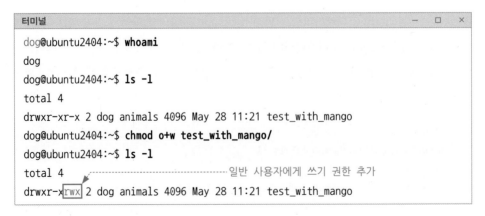

터미널

```
dog@ubuntu2404:~$ whoami
dog
dog@ubuntu2404:~$ ls -l
total 4
drwxr-xr-x 2 dog animals 4096 May 28 11:21 test_with_mango
dog@ubuntu2404:~$ chmod o+w test_with_mango/
dog@ubuntu2404:~$ ls -l
total 4                         ------------------ 일반 사용자에게 쓰기 권한 추가
drwxr-xrwx 2 dog animals 4096 May 28 11:21 test_with_mango
```

13 mango 사용자로 다시 파일을 생성합니다. test_with_mango 디렉터리에 mango 사용자로 reply 파일을 생성했습니다.

```
터미널                                                          —  □  ×
mango@ubuntu2404:/home/dog/test_with_mango$ echo "echo mango is the king" > reply
mango@ubuntu2404:/home/dog/test_with_mango$ ls -l
total 8
-rwxr-xr-x 1 dog    animals 19 May 28 11:21 message
-rw-r--r-- 1 mango fruits  23 May 28 13:25 reply
```

14 해당 파일의 권한 변경과 실행도 가능한지 확인합니다. 권한도 변경되고 파일도 실행할 수 있습니다.

```
터미널                                                          —  □  ×
mango@ubuntu2404:/home/dog/test_with_mango$ chmod a+x reply
mango@ubuntu2404:/home/dog/test_with_mango$ ls -l
total 8
-rwxr-xr-x 1 dog    animals 19 May 28 11:21 message
-rw-r-xr-x 1 mango fruits  23 May 28 13:25 reply
mango@ubuntu2404:/home/dog/test_with_mango$ ./reply
mango is the king
```

15 mango 사용자로 dog 사용자가 만든 message 파일 이름을 lie로 변경해 봅시다.

```
터미널                                                          —  □  ×
mango@ubuntu2404:/home/dog/test_with_mango$ mv message lie
mango@ubuntu2404:/home/dog/test_with_mango$ ls -l
total 8
-rwxr-xr-x 1 dog    animals 19 May 28 11:21 lie
-rw-r-xr-x 1 mango fruits  23 May 28 13:25 reply
mango@ubuntu2404:/home/dog/test_with_mango$ ./lie
i am the king
```

어떻게 가능한 걸까요? 파일 내용을 변경하는 작업은 파일 권한이 적용되지만, 파일 이름을 변경하는 것은 디렉터리 권한이 적용되기 때문입니다. 이처럼 디렉터리 권한을 적절히 설정하지 않으면 의도치 않은 상황과 맞닥뜨릴 수 있습니다.

● 비밀 디렉터리로 설정하기

이번에는 파일 이름조차 공유하고 싶지 않은 디렉터리를 만들어 봅시다.

1 dog 사용자의 셸로 가서 앞선 실습의 7번 과정에서 일반 사용자에 추가한 /home/dog 디렉터리의 읽기/쓰기 권한을 제거(o-rx)합니다.

```
터미널                                                    -  □  ×
dog@ubuntu2404:~$ whoami
dog
dog@ubuntu2404:~$ chmod o-rx /home/dog/
dog@ubuntu2404:~$ ls -l /home
total 24        ---------------------------- 일반 사용자는 아무 권한이 없음
drwxr-x---  2 banana fruits  4096 May 24 15:43 banana
drwxr-x---  3 dog    animals 4096 May 28 11:19 dog
drwxr-x---  3 duck   animals 4096 May 24 15:43 duck
drwxr-x--- 16 gilbut gilbut  4096 May 28 09:11 gilbut
drwxr-x---  2 mango  fruits  4096 May 28 10:59 mango
drwxr-x---  2 pig    animals 4096 May 24 16:59 pig
```

2 dog 사용자의 홈 디렉터리에 secret_dir이라는 디렉터리를 만듭니다.

```
터미널                                                    -  □  ×
dog@ubuntu2404:~$ pwd
/home/dog
dog@ubuntu2404:~$ mkdir secret_dir
dog@ubuntu2404:~$ ls -l
total 8
drwxr-xr-x 2 dog animals 4096 May 28 13:43 secret_dir
drwxr-xrwx 2 dog animals 4096 May 28 13:31 test_with_mango
```

3 secret_dir 디렉터리는 아무에게도 공개하고 싶지 않은 디렉터리입니다. 소유자에게만 rwx 권한을 주고, 소유 그룹과 일반 사용자는 아무 권한이 없게 설정합니다.

```
터미널                                                    -  □  ×
dog@ubuntu2404:~$ chmod go= secret_dir/
dog@ubuntu2404:~$ ls -l
total 8          ---------------------------- 소유 그룹/일반 사용자 모두 아무 권한이 없음
drwx------ 2 dog animals 4096 May 28 13:43 secret_dir
drwxr-xrwx 2 dog animals 4096 May 28 13:31 test_with_mango
```

4 dog 사용자의 속마음을 secret_dir 디렉터리의 diary라는 파일에 저장합니다.

```
터미널                                                    —  □  ×

dog@ubuntu2404:~$ echo "i love pig" > secret_dir/diary
dog@ubuntu2404:~$ cat secret_dir/diary
i love pig
```

5 mango 사용자가 secret_dir 디렉터리에 들어와서 속마음을 써놓은 파일을 들여다볼 수 있을까요? mango 사용자로 해킹을 시도해 봅시다.

```
터미널                                                    —  □  ×

mango@ubuntu2404:~$ whoami
mango
mango@ubuntu2404:~$ ls -al /home/dog/
ls: cannot open directory '/home/dog': Permission denied
mango@ubuntu2404:~$ ls -al /home/dog/secret_dir/
ls: cannot access '/home/dog/secret_dir': Permission denied
mango@ubuntu2404:~$ cd /home/dog/secret_dir/
-bash: cd: /home/dog/secret_dir: Permission denied
mango@ubuntu2404:~$ cat /home/dog/secret_dir/diary
cat: /home/dog/secret_dir/diary: Permission denied
```

mango 사용자가 secret_dir 디렉터리를 알고 있더라도 시스템에서 조회조차 되지 않습니다. 또한, diary 파일의 이름과 경로를 정확히 알고 있어도 조회가 불가능합니다. 속마음을 들키지 않으려는 dog 사용자의 설정이 제대로 동작하고 있네요.

6 root 사용자는 어떨까요? root 사용자로 전환해 dog 사용자의 속마음을 확인해 봅시다.

```
터미널                                                    —  □  ×

gilbut@ubuntu2404:~$ sudo su
[sudo] password for gilbut: ****   ◀---- gilbut 사용자의 비밀번호 입력
root@ubuntu2404:~# cd /home/dog/
root@ubuntu2404:/home/dog# ls -l
total 8
drwx------ 2 dog animals 4096 May 28 13:50 secret_dir
drwxr-xrwx 2 dog animals 4096 May 28 13:31 test_with_mango
root@ubuntu2404:/home/dog# cd secret_dir/
root@ubuntu2404:/home/dog/secret_dir# ls -l
total 4
```

207

```
-rw-r--r-- 1 dog animals 11 May 28 13:50 diary
root@ubuntu2404:/home/dog/secret_dir# cat diary
i love pig
```

dog 사용자가 secret_dir 디렉터리에 설정한 권한이 root 사용자에게는 전혀 적용되지 않습니다. 이를 보면 파일과 디렉터리의 권한 설정만으로 데이터를 완벽하게 보호할 수 없다는 점을 알 수 있습니다. root 사용자의 비밀번호가 악의적인 사용자에게 넘어가면 시스템의 모든 데이터는 해당 사용자의 손아귀에 있게 됩니다. 그래서 비밀번호 관리가 중요하고, 중요한 데이터는 암호화해서 보호해야 합니다.

지금까지 소유권과 권한에 대해 알아보았습니다. 소유권과 권한을 적절히 설정하면 멀티 유저 시스템인 리눅스 안에서도 사용자마다 파일과 리눅스를 잘 관리할 수 있습니다.

7장에서는 프로세스에 대해 배웁니다. 프로그램이 실행되면 프로세스가 생성돼 동작하게 됩니다. 운영체제에 관련한 내용이 많아 이론적인 부분이 조금 많지만, 차근히 따라오면 문제없을 것입니다.

1분 퀴즈

정답 노트 p.547

4. 어떤 디렉터리를 소유자/소유 그룹/일반 사용자 모두 파일 목록 조회부터 파일 생성/실행/변경/삭제 등 무엇이든 가능하게 설정하려면 권한을 어떻게 설정해야 할까요?

① rwxrwxrwx   ② r-xr-xr-x   ③ r--r--r--   ④ rw-rw-rw-   ⑤ -wx-wx-wx

마무리

1. 파일 소유권

① 소유권(ownership)은 파일이 사용자의 소유임을 나타내는 속성입니다. 리눅스는 파일별로 소유권을 설정합니다.

② 파일의 소유권은 chown 명령어로 변경할 수 있습니다.

> 형식   chown [옵션] 사용자[:그룹] 파일

2. 파일 권한

① 파일 권한(permission)은 해당 파일에 어떤 행위를 할 수 있는지를 정의한 것으로, 소유자, 소유 그룹, 일반 사용자별로 따로 설정합니다.

② 파일 권한의 종류는 다음과 같습니다. 각 권한을 조합해 설정할 수 있습니다.

권한	표기	의미
읽기(read)	r	파일 내용을 조회하는 행위
쓰기(write)	w	파일 내용을 변경하는 행위
실행(execution)	x	파일을 실행하는 행위

③ 파일의 권한은 ls -l 명령으로 조회할 수 있습니다. 권한이 있으면 r, w, x로 표기되고, 권한이 없으면 하이픈(-)으로 표기합니다.

3. 파일 권한 변경

① 파일 권한은 chmod 명령어로 변경할 수 있습니다.

> 형식   chmod [옵션] 권한 파일

② 파일 권한을 변경할 때 다음 두 가지 표기법을 사용해 변경하려는 권한을 표기할 수 있습니다.

- **8진수 표기법**: 소유자, 소유 그룹, 일반 사용자의 권한을 각각 8진수 3자리로 표현하는 방법입니다. 8진수 3자리는 각각 읽기(r), 쓰기(w), 실행(x) 권한을 나타냅니다.

8진수	2진수	권한	의미
0	000	---	아무 권한 없음
1	001	--x	실행 권한 있음
2	010	-w-	쓰기 권한 있음
3	011	-wx	쓰기/실행 권한 있음
4	100	r--	읽기 권한 있음
5	101	r-x	읽기/실행 권한 있음
6	110	rw-	읽기/쓰기 권한 있음
7	111	rwx	모든 권한 있음

- **의미 표기법**: 누구에게 어떤 권한을 어떻게 줄지 표시합니다.

구분	표기	의미
누구에게	u	소유자(user)
	g	소유 그룹(group)
	o	일반 사용자(other)
	a	모두(all), ugo와 같음
어떻게	+	지정된 대상에 지정된 권한 추가
	-	지정된 대상에 지정된 권한 제거
	=	지정된 대상에 지정된 권한 설정
무엇을	r	읽기 권한
	w	쓰기 권한
	x	실행 권한

4. 디렉터리 권한

① 읽기 권한은 해당 디렉터리에 있는 파일 목록을 읽을 수 있는 권한입니다.

② 실행 권한은 해당 디렉터리에 들어가 디렉터리 안에 있는 파일에 접근할 수 있는 권한입니다.

③ 쓰기 권한은 실행 권한이 있어야 의미가 있습니다. 실행 권한과 쓰기 권한이 있으면 해당 디렉터리 안에서 파일 생성, 삭제, 파일 이름 바꾸기 등 변경 작업을 할 수 있습니다.

④ 디렉터리 권한은 파일 권한과 마찬가지로 읽기(r), 쓰기(w), 실행(x)으로 표기합니다. 주요 권한은 다음과 같습니다.

권한	의미
rwx	파일 목록 조회, 파일 생성/실행/변경/삭제 등 모두 가능
r-x	파일 목록 조회와 파일 실행은 가능하나 파일 생성/변경/삭제는 불가능
---	파일 목록 조회조차 불가능하고, 디렉터리 진입도 불가능

셀프체크

정답 노트 p.547

다음 순서대로 파일을 생성하고 권한을 설정할 때, 알맞은 명령을 작성하세요.

① 텍스트 에디터나 echo 명령어로 로그인한 사용자의 홈 디렉터리에 shared라는 파일을 만들고, 파일의 권한을 조회합니다.

② shared 파일을 본인만 읽고 쓸 수 있도록 변경합니다. 8진수 표기법으로 이 파일의 권한을 설정합니다.

③ 같은 그룹에 속한 사용자에게는 읽기 권한을 부여합니다. 의미 표기법을 이용해 이 파일의 그룹 소유자에게 읽기 권한을 추가합니다.

④ 화면에 'hooray~'라고 출력하는 셀 스크립트를 hooray.sh라는 이름으로 작성합니다. 텍스트 에디터를 사용해도 되고, 간단히 echo 명령어로 파일을 생성해도 괜찮습니다.

⑤ hooray.sh 파일에 실행 권한을 추가하고 파일을 실행합니다.

7장

프로세스 관리

이 장에서는 프로세스가 무엇이고, 리눅스가 프로세스를 어떤 방식으로 관리하는지 알아봅니다.

프로세스 관리는 운영체제의 핵심 기능 중 하나라서 운영체제와 관련한 지식을 많이 포함합니다.

운영체제에 대해 잘 모르더라도 최대한 알기 쉽게 설명했으니 긴장하지 않아도 됩니다.

7.1

컴퓨터의 작동 원리와 프로세스

컴퓨터의 작동 원리를 간단히 살펴본 후 프로세스가 무엇인지 알아봅시다.

7.1.1 컴퓨터의 작동 원리

컴퓨터는 여러 구성 요소가 유기적으로 작동하며 우리가 원하는 동작을 하게 됩니다. 컴퓨터에서 프로그램이 실행되는 관점에서 어떤 구성 요소가 있고, 각 구성 요소가 어떻게 프로그램을 작동시킬 수 있는지 간단히 살펴보겠습니다.

● CPU

CPU(Central Process Unit)는 프로그램의 명령어를 해석해 산술 연산, 논리 연산 등 모든 연산을 수행하는 컴퓨터의 두뇌입니다. 초창기 컴퓨터에는 CPU가 하나만 존재했으나 기술이 발전하며 이제는 여러 CPU가 하나의 칩에 장착됩니다. 여러 CPU로 된 하나의 칩을 **프로세서**(processor)라고 하며, 프로세서에 장착된 CPU를 **코어**(core)라고 합니다. 그리고 코어(CPU)가 여러 개면 **멀티 코어 프로세서**(Multi-core processor)라고 합니다. 하지만 지금도 CPU라는 단어를 흔히 사용합니다.

● 레지스터

레지스터(register)는 CPU 내부에 포함된 아주 작고 빠른 메모리입니다. 레지스터는 CPU가 연산을 수행할 때 필요한 데이터를 임시로 저장합니다. 사용 목적에 따라 범용 레지스터(general purpose register)와 특수 목적 레지스터로 나눌 수 있습니다. 범용 레지스터는 CPU가 연산하는 데 주로 사용됩니다. 특수 목적 레지스터는 프로그램 카운터(PC, Program Counter) 레지스터, 스택 포인터(SP, Stack Pointer) 레지스터 등 활용 목적별로 존재하며, 그 용도에 맞게 사용됩니다.

● 메모리

RAM(Random Access Memory, 통상 메모리라고 부름)은 프로그램 코드와 데이터를 저장하는 공간입니다. 레지스터는 CPU 내부에 존재하는 반면 메모리는 CPU와 물리적으로 떨어져 시스템 버스라는 통로로 연결되어 있습니다. 메모리는 레지스터보다 크기가 매우 크지만, 접근 속도는 훨씬 느립니다. 디스크에 비해서는 크기가 매우 작고, 접근 속도가 매우 빠릅니다. 메모리에는 프로그램의 실행 코드와 데이터가 저장됩니다. 메모리에 저장된 데이터는 컴퓨터가 꺼지면 모두 없어집니다. 그래서 메모리를 **휘발성 메모리**라고 합니다.

● 저장 장치

저장 장치는 하드 디스크 드라이브(HDD, Hard Disk Drive), SSD(Solid State Drive), 플래시 메모리와 같은 저장소를 말합니다. 흔히 **디스크**라고 통칭하기도 합니다. 저장 장치에 저장된 데이터는 컴퓨터의 전원이 꺼져도 보존됩니다. 그래서 저장 장치를 **비휘발성 메모리**라고 합니다. 저장 장치에는 운영체제, 프로그램, 일반 파일 등 컴퓨터가 꺼져도 보관해야 하는 데이터를 저장합니다. 저장 장치는 메모리에 비해 크기가 매우 크고, 접근 속도가 매우 느립니다.

● 시스템 버스

시스템 버스(system bus)는 컴퓨터 내부에서 데이터를 주고받는 통로입니다. CPU, 메모리, 디스크 등 다양한 구성 요소가 데이터를 주고받을 때 버스를 사용합니다. 주소 버스, 데이터 버스, 제어 버스 등 여러 종류가 있으며, 각기 다른 역할을 수행합니다.

그림 7-1 시스템 버스로 연결된 컴퓨터 구성 요소

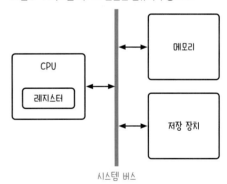

프로그램을 작동시키면 디스크에 저장된 프로그램 실행 코드를 시스템 버스를 통해 메모리로 적재합니다. 디스크에 저장된 프로그램 코드를 메모리에 복사한다고 볼 수 있습니다. CPU는 메모리에 적재한 프로그램 실행 코드의 명령을 순차적으로 실행합니다. CPU는 이 과정에서 메모리에 저장된 데이터를 사용합니다. CPU는 버스를 통해 데이터를 메모리에서 레지스터로 읽어와 연산을 수행합니다. 그리고 버스를 통해 연산 결과를 다시 메모리에 저장합니다.

7.1.2 프로세스란

컴퓨터 시스템에서 **프로세스**(process)는 메모리에서 실행 중인 프로그램을 뜻합니다. 개념을 한 부분씩 살펴보며 프로세스가 무엇인지 이해해 봅시다.

그림 7-2 프로그램과 프로세스

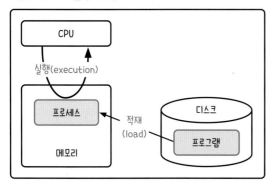

프로그램(program)은 디스크에 저장된 실행 파일을 의미합니다. 한 프로그램이 하나의 실행 파일로 구성된 경우도 있지만, 라이브러리 등을 추가해 여러 파일로 구성된 경우가 더 많습니다. 그래서 프로그램 제공자는 설치 마법사와 같은 설치 프로그램을 제공해 사용자가 안전하고 완벽하게 프로그램을 설치할 수 있게 합니다. 프로그램이 시스템에 설치되면 프로그램을 구성하는 여러 파일이 디스크에 저장됩니다. 그래서 시스템에 무거운(용량이 큰) 프로그램을 설치하거나 많은 프로그램을 설치하면 남은 디스크 용량이 줄어들게 됩니다.

프로세스는 **실행 중**인 프로그램입니다. 시스템에 설치하고 실행하지 않은 프로그램은 그저 디스크에 저장된 파일일 뿐입니다. 디스크의 자리만 차지하며 아무런 동작을 하지 않습니다.

프로세스는 **메모리**에서 실행 중인 프로그램입니다. 왜 '메모리'일까요? 디스크에 저장된 상태 그대로 프로그램을 실행할 수는 없는 것일까요? 네, 불가능합니다. CPU는 실행할 명령을 메모리로부터 읽어들이도록 설계됐습니다. 프로그램이 CPU에서 실행되려면 프로그램의 코드가 반드시 메모리에 적재(load)돼야 합니다. 코드가 실행되면 CPU는 실행 결과를 메모리에 저장하거나 메모리로부터 다음 실행 코드를 읽어들입니다. 프로그램의 동작에 필요한 여러 정보를 메모리에 저장하거나 메모리에서 가져오는 것이죠. 프로그램을 실행하기 위한 코드를 메모리에 적재하기도 하고, 프로그램이 작동하면서 사용하는 정보를 메모리에 저장하기도 합니다. 프로세스는 이런 정보를 모아 관리하는 객체입니다.

7.2

프로세스의 계층 구조

리눅스에서 프로세스는 계층 구조를 갖습니다. 이 절에서는 프로세스가 어떻게 계층 구조를 갖게 되는지 알아보고, 프로세스를 종료하는 방법도 살펴봅니다.

7.2.1 부모 프로세스와 자식 프로세스

모든 프로세스는 그 프로세스를 생성한 다른 프로세스가 있습니다. 프로세스를 생성한 프로세스를 **부모 프로세스**(parent process), 부모 프로세스가 생성한 프로세스를 **자식 프로세스**(child process)라고 합니다. 물론, 자식 프로세스도 프로세스를 만들면 새로 생성한 프로세스의 부모 프로세스가 됩니다.

그림 7-3 부모 프로세스와 자식 프로세스의 관계

7.2.2 init 프로세스

여기서 한 가지 의문이 생깁니다. 모든 프로세스에 부모 프로세스가 있다면 프로세스의 조상으로 거슬러 올라갔을 때 그 끝에는 무엇이 있을까요? 리눅스에는 모든 프로세스의 시조인 init

217

프로세스가 존재합니다.

init 프로세스는 리눅스 커널이 부팅하면서 만들어내는 최초 프로세스입니다. 그래서 init 프로세스는 부모 프로세스가 존재하지 않습니다. init 프로세스의 부모는 리눅스 커널이라고 볼 수 있습니다. 하지만 리눅스 커널은 프로세스가 아니므로 init 프로세스의 부모 프로세스라고 할 수는 없습니다. init 프로세스가 만들어진 후 생성되는 모든 사용자 프로세스는 정상적으로 부모/자식 프로세스 관계가 생깁니다.

init 프로세스는 전통적으로 **PID 1을 부여**합니다. 그리고 init 프로세스의 PPID(부모 프로세스의 PID)는 0으로 설정합니다. PPID가 0인 프로세스는 커널이 직접 생성한 프로세스를 의미합니다.

근래 많은 배포판이 init 프로세스와 같은 역할을 하는 초기화 프로세스로 **systemd**를 설정합니다. systemd가 init보다 성능이 좋고, 로그 및 자원 관리 측면에서 강력하고 유연한 기능을 제공하기 때문입니다.

7.2.3 프로세스 종료

커널이 직접 생성한 프로세스를 제외한 일반 프로세스는 부모/자식 관계가 설정됩니다. 프로세스가 종료될 때 제대로 종료되려면 종료되는 프로세스와 종료되는 프로세스의 부모 프로세스 간 상호작용이 필요합니다.

프로세스는 종료될 때 종료 상태를 남깁니다. 프로세스가 남기는 종료 상태는 해당 프로세스의 부모 프로세스가 받아야 합니다. 부모 프로세스는 자식 프로세스의 종료 상태를 받아 종료 상태에 따른 처리를 할 수 있습니다. 부모 프로세스가 자식 프로세스의 종료 처리를 하면 자식 프로세스와 관련한 모든 정보가 삭제되며 완전히 종료됩니다. 이처럼 부모 프로세스는 자식 프로세스의 종료에 중요한 역할을 합니다.

부모 프로세스가 자식 프로세스의 종료 처리를 하려면 자식 프로세스의 종료 시점을 알아야 합니다. 그런데 종료 시점을 정확하게 예측할 수는 없습니다. 다만, 자식 프로세스의 종료를 알아챌 수 있는 방법이 몇 가지 있습니다.

첫째, 자식 프로세스가 종료될 때까지 무한히 대기하는 방법입니다. 가장 단순하고 확실하지만 부모 프로세스가 다른 작업을 할 수 없는 단점이 있습니다.

둘째, 부모 프로세스가 다른 작업을 하다가 주기적으로 자식 프로세스가 종료됐는지 확인하는 방법입니다. 부모 프로세스가 다른 작업을 할 수 있지만, 그다지 좋은 방법은 아닙니다. 경우에 따라 자식 프로세스가 종료된 지 한참 후에 알게 될 수도 있습니다.

셋째, SIGCHLD 시그널을 수신했을 때 자식 프로세스를 종료 처리하는 방법입니다. **SIGCHLD**는 자식 프로세스의 종료를 의미하는 시그널입니다. 자식 프로세스가 종료되거나 중단되면 리눅스 커널이 부모 프로세스에 SIGCHLD 시그널을 보냅니다. 부모 프로세스는 다른 작업을 하다가 SIGCHLD 시그널을 받으면 종료 처리를 합니다. 부모 프로세스가 자식 프로세스를 위해 불필요한 동작을 하지 않아서 효율적입니다.

TIP —— **시그널**(signal)은 프로세스 간 통신에 사용하는 도구로, 자세한 내용은 **8장**에서 다룹니다.

> **Note** **좀비 프로세스와 고아 프로세스**
>
> **좀비 프로세스**(zombie process)는 프로세스가 종료됐지만 종료 처리를 하지 않아 프로세스가 완전히 정리되지 않은 상태를 뜻합니다. 주로 부모 프로세스가 너무 바쁘거나 자식 프로세스의 종료 처리를 하지 못하는 상태일 때 발생합니다. 좀비 프로세스는 프로세스의 실제 동작은 끝났지만 운영체제에 프로세스와 관련한 여러 자원이 남아 있는 상태입니다. 이런 좀비 프로세스가 많아지면 시스템에 문제가 발생합니다.
>
> **고아 프로세스**(orphan process)는 부모 프로세스가 자식 프로세스보다 먼저 종료된 경우에 자식 프로세스를 가리킵니다. 고아 프로세스가 돼도 프로세스의 동작에는 영향을 주지 않습니다. 하지만 고아 프로세스가 종료됐을 때 종료 처리를 해줄 부모 프로세스가 없어 좀비 프로세스가 되면 문제가 발생합니다. 이를 방지하기 위해 리눅스는 고아 프로세스가 생기면 부모 프로세스를 init 프로세스로 변경(입양)합니다. init 프로세스가 종료 처리를 하므로 문제가 발생하지 않습니다.

7.2.4 실습: 프로세스 목록 확인하기

ps(process status) 명령어는 현재 실행 중인(running) 프로세스에 대한 정보를 보여줍니다. 시스템에서 실행 중인 프로세스의 목록과 함께 프로세스 ID, 실행 시간, 메모리 사용량, 사용자 이름 등 다양한 정보를 제공합니다. 이 정보들을 활용해 시스템의 현재 상태를 모니터링하고, 문제 있는 프로세스를 식별하거나 시스템 자원 현황을 파악할 수 있습니다.

ps 명령어의 사용 형식은 다음과 같습니다.

형식   ps [옵션]

ps 명령어에 주로 사용하는 옵션은 다음과 같습니다.

표 7-1 ps 명령어의 주요 옵션

옵션	설명
-e	시스템의 모든 프로세스를 보여줍니다.
-f	상세한 정보까지 보기 좋은 형태로 제공합니다.
-u 사용자	지정된 사용자의 프로세스를 보여줍니다.
-p PID	특정 PID를 가진 프로세스의 정보를 보여줍니다.
-o 필드_코드	결과를 출력할 때 원하는 필드만 출력합니다. 출력할 필드 코드가 여럿일 때는 쉼표로 구분합니다. 필드 코드는 **표 7-2**를 참고하세요.
--sort 필드_코드	주어진 필드를 기준으로 프로세스를 정렬합니다.
--forest	프로세스 목록을 트리 구조로 보여줍니다.

ps 명령어의 출력 결과에서 각 필드가 갖는 의미는 다음과 같습니다.

표 7-2 ps의 주요 필드

필드	필드 코드	의미
PID(Process ID)	pid	각 프로세스를 구별하는 고유 번호
PPID(Parent Process ID)	ppid	해당 프로세스를 생성한 부모 프로세스의 ID
C(CPU Usage)	c	프로세스의 CPU 사용량
STIME(Start Time)	stime	프로세스가 시작된 시각
TTY(Terminal Type)	tty	프로세스가 실행되는 터미널의 종류나 번호
TIME(CPU Time)	time	프로세스가 실행되면서 소비한 총 CPU 시간
CMD(Command)	cmd	프로세스를 시작한 명령 또는 실행 파일 이름
STAT(Status)	stat	프로세스의 현재 상태로, R은 실행 상태, S는 대기 상태, Z는 좀비 상태를 의미함
%MEM(Memory Usage)	%mem	전체 시스템 메모리 대비 프로세스가 사용하는 메모리의 비율
VSZ(Virtual Memory Size)	vsz	프로세스에 할당된 전체 가상 메모리의 양
RSS(Resident Set Size)	rss	프로세스가 실제로 사용하는 메모리의 양

ps 명령어를 사용해 봅시다.

1 아무런 옵션 없이 ps 명령어를 실행합니다. 현재 터미널에서 실행 중인 프로세스의 목록을 보여줍니다. 터미널을 열면서 실행된 Bash 셸이 있고, 이어서 실행한 ps 명령어가 보입니다. 프로세스와 관련한 정보가 비교적 간단하게 출력됩니다.

```
터미널                                                    —  □  ×
gilbut@ubuntu2404:~$ ps
    PID TTY          TIME CMD
   2543 pts/0    00:00:00 bash
   2550 pts/0    00:00:00 ps
```

2 -f 옵션을 추가해 다시 실행합니다. -f 옵션을 넣으니 UID, PPID, C, STIME, TTY 정보가 추가됐습니다. 여기서 추가된 필드 외에도 **표 7-2**와 같은 필드들이 더 있습니다.

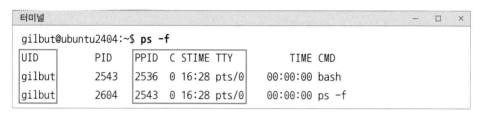

```
터미널                                                    —  □  ×
gilbut@ubuntu2404:~$ ps -f
UID          PID   PPID C STIME TTY          TIME CMD
gilbut      2543   2536 0 16:28 pts/0    00:00:00 bash
gilbut      2604   2543 0 16:28 pts/0    00:00:00 ps -f
```

3 이번에는 -e 옵션을 추가해 전체 프로세스 목록을 조회합니다. 상당히 많은 프로세스가 작동하는 것을 확인할 수 있습니다.

```
터미널                                                    —  □  ×
gilbut@ubuntu2404:~$ ps -ef
UID          PID   PPID C STIME TTY          TIME CMD
root           1      0 0 16:26 ?        00:00:43 /sbin/init splash
root           2      0 0 16:26 ?        00:00:00 [kthreadd]
root           3      2 0 16:26 ?        00:00:00 [pool_workqueue_release]
root           4      2 0 16:26 ?        00:00:00 [kworker/R_rcu_g]
root           5      2 0 16:26 ?        00:00:00 [kworker/R_rcu_p]
root           6      2 0 16:26 ?        00:00:00 [kworker/R_slub_]
root           7      2 0 16:26 ?        00:00:00 [kworker/R_netns]
root           8      2 0 16:26 ?        00:00:00 [kworker/0:0-events]
root           9      2 0 16:26 ?        00:00:00 [kworker/0:1-events]
root          10      2 0 16:26 ?        00:00:00 [kworker/0:0H-kblocked]
(중략)
gilbut      2609   2543 0 16:31 pts/0    00:00:00 ps -ef
```

4 이번에는 프로세스의 계층 구조를 확인해 봅시다. ps -ef 명령을 실행하면 PID와 PPID가 출력되므로 부모 프로세스를 확인할 수 있습니다. 하지만 프로세스의 수가 많아 한눈에 파악하기가 쉽지 않습니다. 이때 --forest 옵션을 추가하면 프로세스 간 관계를 확인할 수 있습니다.

```
터미널                                                            —   □   ×
gilbut@ubuntu2404:~$ ps -ef --forest
UID        PID    PPID  C STIME TTY        TIME CMD
root         2      0   0 16:26 ?      00:00:00 [kthreadd]
root         3      2   0 16:26 ?      00:00:00  \_ [pool_workqueue_
release]
root         4      2   0 16:26 ?      00:00:00  \_ [kworker/R_rcu_g]
root         5      2   0 16:26 ?      00:00:00  \_ [kworker/R_rcu_p]
root         6      2   0 16:26 ?      00:00:00  \_ [kworker/R_slub_]
(중략)
gilbut    2536   1562   0 16:28 ?      00:00:00 \_/usr/libexec/gnome-termi
gilbut    2543   2536   0 16:28 pte/0  00:00:00    \_bash
gilbut    2886   2543   0 16:42 pts/0  00:00:00       \_ps -ef --forest
root      2803      1   0 16:40 ?      00:00:00 /usr/libexec/packagekitd
```

실행 결과에서 PID가 2인 kthreadd라는 프로세스는 PPID가 0입니다. 이는 커널이 생성한 프로세스라는 의미입니다. kworker/R_rcu_g, kworker/R_rcu_p 등은 PPID가 2인 것을 확인할 수 있습니다. 즉, kthreadd 프로세스의 자식 프로세스라는 뜻입니다. 실행결과를 보면 해당 프로세스는 자식 프로세스가 많습니다.

TIP — ps -ef 명령어의 실행 결과에서 CMD 필드 부분이 [kthreadd]처럼 대괄호로 묶인 프로세스가 있습니다. 이는 주로 **커널 프로세스**를 나타냅니다. 이 프로세스는 커널 영역에서 실행되는 시스템 레벨의 프로세스입니다.

Note 커널 영역과 사용자 영역

리눅스에서 메모리는 시스템 레벨 프로세스들이 실행되는 **커널 영역**(kernel space)과 일반 프로세스가 실행되는 **사용자 영역**(user space)으로 구분합니다. 커널 영역에는 시스템의 정상적인 운영과 성능을 유지하는 데 필요한 시스템 레벨의 프로세스가 있습니다. 즉, 커널에 포함되거나 커널과 유사한 수준의 프로세스(예: 장치 드라이버에서 사용하는 프로세스)가 커널 공간에서 동작합니다. 일반적으로 커널 영역은 사용자가 직접 관리하지는 않습니다. 이를 제외한 나머지 일반적인 프로그램의 프로세스는 사용자 영역에서 동작합니다.

그림 7-4 커널 영역과 사용자 영역

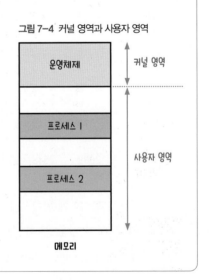

7.2.5 실습: 프로세스 생성과 종료하기

앞선 실습에서 ps 명령어의 실행 결과에 ps 프로세스도 포함된 것을 봤나요? ps 명령어를 실행하면 ps 프로그램을 실행하기 위해 프로세스가 생성됩니다. 그러면 해당 프로세스에서 ps 프로그램의 코드를 실행해 프로세스 목록을 출력합니다. 프로세스 목록을 출력하는 동안 자신도 작동하므로 ps 명령어의 실행 결과에 ps 프로세스가 포함된 것입니다.

이처럼 셸에서 어떤 프로그램을 실행하면 프로세스가 생성됩니다. 프로그램이 모든 작업을 마치면 프로세스가 종료되면서 프로그램 실행도 종료됩니다. 이번에는 프로세스가 종료되기 전에 강제로 종료하는 방법을 알아보겠습니다.

프로세스를 강제 종료하는 명령어는 kill입니다. 정확히 말하면, kill 명령어는 대상 프로세스에 시그널을 전송합니다. 전송하는 시그널에 따라 대상 프로세스가 종료될 수도 있고, 그렇지 않을 수도 있습니다. 수신하는 시그널에 따라 지정된 기능(예: 설정 파일 다시 읽기)을 실행하는 프로그램도 있습니다.

kill 명령어는 다음과 같이 사용합니다.

> **형식**   kill [옵션] PID

PID 부분에는 종료 명령을 보낼 프로세스의 PID를 입력합니다. 옵션은 어떤 시그널을 보낼 것인지 결정합니다. 옵션 부분에 시그널 이름이나 시그널 번호를 입력해 전송할 시그널의 종류를 설정할 수 있습니다. kill 명령어로 전송할 수 있는 시그널의 종류는 -1 옵션으로 확인할 수 있습니다. 시그널의 종류는 **8.2절**에서 자세히 소개합니다. 여기서는 kill 명령어로 프로세스를 종료하는 부분에만 집중해 주세요.

kill 대신 다음과 같이 killall 명령어를 사용할 수도 있습니다.

> **형식**   killall [옵션] 프로세스_이름

killall 명령어는 뒤에 넣은 프로세스 이름을 기준으로 하나 이상의 프로세스를 종료합니다. kill 명령어는 한 프로세스에 시그널을 전송하지만, killall 명령어는 프로세스 이름과 일치하는 모든 프로세스에 시그널을 전송합니다. kill 명령어와 마찬가지로 옵션에 시그널 이름이나 시그널 번호를 입력해 전송할 시그널의 종류를 설정할 수 있습니다.

ls나 ps 같은 프로그램은 눈 깜짝할 사이에 실행됐다가 종료됩니다. 이런 프로세스는 실행과 종료가 너무 빨라 kill 명령을 실습하기에 적합하지 않습니다. 그래서 오랫동안 실행 상태를 유지하는 sleep 명령어로 실습해 보겠습니다.

sleep은 입력받은 시간 동안 잠자는 상태를 유지하다가 정해진 시간이 지나면 종료됩니다. 숫자만 입력하면 기본 단위인 초로 설정됩니다. 숫자 뒤에 s(초), m(분), h(시) 등 단위를 붙여 시간을 설정할 수도 있습니다.

> **형식**   sleep 시간

1 300초 동안 잠자도록 명령을 실행합니다. 300초가 되기 전에 프로세스를 종료하고 싶으면 [Ctrl] + [C]를 누릅니다.

```
터미널 1                                                          —  □  ×
gilbut@ubuntu2404:~$ sleep 300
```

2 새로운 터미널을 열어 ps -ef 명령을 실행합니다. 결과에서 sleep 300으로 실행한 프로세스를 확인합니다.

```
터미널 2                                                          —  □  ×
gilbut@ubuntu2404:~$ ps -ef
UID        PID    PPID  C STIME TTY        TIME CMD
root         1       0  0 09:17 ?      00:00:43 /sbin/init splash
(중략)
gilbut     2547    2540  0 09:19 pts/0   00:00:00 bash
gilbut     2561    2547  0 09:20 pts/0   00:00:00 sleep 300
gilbut     2572    2540  0 09:20 pts/1   00:00:00 bash
gilbut     2579    2572  0 09:20 pts/1   00:00:00 ps -ef
```

3 프로세스가 너무 많아서 찾기가 쉽지 않습니다. 이럴 때는 ps -ef 명령의 결과 중 sleep이라는 텍스트가 포함된 결과만 출력하는 ps -ef | grep sleep 명령을 사용합니다. sleep 300을 실행한 프로세스를 쉽게 확인할 수 있습니다(| 기능에 관한 자세한 내용은 **12.2 파이프라인**에서 다룹니다).

TIP — |는 키보드에서 [Shift] + 원화 기호(₩)를 누르면 입력됩니다.

```
터미널 2                                                    —  □  ×
 gilbut@ubuntu2404:~$ ps -ef | grep sleep
 gilbut      2561   2547  0 09:20 pts/0     00:00:00 sleep 300
 gilbut      2594   2572  0 09:20 pts/1     00:00:00 grep --color=auto sleep
```

4 sleep 300 명령으로 생성된 프로세스의 PID는 **2561**입니다. kill 명령어로 해당 프로세스
를 종료합니다.

```
터미널 2                                                    —  □  ×
 gilbut@ubuntu2404:~$ kill 2561
 gilbut@ubuntu2404:~$
```

5 kill 명령어를 실행한 터미널에서는 아무런 출력이 없습니다. 리눅스에서 아무런 출력이 없
다는 것은 대부분 성공을 의미합니다. sleep 300을 실행한 터미널에서는 'Terminated'라
는 메시지가 나오며 프로세스 실행이 종료됩니다.

```
터미널 1                                                    —  □  ×
 gilbut@ubuntu2404:~$ sleep 300
 Terminated
 gilbut@ubuntu2404:~$
```

6 ps 명령어에 -p 옵션을 주고 sleep 300 프로세스의 PID를 검색해 봅시다. 아무것도 조회되
지 않습니다. 프로세스가 종료돼 프로세스 목록에 보이지 않기 때문입니다.

```
터미널 1                                                    —  □  ×
 gilbut@ubuntu2404:~$ ps -p 2561
     PID TTY          TIME CMD
```

7 이번에는 다른 시그널을 전송해 프로세스를 종료해 봅시다. sleep 300 명령을 다시 실행합
니다.

```
터미널 1                                                    —  □  ×
 gilbut@ubuntu2404:~$ sleep 300
```

8 다른 터미널에서 sleep 300 프로세스를 찾아 SIGKILL 시그널로 프로그램을 종료합니다. **SIGKILL**은 강제 종료를 의미하는, 가장 강력한 종료 시그널입니다. SIGKILL 시그널은 옵션에서 -KILL로 표시합니다.

```
터미널 2                                                        —  □  ×
gilbut@ubuntu2404:~$ ps -ef | grep sleep
gilbut       2605    2547  0 09:29 pts/0    00:00:00 sleep 300
gilbut       2607    2572  0 09:29 pts/1    00:00:00 grep --color=auto sleep
gilbut@ubuntu2404:~$ kill -KILL 2605
```

9 sleep 300을 실행한 터미널을 확인하면 실행 중이던 sleep 300 프로세스가 'Killed'라는 메시지와 함께 종료됩니다. 이 메시지는 단순히 kill 명령을 내렸을 때(Terminated)와 달리 강제 종료됐음을 나타냅니다.

```
터미널 1                                                        —  □  ×
gilbut@ubuntu2404:~$ sleep 300
Killed
gilbut@ubuntu2404:~$
```

10 killall 명령어로도 프로세스를 종료해 봅시다. 이전과 같이 sleep 300 명령을 실행하고 다른 터미널에서 killall -TERM sleep이라고 입력합니다. PID 대신 프로세스 이름인 sleep을 입력하는 부분에 유의하세요. -TERM은 SIGTERM 시그널을 나타내는 옵션입니다.

```
터미널 2                                                        —  □  ×
gilbut@ubuntu2404:~$ killall -TERM sleep
gilbut@ubuntu2404:~$
```

TIP — SIGTERM은 프로세스 종료 명령을 내리는 시그널로, SIGKILL과 달리 우아한 종료 처리(graceful termination)가 가능합니다. 자세한 내용은 **8.2 시그널의 종류**에서 설명합니다.

11 kill 명령어와 동일하게 sleep 300 프로세스가 종료됩니다.

```
터미널                                                          —  □  ×
gilbut@ubuntu2404:~$ sleep 300
Terminated
gilbut@ubuntu2404:~$
```

1분 퀴즈

정답 노트 p.548

1. **다음 빈칸에 알맞은 단어를 넣으세요.**

   ① 커널이 부팅하며 생성한 최초의 프로세스를 _____ 프로세스라고 합니다.

   ② 프로세스가 종료됐지만 부모 프로세스가 종료 처리를 하지 않아 시스템 자원을 차지하고 있는 상태의
   프로세스를 _____ 프로세스라고 합니다.

   ③ 자식 프로세스보다 부모 프로세스가 먼저 종료됐을 때 자식 프로세스를 _____ 프로세스라
   고 합니다.

2. **시스템에 동작 중인 모든 프로세스를 조회하면서 부모/자식 프로세스 관계를 트리 형태로 나타내려고 합
   니다. 이때 실행할 명령을 입력하세요.**

227

7.3

프로세스의 작동

프로세스의 개념만으로는 프로세스가 어떻게 작동하는지 이해하기 어렵습니다. 이 절에서는 프로세스의 생애 주기를 알아보고, 운영체제 내에서 여러 프로세스가 어떻게 조화롭게 작동할 수 있는지 살펴보겠습니다.

7.3.1 프로세스의 생애 주기

프로세스를 운영체제 안에서 살아가는 생물이라고 보면 이해하기 쉽습니다. 우리가 지구라는 환경에서 살아가듯 프로세스는 운영체제라는 세계 안에 존재합니다. 지구에서 여러 종이 어울려 살아가는 것처럼 운영체제에는 여러 종류의 프로그램이 작동합니다. 어떤 종의 개체가 태어나고 죽듯이 프로그램이 실행되면 프로세스가 생성되고 소멸됩니다. 한 생명이 태어나 일생을 살고 죽음을 맞는 것처럼 프로세스도 **생애 주기**(life cycle)가 있습니다.

표 7-3 현실 세계와 컴퓨터 시스템 비교

현실 세계	컴퓨터 시스템
지구	운영체제
생물의 종류	프로그램의 종류
생명의 탄생	프로세스의 생성
생명의 죽음	프로세스의 소멸

한 프로그램이 실행될 때 여러 프로세스가 생성되는 경우도 있습니다. 프로세스의 생애 주기를 이해하기 쉽도록 여기서는 프로그램이 실행되면 프로세스 하나가 생성된다고 가정하겠습니다.

예를 들어봅시다. 사용자가 계산기 프로그램을 켭니다. 프로그램이 실행되며 프로세스가 생성됩니다. 이 프로세스는 계산기 프로그램을 실행하는 데 필요한 여러 정보를 관리하는 객체입니다. CPU가 프로그램을 실행하려면 프로그램의 실행 코드가 메모리에 적재돼야 합니다. 그리고 메모리에 적재된 코드 정보는 프로세스에 저장하고 관리합니다. 코드뿐만 아니라 실제 프로그램이 작동하는 데 필요한 정보도 메모리에 저장합니다. 그리고 정보를 저장한 위치는 프로세스에서 관리합니다.

계산기 프로그램이 실행되면 사용자는 여러 수식을 입력하고 결과를 확인할 수 있습니다. 사용자가 숫자 버튼과 연산자 버튼을 눌러 계산할 수식을 입력합니다. 계산기 프로그램에는 각 버튼에 어떤 의미가 있는지 실행 코드에 이미 프로그래밍돼 있습니다. CPU가 코드를 실행하면 적합한 작업을 하게 됩니다. 버튼이 눌릴 때마다 CPU는 코드를 실행하고, 결과를 메모리에 저장합니다. 사용자가 '3, 5, +, 7, =' 버튼을 순차적으로 누른다면 계산기 프로그램은 다음과 같이 작동합니다.

그림 7-5 계산기 프로그램의 작동 과정

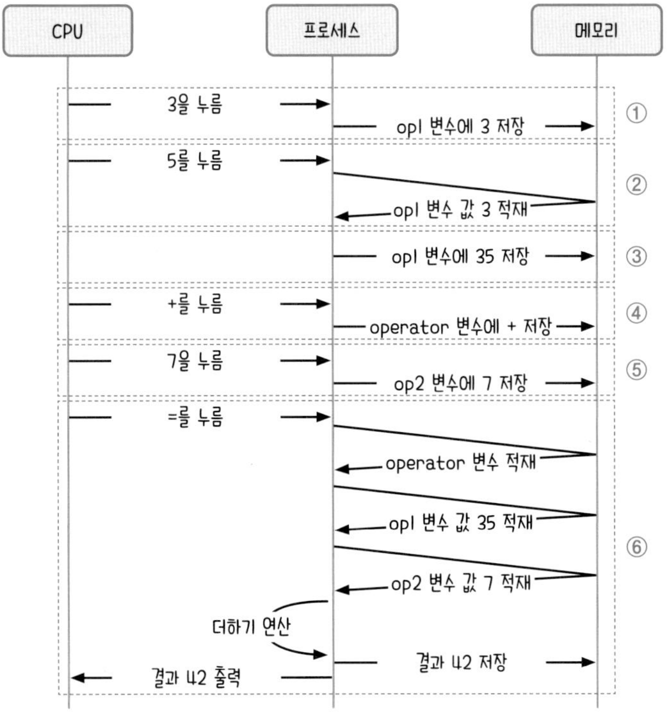

사용자가 버튼을 누를 때마다 계산기 프로그램이 작동합니다. 즉, 계산기 프로그램의 프로세스가 CPU에 의해 실행됩니다.

① 사용자가 3을 누르면 프로세스는 3을 눌렀다는 정보를 메모리에 저장합니다.

② 사용자가 5를 누르면 프로세스는 이전에 사용자가 입력한 3을 메모리에서 불러옵니다.

③ 새로 누른 5와 3을 합쳐 35를 만들고, 이 정보를 다시 메모리에 저장합니다.

④ 사용자가 +를 누르면 + 연산자를 눌렀다는 정보를 메모리에 저장합니다.

⑤ 사용자가 7을 누르면 프로세스는 이 정보를 메모리에 저장합니다. 이때 앞서 35를 저장한 메모리 영역과는 다른 영역에 저장합니다.

⑥ 사용자가 =를 누르면 지금까지 메모리에 저장해둔 정보를 모두 불러옵니다. 더하기 연산자와 피연산자 2개(35, 7)를 불러와 더하기 연산을 수행하고 42라는 결과를 만들어 냅니다. 이 결과도 나중에 사용할 수 있는 정보이므로 메모리에 저장합니다. 사용자에게 결과 42를 보여줍니다.

계산기 프로그램을 하나 더 실행하면 어떻게 될까요? 이전에 생성된 계산기 프로세스가 새로운 계산기 프로그램에 대한 정보까지 관리하게 될까요? 그렇지 않습니다. 새로 실행한 계산기 프로그램은 새로운 프로세스를 생성합니다. 이전 프로세스와 같은 프로그램이지만, 서로 다른 객체입니다. 한 프로그램을 2번 실행하면 메모리에 적재되는 실행 코드는 같습니다. 하지만 계산기 프로그램이 실행되며 저장할 정보(피연산자, 연산자, 연산 결과 등)가 서로 다릅니다. 따라서 프로세스를 따로 관리합니다. 먼저 실행한 계산기 프로그램의 결과는 나중에 실행한 계산기 프로그램의 결과에 전혀 영향을 미치지 않습니다. 프로그램을 실행할 때마다 프로세스가 따로 생성되고, 각 프로세스가 각자 메모리를 관리하기 때문입니다.

사용자가 프로그램을 닫으면 프로그램은 종료됩니다. 프로그램이 실행되며 프로세스가 생성되는 것처럼 프로그램이 종료되면 프로세스도 종료됩니다. 프로세스가 종료될 때는 프로세스가 생성될 때와 반대로 동작합니다. 메모리 영역을 포함해 프로세스가 관리하던 자원을 모두 해제합니다. 해제된 자원은 다시 운영체제가 관리하는 미사용 자원에 포함됩니다. 이렇게 해야 다음에 실행될 프로그램이 문제없이 작동할 수 있습니다.

지금까지 프로세스의 생애 주기 즉, 생성 → 실행 → 종료 과정을 이해하기 쉽도록 계산기 프로그램을 예로 들어 간단히 살펴봤습니다.

7.3.2 멀티 태스킹을 위한 여러 기법

윈도우나 리눅스 같은 운영체제는 여러 프로그램을 동시에 실행할 수 있게 설계돼 있습니다. 한 번에 여러 일을 동시에 처리하는 것을 **멀티 태스킹**(multi-tasking)이라고 합니다. 멀티 태스킹은 운영체제의 역할 중 하나입니다. 운영체제가 멀티 태스킹을 지원하는 데 필요한 기능과 기법을 간단히 소개합니다.

● 프로세스 스케줄링

프로그램의 실행 코드를 실제로 실행하는 주체는 CPU입니다. CPU는 한 순간에 한 가지 작업만 할 수 있습니다. 그래서 여러 프로그램을 동시에 실행한다는 말은 정확한 표현이 아닙니다. 하지만 윈도우만 보더라도 분명히 여러 프로그램을 동시에 사용할 수 있습니다. 어떻게 된 것일까요?

이것은 운영체제가 여러 프로그램을 동시에 실행하는 것처럼 보이도록 여러 프로세스를 아주 빠르게 번갈아 가며 실행하기 때문입니다. 마치 여러 장면을 빠르게 보여주면 움직이는 영상이 되는 것처럼 말이죠. 속도가 매우 빨라서 사람은 이를 눈치채지 못합니다.

여러 프로세스 중에 CPU가 처리할 프로세스를 결정하는 행위를 **프로세스 스케줄링**(process scheduling)이라 합니다. 그리고 이를 담당하는 주체를 **프로세스 스케줄러**라고 합니다. 프로세스 스케줄링은 운영체제에서 작동하는 모든 프로세스에 적용돼야 합니다. 그래서 프로세스 스케줄러는 커널 영역에서 작동합니다.

● 스케줄링 알고리즘

프로세스 스케줄러는 여러 프로그램이 동시에 문제없이 처리되도록 CPU가 처리할 프로세스를 잘 선택해야 합니다. 운영체제에는 다양한 종류의 프로세스가 있고, 프로세스마다 그 특성이 다릅니다. 상황에 따라 급하게 처리해야 할 프로세스가 있고, 느긋하게 처리해도 되는 프로세스도 있습니다. 프로세스가 CPU를 점유하는 시간도 고려해야 합니다. CPU가 한 프로세스만 계속 처리하고 다른 프로세스는 처리하지 않는다면 일부 프로그램이 제대로 작동하지 않는 결과를 초래할 수 있습니다. 그래서 프로세스 스케줄러가 다음에 실행할 프로세스를 선택하는 일은 굉장히 복잡하고 어려울 수밖에 없습니다.

프로세스 스케줄러가 처리할 프로세스를 선택하는 방법을 **스케줄링 알고리즘**(scheduling algorithm) 이라고 합니다. 스케줄링 알고리즘이 가져야 할 속성은 다음과 같습니다.

- **공평성**: 모든 프로세스가 공평하게 처리돼야 합니다. 어떤 프로그램은 잘 작동하고 어떤 프로그램은 작동하지 않는 상황을 달가워할 사람은 없습니다.
- **우선순위**: 어떤 프로세스는 우선순위가 높고, 다른 프로세스는 상대적으로 우선순위가 낮을 수 있습니다. 설정된 우선순위에 따라 스케줄링이 가능해야 합니다.
- **효율성**: 시스템 자원을 효율적으로 사용해야 CPU가 처리할 수 있는 양이 많아집니다. 스케줄링 알고리즘에서도 시스템 자원을 효율적으로 사용할 수 있는 방법을 제공해야 합니다.
- **응답 시간**: 사용자나 프로세스가 요청한 동작에 대한 응답 시간을 최소화해야 합니다.

하지만 스케줄링 알고리즘은 운영체제의 목적에 따라 중요한 속성이 다릅니다. PC에서는 일반 프로그램이 주로 작동하니 여러 프로그램이 두루두루 잘 실행되는 것이 좋습니다. 하지만 특수 장비에 탑재되는 운영체제는 우선순위가 높은 프로그램이 정해진 시간 안에 실행을 완료하는 것이 훨씬 더 중요할 수 있습니다.

● 컨텍스트 스위칭

프로세스 스케줄러는 여러 프로세스 중 하나를 선택해 CPU에 처리를 맡깁니다. 그리고 어느 정도 시간이 흐른 후 프로세스 스케줄러가 실행할 프로세스를 변경합니다. 이때 CPU가 처리하던 프로세스는 실행이 끝나지 않은 상태로 중단됩니다. 언젠가 중단된 프로세스가 다시 CPU에서 처리할 차례가 되면(스케줄링되면) 중단된 상태를 그대로 복원하고 실행을 재개해야 매끄럽게 처리됩니다. 이처럼 프로세스 스케줄링에 따라 처리되는 프로세스가 변경되는 일련의 과정을 **컨텍스트 스위칭**(context switching, 문맥 교환이라고 하기도 함)이라고 합니다.

컨텍스트 스위칭 과정은 다음과 같습니다.

1. 현재 프로세스의 상태 저장

실행 중인 프로세스가 다른 프로세스로 변경되려 할 때, 현재 프로세스가 처리 중이던 내용을 모두 저장해야 합니다. 그래야 다음에 다시 스케줄링됐을 때 이어서 처리할 수 있습니다. 프로그램 카운터 레지스터, 스택 포인터 레지스터 등 레지스터 값과, 프로세스 상태 정보, 메모리 상태 정보 등을 커널의 **프로세스 제어 블록**(PCB, Process Control Block)이라는 곳에 저장합니다. PCB는 커널 영역에서 사용하는 메모리에 저장됩니다.

> **Note** CPU의 레지스터
>
> 컨텍스트 스위칭이 일어나면 CPU의 레지스터 값들이 PCB에 저장됩니다. **레지스터**(register)는 CPU 내부에 존재하는 작고 빠른 메모리로, 특수 목적 레지스터와 일반 용도로 사용하는 범용 레지스터로 나눌 수 있습니다.
>
> 특수 목적 레지스터로는 프로그램의 실행 위치를 가리키는 프로그램 카운터 레지스터, 메모리의 스택 영역에 위치를 저장하는 스택 포인터 레지스터 등이 있습니다. 범용 레지스터는 CPU가 연산할 때 필요한 데이터를 저장합니다.
>
> 컨텍스트 스위칭이 발생하면 프로세스가 사용하던 모든 정보를 저장해야 나중에 다시 스케줄링될 때 프로그램의 동작이 완벽하게 이어질 수 있습니다. 그래서 CPU의 레지스터에 있던 정보를 모두 PCB에 저장합니다.

2. 다음 프로세스 선택과 실행

다음에 실행할 프로세스가 결정되면 실행할 프로세스의 PCB에 저장된 상태 정보를 CPU의 레지스터에 복원합니다. 이 작업이 완료되면 CPU는 새로운 프로세스를 처리합니다.

그림 7-6 프로세스의 컨텍스트 스위칭

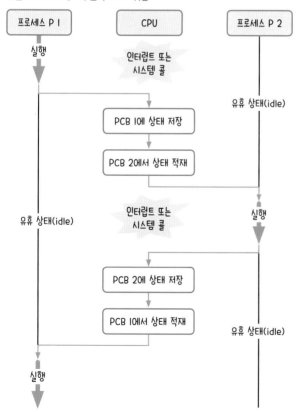

컨텍스트 스위칭이 일어나면 많은 정보를 저장하고 복원합니다. 이 과정은 실제 프로그램의 작동과는 관계없습니다. 컨텍스트 스위칭을 위한 메모리 공간을 추가로 사용하고, 컨텍스트 스위칭 과정에서 시간도 소모됩니다. 이러한 부하를 **컨텍스트 스위칭 오버헤드**(context switching overhead)라고 합니다.

시스템 효율성이 올라가려면 컨텍스트 스위칭 오버헤드가 작도록 구현해야 합니다. 컨텍스트 스위칭이 너무 자주 발생하면 프로그램 응답성은 좋습니다. 하지만 컨텍스트 스위칭 오버헤드가 너무 커져 시스템 효율성이 떨어지게 됩니다. 반대로 컨텍스트 스위칭이 너무 뜸하면 효율성은 높아지지만 프로그램 응답성이 떨어지게 됩니다.

Note **컨텍스트 스위칭을 발생시키는 이벤트**

다음과 같은 이벤트가 발생하면 컨텍스트 스위칭이 일어납니다.

- **인터럽트**(interrupt): 하드웨어로부터 발생하는 이벤트로, 이를 처리하기 위해 실행 중인 프로세스를 중단합니다.
- **시스템 콜**(system call): 프로세스가 파일 읽기/쓰기, 네트워크 통신 요청 등 운영체제의 기능을 요청할 때 시스템 콜을 호출합니다. 프로세스가 시스템 콜을 호출하면 다른 프로세스가 CPU를 점유할 수 있도록 컨텍스트 스위칭이 일어납니다.
- **시그널**(signal): 프로세스가 수신하는 시그널에 따라 프로세스의 동작이 중단될 수 있습니다. 예를 들어, 프로세스가 SIGSTOP 시그널을 받으면 프로세스 상태를 저장하고 컨텍스트 스위칭이 일어납니다.
- **예외**(exception): 프로세스 실행 중 예외(예: 0으로 나누기, 잘못된 명령 실행 등)가 발생하면 해당 예외를 처리하는 동안 다른 프로세스로의 컨텍스트 스위칭을 유발할 수 있습니다.

● 프로세스 상태

프로세스 스케줄러는 많은 프로세스 중 급하게 처리해야 할 프로세스를 잘 골라야 합니다. 그래야 프로그램이 무리 없이 작동할 수 있습니다. 또한, 사용자도 여러 프로그램이 동시에 실행된다고 느낄 수 있습니다. 이를 위해 운영체제는 프로세스의 상태를 잘 관리해야 합니다. 프로세스는 현재 동작 중인 프로세스, 직전에 실행하던 프로세스, 실행된 지 한참 지난 프로세스 등 다양한 상태일 수 있습니다. 또한, 디스크에 있는 파일을 읽거나 쓰는 과정이 끝날 때까지 기다리는 프로세스도 있습니다. 이런 여러 상태를 관리하기 위해 각 프로세스는 프로세스 상태 정보를 유지합니다. 각 프로세스의 상태 정보는 PCB에서 관리합니다.

리눅스에서 **프로세스 상태**(process state)는 다음과 같이 분류할 수 있습니다.

그림 7-7 프로세스 상태

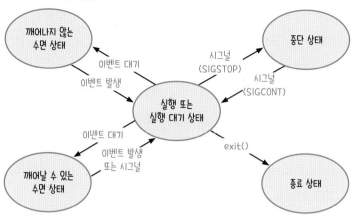

1. **실행/실행 대기 상태**(running/runnable): 프로세스가 CPU에 의해 처리 중(실행)이거나 처리되기를 기다리는(실행 대기) 상태입니다.

2. **중단 상태**(stopped): 프로세스 중단 시그널(SIGSTOP)을 받아 프로세스가 멈춘 상태입니다. 이 프로세스는 프로세스 재시작 시그널(SIGCONT)을 받으면 다시 실행 상태가 될 수 있습니다.

3. **종료 상태**(terminated): 프로세스가 exit( ) 함수 등에 의해 종료된 상태입니다. 프로세스가 종료된 후 해당 프로세스의 부모 프로세스가 종료 처리를 해줘야 정상 종료됩니다.

4. **수면 상태**(sleep): 프로세스가 오랜 기간 어떤 이벤트를 기다리는 상태입니다. 디스크와 같은 외부 장치에 대해 읽기/쓰기 요청을 하면 응답이 오기까지 긴 시간이 필요합니다. 이런 프로세스가 실행 또는 실행 대기 상태로 응답을 기다리면 다른 프로세스는 CPU를 사용할 수 없으니 민폐입니다. 그래서 수면 상태로 이벤트를 기다립니다. 수면 상태도 인터럽트(interrupt)에 의해 **깨어날 수 있는 수면 상태**(interruptible sleep)와 인터럽트에 의해 **깨어나지 않는 수면 상태**(uninterruptible sleep)로 나눌 수 있습니다. 깨어나지 않는 수면 상태는 디스크 I/O와 같은 기다리던 이벤트가 발생해야 깨어납니다.

● **프로세스 종료 상태**

호랑이는 죽어서 가죽을 남기고, 사람은 죽어서 이름을 남긴다는 말이 있습니다. 프로세스는 종료될 때 프로세스 종료 상태를 남깁니다. **프로세스 종료 상태**(process exit status)는 프로세스가 어떻게 종료됐는지를 나타내는 상태 정보입니다. 프로세스 종료 상태는 0~255 사이 정수인 종료 코드와 프로세스가 종료될 때 받은 시그널 정보로 구성돼 있습니다. **종료 코드**(리턴 코드라고 함)는 프로세스가 종료되면서 명시적으로 남기는 값입니다. 프로그램마다 종료 코드의 의미를 다르게 정의하므로 실질적인 의미는 각 프로그램의 매뉴얼을 확인해야 합니다. 일반적으로 종료 코드에서 0은 성공, 0 이외의 값은 실패를 의미합니다. 프로세스가 받은 **시그널 정보**는 프로세스가 비정상 종료되는 경우를 위한 정보입니다. 프로세스가 시그널을 받아 종료됐는지, 그렇다면 시그널 종류는 무엇인지를 저장하고 있습니다.

7.3.3 프로세스의 관리 정보

프로세스 관리는 운영체제의 핵심 역할 중 하나입니다. 운영체제는 각 프로세스의 정보를 PCB에 모아 관리합니다. PCB에서 관리하는 정보는 다음과 같습니다.

표 7-4 PCB에서 관리하는 정보

항목	설명
PID(Process ID)	프로세스 고유의 ID로, 다른 프로세스와 중복되지 않습니다. 정수형 데이터입니다.
PPID(Parent Process ID)	부모 프로세스의 PID가 저장됩니다.
프로세스 상태 정보	실행, 중단, 수면 등 프로세스 상태 정보를 저장합니다.
프로세스 우선순위 및 스케줄링 정보	프로세스의 우선순위와 스케줄링에 관한 정보를 저장합니다.
레지스터 값	CPU 레지스터에서 사용하던 값을 저장합니다.
메모리 정보	코드, 데이터, 스택 영역 등의 위치와 크기를 저장합니다.
파일 디스크립터 정보	열린 파일의 파일 디스크립터(file descriptor, **7.4.1절** 참고) 정보를 저장합니다.
시그널 처리 정보	시그널을 처리하기 위한 시그널 핸들러(signal handler, 시그널을 처리하는 함수)와 시그널 마스크(signal mask, 처리하지 못하도록 블록된 시그널 집합) 등을 저장합니다.
자원 사용량 및 제한 정보	CPU 시간, 메모리 사용량 등 자원 사용 정보를 저장합니다.

7.3.4 스레드

프로세스와 프로세스 스케줄러를 적용함으로써 운영체제는 멀티 태스킹을 지원할 수 있었습니다. 하지만 프로세스의 동작 방식에서 여러 아쉬운 점이 드러났습니다. 프로세스 간에 데이터를 교환하거나 공유하려면 **IPC**(Inter-Process Communication, 프로세스 간 통신 도구로 **7.6절**에서 다룸)를 이용해야 합니다. 그런데 IPC를 이용한 데이터 교환과 공유가 성능에 병목(bottleneck) 현상을 일으켰습니다. 또한, 컨텍스트 스위칭으로 인한 오버헤드가 커서 시스템 효율이 낮았습니다.

이런 문제를 해결하기 위해 스레드라는 개념이 도입됐습니다. **스레드**(thread)는 프로세스의 가장 작은 실행 단위입니다. 한 프로세스에는 여러 스레드가 존재할 수 있습니다. 프로세스 내에 스레드가 1개만 존재하면 **싱글 스레드 프로세스**(single-threaded process), 여러 개 존재하면 **멀티 스레드 프로세스**(multi-threaded process)라고 합니다.

그림 7-8 싱글 스레드 프로세스와 멀티 스레드 프로세스의 구조

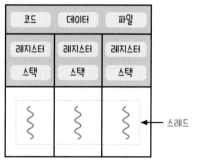

멀티 스레드 프로세스에서 각 스레드는 프로세스 내 다른 스레드와 메모리 공간을 공유하면서 독립된 스택 영역과 실행 컨텍스트(스케줄링된 스레드가 하던 일을 계속하기 위한 정보 또는 상황)를 유지할 수 있습니다. 즉, 일부 메모리 영역은 스레드 간에 공유하면서 실행 코드는 스레드별로 실행되는 구조입니다. 또한, 스레드는 프로세스보다 훨씬 적은 비용으로 생성 및 종료가 가능합니다.

멀티 스레드 프로세스가 이런 장점만 있는 것은 아닙니다. 스레드 간에 메모리를 공유함으로써 메모리 내용이 다른 스레드에 의해 원치 않게 변경될 수 있습니다. 그리고 한 스레드에서 오류가 발생하면 프로세스가 종료되면서 프로세스 내 모든 스레드가 한꺼번에 종료됩니다.

3. 다음 빈칸에 알맞은 단어를 넣으세요.

① 여러 프로세스 중에서 처리할 프로세스를 결정하는 행위를 _____(이)라고 합니다.

② _____은/는 프로세스 스케줄링을 담당하는 주체입니다.

③ 프로세스가 다른 프로세스로 변경되는 일련의 과정을 _____(이)라고 합니다.

④ _____은/는 프로세스의 가장 작은 실행 단위로, 프로세스 내 다른 _____

와/과 메모리 공간을 공유하면서 독립된 스택과 실행 컨텍스트를 유지할 수 있습니다.

7.4

파일 디스크립터와 표준 스트림

PCB에는 프로세스와 관련한 여러 정보가 저장됩니다. 그중 프로세스가 열고 있는 파일을 관리하기 위한 정보도 포함합니다. 이 절에서는 PCB에 저장되는 파일 디스크립터에 대해 알아보고, 표준 스트림도 살펴보겠습니다.

7.4.1 파일 디스크립터

프로세스가 파일을 열면 파일 경로나 속성, 오프셋(offset, 파일을 읽거나 쓸 위치) 등 파일 관련 정보를 관리해야 합니다. 그런데 하나의 파일을 여러 프로세스가 동시에 열어 프로세스마다 다르게 사용할 수 있습니다. 따라서 파일에 관한 정보는 프로세스별로 관리돼야 합니다. 이런 열린 파일을 관리하기 위해 **파일 디스크립터**(file descriptor)라는 추상화된 개념을 사용합니다.

파일 디스크립터는 일반 파일만 관리하는 개념이 아닙니다. 리눅스는 모든 것을 파일로 취급합니다. 그래서 프로세스 간 통신에 사용하는 소켓(socket)이나 파이프(pipe), 리눅스에 연결된 장치를 관리하는 장치 파일 등이 모두 리눅스에서 파일로 다뤄집니다. 파일 디스크립터는 이 모든 것을 관리할 수 있는 개념입니다.

파일 디스크립터는 0보다 크거나 같은 정수 값으로 표현합니다. 일반적으로 파일이 열리는 순서에 따라 0부터 할당합니다. 파일 디스크립터는 프로세스별로 관리되는 자원입니다. 서로 다른 프로세스에 같은 값을 갖는 파일 디스크립터가 있다고 해서 같은 파일 디스크립터를 공유하는 것이 아닙니다. 단지 파일을 관리하는 파일 디스크립터의 값이 같을 뿐입니다.

7.4.2 표준 스트림

프로세스가 생성되면 기본적으로 열게 되는 파일 3개가 있습니다. 바로 **표준 입력**(stdin, standard input), **표준 출력**(stdout, standard output), **표준 에러**(stderr, standard error)입니다. 이 3개 파일을 **표준 스트림**(standard stream) 또는 **표준 입출력**(stdio, standard input/output)이라고 합니다. 3개 파일을 **스트림**(stream)이라고 하는 이유는 데이터가 마치 물줄기처럼 한 방향으로만 움직일 수 있기 때문입니다. 또한, 먼저 입력된 데이터가 먼저 들어오는 구조라서 그렇기도 합니다.

각 스트림의 특징은 다음과 같습니다.

표준 입력 스트림

- 프로세스가 키보드 등 입력 장치로부터 데이터를 입력받는 스트림입니다.
- 데이터 입력만 가능합니다.
- 파일 디스크립터 번호가 항상 0입니다.

표준 출력 스트림

- 일반적인 내용을 출력할 때 사용하는 스트림입니다.
- 데이터 출력만 가능합니다.
- 파일 디스크립터 번호가 항상 1입니다.

표준 에러 스트림

- 에러 메시지를 출력할 때 사용하는 스트림입니다.
- 데이터 출력만 가능합니다.
- 파일 디스크립터 번호가 항상 2입니다.

그림 7-9 표준 스트림

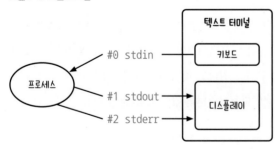

4. 다음 빈칸에 알맞은 단어를 넣으세요.

① _____은/는 열린 파일을 관리하기 위한 추상화된 개념으로 0보다 크거나 같은 정수 값을 가집니다.

② 프로세스가 생성되면 표준 _____ 스트림, 표준 _____ 스트림, 표준 _____ 스트림 이 열립니다. 3개의 스트림을 표준 스트림 또는 표준 입출력이라고 합니다.

7.5

포어그라운드 프로세스와 백그라운드 프로세스

이 절에서는 포어그라운드 프로세스와 백그라운드 프로세스가 무엇인지 알아봅니다. 그리고 포어그라운드 프로세스와 백그라운드 프로세스로 실행하는 방법과 서로 전환하는 방법을 실습으로 확인해 보겠습니다.

7.5.1 포어그라운드 프로세스와 백그라운드 프로세스란

리눅스는 프로세스를 실행하는 방식에 따라 **포어그라운드**(foreground) 프로세스와 **백그라운드**(background) 프로세스로 구분합니다. 둘을 나누는 가장 큰 기준은 프로그램과 사용자 간 인터페이스입니다. 프로그램에 따라 사용자 입력이 가능한, 보이는 곳에서 사용자와 상호작용하며 작동하는 프로세스도 있고, 사용자의 입력과 관계없이 보이지 않는 곳에서 묵묵히 일을 하는 프로세스도 있습니다. 사용자와 상호작용이 필요한 프로세스는 포어그라운드에, 필요하지 않은 프로세스는 백그라운드에 실행하는 것이 좋습니다. 이렇게 구분해야 셸이 여러 프로그램을 동시에 실행할 수 있습니다.

그림 7-10 포어그라운드 프로세스와 백그라운드 프로세스

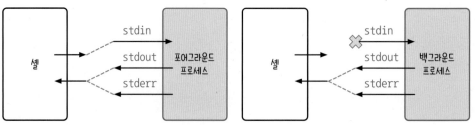

셸은 한 프로그램을 실행하면 그 프로그램이 종료돼야 다음 명령을 실행합니다. 실행 시간이 짧은 프로그램은 별다른 문제가 없습니다. 사용자와 상호작용이 필요한 프로그램도 문제없습니다. 하지만 사용자와의 상호작용이 필요하지 않고, 실행 시간도 긴 프로그램이라면 어떨까요? 셸은 해당 프로그램이 종료될 때까지 대기해야 합니다. 그리고 프로그램이 종료되기 전까지 다른 작업을 수행하지 못합니다.

포어그라운드 프로세스와 백그라운드 프로세스 개념을 도입하면 이 문제를 해결할 수 있습니다. 포어그라운드 프로세스는 사용자와 상호작용이 기본이기 때문에 사용자 입력을 받을 수 있습니다. 사용자 입력은 복수의 프로세스가 받을 수 없습니다. 그래서 하나의 셸에서 실행할 수 있는 포어그라운드 프로세스의 수는 1개입니다. 반면, 백그라운드 프로세스는 사용자와 상호작용 없음이 기본입니다. 그래서 사용자 입력이 프로세스와 연결되지 않습니다. 그래서 셸에서 백그라운드 프로세스를 여러 개 실행할 수 있습니다.

그림 7-11 셸에서 여러 프로세스 실행

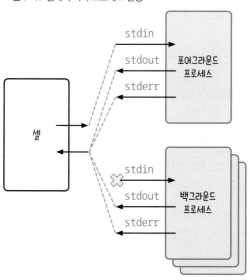

셸에서 프로그램을 실행할 때 포어그라운드 프로세스나 백그라운드 프로세스로 실행하도록 지정할 수 있습니다. 또한, 포어그라운드 프로세스로 실행된 프로세스를 백그라운드로 보내거나, 백그라운드에서 실행 중인 프로세스를 포어그라운드로 가져올 수도 있습니다. 이 방법은 실습하며 알아보겠습니다.

● ping 명령어

실습에 앞서 실습에서 사용할 ping 명령어를 살펴보겠습니다. ping 명령어는 네트워크 연결 상태를 확인하는 데 사용합니다. ping은 ICMP(Internet Control Message Protocol)의 에코 요청(echo request) 패킷을 대상 호스트로 보냅니다. 그리고 에코 응답(echo reply)을 받아 해당 호스트가 네트워크에서 접근 가능한지 확인합니다. 보안상 ICMP 에코 요청에 응답하지 않는 호스트도 있습니다. 그러므로 ping 명령어가 실패한 것으로 네트워크에 연결되지 않았다고 판단할 수는 없습니다.

그림 7-12 ICMP 에코 요청과 에코 응답

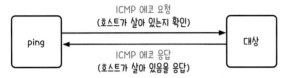

> ### Note ICMP
>
> 프로토콜(protocol)은 네트워크로 통신할 때 데이터나 메시지를 주고받는 방식을 정의한 규칙 또는 체계를 의미합니다. 대표적인 프로토콜로는 IP, HTTP, HTTPS, ICMP 등이 있습니다. 이 중에서 ICMP(인터넷 제어 메시지 프로토콜)는 네트워크 장치에서 네트워크 통신 문제를 진단하는 데 사용하는 프로토콜입니다. 앞에 나온 에코 요청과 에코 응답은 ICMP 프로토콜에서 정의한 메시지 타입입니다.
>
> - **에코 요청**(echo request): 대상이 메시지를 받으면 응답을 달라는 요청입니다.
> - **에코 응답**(echo reply): 에코 요청을 받은 대상이 보내는 응답 메시지입니다.

ping 명령어를 실행하면 기본적으로 1초에 한 번씩 에코 요청을 보내고, 결과를 화면에 출력하는 행위를 무한 반복합니다. 사용자는 Ctrl + C 를 눌러 ping 명령어를 종료할 수 있습니다.

사용 형식은 다음과 같습니다.

> **형식**   ping [옵션] 대상

대상 부분에는 에코 요청을 보낼 대상을 입력합니다. IP 주소를 입력하기도 하고, www.gilbut.com과 같은 도메인 주소를 입력할 수도 있습니다.

주로 사용하는 옵션은 다음과 같습니다.

표 7-5 ping 명령어의 주요 옵션

옵션	설명
-c 횟수	에코 요청을 보낼 횟수를 지정합니다.
-i 간격	연속적인 에코 요청의 시간 간격(초)을 지정합니다.
-s 크기	보낼 패킷의 크기(바이트 단위)를 지정합니다.
-q	조용한 출력 모드로, 프로그램 종료 시 요약된 정보만 보여줍니다.

실습에서는 8.8.8.8을 대상으로 ping 명령어를 실행합니다. 8.8.8.8은 구글에서 운영하는 공개 DNS(Domain Name System) 서버의 IP 주소입니다. 이 서버는 항상 ICMP 에코 요청에 응답하므로 내 컴퓨터의 인터넷 연결 여부를 사용할 때 자주 사용합니다.

TIP — DNS는 www.gilbut.com처럼 사람이 읽을 수 있는 도메인 이름을 네트워크 전송에 사용할 IP 주소로 변환하는 시스템입니다.

7.5.2 실습: 포어그라운드 프로세스로 실행하기

먼저 포어그라운드 프로세스로 실행해 봅시다.

1 터미널을 열고 아무런 옵션 없이 ping 8.8.8.8을 실행합니다. 인터넷에 연결된 상태라면 1초에 한 번씩 에코 요청을 보내고 응답이 돌아오는 데 걸린 시간을 출력합니다.

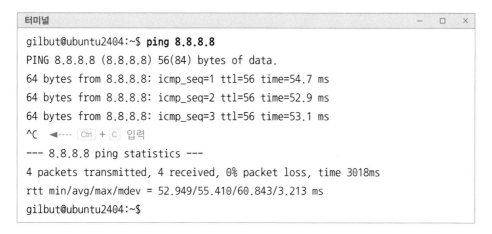

```
터미널                                                    —  □  ×
gilbut@ubuntu2404:~$ ping 8.8.8.8
PING 8.8.8.8 (8.8.8.8) 56(84) bytes of data.
64 bytes from 8.8.8.8: icmp_seq=1 ttl=56 time=54.7 ms
64 bytes from 8.8.8.8: icmp_seq=2 ttl=56 time=52.9 ms
64 bytes from 8.8.8.8: icmp_seq=3 ttl=56 time=53.1 ms
^C   ◀---- Ctrl + C 입력
--- 8.8.8.8 ping statistics ---
4 packets transmitted, 4 received, 0% packet loss, time 3018ms
rtt min/avg/max/mdev = 52.949/55.410/60.843/3.213 ms
gilbut@ubuntu2404:~$
```

셀에서 실행하는 프로그램은 기본으로 포어그라운드 프로세스로 실행됩니다. ping 프로그램도 포어그라운드 프로세스로 실행되므로 셸은 프로세스가 종료될 때까지 기다립니다. ping 프로그램은 -c 옵션으로 횟수를 지정하지 않으면 에코 요청을 무한 반복합니다. [Ctrl] + [C]를 누르면 ping 프로그램을 종료합니다. 셸은 실행하던 포어그라운드 프로세스가 종료되면 새로운 프롬프트를 띄워 사용자 입력을 기다립니다.

2 이번에는 에코 요청 횟수를 지정해 실행합니다. ping 명령어를 실행한 후 아무 입력도 하지 않았지만, 에코 요청/응답을 3회 수행한 후 프로그램이 종료됩니다. 그 후 셸은 새로운 프롬프트를 띄웁니다.

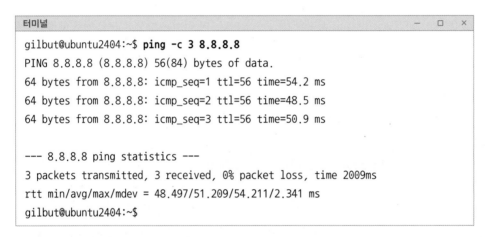

```
터미널                                                           —  □  ×
gilbut@ubuntu2404:~$ ping -c 3 8.8.8.8
PING 8.8.8.8 (8.8.8.8) 56(84) bytes of data.
64 bytes from 8.8.8.8: icmp_seq=1 ttl=56 time=54.2 ms
64 bytes from 8.8.8.8: icmp_seq=2 ttl=56 time=48.5 ms
64 bytes from 8.8.8.8: icmp_seq=3 ttl=56 time=50.9 ms


--- 8.8.8.8 ping statistics ---
3 packets transmitted, 3 received, 0% packet loss, time 2009ms
rtt min/avg/max/mdev = 48.497/51.209/54.211/2.341 ms
gilbut@ubuntu2404:~$
```

7.5.3 실습: 백그라운드 프로세스로 실행하기

이번에는 백그라운드 프로세스로 실행해 봅시다.

1 프로그램을 백그라운드 프로세스로 실행할 때는 명령 끝에 &를 붙여줍니다. 에코 요청 횟수를 3회로 지정해 실행합니다.

```
터미널                                                           —  □  ×
gilbut@ubuntu2404:~$ ping -c 3 8.8.8.8 &
[1] 3272
gilbut@ubuntu2404:~$ PING 8.8.8.8 (8.8.8.8) 56(84) bytes of data.
64 bytes from 8.8.8.8: icmp_seq=1 ttl=56 time=51.5 ms
64 bytes from 8.8.8.8: icmp_seq=2 ttl=56 time=53.2 ms
64 bytes from 8.8.8.8: icmp_seq=3 ttl=56 time=54.5 ms
```

```
--- 8.8.8.8 ping statistics ---
3 packets transmitted, 3 received, 0% packet loss, time 2009ms
rtt min/avg/max/mdev = 51.460/53.051/54.451/1.228 ms
    ◀---- Enter 입력
[1]+  Done                    ping -c 3 8.8.8.8
gilbut@ubuntu2404:~$
```

포어그라운드 프로세스로 실행했을 때와 다른 점을 확인할 수 있습니다. 프로그램을 백그라운드로 실행하면 바로 다음 줄에 실행된 프로세스의 작업 번호([1])와 PID(3272)가 출력되고, 바로 새로운 프롬프트가 뜹니다. 그 뒤로 ping 명령어의 출력 텍스트가 화면에 출력되고, 에코 요청/응답을 3회 수행한 후에 실행이 종료됩니다. 이후 아무 일도 일어나지 않은 채 커서만 깜빡입니다. 이때 Enter 를 누르면 작업 번호 1번 프로세스가 종료됐다는 메시지가 나오고, 새로운 프롬프트가 뜹니다. 백그라운드 프로세스가 종료됐음을 보여주는 메시지입니다.

2 같은 명령(ping 8.8.8.8 -c 3 &)을 실행한 후 Ctrl + C 를 눌러보세요. 백그라운드 프로세스로 실행됐기 때문에 사용자 입력(Ctrl + C)이 백그라운드 프로세스에 전달되지 않습니다. 그래서 ping 프로그램이 종료되지 않습니다. 에코 요청/응답을 3회 처리한 후에야 프로그램이 종료됩니다.

```
터미널                                                       −  □  ×
gilbut@ubuntu2404:~$ ping -c 3 8.8.8.8 &
[1] 52928
gilbut@ubuntu2404:~$ PING 8.8.8.8 (8.8.8.8) 56(84) bytes of data.
64 bytes from 8.8.8.8: icmp_seq=1 ttl=56 time=53.9 ms
^C  ◀---- Ctrl + C 입력
gilbut@ubuntu2404:~$ 64 bytes from 8.8.8.8: icmp_seq=2 ttl=56 time=50.0 ms
64 bytes from 8.8.8.8: icmp_seq=3 ttl=56 time=54.1 ms

--- 8.8.8.8 ping statistics ---
3 packets transmitted, 3 received, 0% packet loss, time 2007ms
rtt min/avg/max/mdev = 50.019/52.694/54.138/1.893 ms
    ◀---- Enter 입력
[1]+  Done                    ping -c 3 8.8.8.8
gilbut@ubuntu2404:~$
```

7.5.4 실습: 백그라운드 프로세스로 전환하기

포어그라운드 프로세스를 백그라운드로 보내봅시다. 프로그램의 출력이 너무 많으면 복잡하니 ping 명령어에 -q 옵션을 사용해 ping 프로그램이 종료될 때만 결과를 출력하겠습니다. 포어그라운드 프로세스를 백그라운드 프로세스로 보내려면 먼저 프로세스를 중단시켜야 합니다. 프로세스가 중단된 후에야 프로세스를 백그라운드로 보내 실행할 수 있습니다. 포어그라운드 프로세스를 중단한 다음 bg 명령어를 실행하면 프로세스가 백그라운드에서 실행됩니다.

1 3초는 조금 짧을 수 있으니 횟수를 10으로 늘려 실행합니다. 명령을 실행한 후 바로 [Ctrl] + [Z]를 눌러 프로세스를 중단합니다.

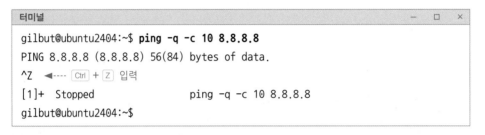

```
터미널                                                        —  □  ×
gilbut@ubuntu2404:~$ ping -q -c 10 8.8.8.8
PING 8.8.8.8 (8.8.8.8) 56(84) bytes of data.
^Z  ◀---- Ctrl + Z 입력
[1]+  Stopped                    ping -q -c 10 8.8.8.8
gilbut@ubuntu2404:~$
```

2 bg 명령어를 실행합니다. 이제 이 프로세스는 백그라운드 프로세스에서 실행됩니다. 에코 요청/응답을 10회 수행하면 [Enter]를 눌러 백그라운드 프로세스를 종료합니다.

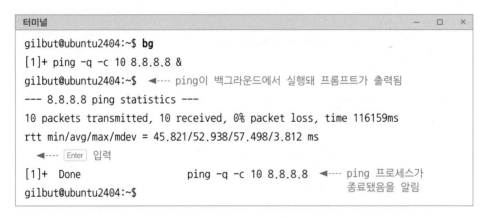

```
터미널                                                        —  □  ×
gilbut@ubuntu2404:~$ bg
[1]+ ping -q -c 10 8.8.8.8 &
gilbut@ubuntu2404:~$  ◀---- ping이 백그라운드에서 실행돼 프롬프트가 출력됨
--- 8.8.8.8 ping statistics ---
10 packets transmitted, 10 received, 0% packet loss, time 116159ms
rtt min/avg/max/mdev = 45.821/52.938/57.498/3.812 ms
   ◀---- Enter 입력
[1]+  Done                       ping -q -c 10 8.8.8.8  ◀---- ping 프로세스가
                                                              종료됐음을 알림
gilbut@ubuntu2404:~$
```

명령을 내린 후 바로 [Enter]를 여러 번 누르면 프롬프트가 연달아 출력되는 것을 볼 수 있습니다. ping 프로세스가 백그라운드에서 실행되는 중이라서 셸은 사용자로부터 입력을 계속 받을 수 있기 때문입니다. 백그라운드에서 실행되던 ping 프로세스가 종료된 후에 [Enter]를 누르면 백그라운드에서 실행되던 ping 프로세스가 종료됐음을 알려줍니다.

7.5.5 실습: 포어그라운드 프로세스로 전환하기

백그라운드 프로세스나 중단된 프로세스가 있을 때 fg 명령어를 실행하면 해당 프로세스를 포어그라운드에서 실행할 수 있습니다.

1 ping 프로그램을 포어그라운드 프로세스로 실행합니다. 실행한 후 바로 Ctrl + Z 를 눌러 프로세스를 중단합니다.

```
터미널                                                               —  □  ×
gilbut@ubuntu2404:~$ ping -q -c 10 8.8.8.8
PING 8.8.8.8 (8.8.8.8) 56(84) bytes of data.
^Z  ◀---- Ctrl + Z 입력
[1]+  Stopped                    ping -q -c 10 8.8.8.8
gilbut@ubuntu2404:~$
```

2 프로세스가 중단된 상태에서 fg 명령어를 실행하면 프로세스가 포어그라운드로 실행됩니다. ping 프로세스가 포어그라운드로 실행될 때 Ctrl + C 를 누르면 즉시 프로세스가 종료됩니다.

```
터미널                                                               —  □  ×
gilbut@ubuntu2404:~$ fg
ping -q -c 10 8.8.8.8
^C  ◀---- Ctrl + C 입력
--- 8.8.8.8 ping statistics ---
4 packets transmitted, 4 received, 0% packet loss, time 5777ms
rtt min/avg/max/mdev = 50.598/54.081/56.153/2.169 ms
gilbut@ubuntu2404:~$
```

7.5.6 실습: 여러 프로세스 다루기

지금까지는 이해하기 쉽도록 한 프로세스만 사용했습니다. 이번에는 여러 프로세스를 사용해 실행 모드를 전환하는 실습을 해보겠습니다.

여러 프로세스의 상태 확인과 실행 모드를 조회할 때는 jobs 명령어를 사용합니다. jobs 명령어는 현재 셸 세션에서 실행 중인 작업의 상태를 표시합니다. 이 명령어는 백그라운드로 실행되거나 중단된 작업 목록, 각 작업의 작업 번호(job number)와 상태(실행 중, 중단, 종료 등)를 함께 제공합니다. jobs 명령어는 시스템 관리자나 사용자가 현재 셸 세션에서 실행되는 작업을 관리하는 데 사용합니다. 특히, 여러 작업을 동시에 실행시키거나 백그라운드 작업을 관리할 때 효과적입니다.

jobs 명령어의 형식은 다음과 같습니다.

> **형식**   jobs [옵션] [작업]

주로 사용하는 옵션은 다음과 같습니다.

표 7-6 jobs 명령어의 주요 옵션

옵션	설명
-l	작업을 나열하면서 PID도 출력합니다.
-r	실행 중인 작업만 나열합니다.
-s	중단된 작업만 나열합니다.

ping 프로그램 몇 개를 백그라운드에서 실행해 봅시다. 각 프로세스를 구분하기 위해 대상을 다르게 지정합니다. 프로세스가 너무 빠르게 종료되면 실습을 진행하기 어려우므로 -c 옵션으로 실행 횟수를 넉넉히 설정합니다.

1 백그라운드 프로세스로 ping 프로그램을 3번 실행해 프로세스 3개를 생성합니다.

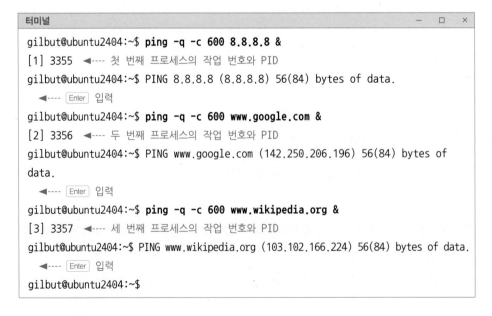

250

첫 번째 ping 프로세스는 PID가 3355이고, 작업 번호가 1로 할당됐습니다. 두 번째 ping 프로세스는 PID가 3356이고, 작업 번호가 2로 할당됐습니다. 세 번째 ping 프로세스는 PID가 3357이고, 작업 번호가 3으로 할당됐습니다.

2 jobs 명령어로 작업 목록을 조회합니다.

```
터미널                                                    —  □  ×
gilbut@ubuntu2404:~$ jobs
[1]   Running                 ping -q -c 600 8.8.8.8 &
[2]-  Running                 ping -q -c 600 www.google.com &
[3]+  Running                 ping -q -c 600 www.wikipedia.org &
```

작업별로 프로세스 상태와 실행 명령을 보여줍니다. 대괄호로 둘러싸인 첫 번째 칼럼의 값은 작업 번호입니다. 작업 번호 옆에 + 표시가 있으면 최근 조작된 작업을 나타냅니다. - 표시가 있는 프로세스는 최근 조작된 작업의 직전 작업을 나타냅니다.

3 jobs 명령어에 -l 옵션을 사용해 실행합니다. PID까지 포함된 결과를 확인할 수 있습니다.

```
터미널                                                    —  □  ×
gilbut@ubuntu2404:~$ jobs -l
[1]   3355  Running               ping -q -c 600 8.8.8.8 &
[2]-  3356  Running               ping -q -c 600 www.google.com &
[3]+  3357  Running               ping -q -c 600 www.wikipedia.org &
```

지금까지 실습한 내용을 간략히 도식화하면 다음과 같습니다.

그림 7-13 포어그라운드/백그라운드 모드 전환

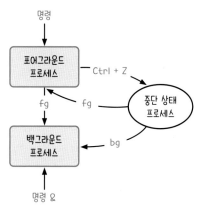

251

1분 퀴즈

정답 노트 p.548

5. 다음 빈칸에 알맞은 단어를 넣으세요.

① 백그라운드 프로세스는 표준 _____ 스트림이 셀과 연결돼 있지 않습니다.

② 백그라운드 프로세스를 포어그라운드 프로세스로 전환할 때 실행하는 명령어는 _____ 입니다.

③ 포어그라운드 프로세스를 백그라운드 프로세스로 전환하려면 먼저 프로세스를 중단한 후 _____ 명령어를 사용합니다.

④ 프로세스를 백그라운드 프로세스로 실행하려면 명령 끝에 _____ 표시를 붙입니다.

7.6

IPC

운영체제 안에는 여러 프로그램이 작동합니다. 어떤 프로그램은 다른 프로그램과 상관없이 독립적으로 작동하고, 어떤 프로그램은 다른 프로그램과 상호작용하며 작동합니다. 또 어떤 프로그램은 하나 이상의 프로세스를 실행하기도 합니다. 여러 프로그램이 문제없이 작동하려면 프로세스 간 데이터 교환이나 이벤트 발생을 알릴 수단이 필요합니다. 이렇게 프로세스 간 통신에 사용하는 도구를 **IPC**(Inter-Process Communication)라고 합니다. 이 절에서는 리눅스에서 제공하는 IPC의 종류와 특징을 살펴보겠습니다.

7.6.1 파이프

파이프(pipe)는 두 프로세스 간 데이터를 전송할 때 사용하는 IPC입니다. 파이프는 데이터를 단방향으로만 전송할 수 있습니다. 한 프로세스가 데이터를 파이프에 쓰면 다른 프로세스가 파이프에서 데이터를 읽어갈 수 있습니다.

그림 7-14 파이프의 구조

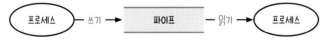

전통적인 파이프는 파이프를 지정하는 이름이 없습니다. 부모-자식 간 프로세스 통신에는 유용하지만, 그 외 관계에서는 사용하기 어렵습니다. 그래서 파이프에 파일 형식의 이름을 부여할 수 있는 **명명된 파이프**(named pipe)가 나왔습니다. 명명된 파이프는 부모-자식 관계가 아닌 프로세스에서도 널리 사용할 수 있습니다.

그림 7-15 명명된 파이프

7.6.2 메시지 큐

메시지 큐(message queue)는 정해진 큐에 메시지를 넣고 빼는 방식으로 데이터를 교환합니다. 큐는 먼저 들어간 데이터가 먼저 나오는 **선입선출**(FIFO, First-In FIrst-Out) 방식으로 작동하는 자료구조입니다. 메시지 큐는 메시지 단위로 데이터를 전송할 수 있고, 작은 메시지를 교환할 때 성능이 좋습니다. 특정 프로세스가 메시지 큐를 점유하는 형태가 아니어서 여러 프로세스가 하나의 메시지 큐를 이용해 데이터를 교환할 수도 있습니다.

그림 7-16 메시지 큐

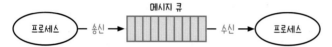

7.6.3 소켓

소켓(socket)은 네트워크로 연결된 다른 시스템에서 작동하는 프로세스와 통신할 때 사용합니다. 보통 웹 브라우저로 어떤 사이트에 접속하면 웹 브라우저와 웹사이트의 서버는 소켓으로 통신합니다. 소켓을 이용한 통신은 원격 프로세스뿐만 아니라 운영체제 내 다른 프로세스와도 통신할 수 있습니다.

소켓은 TCP(Transmission Control Protocol, 통신 제어 프로토콜)를 기반으로 하는 연결형 통신과 UDP(User Datagram Protocol, 사용자 데이터그램 프로토콜)를 기반으로 하는 데이터그램 통신이 모두 가능합니다. 또한, 양방향 통신이 가능하고, 데이터를 쓰는 시점과 읽는 시점에 다르게 동작할 수 있습니다.

네트워크 통신을 위한 **인터넷 소켓**(internet socket)은 네트워크에서 인식할 수 있는 ID가 부여됩니다. TCP/IP 네트워크에서는 IP 주소와 포트 번호가 ID 역할을 합니다.

그림 7-17 인터넷 소켓

소켓의 성질을 그대로 이용하면서 시스템 내부의 통신 용도로 사용하는 **유닉스 도메인 소켓**(Unix-domain socket)도 있습니다. 유닉스 도메인 소켓은 소켓의 ID를 파일 이름으로 부여합니다.

그림 7-18 유닉스 도메인 소켓

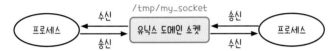

7.6.4 공유 메모리

파이프, 메시지 큐, 소켓은 데이터를 교환하는 데 사용하는 IPC입니다. 이들은 작동 방식에 차이가 있지만, 데이터를 써넣으면 차례로 데이터를 읽어가는 구조는 동일합니다.

공유 메모리(shared memory)는 이들과 작동 방식이 전혀 다릅니다. 데이터를 보내고 받는 개념이 아니라 데이터 자체를 공유하는 개념입니다. 일정 영역의 메모리를 복수 프로세스가 공유합니다. 공유 메모리는 데이터를 읽거나 쓸 때 다른 프로세스에 알리지 않고, 프로세스 간 순서를 보장하지도 않습니다. 그래서 공유 메모리를 사용할 때는 반드시 **동기화**(synchronization)를 고려해야 합니다. 그래야 공유 메모리의 데이터가 뒤죽박죽 섞이지 않게 관리할 수 있습니다.

그림 7-19 공유 메모리

7.6.5 세마포어

세마포어(semaphore)는 원래 깃발을 이용한 신호 체계인데, 컴퓨터 시스템에서는 **임계 영역**(critical section)을 보호하기 위한 수단으로 사용됩니다. 세마포어는 공유 메모리에서 프로세스의 동시 접근을 제한하거나 프로세스의 순서를 조절할 때 사용합니다. 세마포어는 단순히 정수 값만 저장하고 있습니다. 프로세스는 이 정수 값으로 자원에 접근 권한이 있는지를 판단하게 됩니다.

어떤 자원이 있는데, 해당 자원을 n개 프로세스만 사용할 수 있게 할 때는 **카운팅 세마포어** (counting semaphore)를 사용합니다. 카운팅 세마포어는 세마포어의 초기 설정 값을 n으로 설정합니다. 한 프로세스가 자원 사용을 요청하면 세마포어의 값을 1만큼 감소시킵니다. 자원 사용이 끝나면 세마포어의 값을 1만큼 증가시킵니다. 세마포어의 값이 0이면 가용할 자원이 없다는 뜻입니다. 세마포어의 값이 0인 상태에서 자원을 요청하는 프로세스는 다른 프로세스가 자원 사용을 멈출 때까지 기다려야 합니다.

자원을 독점적으로 사용할 수 있도록 세마포어의 초기 설정 값을 1로 설정하는 세마포어를 바이너리 **세마포어**(binary semaphore) 또는 **뮤텍스**(mutex, mutual exclusion)라고 합니다. 바이너리 세마포어는 한 번에 한 프로세스만 자원을 사용하므로 자원을 독점할 수 있습니다.

이외에 8장에서 다루는 시그널도 IPC 메커니즘 중 하나입니다. 자세한 내용은 8장에서 살펴보겠습니다.

1분 퀴즈

정답 노트 p.548

6. 다음 빈칸에 알맞은 단어를 넣으세요.

① _____ 은/는 프로세스 간 통신을 위한 메커니즘을 뜻합니다.

② 이름이 없는 파이프는 _____ 프로세스와 _____ 프로세스가 사용하기 좋습니다.

③ _____ 은/는 네트워크로 연결된 다른 시스템에서 동작하는 프로세스와 통신할 때 사용합니다.

④ _____ 은/는 메모리 영역 일부를 여러 프로세스와 공유해 사용하는 메커니즘입니다.

⑤ _____ 은/는 임계 영역에 대한 접근을 제어할 때 사용합니다.

마무리

1. 프로세스

프로세스는 메모리에서 실행 중인 프로그램입니다. 프로그램은 프로그램의 실행 코드를 메모리에 적재하고, 메모리에 적재된 실행 코드를 CPU가 읽어 실행하게 됩니다.

2. 프로세스의 계층 구조

① 커널이 부팅하며 최초의 프로세스인 init 프로세스를 생성합니다. 그 후에 생성되는 모든 프로세스는 부모 프로세스로부터 자식 프로세스가 생성됩니다.

② 자식 프로세스가 종료됐을 때 부모 프로세스가 자식 프로세스의 종료 처리를 해야 정상 종료됩니다.

3. 멀티 태스킹 기법

① 프로세스 스케줄링은 정해진 기준에 맞춰 CPU가 처리할 프로세스를 선택하는 것입니다. 한 운영체제 내에서 여러 프로세스가 잘 동작하려면 프로세스 스케줄링이 필요합니다.

② 프로세스 스케줄링 알고리즘은 CPU가 처리할 프로세스를 선택하는 방법입니다.

③ 컨택스트 스위칭은 작동 중인 프로세스를 중단하고 새로운 프로세스를 시작하는 일련의 과정을 말합니다.

4. 파일 스크립터

프로세스는 프로세스가 열고 있는 파일을 관리합니다. 이때 열린 파일을 관리하는 객체를 파일 디스크립터라고 합니다.

5. 표준 스트림

① 프로세스가 생성되면 기본적으로 표준 입력, 표준 출력, 표준 에러라는 3개 파일(스트림)이 열립니다.

② 사용자로부터 입력을 받고(표준 입력), 그 결과를 사용자에게 출력(표준 출력, 표준 에러)합니다.

6. 포어그라운드 프로세스와 백그라운드 프로세스

① 리눅스는 한 셸에서 여러 프로세스를 생성하기 위해 사용자와 상호작용이 필요한 포어그라운드 프로세스, 상호작용이 필요 없는 백그라운드 프로세스로 나눠 관리합니다.

② 셸에서 실행하는 프로세스는 기본적으로 포어그라운드 프로세스로 작동하므로 사용자와 상호작용할 수 있습니다.

7. IPC

① 한 프로그램이 여러 프로세스로 동작하는 경우 프로세스 간 데이터 교환이 필요합니다. 이런 프로세스 간 통신을 위한 메커니즘을 IPC라고 합니다.

② IPC에는 파이프, 메시지 큐, 소켓과 같이 데이터를 교환하는 데 사용하는 메커니즘도 있고, 메모리의 일부 영역을 공유하는 공유 메모리도 있습니다. 또한, 공유 메모리와 같은 임계 영역을 보호하기 위해 사용하는 세마포어도 지원합니다.

셀프체크

다음 설명에 해당하는 명령을 순서대로 작성해 보세요.

① `ping -c 10 8.8.8.8` 명령을 백그라운드로 실행합니다.

② `ping 8.8.8.8` 명령을 포어그라운드 실행한 후 백그라운드 프로세스로 전환합니다.

③ 백그라운드로 동작 중인 ping 프로그램을 포어그라운드 프로세스로 전환합니다.

터미널	— □ ×
①	
②	
③	

코딩
자율학습

8장

시그널

시그널은 7장에서 다룬 IPC 도구 중 하나입니다. 이 장에서는 시그널에 대해 알아보고, 시그널을 어떻게 전송하는지 실습해 보겠습니다.

8.1

시그널 송수신

파이프나 소켓 등은 주로 데이터를 교환하기 위한 목적으로 사용합니다. 그러나 **시그널**(signal)은 어떤 이벤트가 발생했음을 알려주기 위해 사용합니다. 파이프나 소켓처럼 구체적인 데이터를 전송할 수는 없고, 어떤 이벤트인지 나타내는 시그널 종류만 전달할 수 있습니다.

시그널은 방향성이 있어서 시그널을 보내는 쪽과 시그널을 받는 쪽이 있습니다. 시그널은 커널이나 프로세스가 보낼 수 있고, 받는 주체는 프로세스입니다. 그래서 시그널을 보낼 때는 대상 프로세스를 지정합니다. 시그널을 수신한 프로세스는 시그널이 어떤 종류인지는 알 수 있지

그림 8-1 시그널 송수신

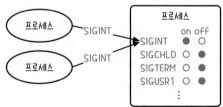

만, 시그널을 누가/언제/어떤 목적으로 보낸 것인지는 알 수 없습니다. 단지 시그널의 종류에 따라 동작을 취할 뿐입니다.

소켓은 보낸 데이터를 수신 측에서 가져가지 않으면 큐에 데이터가 차곡차곡 쌓입니다. 이렇게 쌓인 데이터는 나중에 수신 측에서 한꺼번에 처리할 수 있습니다. 큐의 크기보다 많은 데이터가 쌓이지만 않으면 데이터가 유실되지도 않고 데이터의 순서도 변함이 없습니다.

하지만 시그널은 소켓처럼 큐에 쌓이지 않습니다. 프로세스가 수신한 각 시그널은 종류에 따라 독립적으로 처리됩니다. 같은 종류의 시그널이 중복해서 수신되면 중복 시그널은 손실되고, 종류가 다른 시그널은 프로세스에 정상 수신됩니다. 시그널 종류마다 수신 여부를 표현하는 스위치가 있다고 생각하면 이해하기 쉽습니다.

그림 8-2 시그널 수신 처리

8.2

시그널의 종류

시그널은 POSIX(Portable Operating System Interface) 표준에 정의된 IPC 도구입니다. 시그널의 종류도 POSIX 표준에 정의돼 있습니다. 리눅스에서 주로 사용하는 시그널은 POSIX 표준을 따릅니다. SIGINT, SIGTERM, SIGKILL, SIGSTOP 등은 모두 POSIX 표준 시그널입니다. 표준 시그널은 다양한 유닉스 기반 시스템에서 일관된 방식으로 작동합니다. 이는 소프트웨어의 이식성과 호환성을 향상시킵니다.

TIP — **이식성**은 소프트웨어가 한 컴퓨터 시스템이나 환경에서 다른 시스템이나 환경으로 쉽게 옮겨질 수 있는 성질을 뜻합니다.

리눅스는 POSIX 표준 시그널 외에 리눅스에 특화된(linux specific) 시그널도 제공합니다. SIGWINCH(창 크기 변경 시그널)나 SIGIO(I/O 가능 시그널) 등은 모든 유닉스 시스템에서 표준화되지 않은 리눅스 특화 시그널입니다. 또한, 리눅스 커널 버전에 따라 지원하는 시그널 종류가 다를 수 있습니다. 따라서 시그널을 사용할 때 해당 운영체제에서 지원되는 시그널인지 확인해야 합니다. 하지만 너무 걱정하지 않아도 됩니다. 주요 시그널은 대부분 POSIX 표준에 정의돼 있습니다.

Note **POSIX**

POSIX는 IEEE(Institute of Electrical and Electronics Engineers, 전기전자공학자협회)에서 개발한 운영체제 인터페이스 표준입니다. 이 표준은 유닉스 기반 시스템 간 호환성을 증진하기 위해 여러 종류의 인터페이스를 정의했습니다. 여러 유닉스 및 리눅스 시스템에서 POSIX 표준을 지킴으로써 소프트웨어 개발자는 다양한 시스템에서 동작할 수 있는 소프트웨어를 제작할 수 있게 됐습니다.

시그널은 시그널 이름과 시그널 번호로 구성됩니다. **시그널 이름**은 SIG를 접두어로 하고 그 뒤에 시그널의 의미를 나타내는 단어를 붙입니다. 예를 들어, SIGINT 시그널은 인터럽트를 의미합니다. 각 시그널은 1~64 사이 유일한 정수 값을 갖는 **시그널 번호**(signal number)가 부여됩니다. 리눅스에서 지원하는 시그널의 종류는 kill -1 명령으로 확인할 수 있습니다.

```
터미널                                                           —  □  ×
gilbut@ubuntu2404:~$ kill -l
 1) SIGHUP        2) SIGINT        3) SIGQUIT       4) SIGILL        5) SIGTRAP
 6) SIGABRT       7) SIGBUS        8) SIGFPE        9) SIGKILL      10) SIGUSR1
11) SIGSEGV      12) SIGUSR2      13) SIGPIPE      14) SIGALRM      15) SIGTERM
16) SIGSTKFLT    17) SIGCHLD      18) SIGCONT      19) SIGSTOP      20) SIGTSTP
21) SIGTTIN      22) SIGTTOU      23) SIGURG       24) SIGXCPU      25) SIGXFSZ
26) SIGVTALRM    27) SIGPROF      28) SIGWINCH     29) SIGIO        30) SIGPWR
31) SIGSYS       34) SIGRTMIN     35) SIGRTMIN+1   36) SIGRTMIN+2   37) SIGRTMIN+3
38) SIGRTMIN+4   39) SIGRTMIN+5   40) SIGRTMIN+6   41) SIGRTMIN+7   42) SIGRTMIN+8
43) SIGRTMIN+9   44) SIGRTMIN+10  45) SIGRTMIN+11  46) SIGRTMIN+12  47) SIGRTMIN+13
48) SIGRTMIN+14  49) SIGRTMIN+15  50) SIGRTMAX-14  51) SIGRTMAX-13  52) SIGRTMAX-12
53) SIGRTMAX-11  54) SIGRTMAX-10  55) SIGRTMAX-9   56) SIGRTMAX-8   57) SIGRTMAX-7
58) SIGRTMAX-6   59) SIGRTMAX-5   60) SIGRTMAX-4   61) SIGRTMAX-3   62) SIGRTMAX-2
63) SIGRTMAX-1   64) SIGRTMAX
```

모든 시그널을 암기할 필요는 없습니다. 주로 사용하는 시그널의 이름과 의미만 알아두면 됩니다. 대표적인 시그널의 종류는 다음과 같습니다.

표 8-1 주요 시그널

시그널	의미
SIGABRT	의도적인 중단(abort)
SIGALRM	정해진 시간(alarm)이 됐음
SIGBUS	하드웨어 버스 에러
SIGCHLD	자식 프로세스 종료
SIGSTOP	프로세스 중단
SIGCONT	중단된 프로세스 재개
SIGHUP	프로세스의 제어 터미널이 닫힘
SIGINT	사용자가 인터럽트([Ctrl] + [C]) 생성
SIGQUIT	사용자가 종료 문자([Ctrl] + [W]) 생성

○ 계속

시그널	의미
SIGTSTP	사용자가 일시 중지 문자(Ctrl + Z) 생성
SIGPIPE	프로세스가 잘못된 파이프에 쓰기 시도
SIGSEGV	허용되지 않은 메모리 영역에 접근할 때 발생
SIGKILL	프로세스 종료 명령
SIGTERM	프로세스 종료 명령(조건에 따른 처리 가능)
SIGUSR1	사용자 정의 시그널 1
SIGUSR2	사용자 정의 시그널 2

주요 시그널 몇 가지를 살펴보겠습니다.

1. **SIGABRT**: 리눅스의 시스템 콜 중 하나인 abort( ) 함수에서 보내는 시그널입니다. abort( ) 함수는 프로그램이 실행되면서 어떤 조건을 반드시 만족해야 하는데 실제로는 맞지 않는 경우 프로그램을 의도적으로 종료시킬 때 사용합니다. 프로그램의 동작이 코드에서 대응하지 못할 정도로 벗어나는 경우에 일부러 프로그램을 종료함으로써 오류를 적극적으로 알려주는 방식입니다. 이 방식은 프로그램의 오류를 발견하고 수정하는 데 도움을 줍니다. 기본 처리 방법은 코어 덤프(core dump)를 남기는 것입니다.

   TIP — **코어 덤프**는 프로그램이 비정상 종료했을 때 작업 중이던 메모리와 레지스터 상태를 기록한 것입니다.

2. **SIGALRM**: 프로세스가 정의한 타이머가 만료될 때 발생하는 시그널입니다. 이 시그널의 핸들러에 타이머가 만료될 때 할 일을 정의하는 코드를 작성할 수 있습니다.

3. **SIGCHLD**: 자식 프로세스가 종료됐을 때 부모 프로세스에 전송하는 시그널입니다. 부모 프로세스는 자식 프로세스가 종료되면 종료 처리를 해줘야 합니다. 그래서 시그널을 보내 자식 프로세스가 종료됐으니 종료 처리하라고 알립니다. 이 시그널을 제대로 처리하지 않으면 자식 프로세스는 좀비 프로세스가 될 수 있습니다.

4. **SIGSTOP**: 프로세스 동작을 중단하라는 시그널입니다. 시그널을 받으면 프로세스는 동작하던 상태 그대로 중단하고, 나중에 프로세스 재시작 시그널인 SIGCONT를 받으면 프로세스가 중단된 상태 그대로 다시 시작합니다. 프로세스가 종료됐다가 다시 시작되는 것이 아니니 혼동하지 말아야 합니다.

5. **SIGHUP**: 원래는 프로세스를 실행한 터미널이 종료됐다는 시그널입니다. 하지만 요즘은 많은 프로그램(특히 데몬 프로세스)에서 설정을 다시 읽어들이라는 의미로 사용합니다.

6. **SIGINT**: 사용자가 인터럽트를 발생시켰다는 시그널입니다. 셸에서 실행한 프로세스가 동작 중인 상태에서 사용자가 Ctrl + C를 누르면 해당 프로세스에 SIGINT 시그널이 전송됩니다.

7. **SIGSEGV**: 메모리 세그먼트(segment)를 사용할 때 규칙을 위반(violation)했다는 시그널입니다. 주로 잘못된 메모리 주소로 접근하는 경우에 발생합니다. 프로그램에 버그가 있는 경우 이 시그널을 받아 종료되는 경우가 많습니다.

8. **SIGKILL과 SIGTERM**: 둘 다 프로세스를 종료하라는 시그널입니다. 다만, 종료 방식에 차이가 있습니다. SIGTERM 시그널은 프로세스가 시그널 수신을 막거나 무시할 수 있습니다. 그래서 프로그래머가 정한 방식대로 종료 처리가 가능합니다. 사용하던 자원을 모두 해제하고 종료하는 등 프로세스를 **우아하게 종료 처리**(graceful termination)할 수 있습니다. 반면에 SIGKILL 시그널은 프로세스가 시그널 수신을 막을 수 없습니다. 프로그램이 원하는 대로 종료 처리를 할 수 없어서 시그널을 수신한 프로세스는 그대로 종료됩니다. 그래서 SIGTERM 시그널이나 SIGINT 시그널을 보내도 프로세스가 종료되지 않으면 최후 방법으로 SIGKILL 시그널을 보내 프로세스를 강제 종료시킬 수 있습니다. 운영체제가 정상 동작 중이라면 해당 프로세스는 종료됩니다.

Note 키보드 입력으로 보내는 시그널

키보드 입력으로도 시그널을 보낼 수 있습니다. 시그널이 전송하는 키보드 입력은 다음과 같습니다.

표 8-2 키보드 입력으로 보내는 시그널

키보드 입력	시그널 이름	시그널 번호	설명
Ctrl + C	SIGINT	2	인터럽트 시그널로, 현재 실행 중인 프로세스를 중단시킵니다.
Ctrl + Z	SIGTSTP	20	일시 중단 시그널로, 현재 실행 중인 프로세스를 일시 중단시킵니다.
Ctrl + W	SIGQUIT	3	종료 시그널로, 현재 프로세스를 종료시키고 코어 덤프를 생성합니다.

8.3

시그널 처리 방법

프로세스가 시그널을 수신하면 프로세스는 수신한 시그널을 처리해야 합니다. 프로그램은 시그널별로 어떻게 처리할지 코드로 정의할 수 있습니다. 특정 시그널을 수신했을 때 시그널을 무시할 수도 있고, 어떤 일을 하도록 구현된 시그널 핸들러를 지정할 수도 있습니다. 이런 특별한 처리가 설정되지 않은 시그널을 수신하면 시그널의 기본 처리 방법(default action)을 따릅니다.

모든 시그널은 기본 처리 방법이 정의돼 있습니다. 기본 처리 방법은 5가지로 나눌 수 있습니다.

표 8-3 시그널의 기본 처리 방법

기본 처리 방법	설명	주요 시그널
프로세스 종료	시그널을 수신하면 프로세스가 종료됩니다.	SIGALRM, SIGHUP, SIGINT, SIGPIPE, SIGTERM, SIGKILL, SIGUSR1, SIGUSR2 등
프로세스 중단	프로세스가 중단됩니다.	SIGSTOP, SIGTSTP
프로세스 시작	중단됐던 프로세스가 다시 시작됩니다.	SIGCONT
무시	프로세스가 시그널을 수신해도 아무런 행위를 하지 않습니다.	SIGCHLD, SIGURG
코어 덤프	코어 덤프 파일을 생성하고, 프로세스는 종료됩니다. gdb 등 디버거(debugger, 프로그램에서 오류나 버그를 찾아내 수정하는 도구)로 코어 덤프 파일을 읽어 문제가 발생한 순간의 메모리와 레지스터 상태 정보를 파악할 수 있습니다.	SIGABRT, SIGBUS, SIGQUIT, SIGSEGV, SIGFPE

1. **다음 중 시그널별 특징에 대한 설명으로 <u>틀린</u> 것을 고르세요.**

① SIGCHLD: 자식 프로세스가 종료되면 부모 프로세스에게 보내는 시그널이다.

② SIGABRT: 컨택스트 스위칭으로 프로세스 처리가 중단될 때 발생하는 시그널이다.

③ SIGTERM: 프로세스가 막을 수 있는 시그널로 기본 처리 방법은 프로세스 종료다.

④ SIGKILL: 프로세스가 막지 못하는 시그널로 시그널을 수신하면 프로세스가 강제 종료된다.

⑤ SIGSEGV: 메모리 세그먼트 사용 규칙을 위반했다는 시그널로, 주로 잘못된 메모리 주소로 접근하는
경우에 발생한다.

2. **다음 빈칸에 알맞은 단어를 넣으세요.**

_____ 파일은 프로그램이 비정상 종료했을 때 작업 중이던 메모리와 레지스터 상태를 저장한
파일이다.

8.4

실습: 시그널 전송하기

시그널을 어떻게 전송하는지 실습해 봅시다.

8.4.1 kill로 시그널 전송하기

셸에서 kill 명령어로 쉽게 시그널을 전송할 수 있습니다. kill 명령어를 사용하는 방법은 다음과 같습니다.

형식	kill [옵션] PID

주로 사용하는 옵션은 다음과 같습니다.

표 8-4 kill 명령어의 주요 옵션

옵션	설명
-l	사용 가능한 시그널 목록을 출력합니다.
-시그널_번호	시그널 번호로 프로세스에 시그널을 보냅니다.
-시그널_이름	시그널 이름으로 프로세스에 시그널을 보냅니다. SIG로 시작하는 시그널 이름 전체를 입력하거나, SIG를 제외한 축약된 이름을 사용할 수 있습니다.
-s 시그널_이름(--signal 시그널_이름)	시그널 이름으로 프로세스에 시그널을 보냅니다.

kill 명령어로 시그널을 보낼 때 필요한 인자는 시그널 종류와 시그널을 보낼 대상 프로세스의 PID입니다. 시그널 종류를 생략하면 종료 시그널인 SIGTERM이 기본으로 전송됩니다.

대상 프로세스의 PID가 12345라고 했을 때 다음과 같은 형태로 시그널을 전송할 수 있습니다.

유형 ① kill -TERM 12345

유형 ② kill -SIGTERM 12345

유형 ③ kill -s SIGTERM 12345

유형 ④ kill --signal SIGTERM 12345

유형 ⑤ kill -9 12345

유형 ①~④는 PID가 12345인 프로세스에 SIGTERM 시그널을 전송하는 명령입니다. 시그널 종류를 지정하는 방법이 다를 뿐 모두 같은 동작을 합니다. 유형 ⑤는 시그널 번호를 사용해 시그널을 전송합니다. 시그널 번호를 사용하면 실수하기 쉬워 추천하지 않지만, SIGKILL같이 유명한 시그널 번호는 알아둘 만합니다. SIGKILL의 시그널 번호는 유형 ⑤에 나와 있듯이 9입니다. 시그널 번호는 kill -l 명령으로 확인할 수 있습니다. 실습해 봅시다.

1 터미널을 열고 다음과 같이 ping 명령어를 실행합니다.

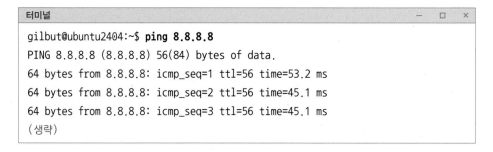

2 터미널을 하나 더 열어 ping 프로세스의 PID를 확인합니다.

3 kill 명령어로 ping 프로세스에 SIGTERM 시그널을 전송합니다. ping 프로세스의 PID는 책과 다를 수 있습니다. 터미널에서 각자 확인한 PID를 입력하기 바랍니다. 이 책에서는 PID가 2925입니다.

```
터미널                                                          —  □  ×
gilbut@ubuntu2404:~$ kill -TERM 2925
gilbut@ubuntu2404:~$
```

4 다른 터미널에서 반복하며 실행되던 ping 프로세스가 Terminated라는 메시지를 출력하고 종료됩니다.

```
터미널                                                          —  □  ×
gilbut@ubuntu2404:~$ ping 8.8.8.8
(중략)
64 bytes from 8.8.8.8: icmp_seq=128 ttl=56 time=50.4 ms
64 bytes from 8.8.8.8: icmp_seq=129 ttl=56 time=53.3 ms
Terminated
```

앞에서 kill 명령어를 사용하는 유형 5가지를 소개했습니다. 각자 맞는 방법을 익히면 됩니다. 필자는 짧은 표현이 좋아 kill -TERM PID 유형을 주로 사용합니다. 다른 시그널도 실습해 봅시다.

1 이번에는 SIGINT 시그널을 보내 ping 프로세스가 어떻게 종료되는지 확인합니다. ping 프로세스를 다시 실행합니다.

```
터미널                                                          —  □  ×
gilbut@ubuntu2404:~$ ping 8.8.8.8
PING 8.8.8.8 (8.8.8.8) 56(84) bytes of data.
64 bytes from 8.8.8.8: icmp_seq=1 ttl=56 time=53.6 ms
64 bytes from 8.8.8.8: icmp_seq=2 ttl=56 time=51.8 ms
```

2 다른 터미널에서 ping 프로세스의 PID를 확인하고 kill 명령어로 ping 프로세스에 SIGINT 시그널을 보냅니다.

```
터미널                                                          —  □  ×
gilbut@ubuntu2404:~$ ps -ef | grep ping
gilbut    2957    2680  0 16:52 pts/0    00:00:00 ping 8.8.8.8
gilbut    2953    2936  0 16:53 pts/1    00:00:00 grep --color=auto ping
gilbut@ubuntu2404:~$ kill -SIGINT 2957
```

3 Ctrl + C를 눌렀을 때처럼 통계 정보까지 출력하고 ping 프로그램이 종료됩니다. 포어그라운드 프로세스에서 Ctrl + C를 누르면 실행 중인 프로세스에 SIGINT 시그널이 전송됩니다.

ping 프로세스는 SIGINT 시그널을 누가 보냈든 상관하지 않고 통계 정보를 출력한 후 종료합니다.

```
터미널                                                          −  □  ×
gilbut@ubuntu2404:~$ ping 8.8.8.8
(중략)
64 bytes from 8.8.8.8: icmp_seq=9 ttl=56 time=56.3 ms
64 bytes from 8.8.8.8: icmp_seq=10 ttl=56 time=49.4 ms


--- 8.8.8.8 ping statistics ---
10 packets transmitted, 10 received, 0% packet loss, time 9028ms
rtt min/avg/max/mdev = 44.276/51.628/59.641/4.263 ms
```

4 이번에는 SIGSTOP 시그널을 보내봅시다. 다시 ping 프로세스를 실행하고 다른 터미널에서 ping 프로세스의 PID를 확인합니다. kill 명령어로 ping 프로세스에 SIGSTOP 시그널을 보냅니다.

```
터미널                                                          −  □  ×
gilbut@ubuntu2404:~$ ps -ef | grep ping
gilbut      2964    2680  0 16:57 pts/0    00:00:00 ping 8.8.8.8
gilbut      2966    2936  0 16:57 pts/1    00:00:00 grep --color=auto ping
gilbut@ubuntu2404:~$ kill -SIGSTOP 2964
```

5 ping 프로세스가 중단되고, 프롬프트가 출력됩니다. 마치 Ctrl + Z를 눌러 프로세스를 중단한 것과 같습니다. 포어그라운드 프로세스에서 Ctrl + Z를 누르면 SIGSTOP 시그널이 전송되고, SIGSTOP 시그널을 수신한 프로세스는 중단 상태가 됩니다.

```
터미널                                                          −  □  ×
gilbut@ubuntu2404:~$ ping 8.8.8.8
PING 8.8.8.8 (8.8.8.8) 56(84) bytes of data.
(중략)
64 bytes from 8.8.8.8: icmp_seq=1 ttl=56 time=55.2 ms
64 bytes from 8.8.8.8: icmp_seq=2 ttl=56 time=53.6 ms

[1]+  Stopped                 ping 8.8.8.8
gilbut@ubuntu2404:~$
```

6 중단된 프로세스에 SIGCONT 시그널을 보내 프로세스를 다시 시작합니다.

```
터미널                                                    —  □  ×
gilbut@ubuntu2404:~$ kill -SIGCONT 53178
```

7 중단됐던 ping 프로세스가 다시 작동합니다. 프로세스가 백그라운드 프로세스로 시작된다는 점에 유의하세요. ping을 실행한 터미널에서 fg 명령어를 실행하면 다시 포어그라운드 프로세스로 작동합니다.

```
터미널                                                    —  □  ×
gilbut@ubuntu2404:~$ 64 bytes from 8.8.8.8: icmp_seq=5 ttl=56 time=49.0 ms
(중략)
64 bytes from 8.8.8.8: icmp_seq=8 ttl=56 time=45.1 ms
64 bytes from 8.8.8.8: icmp_seq=9 ttl=56 time=49.7 ms
fg    ◄---- fg 입력
ping 8.8.8.8
64 bytes from 8.8.8.8: icmp_seq=11 ttl=56 time=51.2 ms
64 bytes from 8.8.8.8: icmp_seq=12 ttl=56 time=53.5 ms
^C    ◄---- Ctrl + C 로 종료
--- 8.8.8.8 ping statistics ---
12 packets transmitted, 12 received, 0% packet loss, time 21263ms
rtt min/avg/max/mdev = 45.054/51.781/58.230/3.345 ms
gilbut@ubuntu2404:~$
```

8.4.2 killall로 시그널 전송하기

kill 명령어로 시그널을 전송할 때 대상 프로세스의 PID를 매번 확인해야 해서 조금 귀찮지 않았나요? 이런 불편함을 해결할 수 있는 방법이 있습니다. 바로 killall 명령어입니다. killall 명령어는 시그널을 보낼 프로세스의 PID를 입력하는 대신 프로그램 이름으로 대상 프로세스를 지정할 수 있습니다.

형식   killall [옵션] 프로그램_이름

killall 명령어에서 주로 사용하는 옵션은 다음과 같습니다.

표 8-5 killall 명령어 주요 옵션

옵션	설명
-e(--exact)	정확한 프로세스 이름을 요구합니다. 프로세스 이름이 15자 이상인 경우 적용됩니다.
-I(--ignore-case)	대소문자를 구분하지 않고 검색합니다.
-i(--interactive)	프로세스를 종료하기 전에 확인을 요청합니다.
-s 시그널_이름(--signal 시그널_이름)	지정한 시그널을 보냅니다.
-v(--verbose)	자세한 출력 결과를 제공합니다.

kill 명령어에서 대상 프로세스를 지정하는 방법은 매우 명확합니다. 현재 시스템 내에 PID가 같은 프로세스는 없기 때문입니다. 하지만 이름이 같은 프로세스는 여럿일 수 있습니다. 그리고 프로세스 이름이 같아도 작동 방식(예: 입력 인자 등)이 다를 수 있습니다.

killall 명령어를 사용하면 PID를 찾아 입력해야 하는 번거로움은 없지만, 엉뚱한 프로세스를 종료할 수 있으니 유의해야 합니다. 그래서 -e 옵션으로 대상을 좀 더 명확히 정의할 수 있습니다. 또한, -i 옵션을 사용하면 프로세스에 시그널을 전송하기 전에 사용자에게 확인을 받으니 유용합니다. killall 명령어를 사용하는 간단한 실습을 진행해 봅시다.

1 터미널을 3개 엽니다. 터미널 1에서 ping 8.8.8.8을 실행합니다.

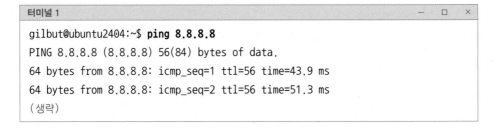

```
터미널 1                                              —  □  ×
gilbut@ubuntu2404:~$ ping 8.8.8.8
PING 8.8.8.8 (8.8.8.8) 56(84) bytes of data.
64 bytes from 8.8.8.8: icmp_seq=1 ttl=56 time=43.9 ms
64 bytes from 8.8.8.8: icmp_seq=2 ttl=56 time=51.3 ms
(생략)
```

2 터미널 2에서 ping 8.8.4.4를 실행합니다.

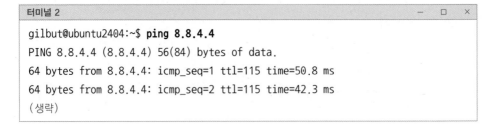

```
터미널 2                                              —  □  ×
gilbut@ubuntu2404:~$ ping 8.8.4.4
PING 8.8.4.4 (8.8.4.4) 56(84) bytes of data.
64 bytes from 8.8.4.4: icmp_seq=1 ttl=115 time=50.8 ms
64 bytes from 8.8.4.4: icmp_seq=2 ttl=115 time=42.3 ms
(생략)
```

3 터미널 3에서 두 ping 프로세스의 PID를 확인합니다. 터미널 1과 2에서 실행한 ping 프로세스의 PID는 각각 3003과 3006입니다.

```
터미널 3                                                      —  □  ×
gilbut@ubuntu2404:~$ ps -ef | grep ping
gilbut      3003    2680  0 17:08 pts/0    00:00:00 ping 8.8.8.8
gilbut      3006    2782  0 08:23 pts/2    00:00:00 ping 8.8.4.4
gilbut      3007    2894  0 08:23 pts/1    00:00:00 grep --color=auto ping
```

4 kill 명령어로 두 프로세스에 SIGTERM 시그널을 전송하려면 kill -TERM 3003 3006이라고 명령을 내립니다. 반면에 killall 명령어를 사용하면 다음과 같이 명령을 내릴 수 있습니다. 어떤 프로세스에 시그널을 보냈는지 확인하기 위해 -v 옵션을 붙여 실행해 봅시다. killall 명령이 두 프로세스를 시그널 15번(SIGTERM)으로 죽였다는 메시지가 출력됩니다.

```
터미널 3                                                      —  □  ×
gilbut@ubuntu2404:~$ killall -TERM -v ping
Killed ping(3003) with signal 15
Killed ping(3006) with signal 15
```

5 터미널 1과 2에서 실행하던 ping 프로세스가 종료된 것을 확인할 수 있습니다.

```
터미널 1                                                      —  □  ×
gilbut@ubuntu2404:~$ ping 8.8.8.8
(중략)
64 bytes from 8.8.8.8: icmp_seq=128 ttl=56 time=51.4 ms
64 bytes from 8.8.8.8: icmp_seq=129 ttl=56 time=55.3 ms
Terminated
```

```
터미널 2                                                      —  □  ×
gilbut@ubuntu2404:~$ ping 8.8.4.4
(중략)
64 bytes from 8.8.8.8: icmp_seq=128 ttl=56 time=24.4 ms
64 bytes from 8.8.8.8: icmp_seq=129 ttl=56 time=35.3 ms
Terminated
```

8장 시그널

지금까지 리눅스라는 운영체제를 이해하기 위해 알아야 할 내용을 살펴봤습니다. 이 내용들은 리눅스의 작동 방식을 이해하는 데 반드시 필요합니다.

9장부터는 여러 리눅스 배포판에서 기본 셸로 지정한 Bash에 대해 자세히 알아봅니다. Bash가 프로그래밍 언어는 아니지만 프로그래밍 언어의 요소를 갖고 있어 프로그래밍 경험이 없으면 조금 낯설 수 있습니다. 최대한 쉽게 설명하고 실습도 이어지니 큰 어려움은 없을 것입니다. Bash에 능숙해지면 리눅스를 더 원활히 다룰 수 있게 됩니다.

마무리

1. 시그널

시그널(signal)은 POSIX에서 정의한 IPC 도구로, 프로세스에 어떤 이벤트가 발생했음을 알려주기 위해 사용합니다.

2. 시그널 송수신

① 시그널은 커널이 프로세스에 보내기도 하고, 프로세스가 다른 프로세스에 보내기도 합니다. 프로세스가 자기 자신에게 시그널을 보낼 수도 있습니다.

② 소켓과 같이 데이터 교환을 주 목적으로 하는 IPC와 달리 시그널은 중복 시그널을 처리할 수 없습니다. 프로세스가 한 시그널을 수신하고 해당 시그널을 처리하기 전에 같은 종류의 시그널을 수신한다면 두 번째 도착한 시그널은 무시됩니다.

3. 시그널 종류

① 발생한 이벤트 종류를 나타내기 위해 여러 종류의 시그널이 정의돼 있습니다.

시그널 이름	의미
SIGABRT	의도적인 중단(abort)
SIGALRM	정해진 시간(alarm)이 됐음
SIGBUS	하드웨어 버스 에러
SIGCHLD	자식 프로세스 종료
SIGSTOP	프로세스 중단
SIGCONT	중단된 프로세스 재개
SIGHUP	프로세스의 제어 터미널이 닫힘
SIGINT	사용자가 인터럽트(Ctrl + C) 생성
SIGQUIT	사용자가 종료 문자(Ctrl + ₩) 생성
SIGTSTP	사용자가 일시 중지 문자(Ctrl + Z) 생성
SIGPIPE	프로세스가 잘못된 파이프에 쓰기 시도

● 계속

시그널 이름	의미
SIGSEGV	허용되지 않은 메모리 영역에 접근할 때 발생
SIGKILL	프로세스 종료 명령
SIGTERM	프로세스 종료 명령(조건에 따른 처리 가능)
SIGUSR1	사용자 정의 시그널 1
SIGUSR2	사용자 정의 시그널 2

② POSIX에서 정의한 시그널도 있고, 리눅스에서만 사용하는 리눅스 특화 시그널도 있습니다.

③ 시그널은 시그널 이름과 정수 값으로 표현되는 시그널 번호로 정의됩니다.

④ kill이나 killall 명령어를 사용해 시그널 목록을 조회하거나 대상 프로세스에 시그널을 전송할 수 있습니다.

4. 시그널 처리 방법

① 프로세스가 시그널을 수신하면 프로세스는 수신한 시그널을 처리해야 합니다. 프로그램은 시그널별로 어떻게 처리할지 프로그램 코드 수준에서 정의할 수 있습니다.

② 특정 시그널을 수신했을 때 무시하거나 원하는 일을 정의한 시그널 핸들러를 지정할 수도 있습니다. 시그널 핸들러가 지정되지 않는 시그널은 시그널의 기본 처리 방법대로 동작합니다. 프로세스를 종료시키거나 중지/재개시킬 수 있고, 코어 덤프 파일을 남기며 프로세스를 종료할 수도 있습니다.

셀프체크

정답 노트 p.548

1. PID가 12345인 프로세스에 SIGINT 시그널을 보내려고 합니다. 해당하는 명령을 작성해 보세요.

터미널	— ☐ ✕

2. ping 프로세스 여러 개가 동작 중인 상황에서 명령 하나로 ping 프로세스 모두를 종료시키려고 합니다. 해당하는 명령을 작성해 보세요.

터미널	— ☐ ✕

8장 시그널

코딩
자율학습

Part

2

리눅스
활용하기

**Part
2**

리눅스 활용하기

9장 Bash: 조건문과 테스트 연산자

10장 Bash: 반복문, 함수, 변수, 배열, 쿼팅

11장 Bash: 확장과 셸 옵션

12장 Bash: 리디렉션과 파이프라인

13장 시스템 관리

14장 필수 커맨드라인 툴

— 9장 —

Bash: 조건문과 테스트 연산자

9장부터는 Bash 사용법을 본격적으로 알아보겠습니다. 먼저 이 장에서는 Bash의 프로그래밍 요소 중에서 조건문과 조건문에서 사용할 수 있는 테스트 연산자에 관해 살펴봅니다. 프로그래밍에서 조건문은 빼놓을 수 없는 요소입니다. 일반적인 프로그래밍 언어의 조건문과 Bash의 조건문이 가장 다른 점은 참/거짓을 판별하는 테스트 연산자가 다양하다는 점입니다. Bash의 조건문에서 제공되는 다양한 테스트 연산자에 대해 알아보고, 테스트 연산자를 다룰 때 자주 사용하는 변수의 기초 내용도 살펴보겠습니다.

9.1

변수의 기초

프로그래밍 경험이 있다면 변수가 무엇인지 알 겁니다. 프로그래밍하는 데 변수는 빠질 수 없는 요소이기 때문이죠. 물론 프로그래밍 경험이 없어도 이해하는 데 문제없습니다. 이 절에서는 Bash의 변수 중에서 기초 내용을 설명하고 심화 내용은 10장에서 다룹니다.

변수(variable)란 데이터를 담는 그릇으로 이해할 수 있습니다. 변수에 어떤 데이터를 저장하도록 명령하면 해당 변수에 데이터가 저장됩니다. 변수에 저장된 데이터는 변수의 이름으로 사용할 수 있습니다. 변수에 저장하는 데이터는 보통 **값**이라고 합니다.

변수에 저장된 값을 읽어 사용하거나 변수에 저장된 값을 변경할 수도 있습니다. 프로그래밍 언어에서는 종류에 따라 값을 변경할 수 없는 변수도 있습니다. 반면에 Bash는 변수의 종류와 상관없이 값을 변경할 수 있습니다.

9.1.1 변수에 값 저장

Bash에서 변수에 값을 저장하는 방법은 간단합니다. 등호(=)를 기준으로 왼쪽에는 변수의 이름을 적고, 오른쪽에는 저장할 값을 적습니다. 등호의 좌우에는 공백이 없어야 합니다. 변수에 값을 저장하는 것을 **할당한다**고도 합니다.

> **형식** 변수_이름=값

NEW_VARIABLE이라는 변수에 hello라는 문자를 저장하려면 다음과 같이 작성합니다. 값은 큰따옴표(")나 작은따옴표(')로 감싸도 되고, 감싸지 않아도 됩니다. 큰따옴표로 감싸는 것이 일반적입니다. 값을 큰따옴표나 작은따옴표로 감싸는 것을 **쿼팅**(quoting)이라고 합니다. 자세한 내용은 **10.5 쿼팅**에서 다룹니다.

```
NEW_VARIABLE="hello"
```

변수 이름을 지을 때는 다음과 같은 규칙이 있습니다.

- 언더스코어(_)를 제외한 모든 특수 문자는 변수 이름으로 사용할 수 없습니다.

- 변수 이름은 대소문자를 구분합니다.

- 변수 이름에 숫자를 사용할 수 있으나 영문자 또는 언더스코어(_)로 시작해야 합니다.

9.1.2 변수 사용

변수를 사용한다는 것은 변수에 저장된 값을 사용하겠다는 의미입니다. 여러 변수가 있을 때 각 변수를 식별하려면 변수별로 ID가 있어야 합니다. **변수의 ID는 변수의 이름**입니다. 그래서 변수를 사용하려면 변수의 이름을 특정해야 합니다.

변수를 사용할 때는 변수 이름을 중괄호({})로 묶고 가장 앞에 달러($)를 붙입니다. 더 간략하게 표시하려면 중괄호를 생략하고 변수 이름 앞에 달러 기호($)만 붙여도 됩니다.

변수를 사용하는 간단한 실습을 해보겠습니다.

1 실습에 사용할 script 디렉터리를 만들고, script 디렉터리로 이동합니다.

```
터미널                                                    —  □  ×
gilbut@ubuntu2404:~$ mkdir script
gilbut@ubuntu2404:~$ cd script/
```

2 VAR라는 이름의 변수에 'value'라는 값을 저장합니다.

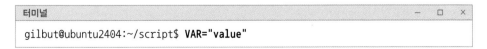

```
터미널                                                    —  □  ×
gilbut@ubuntu2404:~/script$ VAR="value"
```

3 VAR 변수에 저장된 값은 echo 명령어로 다음과 같이 출력할 수 있습니다.

```
터미널                                                        —  □  ×
gilbut@ubuntu2404:~/script$ echo ${VAR}
value
```

4 중괄호를 생략하고 간단히 표시할 수도 있습니다.

```
터미널                                                        —  □  ×
gilbut@ubuntu2404:~/script$ echo $VAR
value
```

하지만 중괄호를 생략할 때 유의할 점이 있습니다. 중괄호로 묶지 않은 변수 표기법을 사용하면 Bash가 변수 이름을 추정하게 됩니다. 이때 의도치 않게 잘못 해석되는 경우가 있습니다. 다음 예로 확인해 봅시다.

1 world 변수에 Banana라는 값을 저장합니다.

```
터미널                                                        —  □  ×
gilbut@ubuntu2404:~$ world="Banana"
```

2 기존 world 변수의 값에 'IsMine'이라고 붙여 출력하고 싶습니다. 다음과 같이 실행하면 될 까요?

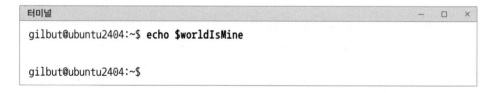

```
터미널                                                        —  □  ×
gilbut@ubuntu2404:~$ echo $worldIsMine

gilbut@ubuntu2404:~$
```

world 변수의 값인 'Banana'와 'IsMine'이 붙어 'BananaIsMine'이 출력되길 기대했지만, 아무런 값도 출력되지 않습니다. $ 다음에 중괄호가 없으면 Bash가 변수 이름을 추정합니다. 이 경우 worldIsMine이라는 이름의 변수를 찾습니다. 그러나 worldIsMine이라는 변수는 없으므로 아무 값도 출력되지 않고 빈 줄만 출력한 것입니다.

3 의도한 대로 출력하려면 world 변수를 중괄호로 묶어줘야 합니다.

```
터미널                                                        —  □  ×
gilbut@ubuntu2404:~$ echo ${world}IsMine
BananaIsMine
```

9.1.3 변수의 데이터 타입

대부분 프로그래밍 언어는 변수에 데이터 타입이 있습니다. **데이터 타입**은 변수에 저장하는 값의 유형을 뜻합니다. 예를 들어, C 언어에는 정수형 데이터를 저장하는 int, 실수형 데이터를 저장하는 float와 같은 데이터 타입이 있습니다. 프로그래밍 언어의 변수에는 정해진 데이터 타입에 맞는 값만 저장할 수 있습니다.

하지만 Bash는 변수에 데이터 타입이 없습니다. **모든 데이터는 문자열**로 처리됩니다. VAR=123이라고 저장하면 문자열(일련의 문자) 123이 저장됩니다. 그렇다면 Bash에서는 변수로 산술 연산을 할 수 없을까요? 아닙니다. 산술 연산을 지원하는 기능을 이용하면 됩니다. 산술 연산을 수행하도록 명령할 때만 문자열을 숫자로 취급한다고 볼 수 있습니다.

간단한 실습으로 확인해 봅시다.

1 a 변수에 1을 저장합니다.

```
터미널                                                      —  □  ✕
gilbut@ubuntu2404:~$ a=1
gilbut@ubuntu2404:~$ echo $a
1
```

2 b 변수에는 a 변수의 값에 1을 더한 값을 저장합니다. b 변수에는 어떤 값이 저장될까요?

```
터미널                                                      —  □  ✕
gilbut@ubuntu2404:~$ b=$a+1
gilbut@ubuntu2404:~$ echo $b
1+1
```

b 변수의 값은 '1+1'이라는 문자열이 됩니다. a 변수의 값인 문자열 1과 '+1'이라는 문자열이 연결돼 '1+1'이 b 변수에 저장된 것입니다.

3 변수에 중괄호를 사용하면 달라질까요? a 변수를 중괄호로 감싸서 다시 실행해 봅시다.

```
터미널                                                      —  □  ✕
gilbut@ubuntu2404:~$ b=${a}+1
gilbut@ubuntu2404:~$ echo $b
1+1
```

중괄호를 사용하지 않을 때와 결과가 같습니다. 그러면 어떻게 해야 의도한 대로 2라는 결과를 b 변수에 저장할 수 있을까요? 가장 쉬운 방법은 let 명령어를 사용하는 것입니다.

> **형식** let "표현식"

표현식 부분에 변수를 포함한 산술 연산식을 넣습니다. 이때 변수 이름 앞에는 달러 기호($)를 붙이지 않습니다. 변수에 값을 저장할 때와는 달리 등호 앞뒤로 공백이 있어도 괜찮습니다. 그리고 표현식 전체를 큰따옴표나 작은따옴표로 감싸줍니다.

1 앞에서 하려던 산술 연산을 let 명령어로 수행해 봅시다. 먼저 a 변수에 그대로 1을 저장합니다. 그리고 a 변수에 1을 더한 값을 b 변수에 저장하는 연산식을 큰따옴표로 감싸서 let 뒤에 넣습니다.

```
터미널                                                    —  □  ×
gilbut@ubuntu2404:~$ a=1
gilbut@ubuntu2404:~$ let "b = a + 1"
gilbut@ubuntu2404:~$ echo $b
2
```

2 원하던 대로 b 변수에는 2가 저장됩니다. 다른 사칙 연산도 let 명령어로 수행할 수 있습니다. b 변수에 2를 곱해 다시 b 변수에 저장하면 4가 됩니다.

```
터미널                                                    —  □  ×
gilbut@ubuntu2404:~$ let "b = b * 2"
gilbut@ubuntu2404:~$ echo $b
4
```

let 명령어 대신 expr 명령어를 사용하는 방법도 있습니다. expr 명령어의 형식은 다음과 같습니다.

> **형식** expr 표현식

expr 명령어는 산술 연산은 물론 문자열 연산, 논리 연산 등 다양한 연산을 수행할 수 있습니다. expr 명령어는 표현식 전체를 큰따옴표로 감싸지 않습니다. 표현식 부분에 연산식을 넣을 때는 변수 이름 앞에 달러 기호를 붙입니다. 그리고 변수와 연산 기호는 띄어 씁니다.

expr 명령어로 사칙 연산을 해봅시다. 먼저 a 변수와 b 변수에 각각 8과 2를 저장합니다. a 변수와 b 변수로 사칙 연산식을 작성합니다. 이때 변수 이름 앞에 달러 기호를 붙이고 각 연산 기호와는 앞뒤로 한 칸씩 띄어 씁니다. 연산식을 큰따옴표로 감싸지 않고 expr 명령어 뒤에 넣습니다.

```
터미널                                                              —  □  ×
gilbut@ubuntu2404:~/script$ a=8
gilbut@ubuntu2404:~/script$ b=2
gilbut@ubuntu2404:~/script$ expr $a + $b
10
gilbut@ubuntu2404:~/script$ expr $a - $b
6
gilbut@ubuntu2404:~/script$ expr $a / $b
4
gilbut@ubuntu2404:~/script$ expr $a * $b
16
```

실행해보면 덧셈, 뺄셈, 나눗셈까지는 문제없이 잘됩니다. 그런데 곱셈에서 다음과 같이 이상한 에러가 발생하는 경우가 있습니다.

```
터미널                                                              —  □  ×
expr: syntax error: unexpected argument 'hello.sh'
```

이것은 곱하기를 의미하는 *(asterisk)를 다르게 해석해서 그렇습니다. *는 보통 곱셈 기호로 사용하지만, 현재 디렉터리의 모든 파일 이름으로 치환하는 의미로도 사용합니다. *를 곱셈 기호로만 사용하려면 * 앞에 백슬래시(\)를 붙여줘야 합니다. 백슬래시 바로 뒤에 오는 문자는 문자 그대로 해석합니다. 그래서 * 앞에 백슬래시를 붙이면 파일 이름으로 치환하지 않고 곱셈 기호로 사용합니다. 이와 관련한 내용은 **10.5.3 이스케이프 문자**에서 더 자세히 다룹니다.

앞에서처럼 에러가 발생하는 경우 * 앞에 백슬래시를 붙여 다시 실행해 보세요. 에러 없이 곱셈 결과가 잘 나옵니다.

```
터미널                                                              —  □  ×
gilbut@ubuntu2404:~/script$ expr $a \* $b
16
```

expr 명령어의 실행 결과를 변수에 저장할 수도 있습니다. 값을 $( )로 감싸서 변수에 저장하면 됩니다. 이를 **명령어 치환**이라고 합니다. 자세한 내용은 **11.1.3 명령어 치환**에서 다룹니다.

```
터미널                                                        —  □  ×
gilbut@ubuntu2404:~/script$ expr $a + $b
10
gilbut@ubuntu2404:~/script$ result=$(expr $a + $b)
gilbut@ubuntu2404:~/script$ echo $result
10
```

조건문을 배우기 전에 변수에 관해 아주 간단히 알아봤습니다. Bash에서 변수는 데이터를 문자열로 처리한다는 점을 꼭 기억하세요.

1분 퀴즈

정답 노트 p.549

1. 변수에 값을 저장할 때 올바른 명령을 고르세요.

   ① man = woman   ② blue<=red   ③ var=value   ④ pros<-cons   ⑤ int a=3

2. a 변수와 b 변수에는 정수 값이 저장돼 있고, 두 변수를 더한 값을 result 변수에 저장하려 합니다. let 명령어와 expr 명령어를 이용해 다음 명령을 완성하세요.

```
터미널                                                        —  □  ×
$ let 'result = ①_____'
$ result=$(expr ②_____)
```

9.2

조건문과 테스트 연산자

Bash는 조건문을 지원합니다. **조건문**은 어떤 조건이 주어질 때 조건의 만족 여부에 따라 명령을 선택해 실행합니다. 조건문을 사용하면 변수의 값이나 명령의 실행 성공 등을 판단해 원하는 조건에서 적절한 명령을 내릴 수 있습니다. 이 절에서는 조건문의 사용법을 알아보고, 조건문에서 사용할 수 있는 테스트 연산자도 알아보겠습니다.

9.2.1 if 문의 형식

많은 프로그래밍 언어에서 조건문은 if 키워드를 사용합니다. Bash의 조건문도 다른 프로그래밍 언어의 조건문과 형식이 비슷합니다. 프로그래밍 경험이 있다면 쉽게 이해할 수 있습니다. 물론, 프로그래밍 경험이 없어도 괜찮습니다. 지금 이해하면 됩니다.

Bash에서 if 문의 기본 형식은 다음과 같습니다.

```
형식    if 조건
        then
            명령
        fi
```

if 문의 조건 부분이 참(True)인 경우에만 then 이후 명령 부분을 실행합니다. 조건이 참이 아닌 경우(거짓인 경우)에는 명령을 실행하지 않습니다. 명령 앞에 들여쓰기가 있습니다. 프로그래밍 언어에서 이런 들여쓰기를 보통 **인덴테이션**(indentation), 흔히 줄여서 **인덴트**라고 말합니다. 파이썬에서는 인덴트가 코드 블록을 구분하는 중요한 역할을 합니다. 하지만 Bash에서 인덴트

291

는 아무 의미가 없습니다. 단지 사람이 스크립트를 읽기 쉽게 도와줄 뿐입니다. 일반적으로 공백 4개나 8개 또는 탭 1개로 한 단계를 표현합니다.

명령을 작성한 후 if 문을 끝내려면 반드시 fi로 닫아줘야 합니다. fi가 'finish'의 약자처럼 보이지만, if를 역순으로 작성한 키워드입니다.

Bash의 if 문에서는 else도 지원합니다. 형식은 다음과 같습니다.

```
형식    if 조건
        then
            명령1
        else
            명령2
        fi
```

then 이후 명령1 부분은 조건이 참인 경우에만 실행되고, else 이후 명령2 부분은 조건이 거짓인 경우에만 실행됩니다.

조건문의 중첩도 지원합니다. **조건문의 중첩**이란 if 문의 then이나 else 이후 명령 부분에 또다른 if 문이 오는 것을 의미합니다. 형식은 다음과 같습니다.

```
형식    if 조건1
        then
            명령1
        else
            if 조건2
            then
                명령2
            else
                명령3
            fi
        fi
```

조건1이 참이면 명령1을 수행하고, 조건1이 거짓이면 조건2의 참/거짓 여부를 판단합니다. 조건2가 참이면 명령2를 수행하고, 거짓이면 명령3을 수행합니다.

if 문의 else 부분에 if 문이 중첩되는 경우 elif 키워드를 사용해 한 문장으로 만들 수 있습니다. 앞의 if 문 중첩 형식을 elif를 사용한 형식으로 바꾸면 다음과 같습니다.

형식
```
if 조건1
then
      명령1
elif 조건2
then
      명령2
else
      명령3
fi
```

if 문의 형식을 이해하기 쉽게 풀어 설명했습니다. 그런데 이 형식으로 스크립트를 작성하면 길이가 길어지는 단점이 있습니다. 그래서 많은 사람이 조건과 then 키워드를 한 줄에 써서 조금 짧게 줄인 형식을 선택합니다. 조건의 끝은 명령의 끝을 나타내는 세미콜론(;)으로 표시합니다. 겨우 한 줄 차이지만 훨씬 더 깔끔합니다.

형식
```
if 조건; then   ◄---- 기본 형식
      명령
fi

if 조건; then   ◄---- else를 사용할 때
      명령1
else
      명령2
fi

if 조건1; then  ◄---- elif를 사용할 때
      명령1
elif 조건2; then
      명령2
else
      명령3
fi
```

9.2.2 if 문의 조건

Bash의 if 문은 조건이 참인지 아닌지에 따라 then 이하 명령을 수행할지 말지를 결정합니다. 참/거짓은 조건 부분의 명령을 실행한 결과의 성공/실패로 판단합니다. 조건 부분의 명령을 실행해 프로세스 종료 코드로 0을 받으면 이 조건은 참이 됩니다. 0이 아닌 값을 받으면 이 조건은 거짓이 됩니다.

실습하며 if 문의 조건을 확실히 이해하겠습니다.

1 ls 명령어를 실행하면 디렉터리의 파일 목록을 출력합니다. 이때 ls 명령어를 실행한 프로세스의 종료 코드는 $? 변수에 저장돼 있습니다. 홈 디렉터리로 가서 ls 명령어의 종료 코드를 출력해 봅니다.

```
터미널                                                    —  □  ×
gilbut@ubuntu2404:~/script$ cd ..
gilbut@ubuntu2404:~$ ls
Desktop    Downloads  hello.sh   linktest  normal_file  Public  shared  Templates
Documents  greetings  hooray.sh  Music     Pictures     script  snap    Videos
gilbut@ubuntu2404:~$ echo $?
0
```

TIP — $? 변수는 Bash에 정의된 특수 변수 중 하나입니다. $? 변수에는 직전에 실행한 명령의 종료 코드가 자동으로 저장됩니다.

2 성공하는 명령인 ls를 조건으로 하는 if 문을 작성합니다. 조건의 참/거짓에 따라 화면에 success 또는 fail을 출력합니다(셸에서 직접 if 문을 작성하기 어렵다면 스크립트 파일로 만들어 실행해도 됩니다).

```
터미널                                                    —  □  ×
gilbut@ubuntu2404:~$ if ls
> then
>     echo "Result is success"
> else
>     echo "Result is fail"
> fi
Desktop    Downloads  hello.sh   linktest  normal_file  Public  shared  Templates
Documents  greetings  hooray.sh  Music     Pictures     script  snap    Videos
Result is success
```

fi로 if 문 작성을 끝내면 ls 명령어의 실행 결과가 화면에 출력됩니다. 마지막에 'Result is success'라는 성공 메시지가 출력된 것도 확인할 수 있습니다.

3 이번에는 실패하는 명령을 사용해 봅시다. ls로 존재하지 않는 asdf라는 파일을 조회합니다. $? 변수의 값을 출력해 명령의 성공 여부를 확인합니다. 종료 코드가 0이면 성공, 0이 아니면 실패를 의미합니다.

```
터미널                                                    —  □  ×
gilbut@ubuntu2404:~$ ls asdf
ls: cannot access 'asdf': No such file or directory
gilbut@ubuntu2404:~$ echo $?
2   ◀···· 실패를 의미
```

4 실패하는 명령인 ls asdf를 이용해 조건문을 작성합니다.

```
터미널                                                    —  □  ×
gilbut@ubuntu2404:~$ if ls asdf
> then
>     echo "Result is success"
> else
>     echo "Result is fail"
> fi
ls: cannot access 'asdf': No such file or directory
Result is fail
```

if 문의 조건인 ls asdf 명령이 실패해 'asdf'라는 파일이 없다는 에러 메시지가 출력됩니다. ls asdf 명령이 실패해 종료 코드는 0이 아닙니다. 따라서 if 문은 else 부분의 명령을 실행해 'Result is fail'이라는 메시지가 출력됩니다.

9.2.3 [명령어

[명령어는 if 문에서 가장 많이 사용하는 명령어입니다. 기호인데 명령어라니 좀 이상하죠? 지금까지 사용한 명령어는 대부분 영문자로 된 단어였습니다. 하지만 [도 엄연히 명령어입니다. /usr/bin 디렉터리 아래에는 여러 명령어(커맨드라인 툴)가 위치합니다. [명령어도 이 디렉터리에 포함돼 있습니다(리눅스 배포판의 종류에 따라 다른 디렉터리에 있을 수도 있습니다).

```
터미널                                                      _  □  ×

gilbut@ubuntu2404:~$ ls -al /usr/bin | head
total 214828
drwxr-xr-x  2 root root         36864 May 31 10:47 .
drwxr-xr-x 12 root root          4096 Apr 24 19:47 ..
-rwxr-xr-x  1 root root         55744 Apr  5  23:36 [
-rwxr-xr-x  1 root root         18744 May 31 16:27 aa-enabled
-rwxr-xr-x  1 root root         18744 May 31 16:27 aa-exec
-rwxr-xr-x  1 root root         18736 May 31 16:27 aa-features-abi
-rwxr-xr-x  1 root root         22912 Apr  7  16:09 aconnect
-rwxr-xr-x  1 root root          1622 Apr 20 06:46 acpidbg
-rwxr-xr-x  1 root root         16422 Apr 18 16:17 add-apt-repository
```

Bash의 조건문에 사용하는 [명령어를 **싱글 브래킷**(single bracket)이라고 합니다. [명령어는 테스트 연산자를 이용해 주어진 조건의 참/거짓을 판단할 때 사용합니다. if 문에서는 [명령어를 다음과 같이 사용합니다.

> **형식**
> ```
> if [ 표현식 ]; then
>     fi
> ```

이때 유의할 점이 있습니다. [뒤에 표현식이 나온 후]로 끝나야 합니다. 마치 표현식을 대괄호로 묶어준 것과 같은 모습이 됩니다. 그리고 [의 바로 뒤와]의 바로 앞은 한 칸을 띄어 써야 합니다. 그렇지 않으면 에러가 발생합니다.

표현식 부분에는 참/거짓을 판단할 조건이 들어갑니다. 문자열을 비교하거나 산술 연산을 하거나 파일 유무를 판단하는 등 여러 조건을 넣을 수 있습니다. [명령어는 표현식이 참이면, 명령에 성공하고 종료 코드로 0을 반환합니다. 그래서 if 문의 조건 부분도 참이 됩니다. 반대로 표현식이 거짓이면, 명령에 실패하고 종료 코드로 1을 반환합니다. 그래서 if 문의 조건 부분도 거짓이 됩니다. 이런 방식으로 if 문과 [명령어를 함께 사용할 수 있습니다.

> **Note** **싱글 브래킷과 더블 브래킷의 차이점**
>
> 싱글 브래킷과 비슷하게 생긴 **더블 브래킷**(double bracket)도 있습니다. 형식은 다음과 같습니다.
>
> > **형식**
> > ```
> > if [[ 표현식 ]]; then
> >     fi
> > ```

더블 브래킷은 원래 Ksh에서 소개했는데, Bash에서도 채택했습니다. 더블 브래킷은 싱글 브래킷의 단점을 보완하려고 개발됐습니다. 그래서 조금 더 많은 기능을 제공합니다. 그렇다면 항상 더블 브래킷을 사용하는 것이 더 좋을까요?

그렇지는 않습니다. 싱글 브래킷은 POSIX 표준이라서 유닉스 기반 시스템에서는 모두 호환됩니다. 하지만 더블 브래킷은 POSIX 표준이 아닙니다. 그래서 유닉스 기반 시스템에서 작동한다는 보장이 없습니다. 호환성이 중요한 경우에는 싱글 브래킷을 사용하는 것이 좋습니다.

싱글 브래킷 방식이 기본이고, 더 널리 사용하므로 이 장은 싱글 브래킷 방식으로 설명합니다. 더블 브래킷이 유용한 경우는 해당 내용이 나올 때 따로 설명하겠습니다.

Note 산술 연산을 위한 이중 괄호 표현식

조건문에서 산술 연산을 위해 **이중 괄호**(double parenthesis) **표현식**을 사용할 수 있습니다. 이중 괄호 표현식에서는 산술 연산은 물론 논리 연산, 비트 연산도 지원합니다.

다음은 이중 괄호 표현식을 사용한 스크립트입니다. 터미널에 직접 작성하거나 스크립트 파일로 작성해 실행 결과를 확인하기 바랍니다.

```
a=3
b=6
if (( a + b < 10 )); then
    echo "$a + $b = $(( a + b )), it's easy"
else
    echo "it is too difficult to solve."
fi
```

실행 결과는 다음과 같습니다.

터미널	— □ ×
3 + 6 = 9, it's easy	

이중 괄호 표현식에서 사용할 수 있는 연산자는 **11.1.4 산술 확장**에서 자세히 다룹니다.

9.2.4 문자열 테스트 연산자

싱글 브래킷의 표현식에는 조건을 판단하는 여러 테스트 연산자가 사용됩니다. 문자열을 비교하는 문자열 테스트 연산자부터 살펴보겠습니다.

문자열 테스트에서 사용할 수 있는 연산자는 다음과 같습니다.

표 9-1 문자열 테스트 연산자

연산자	설명
= 또는 ==	두 문자열이 같으면 참입니다.
!=	두 문자열이 다르면 참입니다.
〉또는〈	두 문자열을 사전식으로 비교(각 문자의 ASCII 값 비교)합니다.
-n	문자열의 길이가 0이 아니면 참입니다.
-z	문자열의 길이가 0이면 참입니다. 문자열에 값이 설정돼 있지 않거나 빈 문자열(empty string)인 경우 문자열의 길이를 0으로 판단합니다.

싱글 브래킷의 표현식에 〉, 〈 연산자를 사용할 때는 *를 사용할 때처럼 부등호 앞에 백슬래시를 붙여야 제대로 동작합니다. 백슬래시가 없으면 부등호를 리디렉션으로 해석하기 때문입니다. 더블 브래킷 안에서는 백슬래시가 없어도 문자열 테스트 연산자로 해석합니다.

문자열 테스트 연산자를 사용해 봅시다. 스크립트가 길어서 셸에 직접 작성하기보다는 스크립트 파일에 작성하고, 실행하는 것이 좋습니다.

1 script 디렉터리로 가서 nano로 string.sh라는 파일을 생성합니다.

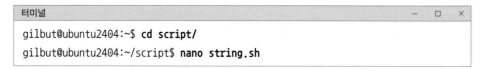

```
터미널                                              —  □  ×
gilbut@ubuntu2404:~$ cd script/
gilbut@ubuntu2404:~/script$ nano string.sh
```

2 다음 내용을 string.sh 파일에 작성합니다. 스크립트를 작성한 후에는 파일을 저장하고 닫습니다.

———————————————————————————————— string.sh

```
#!/bin/bash

A="hello"
B="world"
```

```
if [ "$A" == "$B" ]; then  ----------- ①
    echo "== operator: True"
else
    echo "== operator: False"
fi

if [ "$A" != "$B" ]; then  ----------- ②
    echo "!= operator: True"
else
    echo "!= operator: False"
fi

if [ "$A" \> "$B" ]; then  ----------- ③
    echo "> operator: True"
else
    echo "> operator: False"
fi

if [ -n "$A" ]; then  ----------- ④
    echo "-n operator: True"
else
    echo "-n operator: False"
fi

if [ -z "$A" ]; then  ----------- ⑤
    echo "-z operator: True"
else
    echo "-z operator: False"
fi
```

스크립트의 각 부분은 다음과 같이 동작합니다.

① A 변수와 B 변수가 같은지 비교합니다. A 변수와 B 변수에는 서로 다른 문자열이 저장돼 있으므로 == 연산자는 거짓을 반환합니다.

② A 변수와 B 변수가 다른지 비교합니다. A 변수와 B 변수에는 서로 다른 문자열이 저장돼 있으므로 != 연산자는 참을 반환합니다.

③ A 변수와 B 변수를 사전식으로 비교합니다. A 변수의 h(hello)가 B 변수의 w(world)보다 앞에 있으므로 > 연산자는 거짓을 반환합니다.

④ 문자열의 길이가 0이 아닌지 확인합니다. A 변수에 저장된 hello는 길이가 5입니다. 따라서 -n 연산자는 참을 반환합니다.

⑤ 문자열의 길이가 0인지 확인합니다. A 변수에 저장된 hello는 길이가 5이므로 -z 연산자는 거짓을 반환합니다.

3 스크립트를 작성하면서 어떤 결과가 나올지 예상해 봤나요? 예상한 대로 동작하는지 스크립트 파일을 실행해 봅시다. chmod 명령으로 스크립트 파일에 실행 권한을 추가해야 스크립트 파일을 실행할 수 있다는 점을 잊지 마세요.

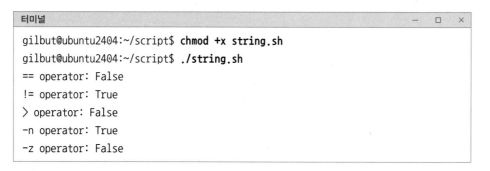

```
터미널                                                          —  □  ×
gilbut@ubuntu2404:~/script$ chmod +x string.sh
gilbut@ubuntu2404:~/script$ ./string.sh
== operator: False
!= operator: True
> operator: False
-n operator: True
-z operator: False
```

9.2.5 산술 테스트 연산자

Bash는 변수에 저장하는 값이나 셸에 입력하는 값을 문자열로 인식합니다. 숫자로 표기해도 숫자로 된 문자열로 해석합니다. 그래서 숫자로 해석해야 하는 부분은 그에 적합한 방식을 사용해야 합니다. 변수에서 let이나 expr 명령어로 산술 연산을 했던 것처럼 if 문에서도 산술 테스트 연산자를 별도로 제공합니다.

if 문에서 제공하는 산술 테스트 연산자는 다음과 같습니다.

표 9-2 산술 테스트 연산자

연산자	설명
-eq	equal의 약자로, 연산자 좌우의 값이 같으면 참을 반환합니다.
-ne	not equal의 약자로, 연산자 좌우의 값이 다르면 참을 반환합니다.
-le	less than or equal의 약자로, 연산자 좌측 값이 우측 값보다 작거나 같으면 참을 반환합니다.
-lt	less than의 약자로, 연산자 좌측 값이 우측 값보다 작으면 참을 반환합니다.
-gt	greater than의 약자로, 연산자 좌측 값이 우측 값보다 크면 참을 반환합니다.
-ge	greater than or equal의 약자로, 연산자 좌측 값이 우측 값보다 크거나 같으면 참을 반환합니다.

이번에도 스크립트 파일에 작성해 산술 테스트 연산자를 실습해 봅시다.

1 nano로 integer.sh 파일에 다음 스크립트를 작성합니다.

```bash
#!/bin/bash

A="34" -------------------------------------- ①
B="34"
echo "A=$A, B=$B"

if [ "$A" -eq "$B" ]; then  ----------- ②
    echo "-eq operator: True"
else
    echo "-eq operator: False"
fi

if [ "$A" -ne "$B" ]; then  ----------- ③
    echo "-ne operator: True"
else
    echo "-ne operator: False"
fi

if [ "$A" -le "$B" ]; then  ----------- ④
    echo "-le operator: True"
else
    echo "-le operator: False"
fi

B="56" -------------------------------------- ⑤
echo "A=$A, B=$B"
if [ "$A" -lt "$B" ]; then  ----------- ⑥
    echo "-lt operator: True"
else
    echo "-lt operator: False"
fi

if [ "$A" -gt "$B" ]; then  ----------- ⑦
    echo "-gt operator: True"
else
    echo "-gt operator: False"
```

301

```
    fi

    if [ "$A" -ge "$B" ]; then  ----------- ⑧
        echo "-ge operator: True"
    else
        echo "-ge operator: False"
    fi
```

2 integer.sh 파일을 실행해 결과를 확인해 봅시다.

스크립트의 각 부분은 다음과 같이 동작합니다.

① A, B 변수에 각각 문자열 34를 저장합니다. Bash는 저장한 값을 숫자로 된 문자열로 인식합니다. 하지만 -eq, -ne, -le, -lt, -gt, -ge 연산자를 사용하면 연산자 좌우 문자열을 숫자로 인지하고 비교합니다.

② -eq 연산자는 두 값이 같으면 참이므로 True를 출력합니다.

③ -ne 연산자는 두 값이 다르면 참이므로 False를 출력합니다.

④ -le 연산자는 A 변수의 값(34)이 B 변수의 값(34)보다 작거나 같으면 참이므로 True를 출력합니다.

⑤ B 변수의 값을 문자열 56으로 변경해 저장합니다.

⑥ -lt 연산자는 A 변수의 값(34)이 B 변수의 값(56)보다 작으면 참이므로 True를 출력합니다.

⑦ -gt 연산자는 A 변수의 값이 B 변수의 값보다 크면 참이므로 False를 출력합니다.

⑧ -ge 연산자는 A 변수의 값이 B 변수의 값보다 크거나 같으면 참이므로 False를 출력합니다.

그렇다면 숫자로 된 문자열을 산술 테스트 연산자 대신 문자열 테스트 연산자로 비교하면 어떻게 동작할까요? Bash에 익숙하지 않을 때 자주하는 실수입니다. 어떻게 동작하는지 실습해 봅시다.

1 다음 스크립트를 mis-usage.sh 파일에 작성합니다.

mis-usage.sh

```bash
#!/bin/bash

A="34"
B="56"
echo "A=$A, B=$B"

if [ "$A" \< "$B" ]; then    ············ ①
    echo "< operator: True"
else
    echo "< operator: False"
fi

A="112"    ································· ②
B="11111"
echo "A=$A, B=$B"

if [ "$A" \< "$B" ]; then    ············ ③
    echo "< operator: True"
else
    echo "< operator: False"
fi
```

2 mis-usage.sh 파일을 실행합니다.

9장 Bash: 조건문과 테스트 연산자

```
터미널                                                    –  □  ×
gilbut@ubuntu2404:~/script$ chmod +x mis-usage.sh
gilbut@ubuntu2404:~/script$ ./mis-usage.sh
```

```
A=34, B=56
< operator: True
A=112, B=11111
< operator: False
```

스크립트의 각 부분은 다음과 같이 동작합니다.

① <는 문자열을 사전식으로 비교하는 연산자입니다. 문자열 34와 문자열 56을 비교했을 때 3보다 5가 크므로 < 연산자는 참을 반환해 True를 출력합니다.

② 두 변수의 값을 112와 11111로 변경합니다.

③ 사전식 비교는 문자열을 한 문자씩 비교해 같은 값이면 그다음 문자를 비교합니다. A 변수와 B 변수의 값은 세 번째 문자에서 달라집니다. A 변수의 세 번째 문자인 2가 B 변수의 세 번째 문자인 1보다 큽니다. A 변수가 더 크므로 < 연산자는 거짓을 반환해 False를 출력합니다.

9.2.6 파일 테스트 연산자

Bash는 파일을 테스트할 수 있는 연산자도 제공합니다. 해당 연산자를 사용하면 파일의 유무나 특성 등을 판단할 수 있습니다. 하지만 파일 내용을 판단하는 연산자는 제공하지 않습니다. 자주 사용하는 파일 테스트 연산자는 다음과 같습니다.

표 9-3 파일 테스트 연산자

연산자	설명
-e	파일이 존재하면 참을 반환합니다.
-f	파일이 일반 파일이면 참을 반환합니다.
-d	파일이 디렉터리면 참을 반환합니다.
-s	파일이 비어 있지 않으면(크기가 0이 아니면) 참을 반환합니다.
-L	파일이 심볼릭 링크면 참을 반환합니다.
-r	파일에 읽기 권한이 있으면 참을 반환합니다.
-w	파일에 쓰기 권한이 있으면 참을 반환합니다.
-x	파일에 실행 권한이 있으면 참을 반환합니다.

파일 테스트 연산자를 사용해 봅시다.

1 실습에 사용할 파일의 상태부터 확인합니다. 주의 깊게 볼 부분은 /etc/passwd 파일의 권한입니다. 이 파일은 소유자인 root 사용자에게만 쓰기 권한이 있습니다.

```
터미널                                                          ─  □  ×
gilbut@ubuntu2404:~/script$ ls -al string.sh
-rwxr-xr-x 1 gilbut gilbut 463 Jun  4 14:28 string.sh
gilbut@ubuntu2404:~/script$ ls -al /etc/passwd
-rw-r--r-- 1 root root 2929 May 27 16:04 /etc/passwd
```

2 filetest.sh 파일을 만들어 다음 스크립트를 작성합니다.

—— filetest.sh

```bash
#!/bin/bash

FILE="string.sh"  ---------------------- ①
echo "target file is $FILE"

if [ -f "$FILE" ]; then  ----------- ②
    echo "-f operator: True"
else
    echo "-f operator: False"
fi

if [ -r "$FILE" ]; then  ----------- ③
    echo "-r operator: True"
else
    echo "-r operator: False"
fi

if [ -d "$FILE" ]; then  ----------- ④
    echo "-d operator: True"
else
    echo "-d operator: False"
fi

if [ -s "$FILE" ]; then  ----------- ⑤
    echo "-s operator: True"
else
```

9장 Bash: 조건문과 테스트 연산자

305

```
        echo "-s operator: False"
fi

FILE="/etc/passwd"  ·················· ⑥
echo "target file is $FILE"

if [ -r "$FILE" ]; then  ············ ⑦
    echo "-r operator: True"
else
    echo "-r operator: False"
fi

if [ -w "$FILE" ]; then  ············ ⑧
    echo "-w operator: True"
else
    echo "-w operator: False"
fi

if [ -x "$FILE" ]; then  ············ ⑨
    echo "-x operator: True"
else
    echo "-x operator: False"
fi
```

3 일반 사용자의 권한으로 filetest.sh 파일을 실행합니다.

```
터미널                                          —  □  ×

gilbut@ubuntu2404:~/script$ chmod +x filetest.sh
gilbut@ubuntu2404:~/script$ ./filetest.sh
target file is string.sh
-f operator: True
-r operator: True
-d operator: False
-s operator: True
target file is /etc/passwd
-r operator: True
-w operator: False
-x operator: False
```

일반 사용자로 실행했을 때 스크립트의 각 부분은 다음과 같이 동작합니다.

① FILE 변수에 string.sh 파일을 저장합니다. 이 파일은 **9.2.4절**에서 작성한 스크립트 파일입니다.

② -f 연산자는 대상 파일이 일반 파일이면 참을 반환하므로 True를 출력합니다.

③ -r 연산자는 대상 파일을 읽을 수 있으면 참을 반환하므로 True를 출력합니다.

④ -d 연산자는 대상 파일이 디렉터리면 참을 반환하므로 False를 출력합니다.

⑤ -s 연산자는 대상 파일이 비어 있지 않으면 참을 반환하므로 True를 출력합니다.

⑥ FILE 변수에 /etc/passwd 파일을 저장합니다. 이 파일은 root 사용자에게만 쓰기 권한이 있습니다.

⑦ -r 연산자는 대상 파일을 읽을 수 있으면 참을 반환하므로 True를 출력합니다.

⑧ -w 연산자는 대상 파일에 쓸 수 있으면 참을 반환하므로 False를 출력합니다. /etc/passwd 파일은 소유자와 그룹 소유자가 모두 root 사용자입니다. 스크립트를 실행한 사용자가 root 사용자도, root 사용자 그룹에 포함된 사용자도 아니므로 일반 사용자 권한을 따릅니다. 일반 사용자 권한은 r--이라 읽기만 허용합니다. 따라서 -w 연산자는 거짓을 반환해 False를 출력합니다.

⑨ -x 연산자는 대상 파일을 실행할 수 있으면 참을 반환하므로 False를 출력합니다.

4 이번에는 sudo 명령어를 사용해 root 사용자의 권한으로 스크립트 파일을 실행합니다.

```
터미널                                                    —  □  ×
gilbut@ubuntu2404:~/script$ sudo ./filetest.sh
[sudo] password for gilbut: ****  ◀---- gilbut 사용자 비밀번호 입력
target file is string.sh
-f operator: True
-r operator: True
-d operator: False
-s operator: True
target file is /etc/passwd
-r operator: True
-w operator: True
-x operator: False
```

/etc/passwd 파일에 대한 -w 연산자의 결과만 바뀌었습니다. root 사용자로 실행하면 /etc/passwd 파일의 소유자 권한이 적용됩니다. /etc/passwd 파일의 소유자 권한은 rw-이므로 -w 연산자는 참을 반환해 화면에 True를 출력하게 됩니다.

파일의 권한은 소유자/소유 그룹/일반 사용자별로 설정됩니다. 따라서 파일 테스트 연산자 중 파일 권한을 확인하는 연산자는 실행하는 사용자에 따라 결과가 달라질 수 있습니다.

9.2.7 논리 테스트 연산자

지금까지 if 문 조건에 포함된 표현식은 하나의 조건만 검사했습니다. 이번에는 논리 테스트 연산자로 연결해 여러 조건을 넣어보겠습니다. 그 전에 논리 연산의 종류를 알아봅시다.

1. 논리곱 연산

논리곱 연산(logical AND, 이하 AND 연산)은 두 조건이 참인 경우에만 결과도 참입니다. 진리표(truth table)는 다음과 같습니다.

표 9-4 AND 연산의 진리표

A	B	A AND B
참	참	참
참	거짓	거짓
거짓	참	거짓
거짓	거짓	거짓

2. 논리합 연산

논리합 연산(logical OR, 이하 OR 연산)은 두 조건 중 한 조건만 참이어도 결과가 참입니다. 결과가 거짓이려면 두 조건이 모두 거짓이어야 합니다. 진리표는 다음과 같습니다.

표 9-5 OR 연산의 진리표

A	B	A OR B
참	참	참
참	거짓	참
거짓	참	참
거짓	거짓	거짓

3. 부정 연산

부정 연산(이하 NOT 연산)은 조건의 결과를 반대로 뒤집습니다. 참의 부정은 거짓이고, 거짓의 부정은 참입니다. 진리표는 다음과 같습니다.

표 9-6 NOT 연산의 진리표

A	A NOT
참	거짓
거짓	참

Bash에서 지원하는 논리 테스트 연산자는 다음과 같습니다.

표 9-7 논리 테스트 연산자

연산자	설명
-a	AND 연산입니다.
-o	OR 연산입니다.
!	NOT 연산입니다.

설명만으로는 논리 테스트 연산자를 이해하기 어렵습니다. 실습하며 사용법을 익혀봅시다.

1   다음 스크립트를 logical.sh 파일에 작성합니다. 스크립트를 작성하며 어떻게 동작할지 예상해 보세요.

logical.sh

```
#!/bin/bash

COURSE="Korean"   -------------------------------- ①
SCORE="99"

if [ "$COURSE" == "Korean" ]; then  ----------- ②
    if [ "$SCORE" -ge 95 ]; then
        RESULT="pass"
    fi
elif [ "$COURSE" == "English" ]; then
    if [ "$SCORE" -ge 85 ]; then
        RESULT="pass"
    fi
fi
```

```
if [ ! "$RESULT" == "pass" ]; then  ------------ ③
    RESULT="fail"
fi
echo "Result is $RESULT"
```

2 logical.sh 파일을 실행해 예상대로 동작하는지 확인해 봅시다.

```
gilbut@ubuntu2404:~/script$ chmod +x logical.sh
gilbut@ubuntu2404:~/script$ ./logical.sh
Result is pass
```

스크립트의 각 부분은 다음과 같이 동작합니다.

① COURSE 변수는 과목 이름을, SCORE 변수는 점수를 나타냅니다.

② 국어가 95점이거나 영어가 85점 이상이면 통과(pass), 그렇지 않으면 실패(fail)라고 출력하는 코드입니다. 조건을 만족하면 RESULT 변수에 pass를 저장합니다.

③ RESULT 변수가 pass가 아니라면 RESULT 변수에 fail을 저장합니다.

과목과 점수를 바꿔가며 실행해 예상한 결과가 출력되는지 확인해 보세요.

● 가독성 개선하기

앞의 스크립트는 가독성이 좋도록 다음과 같이 개선할 수 있습니다.

1 코드 ③은 ! 연산자와 == 연산자 대신 != 연산자 하나만 사용하도록 작성할 수 있습니다.

logical.sh

```
if [ "$RESULT" != "pass" ]; then
    RESULT="fail"
fi
```

2 코드 ②에서 논리 테스트 연산자 -a를 사용하면 중첩 if 문을 간단하게 줄일 수 있습니다.

logical.sh

```
if [ "$COURSE" == "Korean" -a "$SCORE" -ge 95 ]; then
    RESULT="pass"
elif [ "$COURSE" == "English" -a "$SCORE" -ge 85 ]; then
```

```
        RESULT="pass"
    fi
```

3 중첩 if 문을 없앤 코드 ②를 한 줄 if 문으로 다시 줄일 수도 있습니다. '국어 95점 이상'과 '영어 85점 이상'에 해당하는 조건을 각각 소괄호(( ))로 묶고, 두 조건을 -o 연산자로 연결합니다. 소괄호로 묶을 때 소괄호 앞에 백슬래시(\)를 붙여야 오류가 발생하지 않습니다. 그런데 이 방법은 가독성이 오히려 떨어지므로 추천하지는 않습니다.

logical.sh

```
if [ \( "$COURSE" == "Korean" -a "$SCORE" -gt 95 \) -o \( "$COURSE" == "English"
-a "$SCORE" -gt 85 \) ]; then
    RESULT="pass"
fi
```

● **더블 브래킷에서 논리 테스트 연산자 사용**

더블 브래킷에서는 논리 테스트 연산자를 다음 형태로 사용합니다.

- &&: AND 연산입니다.
- ||: OR 연산입니다.
- !: NOT 연산입니다(싱글 브래킷과 동일).

앞에서 논리 테스트 연산자 -a를 사용해 2번 스크립트에 더블 브래킷을 사용하면 다음과 같이 바꿀 수 있습니다.

logical.sh

```
if [[ "$COURSE" == "Korean" && "$SCORE" -gt 95 ]]; then
    RESULT="pass"
elif [[ "$COURSE" == "English" && "$SCORE" -gt 85 ]]; then
    RESULT="pass"
fi
```

그리고 더블 브래킷에서는 조건을 묶을 때 사용한 소괄호 앞에 백슬래시를 붙일 필요가 없습니다. 그래서 3번 스크립트를 다음과 같이 바꿀 수 있습니다.

```
터미널                                                              —  □  ×

if [[ ( "$COURSE" == "Korean" && "$SCORE" -gt 95 ) || ( "$COURSE" == "English"
&& "$SCORE" -gt 85 ) ]]; then
    RESULT="pass"
fi
```

싱글 브래킷은 공백이 포함된 문자열을 입력할 때 반드시 큰따옴표로 감싸줘야 합니다. 그렇지
않으면 공백을 기준으로 문자열을 나누기 때문입니다. 변수의 값을 비교할 때 공백이 포함됐는지
확인할 수 없습니다. 따라서 싱글 브래킷을 사용할 때 변수는 반드시 큰따옴표로 감싸줍니다.

반면에 더블 브래킷에서는 큰따옴표로 감싸지 않아도 문자열을 공백 기준으로 나누지 않
습니다. 싱글 브래킷은 정규 표현식을 지원하지 않지만, 더블 브래킷은 **정규 표현식**(regular
expression, 특정 규칙을 가진 문자열을 표현하기 위한 형식)을 사용할 수 있습니다. 더블 브래킷
에서 정규 표현식을 확인하는 연산자는 =~입니다.

다음 스크립트는 COURSE 변수가 Ko로 시작하면 국어로, En으로 시작하면 영어로 판단하도
록 수정한 스크립트입니다. 정규 표현식은 큰따옴표로 묶지 않는다는 점에 유의하길 바랍니다.

```
터미널                                                              —  □  ×

if [[ ( "$COURSE" =~ ^Ko && "$SCORE" -gt 95 ) || ( "$COURSE" =~ ^En &&
"$SCORE" -gt 85 ) ]]; then
    RESULT="pass"
fi
```

여기에서 ^Ko와 ^En이 정규 표현식입니다. ^는 문장의 시작이라는 의미입니다. 그래서 ^Ko는
Ko로 시작하는 문장을 의미합니다. 즉, **COURSE 변수의 값 중에 Ko로 시작하는 경우**를 찾습니다.

9.2.8 case 문

case 문은 주어진 값이나 표현식을 여러 패턴 중 하나와 비교해 일치하는 패턴에 따라 명령을
실행하게 합니다. case 문은 복잡한 if-elif-else 구조를 대체할 수 있습니다. 특히 여러 값 또
는 문자열에서 서로 다른 행동을 취해야 할 때 효과적입니다. 각 패턴은)로 끝나며, 해당 패턴
이 일치할 때 실행될 명령은 ;;으로 종료합니다. case 문은 esac(case 역순)으로 종료합니다.
형식은 다음과 같습니다.

```
형식    case 표현식 in
          패턴1)
              명령1
              ;;
          패턴2)
              명령2
              ;;
          ...
          *)
              기본 명령
              ;;
       esac
```

표현식이 패턴1과 일치하면 명령1이 실행되고, 패턴2와 일치하면 명령2가 실행됩니다. 표현식이 패턴1, 패턴2 중 어느 것과도 일치하지 않으면 * 부분의 기본 명령이 실행됩니다.

한 표현식을 여러 값과 일치하는지 비교하는 경우에 case 문을 사용하면 if 문보다 더 간단한 스크립트를 작성할 수 있습니다. 실습하며 사용 방법을 익혀봅시다.

1 다음 스크립트를 case.sh 파일에 작성합니다. 동물의 종류에 따라 다리 개수를 출력하는 스크립트입니다.

case.sh

```
#!/bin/bash

ANIMAL="dog"
case "$ANIMAL" in  ------------------- ①
    "horse" | "dog" | "cat")  ------- ②
        LEGS="4"
        ;;
    "human" | "chicken")
        LEGS="2"
        ;;
    *)  ------------------------------- ③
        LEGS="?"
        ;;
esac

echo "$ANIMAL has $LEGS legs."
```

2 case.sh 파일을 실행해 결과를 확인합니다.

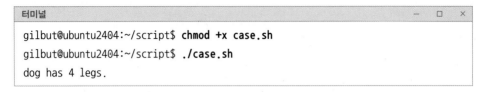

```
터미널                                                        ─  □  ×
gilbut@ubuntu2404:~/script$ chmod +x case.sh
gilbut@ubuntu2404:~/script$ ./case.sh
dog has 4 legs.
```

스크립트의 각 부분은 다음과 같이 동작합니다.

① ANIMAL 변수의 값에 따라 분기하는 case 문입니다. 패턴이 일치하면 ANIMAL 변수의 값에 따라 LEGS 변수에 동물의 다리 개수를 저장합니다.

② 다리가 4개인 동물을 위한 분기문입니다. 패턴 부분에 여러 값이 가능한 경우 |로 연결할 수 있습니다.

③ 패턴이 일치하지 않은 경우 실행할 기본 명령을 위한 분기문을 작성합니다.

> **TIP** ── case 문에서 여러 패턴을 하나의 조건으로 처리할 때 | 기호로 연결합니다.

조건문, 특히 if 문은 Bash에서 굉장히 자주 사용하므로 작동 방식을 확실히 이해해야 합니다. 특히 싱글 브래킷에서 사용할 수 있는 각종 테스트 연산자를 익히고 연습해야 합니다.

1분 퀴즈

정답 노트 p.549

3. 싱글 브래킷([명령어)으로 if 문을 작성할 때 사용하는 연산자의 설명으로 **틀린** 것을 고르세요.

① ==: 두 문자열이 같으면 참

② -eq: 두 수가 같으면 참

③ -n: 길이가 0보다 크면 참

④ -L: 파일의 길이가 길면 참

⑤ -r: 파일을 읽을 수 있으면 참

4. 다음 빈칸에 알맞은 연산자를 넣으세요.

① 싱글 브래킷에서 AND 연산자는 _____이고, OR 연산자는 _____이다.

② 더블 브래킷에서 AND 연산자는 _____이고, OR 연산자는 _____이다.

마무리

1. 변수

① 변수는 데이터를 담는 그릇으로, Bash는 변수에 문자열 형식으로 값을 저장합니다.

② 변수에 저장된 값을 사용할 때는 변수 이름을 ${}로 감쌉니다.

2. 조건문

① 조건문은 주어진 조건이 참인지 거짓인지에 따라 다른 명령을 수행할 수 있습니다.

② if 문의 조건 부분이 참(True)인 경우에만 then 이후 명령 부분을 실행합니다. 조건으로 일반 명령을 사용할 수 있는데, 명령의 성공/실패에 따라 if 문의 참/거짓이 결정됩니다.

③ if 문에 else가 포함돼 있으면 then 이후 명령 부분은 조건이 참인 경우에만 실행되고, else 이후 명령 부분은 조건이 거짓인 경우에만 실행됩니다.

④ if 문의 else 부분에 if 문이 중첩되면 elif 키워드를 사용해 한 문장으로 만들 수 있습니다.

형식

```
if 조건1; then
    명령1
elif 조건2; then
    명령2
else
    명령3
fi
```

3. [명령어

① 조건문에서 다양한 조건 판단을 할 때는 [명령어(싱글 브래킷)을 사용합니다.

② [명령어에서는 다음과 같은 연산자를 사용할 수 있습니다.

구분	연산자	설명
문자열 테스트 연산자	= 또는 ==	두 문자열이 같으면 참입니다.
	!=	두 문자열이 다르면 참입니다.
	〉또는 〈	두 문자열을 사전식으로 비교합니다.
	-n	문자열의 길이가 0이 아니면 참입니다.
	-z	문자열의 길이가 0이면 참입니다. 문자열에 값이 설정돼 있지 않거나 빈 문자열(empty string)인 경우 문자열의 길이를 0으로 판단합니다.
산술 테스트 연산자	-eq	equal의 약자로, 연산자 좌우의 값이 같으면 참을 반환합니다.
	-ne	not equal의 약자로, 연산자 좌우의 값이 다르면 참을 반환합니다.
	-le	less than or equal의 약자로, 연산자 좌측 값이 우측 값보다 작거나 같으면 참을 반환합니다.
	-lt	less than의 약자로, 연산자 좌측 값이 우측 값보다 작으면 참을 반환합니다.
	-gt	greater than의 약자로, 연산자 좌측 값이 우측 값보다 크면 참을 반환합니다.
	-ge	greater than or equal의 약자로, 연산자 좌측 값이 우측 값보다 크거나 같으면 참을 반환합니다.
파일 테스트 연산자	-e	파일이 존재하면 참을 반환합니다.
	-f	파일이 일반 파일이면 참을 반환합니다.
	-d	파일이 디렉터리면 참을 반환합니다.
	-s	파일이 비어 있지 않으면(크기가 0이 아니면) 참을 반환합니다.
	-L	파일이 심볼릭 링크면 참을 반환합니다.
	-r	파일에 읽기 권한이 있으면 참을 반환합니다.
	-w	파일에 쓰기 권한이 있으면 참을 반환합니다.
	-x	파일에 실행 권한이 있으면 참을 반환합니다.
논리 테스트 연산자	-a	AND 연산입니다.
	-o	OR 연산입니다.
	!	NOT 연산입니다.

③ 더블 브래킷은 문자가 다른 의미로 해석되는 것을 막기 때문에 *나 부등호에 백슬래시를 붙일 필요가 없습니다. 또한, 정규 표현식을 사용할 수 있습니다.

④ 산술 연산을 위해 이중 괄호 연산을 사용할 수도 있습니다.

1. 국어, 영어, 수학 중 점수가 가장 낮은 과목의 이름을 화면에 출력하려 합니다. 다음 조건을 만족하는 스크립트를 작성하세요. 과목별 점수를 바꿔가며 실행해 의도한 대로 동작하는지 확인해 보세요.

   - 국어, 영어, 수학 점수는 0~100점 사이 값이고, 서로 다른 값이다.

   - 국어, 영어, 수학 점수는 각각 KOREAN, ENGLISH, MATH 변수에 저장한다.

   - 점수가 가장 낮은 과목의 이름을 화면에 출력한다.

2. 카페에서 아메리카노와 카페라떼를 주문하려 합니다. 주문하는 음료의 수에 따라 내야 할 돈을 계산해 화면에 출력하는 스크립트를 작성하세요. 조건은 다음과 같습니다.

   - 아메리카노의 가격은 4,000원, 카페라떼의 가격은 5,000원이다.

   - 주문한 아메리카노와 카페라떼의 합은 총 10잔이다.

10장

Bash: 반복문, 함수, 변수, 배열, 쿼팅

이 장에서는 Bash의 프로그래밍 언어적 요소 중 반복문과 함수, 변수, 배열에 대해 배웁니다. 여기에 9장에서 배운 조건문까지 적용하면 Bash를 이용해 간단한 프로그래밍이 가능합니다. Bash로 GUI를 제공하거나, 높은 성능의 애플리케이션을 작성하기는 어렵습니다. 하지만 Bash 가 운영체제의 작동과 밀접한 관계가 있는 만큼 Bash로 운영체제를 다룰 수 있어서 프로그래밍 언어와는 다른 장점이 많습니다. 또한, 쿼팅에 대해 더 자세히 배웁니다. 쿼팅은 Bash가 문자나 문자열을 어떻게 해석하게 할지 결정하는 방법이라서 잘 알고 있어야 실수가 적어집니다.

10.1

반복문

반복문은 같은 작업을 되풀이하는 일을 처리하는 데 사용합니다. 반복문을 사용하면 명령을 조건에 맞게 반복해서 실행할 수 있습니다. 이 절에서는 Bash가 지원하는 반복문인 for, while, until 문의 사용법을 알아봅니다. 특히 for 문과 while 문은 자주 사용하니 사용법을 확실히 익히는 것이 좋습니다.

10.1.1 for 문

for 문은 셸 스크립트에서 사용하는 반복문 중 하나입니다. 반복문에서 반복되는 구문을 **루프**(loop)라고 합니다. for 문으로 만들어진 루프는 **주어진 목록이나 범위에서 명령을 반복해서 실행**합니다. for 문은 파일 목록이나 문자열 목록, 산술적 범위 등을 순회할 때 유용합니다. 각 반복(iteration)에서는 목록이나 범위의 항목을 변수에 할당하고 해당 변수로 명령을 실행합니다.

for 문은 두 가지 형식이 있습니다.

● 기본 형식

기본 형식은 목록을 순회하는 데 유용합니다.

> **형식**
> ```
> for 변수 in 목록
> do
>         명령
> done
> ```

같은 형식이지만 다음과 같이 한 줄로 줄여 쓸 수도 있습니다. 명령 부분에 여러 명령이 포함되는 경우 각 명령의 마지막에 **세미콜론**(;)을 붙입니다.

형식	for 변수 in 목록; do 명령; done

목록 부분에는 반복하고 싶은 항목들의 목록을 지정합니다. 변수 부분에는 매 반복에서 목록 부분에 지정한 항목을 저장할 변수의 이름을 넣습니다. 이렇게 하면 반복이 일어날 때마다 변수에 지정한 항목이 하나씩 값으로 저장됩니다.

반복이 일어날 때마다 명령이 순차적으로 실행됩니다. 명령은 do로 시작하고 done으로 끝나는 구문 사이에 존재합니다. 명령 부분의 모든 명령을 수행하면 변수 부분에 새로운 항목을 지정하고 다음 반복을 실행합니다. 마지막 항목에 대한 반복을 수행한 후에는 for 문을 종료합니다.

기본 형식의 for 문을 간단히 실습해 봅시다.

1   script 디렉터리에서 다음 스크립트를 for-basic.sh 파일에 작성합니다.

for-basic.sh

```
#!/bin/bash

for i in 1 2 3 4 5
do
    echo "number $i"
done
```

변수 부분에는 i를, 목록 부분에는 '1 2 3 4 5'를 넣습니다. 목록 부분에 지정한 항목은 공백 문자를 기준으로 구분됩니다. 그래서 '1 2 3 4 5'는 총 5개 항목으로 구분됩니다. 목록에 5개 항목이 있으니 루프를 5회 반복합니다. 각 반복을 수행할 때마다 i 변수에는 각 항목이 값으로 저장됩니다.

2   작성한 스크립트를 실행하면 다음과 같이 출력됩니다. 실행하기 전에 권한을 주는 것을 잊지 마세요.

터미널	– □ ×

```
gilbut@ubuntu2404:~/script$ chmod +x for-basic.sh
gilbut@ubuntu2404:~/script$ ./for-basic.sh
number 1
```

```
number 2
number 3
number 4
number 5
```

3 목록에 항목을 직접 넣는 대신 변수를 사용할 수도 있습니다. 공백 문자가 포함된 문자열을
변수에 저장할 때는 큰따옴표나 작은따옴표로 감싸줍니다.

――― for–basic.sh

```bash
#!/bin/bash

NUMS="2 4 6 8 10"    ◀---- 공백이 포함돼서 큰따옴표나 작은따옴표로 감싸야 함
for i in $NUMS
do
    echo "number $i in NUMS variable"
done
```

4 수정한 스크립트를 실행하면 다음과 같이 출력됩니다.

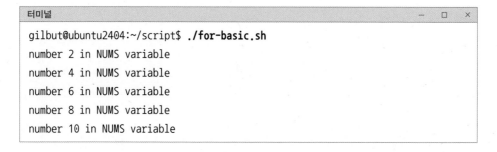

```
터미널                                                              ─  □  ×

gilbut@ubuntu2404:~/script$ ./for-basic.sh
number 2 in NUMS variable
number 4 in NUMS variable
number 6 in NUMS variable
number 8 in NUMS variable
number 10 in NUMS variable
```

5 for 문에서 목록 부분에 변수를 사용할 때 유의할 점이 하나 있습니다. 목록에 사용한 변수
를 큰따옴표로 묶어 입력해 봅시다. 어떻게 동작할까요?

――― for–basic.sh

```bash
#!/bin/bash

NUMS="2 4 6 8 10"
for i in "$NUMS"
do
    echo "number $i in quoted NUMS variable"
done
```

6 실행 결과는 다음과 같습니다.

```
터미널                                                  —  □  ×
gilbut@ubuntu2404:~/script$ ./for-basic.sh
number 2 4 6 8 10 in quoted NUMS variable
```

변수에 큰따옴표를 사용하지 않았을 때와 전혀 다른 결과가 나옵니다. 왜 이런 결과가 나올까요?

for 문은 목록의 항목별로 반복합니다. 각 항목은 공백 문자로 구분되고, 각각 문자열로 인식됩니다. Bash에서 항목을 구분하는 공백 문자는 기본적으로 공백(space), 탭(tab), 개행(newline)입니다. NUMS 변수의 초기 설정은 그대로이나 for 문의 목록 부분에서 변수를 사용할 때 변수를 큰따옴표로 묶었습니다. 변수를 큰따옴표로 묶으면 변수를 사용할 때 변수에 포함된 공백 문자까지 하나의 문자열로 인식합니다. 그래서 for 문의 첫 번째 반복에서 i 변수에는 '2 4 6 8 10'이라는 문자열을 저장해 이러한 결과가 나온 것입니다.

● C 언어 스타일 형식

C 언어의 for 문과 유사한 형식으로 작성할 수도 있습니다.

> **형식**   for ((초기식; 조건식; 증감식))
> do
>   명령
> done

C 언어 스타일의 for 문은 **이중 괄호 표현식**을 사용합니다. 이중 괄호 안에는 세미콜론으로 구분한 초기식, 조건식, 증감식이 있습니다. **초기식**은 for 문을 시작하면서 한 번만 실행되는 표현식입니다. **조건식**은 for 문을 언제까지 반복할지 판단하는 표현식입니다. for 문은 조건식을 만족하는 동안 반복합니다. **증감식**은 for 문을 반복할 때마다 실행할 표현식입니다. 주로 반복이 일어날 때마다 어떤 값을 변경하고, 변경된 정보를 명령 부분에서 사용합니다.

C 언어 스타일 for 문의 작동 방식을 도식화하면 **그림 10-1**과 같습니다.

그림 10-1 C 스타일 for 문의 작동 방식

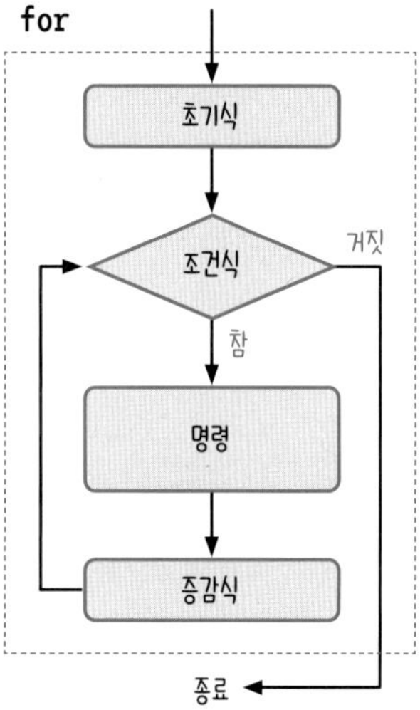

초기식, 조건식, 증감식 모두 산술 표현식으로 작성합니다. **산술 표현식**(arithmetic expression)은 산술 연산자가 포함된 연산식을 뜻합니다. **9.1.3 변수의 데이터 타입**에서 let 명령어에 나온 표현식도 산술 표현식입니다. 산술 표현식에 관해서는 **11.1.4 산술 확장**에서 자세히 다룹니다.

C 언어 스타일의 for 문을 사용해 봅시다.

1 다음 내용을 for-cstyle.sh 파일에 작성합니다.

for-cstyle.sh

```
#!/bin/bash

for ((i = 0; i < 5; i++))
do
    echo "number $i"
done
```

초기식에서 i 변수에 0을 저장한 후 조건식이 실행됩니다. i 변수의 값이 5보다 작으므로 조건식을 만족합니다. 조건식을 만족하면 do와 done 사이 명령을 실행합니다. 명령 실행이 끝난 후 증감식이 실행되고 i 변수에는 1이 증가된 값을 저장합니다. 증감식 부분에 있는 i++은 i = i + 1과 같은 의미입니다. 증감식 실행이 끝나면 다시 조건식을 실행합니다. 조건식이 만족하지 않으면 반복을 중단합니다.

TIP — 참고로, i--는 i = i - 1과 같은 의미입니다.

2 스크립트를 저장하고 실행하면 결과는 다음과 같습니다.

```
터미널                                                    —  □  ✕
gilbut@ubuntu2404:~/script$ chmod +x for-cstyle.sh
gilbut@ubuntu2404:~/script$ ./for-cstyle.sh
number 0
number 1
number 2
number 3
number 4
```

만약 초기식, 조건식, 증감식이 생략되면 for 문은 어떻게 동작할까요? 초기식이 생략되면 for 문 전체 동작에서 초기식 실행만 생략합니다. 증감식이 생략되면 증감식이 실행될 시점에 증감식 실행을 생략합니다. 조건식을 생략하면 조건식을 항상 만족한 것으로 간주합니다. 조건식이

언제나 만족한다는 말은 for 문이 종료되지 않음을 의미합니다. 따라서 조건식이 생략되면 for 문은 무한히 반복됩니다. 이를 **무한 루프에 빠졌다**고 표현합니다.

다음 스크립트를 실행해보면 강제 종료할 때까지 for 문을 무한히 반복합니다. 스크립트를 종료하려면 Ctrl + C를 누릅니다.

for-cstyle.sh

```
#!/bin/bash

for ((i = 0; ; i++))
do
    echo "Sleeping $i seconds."
    sleep $i
done
```

```
터미널                                                              —  □  ✕
gilbut@ubuntu2404:~/script$ chmod +x for-loop.sh
gilbut@ubuntu2404:~/script$ ./ for-loop.sh
Sleeping 0 seconds.
Sleeping 1 seconds.
Sleeping 2 seconds.
Sleeping 3 seconds.
^C
```

10.1.2 while 문

while 문은 **조건이 참인 동안 명령을 반복해서 실행**하는 반복문입니다. while 문은 주어진 조건이 거짓이 될 때까지 루프 안 명령을 계속 실행합니다. while 문은 for 문과 같은 초기식과 증감식이 없습니다. 그래서 루프 안 명령에서 조건의 판단 결과가 변경돼야 합니다.

while 문의 형식은 다음과 같습니다.

```
형식    while 조건식
        do
            명령
        done
```

for 문과 마찬가지로 while 문도 한 줄로 작성할 수 있습니다.

> **형식**   while 조건식; do 명령; done

while 문의 작동 방식을 도식화하면 다음과 같습니다.

그림 10-2 while 문의 작동 방식

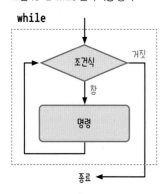

조건식이 while 문의 반복을 끝낼 수 있는 부분입니다. 조건식에는 if 문에서 사용한 싱글 브래킷뿐만 아니라 더블 브래킷과 산술 표현식도 사용할 수 있습니다.

1 먼저 싱글 브래킷으로 for 문에서 실습한 내용을 while 문으로 변경해 봅시다. 다음 내용을 while-sb.sh 파일에 작성합니다.

while-sb.sh

```bash
#!/bin/bash

i=0
while [ "$i" -lt 5 ]   ------- ①
do
    echo "number $i"
    let "i++"   ------------------- ②
done
```

① while 문의 조건식은 i 변수의 값이 5보다 작으면 참입니다.

② 명령을 한 번 반복할 때마다 i 변수의 값을 1 증가시켜 저장합니다. 반복을 5회 수행하면 i 변수의 값이 5가 되면서 조건식이 거짓이 되므로 while 문이 종료됩니다.

2 스크립트를 저장하고 실행하면 결과는 다음과 같습니다.

```
터미널                                                           —  □  ×
gilbut@ubuntu2404:~/script$ chmod +x while-sb.sh
gilbut@ubuntu2404:~/script$ ./while-sb.sh
number 0
number 1
number 2
number 3
number 4
```

3 이중 괄호 표현식으로 같은 동작을 하는 while 문을 작성할 수 있습니다. while 문의 조건
식만 산술 표현식으로 바꾸면 됩니다. 싱글 브래킷의 산술 테스트 연산자(-lt) 대신 문자열
테스트 연산자(<)를 이용해 수를 비교합니다. 다음과 같이 while-dp.sh 파일을 작성합니다.

while-dp.sh

```
#!/bin/bash

i=0
while (( i < 5 ))
do
    echo "number $i"
    let "i++"
done
```

4 while-dp.sh 파일을 실행하면 싱글 브래킷을 사용했을 때와 같은 결과를 출력합니다.

```
터미널                                                           —  □  ×
gilbut@ubuntu2404:~/script$ chmod +x while-dp.sh
gilbut@ubuntu2404:~/script$ ./while-dp.sh
number 0
number 1
number 2
number 3
number 4
```

10.1.3 until 문

until 문은 **조건이 거짓인 동안 명령을 반복해서 실행**하는 반복문입니다. until 문은 while 문과 비슷하지만, 반복을 종료하는 기준이 반대입니다. while 문은 조건식이 참인 동안 반복 실행하지만, until 문은 조건식이 거짓인 동안 반복합니다. 즉, until 문은 조건식이 참이 되면 반복을 종료합니다. 형식은 다음과 같습니다.

> **형식**
> ```
> until 조건식
> do
>         명령
> done
> ```

until 문 역시 한 줄로 명령을 내릴 수 있습니다.

> **형식** until 조건식; do 명령; done

until 문의 작동 방식을 도식화하면 다음과 같습니다.

그림 10-3 until 문의 작동 방식

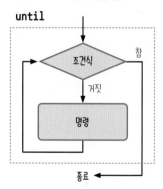

while 문으로 작성한 스크립트를 until 문으로 다시 작성해 봅시다.

1 다음 내용을 until-sb.sh 파일에 작성합니다.

until-ap.sh

```
#!/bin/bash

i=0
```

```
until [ "$i" -ge 5 ]
do
    echo "number $i"
    let "i++"
done
```

2 until-sb.sh 파일을 실행하면 while 문과 같은 결과가 나옵니다.

```
터미널                                                        —  □  ✕
gilbut@ubuntu2404:~/script$ chmod +x until-sb.sh
gilbut@ubuntu2404:~/script$ ./until-sb.sh
number 0
number 1
number 2
number 3
number 4
```

3 until 문에도 산술 표현식을 사용할 수 있습니다. 다음 내용을 until-ap.sh 파일에 작성합니다.

——— until-ap.sh

```
#!/bin/bash

i=0
until (( i >= 5 ));
do
    echo "number $i"
    let "i++"
done
```

4 until-ap.sh 파일을 실행해도 결과는 같습니다.

```
터미널                                                        —  □  ✕
gilbut@ubuntu2404:~/script$ chmod +x until-ap.sh
gilbut@ubuntu2404:~/script$ ./until-ap.sh
number 0
number 1
number 2
number 3
number 4
```

10.1.4 break와 continue

break와 continue는 for 문, while 문, until 문과 같은 반복문에서 **제어 흐름을 변경하는 명령어**입니다.

break는 반복문의 실행을 즉시 중단하고 반복문 밖으로 빠져나가는 데 사용합니다. 일반적으로 break는 조건문을 이용해 특정 조건을 만족할 때 반복을 강제로 종료합니다. break는 무한히 반복되는 것을 방지하거나 필요한 데이터를 찾은 후 더 이상 반복 실행할 필요가 없을 때 유용합니다. break는 가장 내부 반복문을 종료하며, 선택적으로 숫자 인자(n)를 통해 중단할 외부 반복문의 레벨을 지정할 수 있습니다.

break의 형식은 다음과 같습니다.

> **형식**   break [n]

그림 10-4 break의 작동 방식

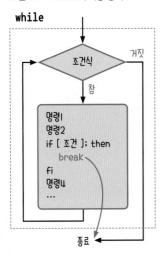

continue는 반복문에서 현재 반복을 중단하고 다음 반복으로 넘어갈 때 사용합니다. continue를 만나면 루프에서 나머지 부분을 건너뛰고 다음 반복을 시작합니다. continue는 반복문에서 조건을 만족하는 경우에만 특정 부분을 실행하거나 목록의 어떤 항목을 건너뛰고 싶을 때 유용합니다. continue는 가장 내부 반복문에 영향을 미치며, 선택적으로 숫자 인자(n)를 통해 영향을 미칠 외부 반복문의 레벨을 지정할 수 있습니다.

continue의 형식은 다음과 같습니다.

> **형식** continue [n]

그림 10-5 continue의 작동 방식

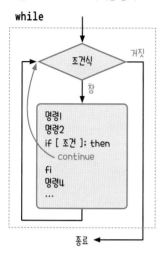

어떻게 사용하는지 실습하며 확인해 봅시다.

1 다음은 구구단을 화면에 출력하는 스크립트입니다. break-continue.sh 파일에 스크립트를 작성합니다. 작성하면서 어떻게 구구단을 화면에 출력할 수 있는지 생각해 보세요.

―――――――――――――――――――――――――――――――――― **break-continue.sh**

```bash
#!/bin/bash

for ((base = 2; base <= 9; base++))    ············· ①
do
    for ((mult = 1; mult <= 9; mult++))    ······· ②
    do
        let "result = base * mult"
        echo "$base * $mult = $result"
    done
    echo ""    --------------------------------------- ③
done

echo "End of script"
```

① base 변수는 단을 의미합니다. for 문을 돌며 2단부터 9단까지 출력합니다.

② mult 변수는 곱하는 수를 의미합니다. 단별로 1부터 9까지 곱합니다.

③ 한 단의 출력이 끝나면 빈 줄을 출력하게 합니다.

2 스크립트를 저장하고 실행하면 결과는 다음과 같습니다.

```
터미널                                                          —  □  ×

gilbut@ubuntu2404:~/script$ chmod +x break-continue.sh
gilbut@ubuntu2404:~/script$ ./break-continue.sh
2 * 1 = 2
2 * 2 = 4
2 * 3 = 6
(중략)
9 * 7 = 63
9 * 8 = 72
9 * 9 = 81

End of script
```

3 break와 continue를 사용해 흐름을 변경해 봅시다. 2단과 3단만 출력하고 종료하려면 어떻게 해야 할까요? 직접 수정해본 후 다음 스크립트와 비교해 보세요.

--- break-continue.sh

```bash
#!/bin/bash

for ((base = 2; base <= 9; base++))  ················· ①
do
    if [ "$base" -eq 4 ]; then  ···················· ②
        break
    fi
    for ((mult = 1; mult <= 9; mult++))  ·········· ③
    do
        let "result=base*mult"
        echo "$base * $mult = $result"
    done
    echo ""
done

echo "End of script"
```

332

②에서 base 변수의 값이 4이면 break를 실행합니다. base 변수는 2부터 시작했으니 2단과 3단을 출력하고 4단을 시작하려는 시점에 break가 실행됩니다. break는 가장 가까운 루프를 종료하므로 ①의 for 문을 종료하고 빠져나갑니다. 결국, 2단과 3단만 화면에 출력한 후 종료됩니다.

4 스크립트를 저장하고 실행하면 결과는 다음과 같습니다.

```
터미널                                                    —  □  ×

gilbut@ubuntu2404:~/script$ chmod +x break-continue.sh
gilbut@ubuntu2404:~/script$ ./break-continue.sh
2 * 1 = 2
2 * 2 = 4
2 * 3 = 6
(중략)
3 * 7 = 21
3 * 8 = 24
3 * 9 = 27

End of script
```

5 8단과 9단만 출력하려면 어떻게 해야 할까요? 직접 수정한 후에 다음 스크립트를 확인해 보세요.

break—continue.sh

```bash
#!/bin/bash

for ((base = 2; base <= 9; base++))
do
    if [ "$base" -lt 8 ]; then   ------- ①
        continue
    fi
    for ((mult = 1 ; mult <= 9; mult++))
    do
        let "result = base * mult"
        echo "$base * $mult = $result"
    done
    echo ""
done

echo "End of script"
```

①에서 base 변수가 8보다 작으면 continue를 실행합니다. continue가 실행되면 mult 변수에 대한 for 문은 실행되지 않고 해당 반복을 종료합니다. base 변수의 값이 8이 되면 continue가 실행되지 않아 8단과 9단의 내용이 출력됩니다.

6 스크립트를 저장하고 실행하면 결과는 다음과 같습니다.

```
터미널                                                          –  □  ×
gilbut@ubuntu2404:~/script$ chmod +x break-continue.sh
gilbut@ubuntu2404:~/script$ ./break-continue.sh
8 * 1 = 8
8 * 2 = 16
8 * 3 = 24
(중략)
9 * 7 = 63
9 * 8 = 72
9 * 9 = 81

End of script
```

7 이번에는 곱셈한 결과가 20보다 큰 경우 해당 단의 출력을 멈추고 다음 단으로 넘어가게 해봅시다.

── break-continue.sh

```bash
#!/bin/bash

for ((base = 2; base <= 9; base++))
do
    for ((mult = 1 ; mult <= 9; mult++))
    do
        let "result = base * mult"
        echo "$base * $mult = $result"
        if [ "$result" -gt 20 ]; then  ------ ①
            break
        fi
    done
    echo ""
done

echo "End of script"
```

①에서 곱셈 결과가 20보다 크면 break를 실행합니다. break는 가장 내부 반복문을 종료하므로 변수 mult에 대한 for 문을 종료합니다. 해당 for 문이 종료되면 다음 단의 내용이 화면에 출력됩니다.

8 스크립트를 저장하고 실행하면 결과는 다음과 같습니다.

```
터미널                                                    —  □  ×
gilbut@ubuntu2404:~/script$ chmod +x break-continue.sh
gilbut@ubuntu2404:~/script$ ./break-continue.sh
2 * 1 = 2
(중략)
2 * 9 = 18

3 * 1 = 3
(중략)
3 * 7 = 21

4 * 1 = 4
(중략)
4 * 6 = 24

(중략)
9 * 1 = 9
9 * 2 = 18
9 * 3 = 27

End of script
```

9 break 문에 인수 2를 넣으면 어떻게 될까요? 스크립트를 다음과 같이 수정한 후 실행해 봅시다.

break-continue.sh

```
#!/bin/bash

for ((base = 2; base <= 9; base++))
do
    for ((mult = 1 ; mult <= 9; mult++))
    do
        let 'result=base*mult'
```

```
            echo "$base * $mult = $result"
            if [ "$result" -gt "20" ]; then
                break 2    ------ ①
            fi
        done
        echo ""
done

echo "End of script"
```

①의 break 문에 인수 2를 추가해서 실행된 반복문 중 2번째 내부 반복문을 종료합니다. 따라서 base 변수에 대한 for 문이 종료됩니다. 해당 for 문이 종료되면 스크립트 실행이 종료됩니다.

10 스크립트를 저장하고 실행하면 결과는 다음과 같습니다.

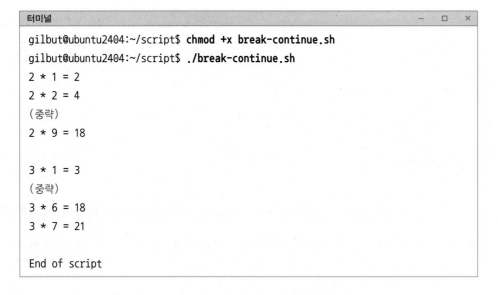

```
터미널                                                    —  □  ×
gilbut@ubuntu2404:~/script$ chmod +x break-continue.sh
gilbut@ubuntu2404:~/script$ ./break-continue.sh
2 * 1 = 2
2 * 2 = 4
(중략)
2 * 9 = 18

3 * 1 = 3
(중략)
3 * 6 = 18
3 * 7 = 21

End of script
```

Bash에서는 특히 for 문과 while 문을 자주 사용하니 사용법을 확실히 익혀두세요.

정답 노트 p.550

1. `for` 문을 이용해 다음과 같은 메시지를 출력하려 합니다. 스크립트의 빈칸에 알맞은 표현식을 넣으세요.

```
터미널                                                    —  □  ×
apple is delicious.
mango is delicious.
banana is delicious.
```

```bash
#!/bin/bash

fruits="apple mango banana"
for item in ①_____
do
    echo "②_____ is delicious."
done
```

2. 다음 셀 스크립트를 실행했을 때 화면에 출력되는 값을 작성하세요.

```bash
#!/bin/bash

total="0"
index="1"
end="10"
while ((index <= end))
do
    ((total = total + index))
    ((index = index + 1))
done
echo "$total"
```

답: _____

10.2

함수

함수(function)는 프로그래밍에서 특정 작업을 수행하는 코드 블록입니다. 프로그래밍 경험이 없어도 이해할 수 있도록 예를 들어 설명하겠습니다.

피자를 만들어 파는 가게가 있습니다. 이 피자 가게에서 새로운 직원을 채용하게 됐습니다. 피자를 만드는 일은 직원에게 맡기고, 사장님은 홀에서 주문과 계산을 담당하려고 합니다. 사장님은 새로운 직원에게 피자 만드는 방법을 가르쳐야 합니다. 피자를 만드는 방법은 다음과 같습니다.

> 피자 만드는 방법
>
> - 준비된 도우를 얇게 편다.
>
> - 토마토 소스를 도우에 바른다.
>
> - 햄, 치즈, 고기, 야채 등 토핑을 올린다.
>
> - 오븐에 15분간 굽는다.

직원에게 피자 만드는 방법을 알려줬습니다. 이제 사장님은 주문을 받아 직원에게 피자를 만들도록 시키면 됩니다. 그런데 새로운 직원이 한 번에 한 가지 시키는 일만 잘합니다. 사장님은 피자 주문이 들어올 때마다 한 단계씩 직원에게 지시해야 합니다.

> (첫 번째 피자 주문을 받으면) 준비된 도우를 얇게 펴세요.
>
> 토마도 소스를 도우에 바르세요.
>
> 햄, 치즈, 고기, 야채를 올리세요.
>
> 오븐에 15분간 구우세요.

338

> (두 번째 피자 주문을 받으면) 준비된 도우를 얇게 펴세요.
>
> 토마토 소스를 도우에 바르세요.
>
> 햄, 치즈, 고기, 야채를 올리세요.
>
> 오븐에 15분간 구우세요.
>
> ...

생각만 해도 지칩니다. 이럴 때 필요한 것이 바로 레시피입니다. 피자 만드는 과정을 하나의 레시피로 만들어 직원에게 알려주면 사장님은 다음과 같이 일할 수 있습니다.

> (첫 번째 피자 주문을 받으면) 레시피대로 피자 1판을 만드세요.
>
> (두 번째 피자 주문을 받으면) 레시피대로 피자 1판을 만드세요.
>
> ...

프로그래밍 언어에서 함수는 피자 가게의 레시피와 같은 역할을 합니다. 어떤 기능을 하는 명령들을 하나의 함수로 만들어두면 명령을 간편하게 실행시킬 수 있습니다. 이렇게 하면 불필요한 코드를 줄이고 코드의 재사용성을 높일 수 있습니다. 또한, 복잡한 프로그램을 관리하기 쉬운 작은 단위로 나눌 수 있습니다.

10.2.1 함수의 선언과 사용

Bash에서 함수는 다음 3가지 형식으로 만들 수 있습니다.

형식
```
# 함수 선언
함수_이름( ) # 선언부 ------------------- ①
{
    ...
}

function 함수_이름 # 선언부 ---------- ②
{
    ...
}
```

```
function 함수_이름( ) # 선언부  ------ ③
{
    ...
}
# 함수 사용
함수_이름
```

이처럼 함수를 만드는 것을 **함수 선언**이라고 합니다. 선언부의 형태 차이만 있고 의미는 모두 같습니다. 선언부에는 함수 이름과 함께 function 키워드와 소괄호(( ))를 넣습니다. 형식 ①이나 ②처럼 function 키워드와 소괄호는 생략할 수 있습니다. 함수 이름은 Bash에서 한 단어로 인식돼야 합니다. 그래서 공백 문자를 포함할 수 없습니다. 일부 특수 문자를 사용할 수 있지만, 관례상 언더스코어(_)를 제외한 특수 문자는 잘 사용하지 않습니다. 함수 이름은 대소문자를 구분합니다.

함수 선언은 나중에 사용할 함수를 만들어두는 것입니다. 함수를 선언했다고 해서 그 함수가 실행되는 것은 아닙니다. 함수를 선언하고 나면 함수 이름만으로 함수 내용을 실행해 사용할 수 있습니다. 이를 **함수 호출**이라고 합니다. 함수를 호출할 때는 뒤에 소괄호 없이 함수 이름만 작성하면 됩니다. 단, 함수 선언보다 함수 호출을 먼저 하면 안 됩니다.

앞에서 소개한 피자 만드는 과정을 함수로 만들어 봅시다.

1 다음 내용을 func_pizza.sh 파일로 작성합니다.

── **func_pizza.sh**

```
#!/bin/bash

function make_a_pizza()  ----------- ①
{
    echo " - flatten the dough"
    echo " - spread the tomato source"
    echo " - top with ham, cheese, meat and veges"
    echo " - bake in the oven"
}

echo "for first pizza..."
make_a_pizza  ----------------------------- ②
```

```
echo "for second pizza..."
make_a_pizza

echo "for third pizza..."
make_a_pizza
```

① 함수 이름이 'make_a_pizza'인 함수를 선언합니다. 이 함수는 피자 만드는 과정을 화면
   에 출력합니다.

② 함수 이름으로 함수를 호출합니다.

2 스크립트 파일을 저장하고 실행하면 다음과 같은 결과를 확인할 수 있습니다.

피자 만드는 과정을 make_a_pizza라는 함수로 만들었습니다. 그리고 make_a_pizza 함수를
3번 호출하니 피자 만드는 과정을 3번 출력합니다. 이처럼 함수로 만들면 명령을 간편하게 실
행할 수 있습니다. 또한, 같은 코드를 여러 번 작성할 필요 없이 간단하게 함수 이름으로 함수를
호출해 재사용할 수 있습니다.

10.2.2 매개변수가 있는 함수

학생 때 다음과 같은 그림을 많이 봤을 겁니다.

그림 10-6 마법 상자

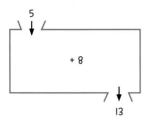

이 마법 상자는 어떤 수가 들어오면 8을 더해 내보냅니다. 마법 상자에 수를 넣을 때마다 같은 동작을 한다는 점에서 마법 상자를 함수라고 볼 수 있습니다. 함수도 입력을 받아 어떤 동작을 한 후 결과를 출력할 수 있습니다. 이때 함수의 입력은 **인자**(argument)라고 하고, 함수가 실행될 때 함수 내에서 인자의 값을 저장하는 변수를 **매개변수**(parameter)라고 합니다. 함수의 출력은 일반적으로 **반환값**(return value)이라고 합니다. return이라는 키워드로 함수의 반환값을 정의하고 함수를 종료할 수 있습니다. Bash의 함수도 매개변수와 return을 지원합니다.

앞서 실습한 make_a_pizza 함수는 입력이 없고 출력만 존재하는 함수입니다. 매개변수와 반환값이 있는 함수를 선언하고 사용해 봅시다.

1 다음 내용을 func_magicbox.sh 파일에 작성합니다. 이 스크립트는 앞의 마법 상자를 함수로 표현한 것입니다.

func_magicbox.sh

```
#!/bin/bash

function magic_box()                          ①
{
    input="$1"                                ②
    let "result = input + 8"
    return $result                            ③
}

magic_box "5"                                 ④
result="$?"                                   ⑤
echo "result is $result"
```

매개변수 → `"$1"`
반환값 → `$result`
인자 → `"5"`

342

① 매개변수가 있는 함수라도 선언부는 다르지 않습니다.

② $1는 첫 번째 매개변수를 의미합니다. 매개변수는 $ 뒤에 순서대로 번호가 붙습니다. 그래서 두 번째 매개변수는 $2, 세 번째 매개변수는 $3 등으로 표현합니다. 열 번째 매개변수는 ${10}입니다. 열 번째부터는 매개변수를 중괄호로 묶어줘야 합니다. 프로그래밍 언어의 함수와 달리 Bash의 함수는 선언부에 매개변수를 따로 선언하지 않습니다. 그래서 매개변수를 받아 사용하는 부분을 함수의 시작 부분에 명시하는 것이 좋습니다.

③ return 키워드를 사용해 계산 결과를 반환값으로 정의하고 함수를 종료합니다.

④ magic_box 함수를 호출합니다. 함수의 인자는 함수 이름 다음에 차례대로 넣을 수 있습니다.

⑤ 함수의 반환값을 프로세스 종료 코드를 저장하는 $? 변수로 받습니다.

2 스크립트 파일을 실행하면 결과는 다음과 같습니다.

```
터미널                                                        —  □  ×
gilbut@ubuntu2404:~/script$ chmod +x func_magicbox.sh
gilbut@ubuntu2404:~/script$ ./func_magicbox.sh
result is 13
```

이번에는 make_a_pizza 함수를 좀 더 고급스럽게 발전시켜 봅시다. 도우, 소스, 피자 종류를 함수의 매개변수로 입력받아 더 맛있는 피자를 만들 수 있는 과정을 출력해 봅시다.

1 다음과 같이 func_pizza.sh 파일의 내용을 수정합니다.

func_pizza.sh

```
#!/bin/bash

function make_a_pizza()
{
    dough="$1"  -------------------------------------------------- ①
    source_type="$2"
    pizza_type="$3"

    echo "make a $dough $pizza_type pizza with $source_type source..."  ------ ②
    base_tops="ham, cheese, meat, veges"

    if [ "$pizza_type" == "potato" ]; then  -------------------------- ③
```

```
        special_top="potato"
    elif [ "$pizza_type" == "hawaiian" ]; then
        special_top="pineapple"
    elif [ "$pizza_type" == "avocado" ]; then
        special_top="avocado"
    fi

    echo " - flatten the $dough dough" --------------------------------- ④
    echo " - spread the $source_type source"
    echo " - top with $base_tops and $special_top"
    echo " - bake in the oven"
}

echo "for first pizza..."
make_a_pizza "thick" "tomato" "potato" ----------------------------- ⑤

echo "for second pizza..."
make_a_pizza "thick" "tomato" "hawaiian"

echo "for third pizza..."
make_a_pizza "thin" "spicy BBQ" "avocado" -------------------------- ⑥
```

① 함수 시작 부분에 매개변수를 명시합니다. 매개변수 3개를 각각 dough, source_type, pizza_type 변수에 저장합니다.

② 만드는 피자에 대한 설명을 출력합니다.

③ pizza_type 변수의 값에 따라 스페셜 토핑을 결정합니다.

④ dough, source_type, pizza_type, base_tops, special_top 변수의 값에 따라 피자를 만듭니다.

⑤ make_a_pizza 함수를 호출하며 함수 이름 뒤에 인자를 차례로 입력합니다.

⑥ 인자에 공백 문자가 포함되는 경우에는 반드시 큰따옴표나 작은따옴표로 묶어줘야 합니다.

2 실행하면 결과는 다음과 같습니다. 인자로 넣은 도우 종류와 토핑 종류를 매개변수로 받아 다양한 피자를 만들 수 있습니다.

```
터미널                                                    —  □  ×

gilbut@ubuntu2404:~/script$ ./func_pizza.sh
for first pizza...
make a thick potato pizza with tomato source...
 - flatten the thick dough
 - spread the tomato source
 - top with ham, cheese, meat, veges and potato
 - bake in the oven
for second pizza...
make a thick hawaiian pizza with tomato source...
 - flatten the thick dough
 - spread the tomato source
 - top with ham, cheese, meat, veges and pineapple
 - bake in the oven
for third pizza...
make a thin avocado pizza with spicy BBQ source...
 - flatten the thin dough
 - spread the spicy BBQ source
 - top with ham, cheese, meat, veges and avocado
 - bake in the oven
```

10.2.3 함수의 반환값과 출력값

Bash에서 함수가 실행한 결과를 돌려주는 방법으로 반환값과 출력값이 있습니다.

반환값은 함수에서 return 키워드를 사용해 0~255 사이 정수 값을 호출한 곳으로 반환합니다. 일반적으로 0은 성공을, 그 이외 값은 실패로 간주합니다. 물론, 앞에 나온 magic_box 함수처럼 어떤 값 자체를 반환하는 경우도 있습니다. 하지만 반환값은 범위가 제한적이라 대부분 성공 여부를 반환하는 것이 일반적입니다.

출력값은 함수를 실행하며 표준 출력에 출력된 내용을 반환하는 방법입니다. 이 방법을 사용하면 다양한 형태로 함수를 활용할 수 있습니다.

magic_box 함수를 수정해 출력값을 활용하는 방법을 실습해 봅시다.

10장 Bash: 반복문, 함수, 변수, 배열, 퀴즈

1 다음과 같이 func_magicbox.sh 파일로 수정합니다.

─── func_magicbox.sh

```
#!/bin/bash

function magic_box_with_progress()
{
    input="$1"
    let "result = input + 8"    ············· ①
    echo "$input + 8 = $result"    ······· ②
    return $result    ····························· ③
}

magic_box_with_progress "7"    ············· ④
result="$?"
echo "result is $result"    ···················· ⑤
```

magic_box_with_progress 함수는 magic_box 함수와 거의 비슷합니다. 계산 과정에 사용된 수식(①)을 화면에 출력(②)합니다. 매개변수의 값에 8을 더한 값("result = input + 8")을 반환값으로 지정(③)합니다. 인자 7을 넣어 magic_box_with_progress 함수를 호출(④)하고 반환값을 받아옵니다.

2 스크립트 파일을 실행하면 결과는 다음과 같습니다.

```
터미널                                                    −  □  ✕
7 + 8 = 15
result is 15
```

함수를 실행하며 7 + 8 = 15라는 계산 과정을 출력(②)하고 함수의 실행이 끝난 후 결과를 출력(⑤)합니다. 이렇게 나온 함수의 출력값을 사용하려면 함수를 **명령어 치환**(command substitution)으로 호출해야 합니다.

Note 명령어 치환

명령어 치환은 달러 기호($)와 소괄호(( ))로 명령 또는 함수 호출을 감싸는 방법입니다. 명령어 치환으로 명령을 입력하면 해당 명령이 실행되며 표준 출력으로 출력한 내용을 반환합니다. 함수를 호출할 때 명령어 치환을 사용하면 함수를 호출한 곳에서 함수의 표준 출력 내용을 받아 사용할 수 있습니다. 더 자세한 내용은 **11.1.3 명령어 치환**에서 설명합니다.

3 func_magicbox.sh 파일에서 magic_box_with_progress 함수는 변경하지 않고, 호출
하는 부분만 다음과 같이 변경해 봅시다.

func_magicbox.sh

```
(생략)
progress=$(magic_box_with_progress "7")  ······· ①
result="$?"
echo "progress: $progress"  ······························ ②
echo "result is $result"
```

magic_box_with_progress 함수를 $()로 감싸서 명령어 치환으로 호출(①)합니다. 명
령어 치환을 사용하면 함수의 표준 출력 내용을 받아 사용할 수 있습니다. 여기에서는
magic_box_with_progress 함수에서 echo 명령어로 출력한 내용(echo "$input + 8 =
$result")을 받아 progress 변수에 저장합니다. 그리고 progress 변수에 저장한 내용을
echo 명령어로 다시 출력(②)합니다.

4 스크립트 파일을 실행하면 결과는 다음과 같습니다.

```
터미널                                                    —  ☐  ✕
progress: 7 + 8 = 15
result is 15
```

함수는 프로그래밍에서 빠질 수 없는 개념입니다. 함수는 여러 명령을 묶어서 사용할 수 있게
하고, 인자를 입력받아 여러 용도로 사용할 수 있도록 해줍니다. 또한, 함수를 호출한 부분에서
는 함수의 표준 출력 내용을 받아 사용할 수도 있으며, 반환값을 이용해 성공/실패 여부를 판단
할 수도 있습니다.

1분 퀴즈

정답 노트 p.550

3. 다음 중 함수 선언 형식으로 옳지 않은 방법을 고르세요.

① make_a_pizza( )   ② function make_a_pizza

③ make_a_pizza   ④ function make_a_pizza( )

4. 다음 셀 스크립트에는 두 매개변수를 이용해 하나의 메시지를 출력하는 print_message 함수가 선언돼 있습니다. 이 함수가 출력하는 메시지를 msg 변수에 저장하려면 함수를 어떻게 호출해야 할까요? 다음 빈칸에 알맞은 표현식을 작성하세요.

```
#!/bin/bash

function print_message()
{
    echo "you give me $1 and $2."
}

msg=_____
echo "received message: $msg"
```

10.3

변수 심화

9.1절에서는 변수의 기초적인 사용 방법을 배웠습니다. 여기서는 더 깊이 있는 내용으로, 자주 사용하는 특수 매개변수와 변수의 범위, 환경변수에 대해 알아봅니다.

10.3.1 특수 매개변수

함수의 매개변수는 순서대로 $1, $2, $3 등으로 사용할 수 있습니다. 이는 매개변수의 순서를 나타낸다고 해서 **위치 매개변수**(positional parameter)라고 합니다. 이외에도 **특수 매개변수**(special parameter)가 있습니다. 이 절에서는 특수 매개변수의 종류와 특징에 대해 알아봅니다.

● $#

$#는 스크립트나 함수의 매개변수 개수를 나타내는 특수 매개변수입니다. 간단한 실습으로 사용법을 알아보겠습니다.

1 다음 내용을 special_param.sh 파일에 작성합니다.

special_param.sh

```
#!/bin/bash

echo "number of input param: $#"
```

2 스크립트 실행 권한을 준 후 다음과 같이 다양한 인자를 입력하며 실행합니다.

```
터미널                                                              ─  □  ✕
gilbut@ubuntu2404:~/script$ chmod +x special_param.sh
gilbut@ubuntu2404:~/script$ ./special_param.sh  ------------------------ ①
number of input param: 0
gilbut@ubuntu2404:~/script$ ./special_param.sh abc  ---------------- ②
number of input param: 1
gilbut@ubuntu2404:~/script$ ./special_param.sh abc xyz  ------------- ③
number of input param: 2
gilbut@ubuntu2404:~/script$ ./special_param.sh abc xyz 123  --------- ④
number of input param: 3
gilbut@ubuntu2404:~/script$ ./special_param.sh "abc xyz" 123  ------ ⑤
number of input param: 2
gilbut@ubuntu2404:~/script$ ./special_param.sh "abc xyz 123"  ------ ⑥
number of input param: 1
```

① 인자가 없으면 $#의 값은 0이 됩니다.

② 스크립트 실행 명령 뒤에 입력하는 단어(인자)가 매개변수로 입력됩니다. 여기서는 인자 1개가 매개변수로 입력돼 $#는 1이 됩니다.

③ 인자가 여러 개면 공백으로 구분합니다. 인자가 2개이므로 $#는 2가 됩니다.

④ 인자를 3개 이상 입력할 수도 있습니다.

⑤ 큰따옴표로 감싸면 공백 문자가 포함된 문자열을 하나의 인자로 인식합니다. 그래서 첫 번째 인자는 'abc xyz'가 되고, 두 번째 인자는 '123'이 됩니다. 따라서 $#는 2가 됩니다.

⑥ 세 단어를 큰따옴표 묶었기 때문에 인자 하나로 취급합니다. 따라서 $#는 1이 됩니다.

$#는 함수에서도 동일하게 동작합니다. 함수를 만들고, 다양한 방법으로 함수를 호출해 봅시다.

1 special_param.sh 파일을 다음과 같이 수정하고 저장합니다.

special_param.sh

```
#!/bin/bash

function print_num_params()
{
    echo "number of params: $#"
}

print_num_params
```

```
print_num_params abc
print_num_params abc xyz
print_num_params abc xyz 123
print_num_params "abc xyz" 123
print_num_params "abc xyz 123"
```

2 스크립트를 실행해 매개변수의 개수를 확인합니다.

```
터미널                                                              —  □  ×
gilbut@ubuntu2404:~/script$ ./special_param.sh
number of params: 0
number of params: 1
number of params: 2
number of params: 3
number of params: 2
number of params: 1
```

함수의 인자에 대해서도 동일한 결과가 나옵니다.

● **$0**

$0은 실행 중인 스크립트 파일의 이름을 나타내는 특수 매개변수입니다. 그래서 스크립트 파일
의 이름을 출력하거나 스크립트 사용 예를 출력할 때 사용하기 좋습니다. 같은 원리로 $0을 함
수에서 사용하면 함수 이름을 출력할 것 같지만, $0은 함수에서는 사용할 수 없습니다.

$0을 어떻게 사용하는지 실습으로 확인해 봅시다.

1 param_check.sh 파일에 다음 내용을 작성합니다.

param_check.sh

```
#!/bin/bash

if [ $# -ne 2 ]; then
    echo "usage: $0 NAME AGE"
    exit 1
fi

name="$1"
age="$2"
echo "MESSAGE FROM $0: hello $name, you are $age years old"
```

2 앞의 스크립트는 실행할 때 인자 2개가 필요합니다. 인자가 2개 미만일 때는 스크립트 사용 방법을 출력하고 스크립트가 종료됩니다. 실행 권한을 준 후 다음과 같이 여러 방법으로 스크립트를 실행합니다.

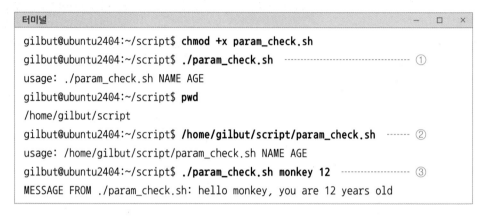

```
터미널                                                    —  □  ×
gilbut@ubuntu2404:~/script$ chmod +x param_check.sh
gilbut@ubuntu2404:~/script$ ./param_check.sh ----------------- ①
usage: ./param_check.sh NAME AGE
gilbut@ubuntu2404:~/script$ pwd
/home/gilbut/script
gilbut@ubuntu2404:~/script$ /home/gilbut/script/param_check.sh ------ ②
usage: /home/gilbut/script/param_check.sh NAME AGE
gilbut@ubuntu2404:~/script$ ./param_check.sh monkey 12 ----------- ③
MESSAGE FROM ./param_check.sh: hello monkey, you are 12 years old
```

① 인자 없이 스크립트를 실행하면 사용법이 출력됩니다.

② 스크립트를 절대 경로로 실행하면 $0도 절대 경로로 표시한 스크립트 이름을 출력합니다.

③ 인자를 2개 입력하면 스크립트가 이름과 나이를 출력하고 종료됩니다.

● **$*와 $@**

$*와 $@은 모든 위치 매개변수를 다루는 특수 매개변수입니다. $*는 스크립트나 함수의 **모든 위치 매개변수를 하나의 문자열로 인식**합니다. 그래서 $*는 위치 매개변수를 공백으로 연결한 하나의 문자열이 됩니다. 반면, $@은 스크립트나 함수의 **위치 매개변수를 각각 인식**합니다. 그래서 인자를 입력받은 매개변수를 그대로 처리하려면 $@을 사용해야 합니다. 단, $*와 $@은 반드시 큰따옴표로 감싸야 제대로 동작합니다. 큰따옴표로 감싸지 않으면 공백 문자로 구분된 문자열로 인식해 단어별로 분리해서 처리합니다. 두 특수 매개변수는 이해하기 어려우니 실습하며 정확히 파악해 봅시다.

1 다음 내용을 all_of_params.sh 파일에 작성합니다.

--- **all_of_params.sh**

```
#!/bin/bash

echo "number of params: $#" ------ ①
```

```
echo "\$* is '$*'"   ···················· ②
echo "\$@ is '$@'"
```

① 스크립트를 실행하며 입력한 인자를 받은 매개변수의 개수를 출력합니다.

② 달러 기호 앞에 백슬래시를 입력하면 달러 기호가 문자 그대로 해석됩니다. 그래서 기호
가 그대로 화면에 출력됩니다.

2 파일 실행 권한을 주고 다양한 방법으로 스크립트 파일을 실행해 봅시다.

```
터미널                                                      —  □  ×
gilbut@ubuntu2404:~/script$ chmod +x all_of_params.sh
gilbut@ubuntu2404:~/script$ ./all_of_params.sh abc xyz 123
number of params: 3
$* is 'abc xyz 123'
$@ is 'abc xyz 123'
gilbut@ubuntu2404:~/script$ ./all_of_params.sh "abc xyz" 123
number of params: 2
$* is 'abc xyz 123'
$@ is 'abc xyz 123'
gilbut@ubuntu2404:~/script$ ./all_of_params.sh "abc xyz 123"
number of params: 1
$* is 'abc xyz 123'
$@ is 'abc xyz 123'
```

이 스크립트처럼 매개변수 전체를 한꺼번에 다룰 때는 $*의 출력 결과와 $@의 출력 결과가
같아 서로 구분되지 않습니다. $*와 $@이 차이를 보이는 것은 매개변수를 따로 처리할 때입
니다.

3 매개변수를 따로 처리하기 위해 all_of_params.sh 파일을 다음과 같이 수정합니다.

———————————————————————————————————— all_of_params.sh

```
#!/bin/bash

echo "number of params: $#"

echo "\$* is '$*'"
for param in "$*"   ······· ①
do
    echo " - parameter '$param'"
```

```
done
echo ""
echo "\$@ is '$@'"
for param in "$@"  ------- ②
do
    echo " - parameter '$param'"
done
```

① for 문을 사용해 $*의 모든 값을 출력합니다.

② for 문을 사용해 $@의 모든 값을 출력합니다.

4 수정한 스크립트를 다양한 방법으로 실행해 $*와 $@의 차이를 확인해 봅시다.

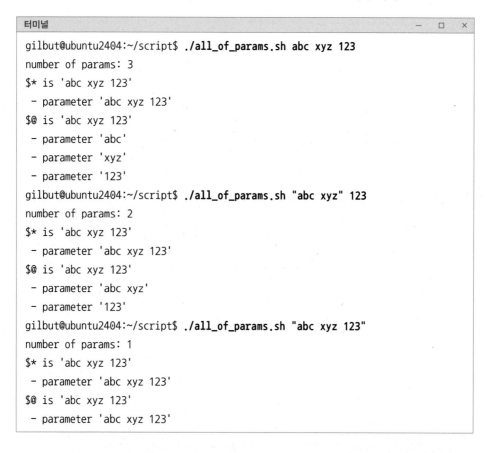

```
터미널                                                  —  □  ×
gilbut@ubuntu2404:~/script$ ./all_of_params.sh abc xyz 123
number of params: 3
$* is 'abc xyz 123'
 - parameter 'abc xyz 123'
$@ is 'abc xyz 123'
 - parameter 'abc'
 - parameter 'xyz'
 - parameter '123'
gilbut@ubuntu2404:~/script$ ./all_of_params.sh "abc xyz" 123
number of params: 2
$* is 'abc xyz 123'
 - parameter 'abc xyz 123'
$@ is 'abc xyz 123'
 - parameter 'abc xyz'
 - parameter '123'
gilbut@ubuntu2404:~/script$ ./all_of_params.sh "abc xyz 123"
number of params: 1
$* is 'abc xyz 123'
 - parameter 'abc xyz 123'
$@ is 'abc xyz 123'
 - parameter 'abc xyz 123'
```

이처럼 $*는 모든 위치 매개변수를 하나의 문자열로 처리하고, $@은 모든 위치 매개변수를 각각
인식합니다. 따라서 위치 매개변수를 그대로 사용하고 싶다면 $@을 사용해야 합니다.

● $?

$?는 최근에 실행된 명령이나 함수, 스크립트의 프로세스 종료 코드 또는 반환값을 나타내는 특수 매개변수입니다. 이 매개변수는 명령어나 스크립트가 성공적으로 실행됐는지, 오류가 발생했는지를 나타내는 정수 값을 가집니다. 일반적으로 0은 성공을, 0 이외 값은 실패를 의미하지만, 프로그램이나 함수, 스크립트의 종류에 따라 각기 다른 의미를 지닐 수 있습니다. $?도 간단히 실습하며 기능을 확인해 봅시다.

1 셸에서 다음 명령어를 실행합니다. 결과를 셸에서 바로 확인할 수 있습니다.

```
터미널                                                    —  □  ×
gilbut@ubuntu2404:~/script$ ms
ms: command not found
gilbut@ubuntu2404:~/script$ echo $?
127
```

ms는 리눅스에 존재하지 않는 명령어입니다. 그래서 실행하면 에러가 발생합니다. $?의 값을 확인하면 127이 저장돼 있습니다. 이처럼 $?의 값을 이용해 이전에 실행한 명령의 성공/실패 여부를 확인할 수 있습니다.

2 함수 호출에서도 $?를 사용해 봅시다. 다음 내용을 return_values.sh 파일에 작성합니다.

return_values.sh

```bash
#!/bin/bash

function is_file_exist()  ------------------------------ ①
{
    filename="$1"
    ls | grep -q $filename
    return $?
}

is_file_exist "sh"  -------------------------------- ②
echo "file exist test: $?"

is_file_exist "non-exist-file-pattern"  ------- ③
echo "file exist test: $?"
```

① 현재 디렉터리에 입력한 파일 이름이 검색되는지 확인하는 함수입니다. 이 함수는 grep 명령의 종료 코드를 그대로 반환하기 때문에 검색에 성공하면 0, 검색에 실패하면 1을 반환합니다.

② 현재 디렉터리에 sh로 끝나는 파일이 존재하는지 검색합니다.

③ 현재 디렉터리에 없는 파일 이름 패턴을 입력해서 검색합니다.

3 스크립트를 실행하면 결과는 다음과 같습니다.

```
터미널                                                    — ☐ ✕
gilbut@ubuntu2404:~/script$ chmod +x return_values.sh
gilbut@ubuntu2404:~/script$ ./return_values.sh
file exist test: 0
file exist test: 1
```

현재 디렉터리에 sh로 끝나는 파일이 있으므로 첫 번째 함수 호출에서는 0을 출력합니다. 현재 디렉터리에 없는 파일 이름 패턴을 입력했으므로 두 번째 함수 호출에서는 1을 반환받아 출력합니다.

● **$$**

$$는 실행 중인 셸의 PID를 반환합니다. 셸 프롬프트에서도 사용할 수 있고, 스크립트 파일에서도 사용할 수 있습니다.

1 셸에서 다음과 같이 실행해 봅시다. 현재 실행 중인 셸의 PID를 출력합니다(PID는 책과 다를 수 있습니다). 하나의 셸이 실행 중인 상태이므로 다시 실행해도 PID가 변경되지 않습니다.

```
터미널                                                    — ☐ ✕
gilbut@ubuntu2404:~/script$ echo $$
2055
gilbut@ubuntu2404:~/script$ echo $$
2055
```

2 이번에는 스크립트를 작성해 실행해 봅시다. 다음과 같이 스크립트를 실행 중인 PID를 출력하도록 pid.sh 파일에 작성합니다.

```
#!/bin/bash

echo "pid is $$"
```

3 스크립트를 실행하면 새로운 프로세스가 생성됩니다. 그래서 스크립트를 실행할 때마다 PID가 다르게 출력됩니다.

```
터미널                                                              —   □   ×
gilbut@ubuntu2404:~/script$ chmod +x pid.sh
gilbut@ubuntu2404:~/script$ ./pid.sh
pid is 2797
gilbut@ubuntu2404:~/script$ ./pid.sh
pid is 2798
gilbut@ubuntu2404:~/script$ ./pid.sh
pid is 2799
```

TIP ── 특수 매개변수 중에 $-도 있습니다. $-는 현재 Bash에 설정된 옵션을 출력합니다. 이에 관한 자세한 내용은 **11.2.2 옵션 상태 확인 방법**에서 다룹니다.

여기서 다룬 특수 매개변수 $#, $0, $*, $@, $?는 상당히 자주 사용되므로 의미와 사용법을 확실히 익히는 것이 좋습니다.

10.3.2 변수의 범위

변수의 범위(scope)는 변수에 접근해 사용할 수 있는 코드 영역 또는 코드 영역의 범위입니다. 변수가 어디에, 어떻게 선언되고 사용되는지에 따라 변수의 범위가 달라질 수 있습니다. Bash의 변수는 함수 로컬 변수와 글로벌 변수를 지원합니다.

함수 로컬 변수(function local variable)는 함수 안에서 local이라는 키워드와 함께 선언된 변수로, 해당 함수 안에서만 사용할 수 있으며 함수 밖에서는 접근할 수 없습니다. 함수 안에 선언한다고 무조건 함수 로컬 변수가 되는 것은 아닙니다. local 키워드로 명시해야만 함수 로컬 변수로 선언됩니다.

함수 로컬 변수를 제외한 모든 변수는 **글로벌 변수**(global)입니다. 글로벌 변수는 선언된 후 어디에서든 사용할 수 있습니다.

357

1 다음 내용을 scope_test.sh 파일에 작성합니다.

scope_test.sh

```bash
#!/bin/bash

declared_main="beautiful"  ----------------------------------- ①
function scope_test_func()  ----------------------------------- ②
{
    declared_in_func="hello"  ----------------------------- ③
    local func_local_var="world"  ----------------------- ④

    echo "from inside of function"  ----------------------- ⑤
    echo " - declared_in_func => $declared_in_func"
    echo " - func_local_var => $func_local_var"
    echo " - declared_main => $declared_main"
    echo ""
}

scope_test_func  ------------------------------------------- ⑥
echo "from outside of function"  --------------------------- ⑦
echo " - declared_in_func => $declared_in_func"
echo " - func_local_var => $func_local_var"
echo " - declared_main => $declared_main"
```

① 스크립트를 실행하면 파일 내용이 처음부터 끝까지 순서대로(declared_main 변수가 가장 먼저) 실행됩니다. 이 변수는 스크립트 파일 어디에서든 사용할 수 있습니다.

② 함수는 호출되기 전까지 실행되지 않습니다.

③ declared_in_func 변수는 함수 안에 선언됐지만 local 키워드가 없으므로 글로벌 변수입니다. scope_test_func 함수가 한 번 호출된 후에는 어디에서든 사용할 수 있습니다.

④ 함수 안에서 local 키워드로 선언된 func_local_var 변수는 함수 로컬 변수입니다. 따라서 func_local_var 변수는 함수 안에서만 사용할 수 있습니다. 함수 실행이 종료되면 함수 로컬 변수를 더 이상 사용할 수 없습니다.

⑤ 함수 안에서 3가지 변수의 값을 출력합니다.

⑥ 함수를 호출합니다. 함수가 실행되며 함수 안 변수에 값이 저장됩니다.

⑦ 함수 밖에서 3가지 변수의 값을 출력합니다.

2 스크립트 파일을 실행하면 결과는 다음과 같습니다.

① 함수를 호출해 함수 안에서 각 변수의 값을 출력한 결과입니다. 세 변수 모두 정상 출력되는 것을 확인할 수 있습니다.

② declared_in_func 변수는 함수 안에서 글로벌 변수로 선언됐기 때문에 스크립트 어디에서든 사용할 수 있습니다. 그래서 변수의 값이 문제없이 출력됩니다.

③ 함수 로컬 변수는 함수가 종료된 후에는 사용할 수 없습니다. 따라서 함수 밖에서 func_local_var 변수는 선언되지 않은 변수로 처리돼 아무런 값도 출력하지 않습니다.

④ 함수 밖에서 선언된 declared_main 변수는 스크립트 어디에서든 사용할 수 있습니다. 해당 변수의 값 역시 문제없이 출력됩니다.

스크립트 파일의 내용이 커지면 같은 이름의 변수가 사용될 가능성이 있습니다. 함수 내부에서만 사용하는 변수는 함수 로컬 변수로 선언하는 것이 좋습니다.

10.3.3 변수의 export

변수의 범위는 한 스크립트에 선언된 변수의 사용 범위를 나타내는 개념입니다. 이번에 다룰 export는 셸에서 선언한 변수를 새로운 스크립트에서도 사용할 수 있게 합니다. 좀 더 정확히 말하자면 export는 변수를 자식 프로세스에서도 사용할 수 있게 합니다. 셸에서 export로 어떤 변수를 선언했다면, 그 이후에 이 셸에서 실행하는 명령이나 다른 셸 스크립트에서 해당 변수를 사용할 수 있다는 의미입니다.

일반적으로 셸에 선언한 변수는 셸에서 새로운 스크립트를 실행했을 때 해당 스크립트에서 사용할 수 없습니다. 실습으로 확인해 봅시다.

1 다음과 같이 TEST_VAR이라는 변수의 내용을 출력하는 스크립트 파일(print_var.sh)을 작성합니다.

print_var.sh

```
#!/bin/bash

echo "TEST_VAR: $TEST_VAR"
```

2 셸에서 TEST_VAR 변수에 'hello world' 문자열을 저장하고, echo 명령어로 그 값을 확인합니다.

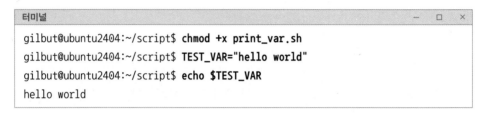

```
gilbut@ubuntu2404:~/script$ chmod +x print_var.sh
gilbut@ubuntu2404:~/script$ TEST_VAR="hello world"
gilbut@ubuntu2404:~/script$ echo $TEST_VAR
hello world
```

3 print_var.sh 파일을 실행합니다.

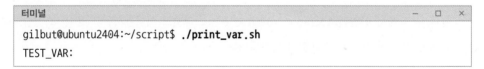

```
gilbut@ubuntu2404:~/script$ ./print_var.sh
TEST_VAR:
```

print_var.sh 파일은 TEST_VAR 변수의 값을 출력하는 스크립트 파일입니다. 하지만 스크립트를 실행하면 TEST_VAR 변수의 값으로 아무것도 나오지 않습니다. 셸에서 설정한 변수가 스크립트 내에서는 유효하지 않기 때문입니다. 이럴 때 필요한 것이 export 키워드입니다.

4 TEST_VAR 변수를 export 키워드로 선언하고 print_var.sh 파일을 다시 실행합니다.

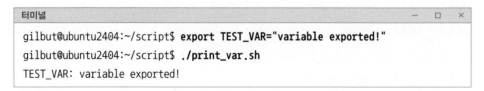

```
gilbut@ubuntu2404:~/script$ export TEST_VAR="variable exported!"
gilbut@ubuntu2404:~/script$ ./print_var.sh
TEST_VAR: variable exported!
```

export 키워드로 선언한 변수는 새로 실행된 스크립트 내에서 유효합니다. 이처럼 export 로 선언한 변수는 셸에서 스크립트를 실행할 때도 적용되지만, 셸에서 다른 실행 파일을 실행할 때도 적용됩니다. 또한, 스크립트에서 다른 실행 파일이나 다른 스크립트를 실행할 때도 적용됩니다. 이미 실행된 실행 파일이나 스크립트가 다른 실행 파일이나 스크립트를 또 실행해도 마찬가지입니다. export로 선언한 변수는 앞으로 계속 사용될 수 있도록 선언한다는 의미로 볼 수 있습니다.

5 export로 선언한 변수는 env 명령어로 조회할 수 있습니다. env 명령어는 다음 절에서 배우는 환경변수를 포함해 export로 선언한 변수와 변수에 저장된 값을 보여줍니다.

```
터미널                                                        –  □  ×
gilbut@ubuntu2404:~/script$ env | grep TEST_VAR
TEST_VAR=variable exported!
```

6 일반 변수(글로벌 변수나 함수 로컬 변수 모두)나 export로 선언한 변수의 값은 unset으로 해제할 수 있습니다.

```
터미널                                                        –  □  ×
gilbut@ubuntu2404:~/script$ unset TEST_VAR
gilbut@ubuntu2404:~/script$ echo $TEST_VAR

gilbut@ubuntu2404:~/script$ env | grep TEST_VAR
gilbut@ubuntu2404:~/script$
```

자식 프로세스에서 사용할 변수는 export로 선언해야 이후 생성되는 셸이나 명령어 등에서 사용할 수 있다는 점을 꼭 기억해 두세요.

10.3.4 환경변수

환경변수(environment variable)는 운영체제에서 사용자 환경에 대한 정보를 담고 있는 변수로, 셸이나 실행되는 프로그램에 다양한 정보를 제공합니다. 환경변수는 시스템 설정, 사용자 세션 정보, 프로그램 경로 등과 같은 중요한 데이터를 포함합니다. 또한, 스크립트나 프로그램의 작동에 영향을 미칠 수 있습니다. 환경변수는 운영체제가 설정하기 때문에 사용자가 따로 설정하지 않아도 자동으로 정보를 제공받을 수 있습니다. 일부 환경변수는 사용자가 설정하는 대로 셸 또는 운영체제가 작동합니다.

환경변수는 셸별로 설정되고 관리됩니다. 그래서 셸에서 환경변수의 값을 변경해도 다른 셸에 영향을 주지 않습니다. 또한, 셸이 닫히면 변경 사항은 모두 없어집니다. 즉, 셸이 실행될 때마다 환경변수의 값을 초기화합니다.

주요 환경변수는 다음과 같습니다.

표 10-1 주요 환경변수

환경변수	의미
HOME	사용자의 홈 디렉터리 경로를 나타냅니다.
PATH	파일을 실행했을 때 실행 파일을 찾는 디렉터리 목록을 나타냅니다.
PWD	현재 작업 디렉터리의 경로를 나타냅니다.
USER	현재 로그인한 사용자의 이름을 나타냅니다.
SHELL	사용자의 로그인 셸을 나타냅니다.
LANG	시스템의 언어와 지역 설정을 나타냅니다.
TERM	현재 사용 중인 터미널의 타입을 나타냅니다.
PS1	기본 셸 프롬프트의 모양을 설정합니다.
HOSTNAME	시스템의 호스트 이름을 나타냅니다.

환경변수는 아무런 설정 없이 사용할 수 있습니다. 환경변수의 내용은 셸에서 출력할 수 있습니다.

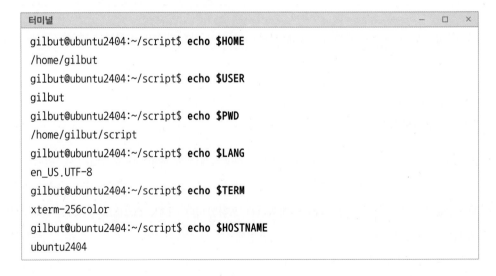

```
터미널                                              —   □   ×
gilbut@ubuntu2404:~/script$ echo $HOME
/home/gilbut
gilbut@ubuntu2404:~/script$ echo $USER
gilbut
gilbut@ubuntu2404:~/script$ echo $PWD
/home/gilbut/script
gilbut@ubuntu2404:~/script$ echo $LANG
en_US.UTF-8
gilbut@ubuntu2404:~/script$ echo $TERM
xterm-256color
gilbut@ubuntu2404:~/script$ echo $HOSTNAME
ubuntu2404
```

현재 셸에 설정된 환경변수는 env 명령어로 조회합니다.

```
터미널                                                    —  □  ×
gilbut@ubuntu2404:~/script$ env
SHELL=/bin/bash
SESSION_MANAGER=local/ubuntu2404:@/tmp/.ICE-unix/1824,unix/ubuntu2404:/tmp/.
ICE-unix/1824
(생략)
```

환경변수 중에서 PATH와 PS1 환경변수는 사용자가 설정해서 셸을 제어할 수 있습니다. 실습하며 확인해 보겠습니다.

● 실습: PATH 환경변수 변경

PATH 환경변수는 파일을 실행했을 때 실행 파일을 찾는 디렉터리 목록을 저장하고 있습니다. 셸에서 어떤 명령어가 실행됐을 때 명령어의 실제 위치를 찾을 디렉터리의 목록입니다. PATH 환경변수는 콜론(:)으로 구분된 디렉터리 목록을 값으로 설정합니다. 리눅스 배포판을 설치할 때 기본 경로가 설정되는데, 이를 사용자별로 설정할 수 있습니다. 어떤 패키지가 설치될 때 패키지의 실행 파일이 저장된 디렉터리를 PATH 환경변수에 추가하기도 합니다.

PATH 환경변수가 셸에 어떤 영향을 끼치는지 확인해 봅시다.

1 홈 디렉터리에서 현재 PATH 환경변수의 값을 출력합니다.

```
터미널                                                    —  □  ×
gilbut@ubuntu2404:~$ echo $PATH
/usr/local/sbin:/usr/local/bin:/usr/sbin:/usr/bin:/sbin:/bin:/usr/games:/usr/
local/games:/snap/bin:/snap/bin
```

이 셸에서 어떤 명령을 실행한다면 다음 순서로 디렉터리를 순회하며 명령어를 찾습니다. 만약 디렉터리를 모두 순회했는데 명령어가 없으면 명령어가 없다는 에러가 발생합니다.

/usr/local/sbin → /usr/local/bin → /usr/sbin → /usr/bin → /sbin → /bin → /usr/games → /usr/local/games → /snap/bin → /snap/bin

2 새로 생성한 디렉터리를 PATH 환경변수에 추가해 봅시다. PATH 환경변수에 설정된 디렉터리들이 bin으로 끝나니 홈 디렉터리에 bin 디렉터리를 생성합니다.

```
터미널                                                    —  □  ×
gilbut@ubuntu2404:~$ mkdir bin
gilbut@ubuntu2404:~$ cd bin
gilbut@ubuntu2404:~/bin$ pwd
/home/gilbut/bin
```

3 bin 디렉터리에 간단한 스크립트를 추가합니다. 다음 내용을 path_test.sh 파일에 작성합니다.

```
터미널                                                    —  □  ×
#!/bin/bash
echo "this is path_test.sh"
```

4 스크립트를 실행합니다.

```
터미널                                                    —  □  ×
gilbut@ubuntu2404:~/bin$ chmod +x path_test.sh
gilbut@ubuntu2404:~/bin$ ./path_test.sh
this is path_test.sh
```

5 bin 디렉터리(/home/gilbut/bin)를 PATH 환경변수의 끝에 추가합니다. PATH 환경변수의 값 뒤쪽에 bin 디렉터리의 경로를 넣으면서 export로 선언하면 됩니다.

```
터미널                                                    —  □  ×
gilbut@ubuntu2404:~/bin$ export PATH="${PATH}:/home/gilbut/bin"
gilbut@ubuntu2404:~/bin$ echo $PATH
/usr/local/sbin:/usr/local/bin:/usr/sbin:/usr/bin:/sbin:/bin:/usr/games:/usr/
local/games:/snap/bin:/snap/bin:/home/gilbut/bin
```

6 /home/gilbut/bin 디렉터리가 PATH 환경변수에 포함됐으므로 path_test.sh 파일은 아무 디렉터리에서나 파일 경로를 지정하지 않고 실행할 수 있습니다.

```
터미널                                                    —  □  ×
gilbut@ubuntu2404:~/bin$ cd ~
gilbut@ubuntu2404:~$ pwd
/home/gilbut
gilbut@ubuntu2404:~$ path_test.sh
```

```
this is path_test.sh
gilbut@ubuntu2404:~$ cd /tmp
gilbut@ubuntu2404:/tmp$ path_test.sh
this is path_test.sh
```

7 PATH 환경변수를 원래 값으로 변경하고 path_test.sh 파일을 실행합니다. 이제 경로를 지
   정하지 않으면 path_test.sh 파일을 실행할 수 없습니다.

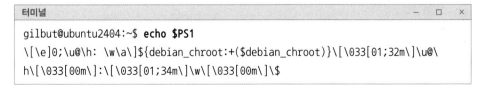

```
터미널                                                              —  □  ×
gilbut@ubuntu2404:/tmp$ export PATH="/usr/local/sbin:/usr/local/bin:/usr/
sbin:/usr/bin:/sbin:/bin:/usr/games:/usr/local/games:/snap/bin:/snap/bin"
gilbut@ubuntu2404:/tmp$ echo $PATH
/usr/local/sbin:/usr/local/bin:/usr/sbin:/usr/bin:/sbin:/bin:/usr/games:/usr/
local/games:/snap/bin:/snap/bin
gilbut@ubuntu2404:/tmp$ path_test.sh
path_test.sh: command not found
```

> **Note 개인별 환경 설정**
>
> Bash는 초기화하면서 여러 시스템 설정 파일(/etc/profile, /etc/bashrc 등)을 읽어 환경변수를 포함한 사
> 용자 환경도 초기화합니다. 로그인 셸인 경우와 로그인 셸이 아닌 경우 셸이 초기화하는 과정에서 읽는 파일
> 목록이 다르지만, 결국 ~/.bashrc 파일을 읽게 됩니다. 그래서 개인별 환경 설정은 ~/.bashrc 파일에 하는
> 경우가 많습니다. 이 내용은 **13.3 .bashrc 파일을 이용한 개인화**에서 자세히 다룹니다.

● **실습: 프롬프트 모양 변경**

bash의 셸 프롬프트는 PS1 환경변수에 설정한 대로 형태가 결정됩니다. PS1 환경변수의 값을
변경해 현재 셸이 어떻게 바뀌는지 확인해 봅시다.

1 홈 디렉터리로 가서 echo $PS1 명령을 실행하면 기본 프롬프트가 출력됩니다.

```
터미널                                                              —  □  ×
gilbut@ubuntu2404:~$ echo $PS1
\[\e]0;\u@\h: \w\a\]${debian_chroot:+($debian_chroot)}\[\033[01;32m\]\u@\
h\[\033[00m\]:\[\033[01;34m\]\w\[\033[00m\]\$
```

2 현재 프롬프트 형태를 복원할 수 있게 현재 PS1 환경변수의 값을 BACKUP_PS1 변수에 저장합니다. 이때 PS1 변수의 값을 큰따옴표로 감싸야 한다는 점에 유의하세요.

```
터미널                                                    —  □  ×
gilbut@ubuntu2404:~$ BACKUP_PS1="$PS1"
```

3 PS1 환경변수의 값을 변경합니다. 굉장히 복잡한 구성이라 끝에 있는 $ 대신 > 표시로만 변경합니다. 이때 PS1의 값에는 백슬래시(\)가 포함돼 있어서 값을 반드시 작은따옴표로 감싸야 합니다.

```
터미널                                                    —  □  ×
gilbut@ubuntu2404:~$ PS1='\[\e]0;\u@\h: \w\a\]${debian_chroot:+($debian_
chroot)}\[\033[01;32m\]\u@\h\[\033[00m\]:\[\033[01;34m\]\w\[\033[00m\]>'
```

4 PS1 변수의 값을 바꾸니 프롬프트의 모양이 변경됩니다. 이제 프롬프트가 $ 대신 > 모양으로 출력됩니다.

```
터미널                                                    —  □  ×
gilbut@ubuntu2404:~> pwd
/home/gilbut
```

5 다시 예전 프롬프트로 돌아가 봅시다. 기존 PS1 환경변수의 값을 저장해둔 BACKUP_PS1 변수의 내용을 PS1 환경변수에 저장합니다. 변수 내용에 백슬래시가 포함됐으므로 반드시 큰따옴표로 감싸야 합니다.

```
터미널                                                    —  □  ×
gilbut@ubuntu2404:~> PS1="$BACKUP_PS1"
gilbut@ubuntu2404:~$
```

PS1 환경변수의 값을 변경하면 프롬프트의 모양이 바로 바뀝니다.

환경변수는 종류가 굉장히 많지만 모두 암기할 필요는 없습니다. 환경변수에 대한 개념을 파악하는 것이 중요하고, 환경변수는 필요할 때 찾아보면 됩니다.

> **Note** **프롬프트 설정**
>
> 실습에서 확인했듯이 PS1 환경변수로 프롬프트의 모양을 설정할 수 있습니다. 정해진 형식에 맞춰 값을 넣으면 됩니다. 설정할 수 있는 주요 형식은 다음과 같습니다.
>
> - \u: 현재 로그인 사용자의 이름을 표시합니다.
> - \h: 호스트 컴퓨터의 이름을 표시합니다(전체 도메인 이름 제외).
> - \W: 현재 작업 디렉터리의 기본 이름을 표시합니다.
> - \w: 현재 작업 디렉터리의 전체 경로를 표시합니다.
> - \t, \T, \@, \A: 현재 시각을 다양한 형식으로 표시합니다.
> - \$: 일반 사용자일 경우 $를, 루트 사용자일 경우 #를 표시합니다.
> - \n, \r: 개행(줄 바꿈) 문자입니다.
> - \[와 \]: 비출력 문자를 감싸는 데 사용합니다(예: 컬러 코드).

1분 퀴즈

정답 노트 p.550

5. 다음 중 스크립트 파일을 실행했을 때 스크립트 안에서 $#의 값이 3인 것을 고르세요.

① `$ ./script.sh one two three four five`

② `$ ./script.sh "one two three four five"`

③ `$ ./script.sh one two "three four five"`

④ `$ ./script.sh "one two" "three four five"`

⑤ `$ ./script.sh "one" "two" "three" "four" "five"`

6. 다음 중 환경변수의 의미가 **틀린** 것을 고르세요.

① SHELL: 사용자의 로그인 셸을 나타냅니다.

② USER: 사용자의 홈 디렉터리 경로를 나타냅니다.

③ LANG: 시스템의 언어와 지역 설정을 나타냅니다.

④ PWD: 현재 작업 디렉터리의 경로를 나타냅니다.

⑤ PATH: 파일을 실행했을 때 실행 파일을 찾는 디렉터리 목록을 나타냅니다.

10.4

배열

배열(array)은 번호(인덱스)와 번호에 대응하는 데이터(값)로 이루어진 자료구조입니다. 일반적으로 배열에는 같은 종류의 데이터들이 순차적으로 저장됩니다. 프로그래밍 언어 대부분이 지원하는 기본 자료구조 중 하나입니다. Bash에서는 인덱스 배열과 연관 배열을 지원합니다.

10.4.1 인덱스 배열

인덱스 배열(indexed array)은 일반적으로 배열이라고 하면 흔히 떠올리는 형태입니다. 배열의 요소(element)마다 0보다 크거나 같은 정수 인덱스와 값을 저장할 수 있는 공간이 있습니다. 배열의 값에는 인덱스를 이용해 직접 접근할 수 있습니다.

그림 10-7 인덱스 배열의 구조

인덱스	값
0	인덱스 0의 값
1	인덱스 1의 값
2	인덱스 2의 값
3	인덱스 3의 값
4	인덱스 4의 값
5	인덱스 5의 값
6	인덱스 6의 값
7	인덱스 7의 값

인덱스 배열을 선언하는(만드는) 방법은 세 가지입니다.

첫째, declare -a를 사용해 변수를 인덱스 배열 변수로 선언합니다.

> **형식** declare -a 변수

둘째, 소괄호를 사용해 빈 배열을 선언합니다.

> **형식** 변수=( )

셋째, 소괄호를 사용해 배열을 선언하면서 배열의 값을 설정합니다. 값은 공백 문자로 구분하므로 요소의 값을 각각 큰따옴표로 감싸주는 것이 좋습니다. 각 요소는 0, 1, 2 순으로 인덱스를 갖습니다.

> **형식** 변수=("요소1" "요소2" ... "요소n")

인덱스 배열의 요소에 접근(참조)하는 방법을 살펴보겠습니다. 먼저 세 번째 방법으로 인덱스 배열을 선언합니다.

```
터미널                                                      —  □  ×
gilbut@ubuntu2404:~$ fruits=("banana" "tomato" "yellow apple")
```

일반 변수처럼 사용하면 인덱스 0의 값에만 접근할 수 있습니다.

```
터미널                                                      —  □  ×
gilbut@ubuntu2404:~$ echo "${fruits}"
banana
```

인덱스 n의 값을 참조하고 싶다면 ${변수[n]}의 형태를 사용합니다.

```
터미널                                                      —  □  ×
gilbut@ubuntu2404:~$ echo "${fruits[0]}"
banana
gilbut@ubuntu2404:~$ echo "${fruits[1]}"
tomato
gilbut@ubuntu2404:~$ echo "${fruits[2]}"
yellow apple
```

인덱스 배열의 크기는 ${#변수[@]} 형태로 알아낼 수 있습니다.

```
터미널                                                        —  □  ×
gilbut@ubuntu2404:~$ echo "${#fruits[@]}"
3
```

인덱스 배열에 요소를 추가할 수도 있습니다. 소괄호로 배열에 넣을 값을 설정하고 += 연산자로
추가하면 됩니다. 새로운 요소는 가장 큰 인덱스의 다음 인덱스에 추가됩니다.

```
터미널                                                        —  □  ×
gilbut@ubuntu2404:~$ fruits+=("orange")
gilbut@ubuntu2404:~$ echo "${#fruits[@]}"
4
```

for 문으로 인덱스 배열의 요소를 순회할 수도 있습니다. ${fruits[@]} 부분을 큰따옴표로 묶
지 않으면 'yellow'와 'apple'이 따로 분리돼 처리되니 유의해야 합니다.

```
터미널                                                        —  □  ×
gilbut@ubuntu2404:~$ for element in "${fruits[@]}"
> do
>       echo "I love $element"
> done
I love banana
I love tomato
I love yellow apple
I love orange
```

시작할 인덱스와 요소 개수를 지정해 배열의 일부만 순회할 수도 있습니다. 시작 인덱스를 S,
요소 개수를 N이라고 하면 ${배열_변수[@]:S:N} 형태로 사용합니다. 다음과 같이 작성하면
인덱스 1부터 2개 요소만 순회합니다.

```
터미널                                                        —  □  ×
gilbut@ubuntu2404:~$ for element in "${fruits[@]:1:2}"
> do
>       echo "I love $element"
> done
I love tomato
I love yellow apple
```

인덱스 배열의 요소를 unset 명령으로 삭제할 수도 있습니다. 인덱스 배열에서 요소는 항상 가장 큰 인덱스 뒤에 추가됩니다. 따라서 배열의 중간 요소를 삭제하면 해당 위치에는 값이 저장될 수 없습니다. 실습하며 확인해 봅시다.

1 현재 fruits 배열의 상태는 다음과 같습니다.

```
터미널                                                    —  □  ×
gilbut@ubuntu2404:~$ echo "${fruits[@]}"
banana tomato yellow apple orange
```

2 인덱스 1번의 값을 삭제하려면 다음과 같이 입력합니다. 배열의 요소 개수가 3으로 줄었습니다.

```
터미널                                                    —  □  ×
gilbut@ubuntu2404:~$ unset fruits[1]
gilbut@ubuntu2404:~$ echo "${#fruits[@]}"
3
```

3 요소 하나를 새로 추가하고 요소 개수를 확인합니다. 배열의 요소 개수는 4로 변경됐습니다.

```
터미널                                                    —  □  ×
gilbut@ubuntu2404:~$ fruits+=("mango")
gilbut@ubuntu2404:~$ echo "${#fruits[@]}"
4
```

4 배열의 요소를 하나씩 출력해 봅시다. 인덱스 1에는 아무 값이 없고, 인덱스 4에는 새로 추가한 mango가 저장돼 있습니다.

```
터미널                                                    —  □  ×
gilbut@ubuntu2404:~/script$ echo "${fruits[0]}"
banana
gilbut@ubuntu2404:~/script$ echo "${fruits[1]}"

gilbut@ubuntu2404:~/script$ echo "${fruits[2]}"
yellow apple
gilbut@ubuntu2404:~/script$ echo "${fruits[3]}"
orange
gilbut@ubuntu2404:~/script$ echo "${fruits[4]}"
mango
```

인덱스 배열에서 요소의 추가 및 삭제 과정을 그림으로 표현하면 다음과 같습니다.

그림 10-8 인덱스 배열의 요소 추가 및 삭제

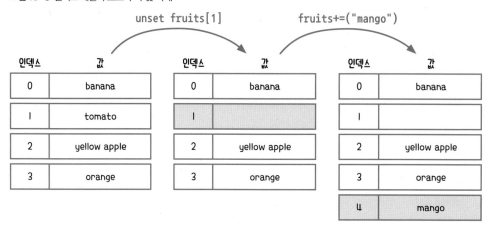

10.4.2 연관 배열

연관 배열(associative array)은 키(key)와 값(value)의 쌍으로 이루어진 자료구조입니다. 흔히 프로그래밍 언어에서 맵(map), 딕셔너리(dictionary) 등으로 표현합니다. 연관 배열은 키에 해당하는 값이 연결돼 있다고 보면 됩니다. 키와 값 모두 문자열로 저장됩니다. 또한, 중복을 허용하지 않으므로 키가 같은데 값이 다른 키/값의 쌍은 존재할 수 없습니다. 그래서 어떤 키/값이 연관 배열에 저장돼 있을 때 키를 알면 값을 알아낼 수 있습니다.

그림 10-9 연관 배열의 구조

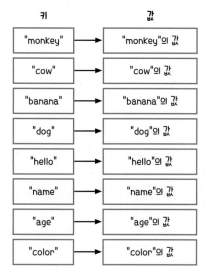

연관 배열은 다음과 같이 선언합니다.

> **형식**   declare -A 변수

연관 배열에 요소를 추가하거나 기존의 값을 변경할 때는 다음 형식을 사용합니다.

> **형식**   변수[키]=값

요소를 삭제할 때는 인덱스 배열과 마찬가지로 unset을 사용합니다.

> **형식**   unset 변수[키]

요소 하나의 값은 다음과 같이 참조합니다.

> **형식** ${변수[키]}

모든 요소의 값을 참조할 때는 키 대신 @을 사용합니다. 그리고 모든 요소의 키를 참조할 때는 변수 앞에 !를 붙입니다.

> **형식** ${변수[@]}   ◀⸳⸳⸳⸳⸳ 값을 참조할 때
> ${!변수[@]}   ◀⸳⸳⸳⸳ 키를 참조할 때

연관 배열을 어떻게 사용하는지 실습하며 알아봅시다.

1 연관 배열을 사용할 수 있는지부터 확인합니다. 연관 배열은 Bash 버전 4 이상부터 사용할 수 있습니다. Bash 버전은 bash --version 명령으로 확인합니다(리눅스 설치 시기에 따라 책과 버전이 다를 수 있습니다).

```
터미널                                                            —  □  ×
gilbut@ubuntu2404:~$ bash --version
GNU bash, version 5.2.21(1)-release (x86_64-pc-linux-gnu)
Copyright (C) 2022 Free Software Foundation, Inc.
License GPLv3+: GNU GPL version 3 or later <http://gnu.org/licenses/gpl.html>
```

```
This is free software; you are free to change and redistribute it.
There is NO WARRANTY, to the extent permitted by law.
```

2 연관 배열은 반드시 변수를 선언한 후 사용해야 합니다. 앞에 나온 형식대로 배열을 선언합니다.

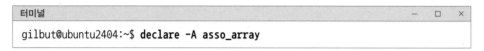

```
터미널                                                          —  □  ×
gilbut@ubuntu2404:~$ declare -A asso_array
```

3 선언한 배열에 키가 monkey, 값이 apple인 요소를 추가합니다.

```
터미널                                                          —  □  ×
gilbut@ubuntu2404:~$ asso_array["monkey"]="apple"
```

4 echo 명령어로 monkey라는 키에 연결된 값을 출력합니다.

```
터미널                                                          —  □  ×
gilbut@ubuntu2404:~$ echo "${asso_array[monkey]}"
apple
```

5 연관 배열의 요소 개수를 출력합니다. 방법은 인덱스 배열과 같습니다.

```
터미널                                                          —  □  ×
gilbut@ubuntu2404:~$ echo "${#asso_array[@]}"
1
```

6 monkey 키의 값을 변경하고 값을 확인합니다.

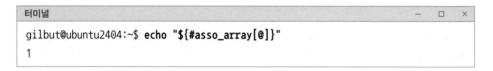

```
터미널                                                          —  □  ×
gilbut@ubuntu2404:~$ asso_array["monkey"]="red"
gilbut@ubuntu2404:~$ echo "${asso_array[monkey]}"
red
```

7 새로운 요소를 추가하고 요소의 값과 연관 배열의 요소 개수를 확인합니다.

```
터미널                                                          —  □  ×
gilbut@ubuntu2404:~$ asso_array["apple"]="long"
gilbut@ubuntu2404:~$ echo "${asso_array[apple]}"
```

```
long
gilbut@ubuntu2404:~$ echo "${#asso_array[@]}"
2
```

8 for 문으로 모든 요소의 값을 순회합니다. 연관 배열의 값에 공백 문자가 포함돼 있을 수 있으므로 ${asso_array[@]}을 큰따옴표로 감싸줘야 합니다.

```
gilbut@ubuntu2404:~$ for element in "${asso_array[@]}"
> do
>      echo "element: $element"
> done
element: red
element: long
```

9 모든 요소의 키를 순회합니다. 연관 배열의 키에도 공백 문자가 포함됐을 수 있으므로 ${!asso_array[@]} 부분을 큰따옴표로 감싸줘야 합니다.

```
gilbut@ubuntu2404:~$ for key in "${!asso_array[@]}"
> do
>      echo "key: $key"
> done
key: monkey
key: apple
```

10 모든 요소의 키를 순회하며 요소를 출력합니다.

```
gilbut@ubuntu2404:~$ for key in "${!asso_array[@]}"
> do
>      echo "asso_array[$key]: ${asso_array[$key]}"
> done
asso_array[monkey]: red
asso_array[apple]: long
```

11 마지막으로 특정 키의 요소를 삭제합니다.

```
터미널                                              —  □  ×
gilbut@ubuntu2404:~$ unset asso_array["apple"]
gilbut@ubuntu2404:~$ echo ${asso_array["apple"]}

gilbut@ubuntu2404:~$
```

어느 정도 규모가 있는 스크립트를 작성하다 보면 배열을 사용할 일이 많습니다. 프로그래밍 언어가 아닌 만큼 Bash는 다양한 자료구조를 제공하지 않습니다. 하지만 인덱스 배열과 연관 배열을 잘 이용하면 단순한 자료 처리에는 문제가 없을 겁니다.

1분 퀴즈

정답 노트 p.550

7. index_array라는 인덱스 배열을 선언하면서 a, b, c 값을 순서대로 저장하려 합니다. 다음 빈칸에 알맞은 표현식을 넣으세요.

8. 앞의 index_array 배열에 d라는 값을 추가하려 합니다. 다음 빈칸에 알맞은 표현식을 넣으세요.

9. 연관 배열을 선언하고 값을 설정한 뒤 연관 배열의 모든 키와 값을 화면에 출력하는 스크립트를 작성하려 합니다. 다음 빈칸에 알맞은 표현식을 넣으세요.

```
터미널                                              —  □  ×
#!/bin/bash

declare -A asso_array
asso_array["apple"]="delicious"
asso_array["delicious"]="banana"
asso_array["banana"]="long"
asso_array["long"]="train"

for key in "①_____"
do
    echo "$key => ②_____"
done
```

10.5

쿼팅

문자열이나 변수를 큰따옴표나 작은따옴표로 감싸는 것을 자주 봤을 겁니다. 이를 **쿼팅**(quoting)
이라고 합니다. 쿼팅은 Bash에서 문자열을 제어하는 데 사용하는 중요한 개념입니다. 쿼팅은
특수 문자의 의미를 변경하거나 제거해서 문자열이나 명령어의 해석 방식을 조정합니다. 쿼팅
의 종류와 사용 여부에 따라 명령어의 해석이 완전히 달라지므로 정확히 이해하고 사용해야 합
니다. Bash에서는 싱글 쿼트, 더블 쿼트, 이스케이프 문자를 주로 사용합니다.

10.5.1 싱글 쿼트

싱글 쿼트(single quote)는 문자열을 작은따옴표(')로 묶는 것을 의미합니다. 싱글 쿼트된 문자열
은 모든 문자의 값이 그대로 유지됩니다. 이는 **문자가 다른 의미로 확장되지 않는다**는 뜻입니다. 예
를 들어, 변수의 값을 참조할 때 사용하는 달러 기호($)가 싱글 쿼트 안에 있으면 변수의 값을 참
조하지 않고 달러 기호의 의미 그대로 해석됩니다. 간단히 실습해 보겠습니다.

1 WORLD 변수에 MINE이라는 값을 설정합니다.

```
터미널                                                    −  □  ×
gilbut@ubuntu2404:~$ WORLD=MINE
```

2 echo 명령어로 WORLD 변수의 값을 쉽게 출력할 수 있습니다.

```
터미널                                                    −  □  ×
gilbut@ubuntu2404:~$ echo $WORLD
MINE
```

3 `$WORLD` 부분을 싱글 쿼트해 봅시다. 어떻게 될까요?

```
터미널                                                         —  □  ×
gilbut@ubuntu2404:~$ echo '$WORLD'
$WORLD
```

달러 기호가 문자 그대로 해석돼 '$WORLD'가 출력되는 것을 볼 수 있습니다.

10.5.2 더블 쿼트

더블 쿼트(double quote)는 문자열을 큰따옴표(")로 감싸는 것을 의미합니다. 더블 쿼트된 문자열은 다음과 같이 동작합니다.

- 공백이 포함된 문자열을 하나의 문자열로 처리합니다.
- 문자열 내에서 ${변수} 형식으로 변수의 값을 사용(참조)할 수 있습니다.
- 문자열 내에서 $()나 백틱(`)을 사용해 명령어 치환을 할 수 있습니다.
- \n과 같이 백슬래시로 시작하는 특수한 문자를 사용할 수 있습니다.
- *와 ?를 파일 이름으로 확장하지 않습니다.

이 중에서 명령어 치환이나 백슬래시를 이용한 특수 문자는 **11.1 확장**에서 자세히 다룹니다. 작동 방식을 암기하기보다는 자주 사용하며 방법을 체득하는 것이 좋습니다. 더블 쿼트가 어떻게 작동하는지 실습하며 확인해 봅시다.

1 hello와 world 사이에 공백을 여러 칸 준 후 출력합니다. 더블 쿼트 또는 싱글 쿼트를 하지 않은 연속된 공백은 공백 문자 하나로 합쳐집니다

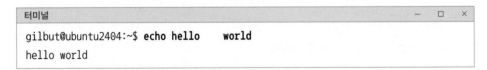

```
터미널                                                         —  □  ×
gilbut@ubuntu2404:~$ echo hello     world
hello world
```

2 연속된 공백 문자를 그대로 출력하려면 더블 쿼트를 해야 합니다.

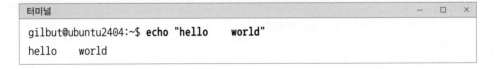

```
터미널                                                         —  □  ×
gilbut@ubuntu2404:~$ echo "hello     world"
hello     world
```

3 연속된 공백이 있는 문자열 안에서 변수의 값을 사용하려면 더블 쿼트를 해야 합니다. 더블 쿼트를 하지 않으면 공백이 하나로 합쳐집니다. 또한, 싱글 쿼트를 하면 문자 그대로 해석돼 변수의 값을 참조하지 않습니다.

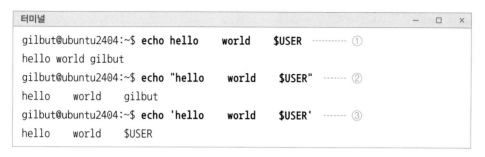

① USER 환경변수의 값이 출력되지만 더블 쿼트를 하지 않아 연속된 공백이 하나로 합쳐집니다.

② USER 환경변수의 값도 출력되고 연속된 공백도 제대로 출력됩니다.

③ 싱글 쿼트를 해서 모든 문자가 그대로 화면에 출력됩니다.

4 더블 쿼트를 한 문자열 안에서 큰따옴표를 표시하려면 큰따옴표 앞에 백슬래시를 앞에 붙여야 합니다.

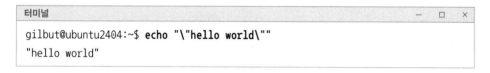

5 백슬래시 대신에 싱글 쿼트를 해도 됩니다.

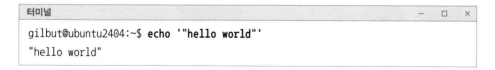

6 *는 현재 디렉터리의 파일 목록으로 확장됩니다. * 앞에 백슬래시를 붙이거나 더블 쿼트를 하면 확장이 일어나지 않습니다.

379

```
gilbut@ubuntu2404:~$ echo \*     ……… ②
*
gilbut@ubuntu2404:~$ echo "*"     ……… ③
*
```

① *가 현재 디렉터리의 파일 목록으로 확장돼 파일 목록이 출력됩니다.

② * 앞에 백슬래시를 붙여서 *가 확장되지 않고 그대로 출력됩니다.

③ *를 더블 쿼트 해서 *가 확장되지 않고 * 그대로 출력됩니다.

10.5.3 이스케이프 문자

문자 그대로 해석할 때 싱글 쿼트를 하게 합니다. 앞에서 자주 언급했지만, 백슬래시(\)를 사용해도 문자를 문자 그대로 해석하게 할 수 있습니다. 이런 기능을 하는 백슬래시를 **이스케이프 문자**(escape character)라고 합니다. 이스케이프 문자는 개행 문자를 제외하고 바로 뒤에 나오는 모든 문자의 값을 그대로 유지하게 하며, 실행 시 제거됩니다. 단, 이스케이프 문자는 쿼팅할 때 포함되지 않아야 합니다.

이스케이프 문자 뒤에 개행 문자가 오면 명령을 입력하는 줄이 끝나지 않았음을 나타냅니다. 주로 명령이 길어서 여러 줄에 걸쳐 하나의 명령을 내리고 싶을 때 사용합니다. 주의할 점은 이스케이프 문자 바로 뒤에 개행 문자가 와야 한다는 점입니다. 이스케이프 문자 뒤에 공백을 넣고 개행 문자를 입력(Enter 누르기)하면 원하는 대로 동작하지 않습니다. 실습해 봅시다.

1 싱글 쿼트에서 진행한 실습과 동일하게 WORLD 변수에 MINE 문자열을 저장합니다.

```
터미널                                                    —  □  ×
gilbut@ubuntu2404:~$ WORLD=MINE
gilbut@ubuntu2404:~$ echo $WORLD
MINE
```

2 변수를 싱글 쿼트 하면 문자 값이 유지됩니다.

```
터미널                                                    —  □  ×
gilbut@ubuntu2404:~$ echo '$WORLD'
$WORLD
```

3 싱글 쿼트 대신 백슬래시를 $ 앞에 붙입니다. 이때도 싱글 쿼트와 마찬가지로 $를 변수 참조의 의미로 해석하지 않고 값이 유지됩니다. 그래서 WORLD 변수의 값으로 치환되지 않고 문자 그대로 출력합니다.

```
터미널                                                      —  □  ×
gilbut@ubuntu2404:~/script$ echo \$WORLD
$WORLD
```

4 백슬래시를 사용해 ps -ef 명령을 여러 줄에 걸쳐 입력합니다. 백슬래시 뒤에 개행 문자를 입력하면 긴 명령을 여러 줄에 나눠 작성할 수 있습니다.

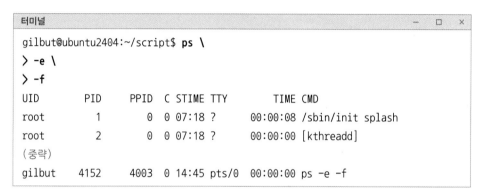

```
터미널                                                      —  □  ×
gilbut@ubuntu2404:~/script$ ps \
> -e \
> -f
UID        PID    PPID  C STIME TTY       TIME CMD
root         1       0  0 07:18 ?     00:00:08 /sbin/init splash
root         2       0  0 07:18 ?     00:00:00 [kthreadd]
(중략)
gilbut    4152    4003  0 14:45 pts/0  00:00:00 ps -e -f
```

퀴팅과 이스케이프 문자를 사용하는 것은 Bash가 문자나 문자열을 어떻게 해석하게 할 것인지를 결정하는 중요한 도구입니다. 문자 그대로 해석하도록 할지 아니면 확장이 일어나도록 할지는 퀴팅 방법에 따라 달라집니다. 스크립트를 작성할 때 실수를 자주 유발하는 것이 바로 퀴팅입니다. 그러므로 싱글 쿼트와 더블 쿼트, 이스케이프 문자의 사용법을 확실히 익히는 것이 좋습니다.

10. 현재 로그인한 사용자의 이름을 포함해 다음과 같은 메시지를 화면에 출력하려 합니다. USER 환경변수를 사용할 때 다음 중 올바른 명령을 고르세요.

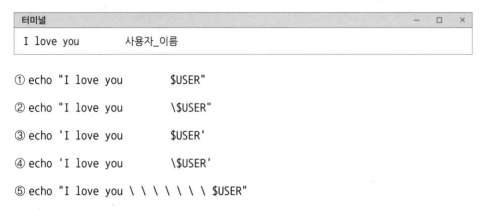

터미널	— □ ×
I love you 사용자_이름	

① echo "I love you $USER"

② echo "I love you   \$USER"

③ echo 'I love you $USER'

④ echo 'I love you   \$USER'

⑤ echo "I love you \ \ \ \ \ \ \ $USER"

11. 화면에 다음과 같이 출력하려 합니다. 싱글 쿼트, 더블 쿼트, 이스케이프 문자를 사용해 출력하는 명령을 각각 작성하세요.

터미널	— □ ×
$USER has login user name.	

① 싱글 쿼트 사용 시: _____

② 더블 쿼트 사용 시: _____

③ 이스케이프 문자 사용 시: _____

마무리

1. for 문

① for 문은 주어진 목록이나 범위에서 명령을 반복해서 실행합니다. for 문은 기본 형식과 C 언어 스타일 형식으로 작성할 수 있습니다.

② 기본 형식에서는 목록 부분에 반복하고 싶은 목록을, 변수 부분에는 지정한 목록의 항목을 저장할 변수를 넣습니다. 명령은 do로 시작하고 done으로 끝나는 구문 사이에 넣습니다. 마지막 항목에 대한 반복을 수행한 후에 for 문이 종료됩니다.

> **형식** for 변수 in 목록; do 명령; done

③ C 언어 스타일에서는 이중 괄호 표현식을 사용합니다. 이중 괄호 안에는 초기식, 조건식, 증감식이 있고 세미콜론으로 구분합니다. 초기식은 for 문을 시작할 때 한 번만 실행되고, 조건식을 만족하는 동안 명령을 반복합니다. 증감식은 반복이 일어날 때마다 어떤 값을 변경하고, 해당 정보를 명령에서 사용합니다.

> **형식** for ((초기식; 조건식; 증감식))
> do
>   명령
> done

2. while 문

while 문은 조건이 참인 동안 반복해서 명령을 실행하고 조건이 거짓이면 반복을 종료합니다. while 문은 초기식과 증감식이 없어서 명령 부분에서 조건의 판단 결과를 변경해야 합니다.

> **형식** while 조건식; do 명령; done

3. until 문

until 문은 while 문과 반대로 조건이 거짓인 동안 명령을 반복해서 실행합니다. 즉, until 문은 조건식이 참이 되면 반복을 종료합니다.

> **형식** until 조건식; do 명령; done

4. break와 continue

① break는 반복문의 실행을 즉시 중단하고 반복문 밖으로 빠져나갈 때 사용합니다. break는 가장 내부 반복문을 종료하며, 숫자 인자로 중단할 반복문의 레벨을 지정할 수 있습니다.

② continue는 현재 반복을 중단하고 나머지 부분은 건너뛴 후 다음 반복으로 넘어갈 때 사용합니다. continue는 가장 내부 반복문에 영향을 미치며, 숫자 인자로 영향을 미칠 반복문의 레벨을 지정할 수 있습니다.

5. 함수

① Bash에서 함수를 만드는 것을 함수 선언이라고 합니다. 선언부에는 함수 이름과 함께 function 키워드와 소괄호(())를 넣습니다. function 키워드와 소괄호는 생략할 수 있습니다.

② 함수를 사용하려면 함수를 호출해야 합니다. 함수를 호출할 때는 소괄호 없이 함수 이름만 입력하면 됩니다. 함수 호출하려면 함수 선언을 먼저 해야 합니다.

> **형식**
> ```
> # 함수 선언
> function 함수_이름( ) # 선언부
> {
>     ...
> }
> # 함수 사용(호출)
> 함수_이름
> ```

③ 함수를 호출할 때 입력으로 인자 전달하고, 함수가 실행되면 함수 안 매개변수가 인자를 받아 값을 저장합니다.

④ 함수가 실행한 결과를 돌려주는 방법으로 반환값과 출력값이 있습니다. 반환값은 return 키워드를 사용해 0~255 사이 정수 값을 호출한 곳으로 반환하는 방법입니다. 출력값은 함수를 실행하며 표준 출력에 출력된 내용을 반환하는 방법입니다.

6. 변수

① 함수에는 매개변수의 순서를 나타내는 위치 매개변수 외에도 $#, $0, $*, $@, $?, $$와 같은 특수 매개변수가 있습니다.

② 변수에 접근해 사용할 수 있는 코드 영역 또는 코드 영역의 범위를 변수의 범위라고 합니다. Bash에서는 함수 로컬 변수와 글로벌 변수를 지원합니다.

- **함수 로컬 변수**: 함수 안에서 local이라는 키워드와 함께 선언된 변수입니다. 선언된 함수 안에서만 사용할 수 있으며 함수 밖에서는 접근할 수 없습니다.

- **글로벌 변수**: 함수 로컬 변수를 제외한 모든 변수가 해당합니다. 글로벌 변수는 선언된 후 어디에서든 사용할 수 있습니다.

③ 변수를 export로 선언하면 이후에 셸에서 실행하는 명령이나 다른 셸 스크립트에서 해당 변수를 사용할 수 있습니다.

④ 환경변수는 운영체제에서 사용자 환경에 대한 정보를 담고 있으며, 셸이나 실행되는 프로그램에 다양한 정보를 제공합니다.

7. 배열

① 배열은 인덱스와 대응하는 값으로 이루어진 자료구조로, Bash에서는 인덱스 배열과 연관 배열을 지원합니다.

② 인덱스 배열은 일반적인 형태의 배열로, 배열의 요소마다 0보다 크거나 같은 정수 인덱스와 값을 저장할 수 있는 공간이 있습니다. 배열의 값에는 인덱스로 접근할 수 있습니다.

③ 연관 배열은 키와 값의 쌍으로 이루어진 자료구조입니다. 중복을 허용하지 않으며 키를 알면 값을 알아낼 수 있습니다.

8. 쿼팅

① 문자열을 작은따옴표(')로 묶는 것을 싱글 쿼트라고 합니다. 싱글 쿼트된 문자열은 모든 문자의 값이 그대로 유지돼 다른 의미로 확장되지 않습니다.

② 문자열을 큰따옴표(")로 감싸는 것을 더블 쿼트라고 합니다. 더블 쿼트된 문자열은 다음과 같이 동작합니다.

- 공백이 포함된 문자열을 하나의 문자열로 처리합니다.

- 문자열 내에서 ${변수} 형식으로 변수의 값을 사용(참조)할 수 있습니다.

- 문자열 내에서 $( )나 백틱(`)을 사용해 명령어 치환을 할 수 있습니다.

- \n과 같이 백슬래시로 시작하는 특수한 문자를 사용할 수 있습니다.

- *와 ?를 파일 이름으로 확장하지 않습니다.

③ 이스케이프 문자인 백슬래시(\)를 사용하면 개행 문자를 제외하고 바로 뒤에 나오는 모든 문자의 값을 그대로 유지합니다.

셀프체크

정답 노트 p.550

1. for 문을 이용해 1부터 n까지 합계를 구하고 그 값을 화면에 출력하는 함수를 작성하세요. 여기서 n은 함수의 인자로 넘기는 값입니다.

2. 철수가 매일 달린 거리를 저장하려 합니다. 거리를 인자로 받아 인덱스 배열에 저장하는 함수를 작성하세요. 거리를 저장할 때마다 그동안 달린 총 거리도 화면에 출력합니다.

코딩
자율학습

— 11장 —

Bash: 확장과 셸 옵션

이 장에서는 Bash의 확장과 셸 옵션에 대해 다룹니다. **확장**은 명령을 해석하고 실행하기 전에 명령에 포함된 문자열의 일부를 다른 어떤 것으로 변형하는 것을 의미합니다. 종류가 많아 사용법을 익히기 쉽지 않지만, 잘 활용하면 명령을 더 간결하고 유연하게 내릴 수 있습니다. 셸 옵션도 이와 비슷한 맥락입니다. **셸 옵션**은 셸의 여러 기능에 대해 활성/비활성 설정을 지원합니다. 이를 잘 활용하면 더 정확한 명령을 내릴 수 있습니다.

11.1

확장

셸은 사용자가 명령을 입력하고 [Enter]를 누르면 명령을 해석해 실행합니다. 그런데 셸이 명령을 해석하고 실행하기 전에 명령에 포함된 문자열, 수, 와일드카드 패턴 등을 변환하는 과정이 있습니다. 이를 **확장**(expansion)이라고 합니다. 이 과정에서 셸은 명령에 포함된 특정 구문을 어떤 값이나 결과로 대체합니다.

Bash는 여러 종류의 확장을 지원하며 형태가 조금 복잡합니다. 하지만 확장을 잘 사용하면 Bash를 더 간결하고 유연하게 사용할 수 있습니다. Bash에서 지원하는 확장 형태를 하나씩 살펴보겠습니다.

11.1.1 중괄호 확장

중괄호({})를 사용해 문자열 시퀀스나 조합을 생성하는 것을 **중괄호 확장**(brace expansion)이라고 합니다. 중괄호 안에 쉼표(,)로 구분한 문자열 목록을 입력하면 셸은 왼쪽에서 오른쪽으로 순서대로 문자열을 한 번씩 사용해 새로운 문자열을 만듭니다. 쉼표 뒤에는 공백이 있으면 안 됩니다. 공백을 포함해 중괄호 확장을 하려면 공백 앞에 백슬래시를 붙입니다. 또한, 중괄호 확장을 사용하려면 싱글 쿼트나 더블 쿼트를 하지 않아야 합니다. 쿼팅된 중괄호는 확장되지 않고 문자 그대로 해석됩니다.

설명만으로는 이해하기 어려우니 실습하며 중괄호 확장에 대해 알아보겠습니다.

1 다음 명령을 실행합니다. 결과를 보면 앞에 있는 hello-와 중괄호 안에 있는 문자열을 하나
   씩 조합해 새로운 문자열 3개를 만듭니다.

```
터미널                                                          ─  □  ×
gilbut@ubuntu2404:~$ echo hello-{cat,dog,world}
hello-cat hello-dog hello-world
```

2 공백이 포함된 문자열로 중괄호 확장을 해봅시다. 다음과 같이 공백 앞에 백슬래시를 붙여
   야 합니다. 백슬래시를 붙이니 공백이 포함된 happy dog를 한 문자열로 인식해 hello-와
   조합한 새로운 문자열을 만듭니다.

```
터미널                                                          ─  □  ×
gilbut@ubuntu2404:~$ echo hello-{cat,happy\ dog,world}
hello-cat hello-happy dog hello-world
```

3 echo 명령어 뒤에 오는 입력을 큰따옴표로 감싸서 실행합니다. 확장되지 않고 입력한 그대
   로 출력되는 것을 볼 수 있습니다.

```
터미널                                                          ─  □  ×
gilbut@ubuntu2404:~$ echo "hello-{cat,dog,world}"
hello-{cat,dog,world}
```

4 중괄호 확장은 중첩이 가능합니다. 기존 중괄호 안에 중괄호로 감싼 문자열 목록을 추가해
   서 다시 실행해 봅시다. 중괄호 확장이 중첩되면 안쪽 중괄호 확장이 일어난 후 바깥쪽 중괄
   호 확장이 적용됩니다.

```
터미널                                                          ─  □  ×
gilbut@ubuntu2404:~$ echo hello-{cat,{happy,wild}-dog,world}
hello-cat hello-happy-dog hello-wild-dog hello-world
```

5 중괄호 확장은 {시작..끝} 또는 {시작..끝..증분} 형식도 지원합니다. 시작과 끝에는 영
   문 대소문자, 숫자를 사용할 수 있습니다. 또한, 시작이 크고 끝이 작은 역순도 지원합니다.
   증분을 입력하면 증분만큼씩 건너뛰고 확장합니다.

```
터미널                                                              —  □  ×
gilbut@ubuntu2404:~$ echo {a..z}   ◄------------- 영문 소문자
a b c d e f g h i j k l m n o p q r s t u v w x y z
gilbut@ubuntu2404:~$ echo {A..Z}   ◄------------- 영문 대문자
A B C D E F G H I J K L M N O P Q R S T U V W X Y Z
gilbut@ubuntu2404:~$ echo {z..a}   ◄------------- 영문 역순
z y x w v u t s r q p o n m l k j i h g f e d c b a
gilbut@ubuntu2404:~$ echo {1..13}   ◄------------- 숫자
1 2 3 4 5 6 7 8 9 10 11 12 13
gilbut@ubuntu2404:~$ echo {A..Z..2}   ◄---------- 증분 2가 적용된 동작
A C E G I K M O Q S U W Y
gilbut@ubuntu2404:~$ echo {1..44..3}   ◄--------- 증분 3이 적용된 동작
1 4 7 10 13 16 19 22 25 28 31 34 37 40 43
```

6 중괄호 확장은 for 문에서 활용하기 좋습니다.

```
터미널                                                              —  □  ×
gilbut@ubuntu2404:~$ for i in {1..4}; do echo "i is $i"; done
i is 1
i is 2
i is 3
i is 4
```

11.1.2 틸데 확장

물결표(~)가 홈 디렉터리로 변환되는 것을 **틸데 확장**(tilde expansion)이라고 합니다. ~ 뒤에 사용
자 이름이 오면 해당 사용자의 홈 디렉터리로 확장됩니다. ~ 뒤에 사용자 이름이 생략되면 현재
사용자를 의미해 로그인한 사용자의 홈 디렉터리로 확장됩니다.

1 ~ 뒤에 아무것도 없으면 사용자의 홈 디렉터리로 확장됩니다.

```
터미널                                                              —  □  ×
gilbut@ubuntu2404:~$ cd script
gilbut@ubuntu2404:~/script$ pwd
/home/gilbut/script
gilbut@ubuntu2404:~/script$ echo ~
/home/gilbut
```

2 ~를 쿼팅하면 문자 그대로 해석돼 홈 디렉터리로 확장되지 않습니다.

```
터미널                                                          —  □  ×
gilbut@ubuntu2404:~/script$ echo "~"
~
```

3 ~ 뒤에 사용자 이름을 붙이면 해당 사용자의 홈 디렉터리로 확장됩니다.

```
터미널                                                          —  □  ×
gilbut@ubuntu2404:~/script$ echo ~root
/root
```

4 틸데 확장은 cd, cp와 같은 명령어에서 홈 디렉터리를 지정할 때 편리하게 사용할 수 있습니다.

```
터미널                                                          —  □  ×
gilbut@ubuntu2404:~/script$ pwd
/home/gilbut/script
gilbut@ubuntu2404:~/script$ cd ~
gilbut@ubuntu2404:~$ pwd
/home/gilbut
```

~에 +나 -를 붙이면 완전히 다른 의미가 됩니다.

1 ~+는 현재 작업 디렉터리로 확장됩니다. 현재 작업 디렉터리를 저장하는 PWD 환경변수와 같은 값을 가집니다.

```
터미널                                                          —  □  ×
gilbut@ubuntu2404:~$ cd script
gilbut@ubuntu2404:~/script$ echo ~+
/home/gilbut/script
gilbut@ubuntu2404:~/script$ echo $PWD
/home/gilbut/script
```

2 ~-는 이전 디렉터리로 확장됩니다. 이전 디렉터리를 저장하는 OLDPWD 환경변수와 같은 값을 가집니다.

```
터미널                                                        —   □   ×
gilbut@ubuntu2404:~/script$ echo ~-
/home/gilbut
gilbut@ubuntu2404:~/script$ echo $OLDPWD
/home/gilbut
```

11.1.3 명령어 치환

명령어 치환(command substitution)은 $( )로 둘러싸인 명령어를 실행하고, 그 결과를 현재 셸의 명령어나 스크립트에서 사용할 수 있게 합니다. 여기에서 결과는 명령어를 실행했을 때 표준 출력으로 출력한 내용을 말합니다. 명령어 실행 시 표준 출력으로 나오는 내용을 사용할 때 유용한 방법입니다. $( ) 대신 백틱(`)으로 감싸는 방법도 있습니다. 하지만 백틱은 사람이 볼 때 싱글 쿼트와 구분하기 어려워 $( )로 감싸는 방법을 더 많이 사용합니다.

1 date는 현재 시각을 화면에 출력하는 명령어입니다. 출력 형식을 지정하면 현재 시각을 지정된 형식에 맞게 화면에 출력합니다.

```
터미널                                                        —   □   ×
gilbut@ubuntu2404:~/script$ date
Mon Jun 10 10:24:21 AM UTC 2024
gilbut@ubuntu2404:~/script$ date +"%Y-%m-%d %H:%M:%S"
2024-06-10 10:24:49
```

2 명령어 치환을 사용해 현재 시각을 remember_datetime 변수에 저장합니다. 이렇게 저장한 값은 시간이 지나도 변경되지 않아 명령이 실행된 시점의 시간 정보를 유지할 수 있습니다.

```
터미널                                                        —   □   ×
gilbut@ubuntu2404:~/script$ remember_datetime=$(date +"%Y-%m-%d %H:%M:%S")
gilbut@ubuntu2404:~/script$ echo $remember_datetime
2024-06-10 10:27:38
gilbut@ubuntu2404:~/script$ date +"%Y-%m-%d %H:%M:%S"
2024-06-10 10:29:15
gilbut@ubuntu2404:~/script$ echo $remember_datetime
2024-06-10 10:27:38
```

함수를 호출할 때도 명령어 치환을 사용할 수 있습니다. 명령어 치환을 사용해 함수를 호출하면 함수의 표준 출력 내용을 스크립트 안에서 사용할 수 있습니다.

1 다음 내용을 func_com_sub.sh 파일에 작성합니다.

func_com_sub.sh

```bash
#!/bin/bash

function magic_box_with_progress()    ............... ①
{
    input="$1"
    let "result = input + 8"
    echo "$input + 8 = $result"
    return $result
}

progress=$(magic_box_with_progress "7")    ....... ②
result="$?"    ------------------------------------- ③

echo "progress: $progress"
echo "result is $result"
```

① 이 함수는 입력값에 8을 더해 반환합니다. 표준 출력으로 덧셈식을 출력하고, 덧셈 결과
  는 반환값으로 보냅니다.

② 함수를 명령어 치환으로 호출합니다. 이 경우 magic_box_with_progress 함수에서 표
  준 출력으로 출력한 내용이 progress 변수에 저장됩니다.

③ 함수의 반환값도 따로 받아 처리할 수 있습니다.

2 스크립트 파일을 실행하면 결과는 다음과 같습니다.

```
터미널                                                            —  □  ×
gilbut@ubuntu2404:~/script$ chmod +x func_com_sub.sh
gilbut@ubuntu2404:~/script$ ./func_com_sub.sh
progress: 7 + 8 = 15
result is 15
```

11장 Bash: 확장과 셸 옵션

1분 퀴즈

1. 중괄호 확장으로 2024/01부터 2024/12까지의 값을 갖는 year_month 인덱스 배열을 선언하려 합니다. 다음 빈칸에 알맞은 표현식을 작성하세요.

```
터미널                                                    —  □  ×
$ year_month=(_____)
$ echo ${year_month[@]}
2024/01 2024/02 2024/03 2024/04 2024/05 2024/06 2024/07 2024/08 2024/09
2024/10 2024/11 2024/12
```

2. 현재 시각을 다음과 같은 형식으로 출력하려 합니다. 다음 빈칸에 알맞은 표현식을 작성하세요.

```
터미널                                                    —  □  ×
$ echo "current time:_____"
current time: Mon Jun 10 10:44:11 AM UTC 2024
```

11.1.4 산술 확장

산술 확장(arithmetic expansion)은 $(( ))나 이중 괄호((( )))로 감싼 표현식을 산술 연산해 그 결과를 스크립트에서 사용할 수 있게 합니다. 간단한 형태의 산술 확장을 사용해 봅시다.

1 산술 확장으로 3과 2를 더하고 그 결과를 result 변수에 저장합니다. 산술 확장의 표현식에서는 띄어쓰기를 해도 되고 안 해도 됩니다.

```
터미널                                                    —  □  ×
gilbut@ubuntu2404:~/script$ result=$((3 + 2))
gilbut@ubuntu2404:~/script$ echo $result
5
```

2 산술 확장의 표현식 부분에 변수가 포함될 수도 있습니다.

```
터미널                                                    —  □  ×
gilbut@ubuntu2404:~/script$ result=$((result * 3))
gilbut@ubuntu2404:~/script$ echo $result
15
```

3 이중 괄호로 감싸는 형태는 사용 방식이 조금 다릅니다. 표현식의 결과를 저장하려면 표현식 안에서 변수에 값을 저장해야 합니다. if 문이나 while 문 등에서 자주 사용하는 방식입니다.

```
터미널                                                              —  ☐  ✕
gilbut@ubuntu2404:~/script$ ((result = result - 4))
gilbut@ubuntu2404:~/script$ echo $result
11
```

산술 연산은 산술 확장뿐만 아니라 if 문이나 for 문, while 문 등 복합 명령(compound commands) 또는 let 명령어를 사용한 표현식에서도 사용할 수 있습니다. 또한, declare -i로 선언한 변수는 정수형 변수로 간주되므로 산술 연산을 직접 사용할 수 있습니다.

● 정수형 변수의 산술 연산

declare -i로 선언한 변수가 어떻게 작동하는지 간단히 살펴봅시다.

1 일반 변수는 저장된 값을 문자열로 해석하기 때문에 산술 연산이 적용되지 않습니다.

```
터미널                                                              —  ☐  ✕
gilbut@ubuntu2404:~/script$ var=4
gilbut@ubuntu2404:~/script$ var=$var*4
gilbut@ubuntu2404:~/script$ echo $var
4*4
```

2 산술 연산을 하려면 산술 확장이나 let 명령어를 사용합니다.

```
터미널                                                              —  ☐  ✕
gilbut@ubuntu2404:~/script$ var=4
gilbut@ubuntu2404:~/script$ ((var=var*4))    ◀······ 산술 확장을 사용한 산술 연산
gilbut@ubuntu2404:~/script$ echo $var
16
gilbut@ubuntu2404:~/script$ var=4
gilbut@ubuntu2404:~/script$ let "var=var*4"   ◀···· let 명령어를 사용한 산술 연산
gilbut@ubuntu2404:~/script$ echo $var
16
```

3 declare -i로 선언한 변수는 정수형 변수로 취급합니다. 그래서 해당 변수에 문자열과 같은 정수가 아닌 값을 저장하면 값은 무조건 0이 저장됩니다.

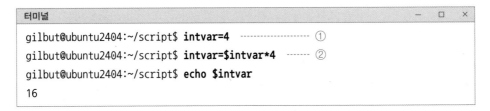

```
gilbut@ubuntu2404:~/script$ declare -i intvar    ◀--- intvar 변수를 정수형 변수로 선언
gilbut@ubuntu2404:~/script$ intvar=hello
gilbut@ubuntu2404:~/script$ echo $intvar
0
```

4 정수형 변수로 선언하면 산술 연산을 바로 적용할 수 있습니다.

```
gilbut@ubuntu2404:~/script$ intvar=4    ------------------- ①
gilbut@ubuntu2404:~/script$ intvar=$intvar*4    ------- ②
gilbut@ubuntu2404:~/script$ echo $intvar
16
```

① intvar 변수는 3번에서 정수형 변수로 선언된 상태이고, 여기에 4를 저장합니다.

② intvar 변수의 값에 4를 곱한 뒤 결과를 intvar 변수에 다시 저장합니다. 이때 계산식 부분에는 $ 표시를 붙여야 합니다.

5 정수형 변수로 산술 연산한 결과를 정수형 변수가 아닌 일반 변수에 저장하면 산술 연산이 적용되지 않습니다.

```
gilbut@ubuntu2404:~/script$ var=$intvar*4
gilbut@ubuntu2404:~/script$ echo $var
16*4
```

6 반대로 일반 변수에 정수 값이 저장돼 있을 때 연산 결과를 정수형 변수에 저장하면 산술 연산이 적용됩니다.

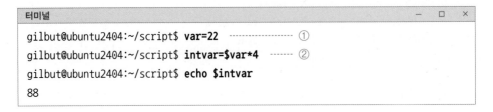

```
gilbut@ubuntu2404:~/script$ var=22    ------------------- ①
gilbut@ubuntu2404:~/script$ intvar=$var*4    ------- ②
gilbut@ubuntu2404:~/script$ echo $intvar
88
```

① var 변수는 일반 변수라서 정수 값을 저장해도 문자열로 저장됩니다.

② 일반 변수라도 정수 값이 저장돼 있고, 연산 결과를 정수형 변수에 저장한다면 산술 연산을 사용할 수 있습니다.

정수형 변수와 일반 변수를 혼용하면 의도하지 않은 결과를 초래할 수 있습니다. 정수형 변수로 선언한 변수끼리만 산술 연산을 하거나 산술 확장이나 let 명령어를 사용해 명시적으로 산술 연산을 수행해야 실수를 줄일 수 있습니다.

● **산술 연산자**

Bash가 지원하는 산술 연산자는 C 언어의 연산자와 비슷합니다. +, -, *, /는 각각 덧셈, 뺄셈, 곱셈, 나눗셈을 하는 연산자입니다.

```
터미널                                              —  □  ×
gilbut@ubuntu2404:~/script$ a=6
gilbut@ubuntu2404:~/script$ b=2
gilbut@ubuntu2404:~/script$ echo "$((a+b)) $((a-b)) $((a*b)) $((a/b))"
8 4 12 3
```

**는 지수 연산자입니다. ** 연산자 앞의 수를 밑(base)으로, ** 연산자 뒤의 수를 지수(exponent)로 연산한 결과를 반환합니다.

```
터미널                                              —  □  ×
gilbut@ubuntu2404:~/script$ echo "$((2**3)) $((3**2))"
8 9
```

% 연산자는 나눗셈을 한 나머지를 반환하는 나머지 연산자(modulo operator)입니다.

```
터미널                                              —  □  ×
gilbut@ubuntu2404:~/script$ a=14
gilbut@ubuntu2404:~/script$ b=3
gilbut@ubuntu2404:~/script$ echo "($((a/b)) * $b) + $((a % b)) = $a"
(4 * 3) + 2 = 14
```

변수++, 변수--는 변수의 값에 1을 더하거나 빼서 다시 변수에 저장합니다. 단, 명령이 실행된 후 증가/감소가 적용됩니다. 그래서 처음 명령을 실행할 때는 변수의 기존 값을 사용하고, 다음 명령부터 증가/감소가 적용된 값을 사용합니다.

```
터미널                                                    —  □  ×
gilbut@ubuntu2404:~/script$ a=3
gilbut@ubuntu2404:~/script$ echo "a is $((a++)), but it will be incremented"
a is 3, but it will be incremented
gilbut@ubuntu2404:~/script$ echo "now, a is $a"
now, a is 4
```

++변수, --변수는 변수의 값에 1을 더하거나 빼서 다시 변수에 저장합니다. 단, 변수의 값에 증가/감소가 적용된 후 명령이 실행됩니다.

```
터미널                                                    —  □  ×
gilbut@ubuntu2404:~/script$ a=3
gilbut@ubuntu2404:~/script$ echo "a is $((++a)), it was incremented already"
a is 4, it was incremented already
```

● 비교 연산자

산술 연산에서는 비교 연산자도 사용할 수 있습니다. Bash에서 사용 가능한 비교 연산자는 다음과 같습니다.

표 11-1 Bash의 비교 연산자

연산자	의미	연산자	의미
>	연산자 왼쪽의 값이 크다.	<=	연산자 왼쪽의 값이 작거나 같다.
>=	연산자 왼쪽의 값이 크거나 같다.	==	두 값이 같다.
<	연산자 왼쪽의 값이 작다.	!=	두 값이 같지 않다.

비교 연산자는 이중 괄호로 감싸는 산술 확장에서 유용합니다. if 문에서 다음과 같이 사용합니다.

1 grade.sh 파일에 다음 스크립트를 작성합니다. 이 스크립트는 점수를 인자로 받아 평가 등급을 출력합니다. if 문에서 점수를 비교할 때 산술 확장을 이용한 부분을 눈여겨보세요.

grade.sh

```
#!/bin/bash

point="$1"
if ((point >= 90)); then
    grade="A"
elif ((point >= 80)); then
```

400

```bash
        grade="B"
elif ((point >= 70)); then
        grade="C"
elif ((point >= 60)); then
        grade="D"
else
        grade="F"
fi

echo "Your grade is ${grade}."
```

2 스크립트가 잘 동작하는지 확인합니다.

```
터미널                                                          —  □  ×

gilbut@ubuntu2404:~/script$ chmod +x grade.sh
gilbut@ubuntu2404:~/script$ ./grade.sh 100
Your grade is A.
gilbut@ubuntu2404:~/script$ ./grade.sh 75
Your grade is C.
gilbut@ubuntu2404:~/script$ ./grade.sh 89
Your grade is B.
```

● 논리 연산자

&&는 논리곱 연산자로, 두 조건이 모두 참인 경우에만 결과가 참입니다. ||는 논리합 연산자로, 두 조건 중 하나만 참이면 결과가 참입니다. !는 논리 부정 연산자로 결과를 반대로 뒤집습니다.

다음 스크립트(and_op.sh)는 변수에 저장된 값이 6의 배수인지 판단합니다. if 문에서는 이중 괄호를 사용한 산술 확장으로 조건을 확인합니다. 조건의 산술 연산에는 나머지 연산자(%), 비교 연산자(==), 논리곱 연산자(&&)를 사용합니다. a를 3으로 나눈 나머지(a % 3)와 2로 나눈 나머지(a % 2)가 모두(&&) 0이면(== 0) 참입니다.

and_op.sh

```bash
#!/bin/bash

a=12
if ((a % 3 == 0 && a % 2 == 0)); then
    echo "$a is a multiple of 6"
```

```
else
    echo "$a is NOT a multiple of 6"
fi
```

스크립트를 실행하면 결과는 다음과 같습니다.

터미널		— □ ×

```
gilbut@ubuntu2404:~/script$ chmod +x and_op.sh
gilbut@ubuntu2404:~/script$ ./and_op.sh
12 is a multiple of 6
```

다음은 1부터 10까지 정수 중 3의 배수가 아닌 수들의 합을 구하는 스크립트(not_op.sh)입니다. 3의 배수인지 판단하는 조건에서 논리 부정 연산자(!)를 사용했습니다.

not_op.sh

```
#!/bin/bash

sum=0
for i in {1..10}   ------------------------------ ①
do
    if ((!(i % 3 == 0))); then  ------- ②
        echo "adding $i"
        ((sum += i))  ---------------------- ③
    else
        echo "skipping $i"
    fi
done

echo "sum: $sum"
```

① 중괄호 확장을 사용해 1부터 10 사이 정수에서 반복합니다.

② 3으로 나누어 떨어지는 수에 논리 부정 연산자를 사용해 3의 배수가 아닌 수를 찾습니다.

③ 이중 괄호를 사용한 산술 확장은 if 문의 조건뿐만 아니라 일반 산술 연산에서도 사용할 수 있습니다. 이 명령은 let "sum += i"와 같은 의미입니다.

스크립트를 실행한 결과는 다음과 같습니다.

```
터미널                                                           –  □  ×
gilbut@ubuntu2404:~/script$ chmod +x not_op.sh
gilbut@ubuntu2404:~/script$ ./not_op.sh
adding 1
adding 2
skipping 3
adding 4
adding 5
skipping 6
adding 7
adding 8
skipping 9
adding 10
sum: 37
```

● **비트 연산자**

Bash에서는 비트 연산자도 지원합니다. 비트 연산은 값을 2진수로 표현한 상태에서 연산을 수행합니다. 10진수로 표현한 정수 값을 2진수로 변환한 뒤 각 비트에 대해 연산을 수행합니다. 비트 연산자의 종류는 다음과 같습니다.

표 11-2 Bash의 비트 연산자

연산자	의미	예
|(비트 OR 연산자)	두 값 중 하나라도 1이면 1입니다.	0101 OR 1110 1111
&(비트 AND 연산자)	두 값 모두 1이어야 1입니다.	0101 AND 1110 0100
^(비트 XOR 연산자)	두 값이 같으면 0, 두 값이 다르면 1입니다.	0101 XOR 1110 1011
~(비트 NOT 연산자)	0은 1로, 1은 0으로 바뀝니다.	NOT 1110 0001

❍ 계속

연산자	의미	예
<<(왼쪽 시프트 연산자)	값을 왼쪽으로 n비트 움직입니다. 새로운 값의 하위 부분은 0으로 채워집니다.	
>>(오른쪽 시프트 연산자)	값을 오른쪽으로 n비트 움직입니다. 값의 하위 n 비트는 제거됩니다.	

비트 연산자를 사용하면 어떤 결과가 나오는지 실습으로 확인해 봅시다.

1 a와 b 변수에 각각 5와 12를 할당합니다. 5는 2진수로 0101이고, 12는 1100입니다.

```
터미널                                                              —  □  ×
gilbut@ubuntu2404:~/script$ a=5
gilbut@ubuntu2404:~/script$ b=12
```

2 2진수 0101과 1100을 비트 OR 연산을 하면 2진수 1101이 됩니다. 2진수 1101은 10진수로 13입니다.

```
터미널                                                              —  □  ×
gilbut@ubuntu2404:~/script$ echo $((a | b))
13
```

3 2진수 0101과 1100으로 비트 AND 연산을 하면 2진수 0100이 됩니다. 2진수 0100은 10진수로 4입니다.

```
터미널                                                              —  □  ×
gilbut@ubuntu2404:~/script$ echo $((a & b))
4
```

4 2진수 0101에 비트 NOT 연산자를 적용하면 2진수 1010이 됩니다. 이를 2진수 1100과 비트 AND 연산하면 2진수 1000이 됩니다. 2진수 1000은 10진수로 8입니다.

```
터미널                                                              —  □  ×
gilbut@ubuntu2404:~/script$ echo $((~a & b))
8
```

5 a 변수에 5, 즉 2진수 0101을 저장합니다.

```
터미널                                                      —  ☐  ✕
gilbut@ubuntu2404:~/script$ a=5
```

6 a 변수의 값을 왼쪽으로 1비트 움직입니다. 0101을 왼쪽으로 1비트 움직이면 01010이 됩
   니다. 2진수 01010은 10진수로 10입니다.

```
터미널                                                      —  ☐  ✕
gilbut@ubuntu2404:~/script$ echo $((a << 1))
10
```

7 a 변수의 값을 왼쪽으로 2비트 움직입니다. 0101을 왼쪽으로 2비트 움직이면 010100이
   됩니다. 2진수 010100은 10진수로 20입니다.

```
터미널                                                      —  ☐  ✕
gilbut@ubuntu2404:~/script$ echo $((a << 2))
20
```

8 a 변수의 값을 오른쪽으로 1비트 움직입니다. 0101을 오른쪽으로 1비트 움직이면 010이 됩
   니다. 2진수 010은 10진수로 2입니다.

```
터미널                                                      —  ☐  ✕
gilbut@ubuntu2404:~/script$ echo $((a >> 1))
2
```

9 a 변수의 값을 오른쪽으로 2비트 움직입니다. 0101을 오른쪽으로 2비트 움직이면 01이 됩
   니다. 2진수 01은 10진수로 1입니다.

```
터미널                                                      —  ☐  ✕
gilbut@ubuntu2404:~/script$ echo $((a >> 2))
1
```

● **할당 연산자**

할당 연산자는 변수에 값을 저장하는 연산자입니다. 기본 할당 연산자(=) 외에도 다른 연산과 결
합한 할당 연산자를 지원합니다.

표 11-3 Bash의 할당 연산자

연산자	의미
=	기본 할당 연산자로, 연산자 오른쪽 값을 왼쪽 변수에 저장합니다.
+=	덧셈한 후 값을 저장합니다. a += b는 a = a + b와 같습니다.
-=	뺄셈한 후 값을 저장합니다. a -= b는 a = a - b와 같습니다.
*=	곱셈한 후 값을 저장합니다. a *= b는 a = a * b와 같습니다.
/=	나눗셈한 후 값을 저장합니다. a /= b는 a = a / b와 같습니다.
<<=	값을 n비트 왼쪽으로 움직인 후 저장합니다. a <<= b는 a = a << b와 같습니다.
>>=	값을 n비트 오른쪽으로 움직인 후 저장합니다. a >>= b는 a = a >> b와 같습니다.
&=	비트 AND 연산한 후 값을 저장합니다. a &= b는 a = a & b와 같습니다.
|=	비트 OR 연산한 후 값을 저장합니다. a |= b는 a = a | b와 같습니다.
^=	비트 XOR 연산한 후 값을 저장합니다. a ^= b는 a = a ^ b와 같습니다.

11.1.5 서브스트링 확장

서브스트링 확장(substring expansion)은 변수에 저장된 문자열의 특정 부분을 추출하는 기능입니다. 서브스트링 확장은 다음 형식으로 사용합니다.

> **형식** ${변수:오프셋}
> ${변수:오프셋:길이}

변수 부분에 저장된 문자열에서 오프셋부터 길이만큼의 문자열을 추출합니다. 오프셋은 추출할 문자열의 시작 위치를, 길이는 추출할 문자열의 길이를 나타냅니다. 길이가 생략된 형태라면 저장된 문자열의 끝까지 추출합니다.

오프셋에 음수를 입력하면 문자열 뒤쪽에서 문자열을 추출합니다. 문자열의 끝 글자는 오프셋-1, 끝에서 두 번째 글자는 오프셋-2가 됩니다. 오프셋에 음수를 입력할 때는 콜론(:)과 마이너스 사이를 한 칸 띄워야 합니다.

길이가 음수면 입력한 오프셋에서부터 길이가 가리키는 글자까지의 문자열을 반환합니다. 즉, 길이를 문자열 뒤에서부터 시작하는 인덱스처럼 보면 됩니다. 음수인 길이는 문자열 뒤쪽부터 몇 번째 글자인지 가리킵니다. 길이가 음수일 때는 길이 앞의 콜론(:)과 한 칸 띄어 쓰지 않아도 됩니다.

설명만으로는 이해하기 어려우니 실습하며 이해해 봅시다.

1 변수에 다음과 같이 문자열을 저장합니다.

```
터미널                                                    —  □  ×
gilbut@ubuntu2404:~/script$ greetings="hello world!"
gilbut@ubuntu2404:~/script$ echo $greetings
hello world!
```

2 문자열에서 첫 번째 글자의 위치가 오프셋 0입니다. 다음과 같이 입력하면 오프셋 1부터 문
자열의 끝까지 추출합니다. 즉, 첫 번째 글자를 제외하고 서브스트링 확장을 할 수 있습니다.

```
터미널                                                    —  □  ×
gilbut@ubuntu2404:~/script$ echo ${greetings:1}
ello world!
```

3 이번에는 길이를 지정해 문자열을 추출해 봅시다. 다음과 같이 입력하면 오프셋 1부터 4만
큼 문자열을 추출합니다.

```
터미널                                                    —  □  ×
gilbut@ubuntu2404:~/script$ echo ${greetings:1:4}
ello
```

4 오프셋에 음수를 지정해 문자열 뒤쪽부터 추출해 봅시다. 오프셋이 음수이므로 콜론 다음에
한 칸을 띄어 써야 합니다.

```
터미널                                                    —  □  ×
gilbut@ubuntu2404:~/script$ echo ${greetings: -1}    ◄------- 오프셋 -1만 추출
!
gilbut@ubuntu2404:~/script$ echo ${greetings: -5}    ◄------- 오프셋 -5부터 끝까지
orld!                                                         문자열 추출
gilbut@ubuntu2404:~/script$ echo ${greetings: -5:2}  ◄---- 오프셋 -5부터 길이
or                                                           2의 문자열 추출
```

5 이번에는 길이를 음수로 지정해 봅시다. 길이가 음수면 오프셋에 지정된 위치의 글자부터
문자열 뒤에서 길이가 가리키는 글자까지 추출합니다.

```
터미널                                                              —  □  ×

gilbut@ubuntu2404:~/script$ echo $greetings
hello world!
gilbut@ubuntu2404:~/script$ echo ${greetings:0:-1}   ◄---- 끝에서 첫 번째 글자 빼고
hello world                                                       추출
gilbut@ubuntu2404:~/script$ echo ${greetings:1:-1}   ◄---- 끝에서 첫 번째 글자 빼고
ello world                                                        오프셋 1부터 추출
gilbut@ubuntu2404:~/script$ echo ${greetings:1:-2}   ◄---- 끝에서 두 번째 글자까지
ello worl                                                         빼고 오프셋 1부터 추출
gilbut@ubuntu2404:~/script$ echo ${greetings:1:-3}   ◄---- 끝에서 세 번째 글자까지
ello wor                                                          빼고 오프셋 1부터 추출
gilbut@ubuntu2404:~/script$ echo ${greetings:3:-3}   ◄---- 끝에서 세 번째 글자까지
lo wor                                                            빼고 오프셋 3부터 추출
```

인덱스 배열도 문자열과 비슷한 형식으로 사용할 수 있습니다.

> **형식** ${변수[@]:오프셋}
> ${변수[@]:오프셋:길이}

1 array 인덱스 배열을 다음과 같이 선언합니다.

```
터미널                                                              —  □  ×

gilbut@ubuntu2404:~/script$ array=(0 1 2 3 4 5 6 7 8 9 0 a b c d e f g h)
```

2 인덱스 배열에서 요소 일부를 추출합니다. 인덱스 배열에서 첫 번째 요소의 인덱스는 0입니다. 오프셋에 7을 넣으면 인덱스 7에 있는 요소부터 배열 끝까지 추출합니다.

```
터미널                                                              —  □  ×

gilbut@ubuntu2404:~/script$ echo ${array[@]:7}
7 8 9 0 a b c d e f g h
```

3 문자열과 마찬가지로 길이를 설정할 수 있습니다. 다음과 같이 입력하면 인덱스 7부터 2개 요소를 추출합니다.

```
터미널                                                              —  □  ×

gilbut@ubuntu2404:~/script$ echo ${array[@]:7:2}
7 8
```

408

4 문자열처럼 오프셋을 음수로 지정할 수도 있습니다. 여기서도 오프셋이 음수면 콜론 뒤에 한 칸을 띄어 써야 합니다. 다음과 같이 입력하면 뒤에서부터 일곱 번째 인덱스부터 2개 요소를 추출합니다.

```
터미널                                                    —  □  ×
gilbut@ubuntu2404:~/script$ echo ${array[@]: -7:2}
b c
```

5 문자열과 다르게 인덱스 배열에서는 길이가 음수면 에러가 납니다.

```
터미널                                                    —  □  ×
gilbut@ubuntu2404:~/script$ echo ${array[@]: -7:-1}
bash: -1: substring expression < 0
```

11.1.6 패턴 찾아 바꾸기

변수에 저장된 문자열에서 패턴과 일치하는 문자나 문자열을 찾으면 다른 값으로 바꾸는 기능입니다. 형식은 4가지인데, 선택한 형식에 따라 동작이 달라집니다.

① 변수의 문자열에서 패턴과 첫 번째로 일치하는 문자나 문자열을 찾으면 지정한 문자열로 변경합니다.

> **형식** ${변수/패턴/문자열}

② 변수의 문자열에서 패턴과 일치하는 모든 문자나 문자열을 지정한 문자열로 변경합니다.

> **형식** ${변수//패턴/문자열}

③ 변수의 문자열 시작에서 패턴과 일치하는 문자나 문자열을 찾아 지정한 문자열로 변경합니다. 일치하는 부분이 문자열의 시작이 아니라면 변경되지 않습니다.

> **형식** ${변수/#패턴/문자열}

④ 변수의 문자열 끝에서 패턴과 일치하는 문자나 문자열을 찾아 지정한 문자열로 변경합니다. 일치하는 부분이 문자열의 끝이 아니라면 변경되지 않습니다.

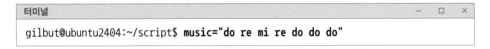

형식 ${변수/%패턴/문자열}

사용 형식에 따라 문자열이 어떻게 변경되는지 확인해 봅시다.

1 변수에 중복되는 값이 존재하는 문자열을 저장합니다.

```
터미널                                                          —  □  ×
gilbut@ubuntu2404:~/script$ music="do re mi re do do do"
```

2 첫 번째로 일치하는 're'를 'Re'로 변경합니다.

```
터미널                                                          —  □  ×
gilbut@ubuntu2404:~/script$ echo ${music/re/Re}
do Re mi re do do do
```

3 일치하는 모든 're'를 'Re'로 변경합니다.

```
터미널                                                          —  □  ×
gilbut@ubuntu2404:~/script$ echo ${music//re/Re}
do Re mi Re do do do
```

4 문자열의 시작에서 're'를 찾아 'Re'로 변경합니다. 문자열의 시작이 re가 아닌 do이므로 변경되지 않습니다.

```
터미널                                                          —  □  ×
gilbut@ubuntu2404:~/script$ echo ${music/#re/Re}
do re mi re do do do
```

5 문자열의 시작에서 'do'를 찾아 'DO~~'로 변경합니다. 문자열의 시작과 일치하므로 변경됩니다.

```
터미널                                                          —  □  ×
gilbut@ubuntu2404:~/script$ echo ${music/#do/DO~~}
DO~~ re mi re do do do
```

6 문자열의 끝에서 'do'를 찾아 'DO~~'로 변경합니다. 문자열의 끝과 일치하므로 변경됩니다.

```
gilbut@ubuntu2404:~/script$ echo ${music/%do/DO~~}
do re mi re do do DO~~
```

1분 퀴즈

3. 산술 확장을 이용해 스크립트를 작성했습니다. 이 스크립트의 실행 결과를 작성하세요.

```
#!/bin/bash

((i = 1))
((total = 0))
while ((i <= 10))
do
    ((total += i))
    ((i++))
done
echo "total = $total"
```

답: _____

4. alphabet 변수를 다음과 같이 설정했습니다. 이를 서브스트링 확장한 결과로 옳지 <u>않은</u> 것을 고르세요.

```
$ alphabet="abcdefghijklmnopqrstuvwxyz"
```

① ${alphabet:1} → bcdefghijklmnopqrstuvwxyz

② ${alphabet:1:3} → c

③ ${alphabet:3:-3} → defghijklmnopqrstuvw

④ ${alphabet: -3} → xyz

⑤ ${alphabet: -5:2} → vw

11장 Bash: 확장과 셸 옵션

11.1.7 대소문자 바꾸기

변수에 저장된 첫 번째 문자 또는 문자열 전체에서 패턴과 일치하는 문자가 있으면 대문자 또는 소문자로 바꾸는 기능입니다. 이때 패턴에는 한 글자만 넣어야 합니다. 패턴에 문자열을 두 글자 이상 넣으면 일치하는 문자를 찾을 수 없습니다. 그리고 패턴을 입력하지 않으면 모든 문자가 매치되는 것으로 간주돼 문자열 전체가 변경됩니다. 이번에도 형식이 몇 가지 있습니다.

① 변수에 저장된 문자열에서 패턴과 일치하는 문자를 모두 대문자로 바꿉니다.

> **형식** ${변수^^패턴}

② 변수에 저장된 문자열의 첫 번째 문자가 패턴과 일치하면 첫 번째 문자를 대문자로 바꿉니다.

> **형식** ${변수^패턴}

③ 변수에 저장된 문자열에서 패턴과 일치하는 문자를 모두 소문자로 바꿉니다.

> **형식** ${변수,,패턴}

④ 변수에 저장된 문자열의 첫 번째 문자가 패턴과 일치하면 첫 번째 문자를 소문자로 바꿉니다.

> **형식** ${변수,패턴}

대소문자를 바꿀 때 사용하는 기호는 다르지만, 기호를 1개 사용할 때와 2개 사용할 때 의미는 같습니다. 그래서 실습은 대문자로 바꾸는 예제만 진행합니다.

1   소문자로 구성된 문자열을 변수에 저장합니다.

```
터미널                                                          —  □  ×
gilbut@ubuntu2404:~/script$ music="do re mi re do do do"
```

2   형식 ①에서 패턴에 아무 문자도 지정하지 않고 실행해 봅시다. 문자열 전체가 대문자로 바뀝니다. 이 방식이 가장 쉬워서 자주 사용합니다.

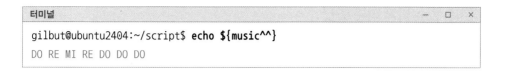

```
gilbut@ubuntu2404:~/script$ echo ${music^^}
DO RE MI RE DO DO DO
```

3 형식 ②에 패턴을 설정하지 않으면 문자열의 첫 번째 문자만 대문자로 바뀝니다.

```
gilbut@ubuntu2404:~/script$ echo ${music^}
Do re mi re do do do
```

4 형식 ①로 문자열 전체에서 소문자 o를 대문자로 바꿔봅시다.

```
gilbut@ubuntu2404:~/script$ echo ${music^^o}
dO re mi re dO dO dO
```

5 형식 ②에 패턴을 d로 넣어 첫 문자만 대문자로 바꿔봅시다. 문자열의 첫 문자가 소문자 d
이므로 대문자로 바뀝니다.

```
gilbut@ubuntu2404:~/script$ echo ${music^d}
Do re mi re do do do
```

6 형식 ②에서 패턴을 o로 변경하면 아무 일도 일어나지 않습니다. 문자열의 첫 문자가 o가
아니기 때문입니다.

```
gilbut@ubuntu2404:~/script$ echo ${music^o}
do re mi re do do do
```

7 패턴에 두 문자 이상을 넣어도 아무런 변화가 없습니다. 즉, 두 문자 이상은 패턴으로 검색
할 수 없습니다.

```
gilbut@ubuntu2404:~/script$ echo ${music^^do}
do re mi re do do do
```

11.1.8 변수 값에 따른 확장

변수에 저장된 값의 유무에 따라 값으로 지정하거나 에러를 발생시키는 등 여러 종류의 확장을 할 수 있습니다. 유형을 하나씩 살펴보겠습니다.

● **빈 값일 때 지정한 값 사용하기**

다음은 변수에 값이 설정되지 않았거나 빈 값일 때 지정한 문자열을 사용하게 하는 방법입니다.

> **형식** ${변수:-문자열}

1 var 변수에는 아무 값도 저장되지 않았습니다.

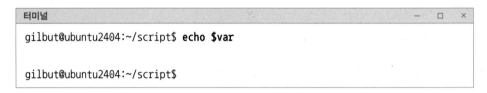

```
터미널                                          —  □  ×
gilbut@ubuntu2404:~/script$ echo $var

gilbut@ubuntu2404:~/script$
```

2 다음과 같이 작성하면 var 변수는 'hahaha'를 값으로 사용하게 됩니다.

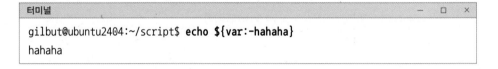

```
터미널                                          —  □  ×
gilbut@ubuntu2404:~/script$ echo ${var:-hahaha}
hahaha
```

3 var 변수에 'hahaha'를 사용하도록 설정했을 뿐 var 변수의 값은 변함이 없습니다.

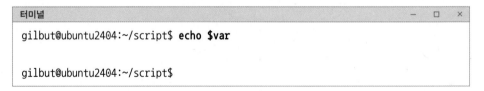

```
터미널                                          —  □  ×
gilbut@ubuntu2404:~/script$ echo $var

gilbut@ubuntu2404:~/script$
```

● **빈 값일 때 지정한 값 사용하고 저장하기**

이번에는 변수에 값이 설정되지 않았거나 빈 값일 때 지정된 문자열을 사용하게 하면서 변수에 저장하는 방법입니다.

> **형식** ${변수:=문자열}

1 var 변수에는 현재 저장된 값이 없습니다.

```
gilbut@ubuntu2404:~/script$ echo $var

gilbut@ubuntu2404:~/script$
```

2 다음과 같이 작성하면 var 변수는 'hahaha'를 사용하면서 값으로 저장하게 됩니다.

```
gilbut@ubuntu2404:~/script$ echo ${var:=hahaha}
hahaha
```

3 var 변수에 'hahaha'가 저장됐음을 확인할 수 있습니다.

터미널

```
gilbut@ubuntu2404:~/script$ echo $var
hahaha
```

● 빈 값일 때 에러 발생시키기

다음은 변수에 값이 설정되지 않았거나 빈 값일 때 에러를 발생시키는 방법입니다.

형식 ${변수:?문자열}

1 unset으로 var 변수의 값을 초기화(해제 또는 삭제)합니다.

터미널

```
gilbut@ubuntu2404:~/script$ unset var
gilbut@ubuntu2404:~/script$ echo $var
```

2 다음과 같이 작성하면 변수의 값이 없을 때 에러가 발생하게 됩니다. :? 뒤에 입력하는 문자
열은 에러 메시지의 일부가 됩니다.

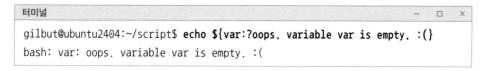

```
gilbut@ubuntu2404:~/script$ echo ${var:?oops. variable var is empty. :(}
bash: var: oops. variable var is empty. :(
```

● 빈 값이 아닐 때 지정한 값 사용하기

변수에 어떤 값이 저장되어 있을 때, 저장된 값 대신 지정한 값을 사용하는 방법입니다. 다른 값을 사용하게 하더라도 변수에 저장된 값은 바뀌지 않습니다. 변수에 저장된 값이 없다면 지정한 값을 사용하지 않습니다.

> **형식** ${변수:+문자열}

1 var 변수에 값을 저장합니다.

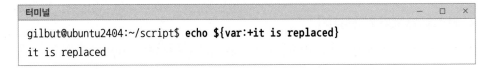

```
gilbut@ubuntu2404:~/script$ var="some value"
gilbut@ubuntu2404:~/script$ echo $var
some value
```

2 var 변수에 값이 저장된 상태이므로 다음과 같이 작성하면 저장된 값 대신 지정한 값(it is replaced)을 사용합니다.

```
gilbut@ubuntu2404:~/script$ echo ${var:+it is replaced}
it is replaced
```

3 var 변수의 내용은 변함이 없습니다.

```
gilbut@ubuntu2404:~/script$ echo $var
some value
```

4 unset으로 변수의 값을 초기화합니다.

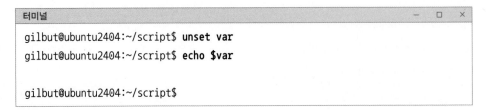

```
gilbut@ubuntu2404:~/script$ unset var
gilbut@ubuntu2404:~/script$ echo $var

gilbut@ubuntu2404:~/script$
```

416

5 var 변수에 저장된 값이 없으므로 지정한 값(it is replaced)을 사용하지 않습니다.

```
터미널                                              ─  □  ×
gilbut@ubuntu2404:~/script$ echo ${var:+it is replaced}

gilbut@ubuntu2404:~/script$
```

11.1.9 간접 확장

간접 확장은 변수의 이름을 저장하는 다른 변수를 통해 해당 변수의 값을 참조하는 기능입니다.
간접 확장을 사용하면 변수의 이름이나 값을 동적으로 처리할 수 있어 스크립트의 유연성과 재
사용성이 향상됩니다. 간접 확장의 형식은 다음과 같습니다.

형식 ${!변수}

1 var 변수에 값을 설정합니다.

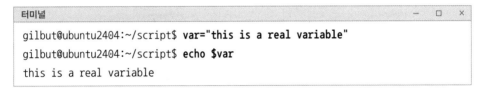

```
터미널                                              ─  □  ×
gilbut@ubuntu2404:~/script$ var="this is a real variable"
gilbut@ubuntu2404:~/script$ echo $var
this is a real variable
```

2 새로운 ref_var 변수에 var 변수의 이름을 저장합니다.

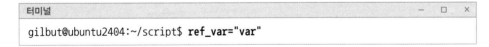

```
터미널                                              ─  □  ×
gilbut@ubuntu2404:~/script$ ref_var="var"
```

3 ref_var 변수를 일반적인 방법으로 출력하면 var를 출력합니다.

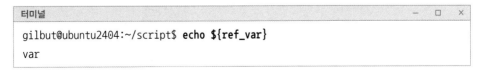

```
터미널                                              ─  □  ×
gilbut@ubuntu2404:~/script$ echo ${ref_var}
var
```

4 간접 확장으로 ref_var 변수의 값을 출력해 봅시다. var 변수의 이름을 저장하는 ref_var 변수를 통해 var 변수의 값을 참조해 출력합니다.

```
터미널                                                                    −  □  ×
gilbut@ubuntu2404:~/script$ echo ${!ref_var}
this is a real variable
```

11.1.10 일치하는 패턴 제거

일치하는 패턴 제거는 변수의 값 중 지정한 패턴과 일치하는 문자열을 제거한 후 값을 반환하는 기능입니다. 패턴 검색은 문자열의 앞 또는 뒤에서부터 시작할 수 있습니다. 또한, 가장 짧게 일치하는 문자열이나 가장 길게 일치하는 문자열도 제거할 수 있습니다. 형식은 다음 4가지입니다.

① 앞에서부터 패턴을 검색해 가장 짧게 일치하는 문자열을 제거합니다.

> **형식** ${변수#패턴}

② 앞에서부터 패턴을 검색해 가장 길게 일치하는 문자열을 제거합니다.

> **형식** ${변수##패턴}

③ 뒤에서부터 패턴을 검색해 가장 짧게 일치하는 문자열을 제거합니다.

> **형식** ${변수%패턴}

④ 뒤에서부터 패턴을 검색해 가장 길게 일치하는 문자열을 제거합니다.

> **형식** ${변수%%패턴}

한 가지 주의할 점이 있습니다. 패턴이 반드시 문자열의 앞 또는 뒤에서부터 일치해야 한다는 점입니다. 그래서 모든 문자를 의미하는 *를 패턴에 사용하면 좋습니다.

1 변수에 가상의 URL을 저장합니다.

```
gilbut@ubuntu2404:~/script$ url="www.google.com/section/time/index.html"
```

2 앞에서부터 가장 짧게 일치하는 문자열을 제거해 봅시다. 패턴에 */를 입력하면 'www.
google.com/'이 제거됩니다.

```
gilbut@ubuntu2404:~/script$ echo ${url#*/}
section/time/index.html
```

3 앞에서부터 가장 길게 일치하는 문자열을 제거해 봅시다. 앞의 예제와 똑같이 패턴에 */
를 입력했지만, 가장 길게 일치하는 문자열을 찾기 때문에 'www.google.com/section/
time/'이 제거됩니다.

```
gilbut@ubuntu2404:~/script$ echo ${url##*/}
index.html
```

4 이번에는 뒤에서부터 검색해 봅시다. 뒤에서부터 /*과 일치하는 가장 짧은 문자열인 '/index.
html'이 제거됩니다.

```
gilbut@ubuntu2404:~/script$ echo ${url%/*}
www.google.com/section/time
```

5 가장 길게 일치하는 문자열로 변경하면 '/section/time/index.html'이 제거됩니다.

```
gilbut@ubuntu2404:~/script$ echo ${url%%/*}
www.google.com
```

11.1.11 확장 연산자

Bash에서는 다음과 같은 형식으로 연산자를 적용해 확장할 수 있습니다.

> **형식** ${변수@연산자}

연산자는 한 번에 한 가지만 사용할 수 있습니다. 주로 사용하는 연산자는 다음과 같습니다.

표 11-4 Bash에서 주로 사용하는 확장 연산자

연산자	설명
U	모든 문자를 대문자로 바꿉니다.
u	첫 번째 문자만 대문자로 바꿉니다.
L	모든 문자를 소문자로 바꿉니다(첫 번째 문자만 소문자로 바꾸는 연산자는 없음).

예제를 통해 간단히 사용법을 확인해 봅시다.

1 대소문자가 섞여 있는 문자열을 변수에 저장합니다.

```
gilbut@ubuntu2404:~/script$ var="lovely Mr. Smith"
gilbut@ubuntu2404:~/script$ echo ${var}
lovely Mr. Smith
```

2 U 연산자를 사용해 문자열 전체를 대문자로 바꿉니다.

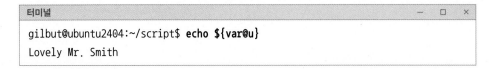

```
gilbut@ubuntu2404:~/script$ echo ${var@U}
LOVELY MR. SMITH
```

3 u 연산자를 사용해 첫 글자만 대문자로 바꿉니다.

```
gilbut@ubuntu2404:~/script$ echo ${var@u}
Lovely Mr. Smith
```

4 U 연산자를 사용해 문자열 전체를 소문자로 바꿉니다.

```
터미널                                                    —  □  ×
gilbut@ubuntu2404:~/script$ echo ${var@L}
lovely mr. smith
```

1분 퀴즈

정답 노트 p.551

5. var 변수에 저장된 모든 소문자를 대문자로 변환해 화면에 출력하려 합니다. 다음 빈칸에 알맞은 표현식을 작성하세요.

echo _____

6. 셸에서 다음과 같이 실행할 때, 다음 빈칸에 알맞은 출력값을 작성하세요.

```
터미널                                                    —  □  ×
$ var=""
$ echo ${var:-"new value"}
①_____
$ echo $var
②_____
```

7. 셸에서 다음과 같이 실행할 때, 다음 빈칸에 알맞은 출력값을 작성하세요.

```
터미널                                                    —  □  ×
$ var="old value"
$ echo ${var:="new value"}
①_____
$ echo $var
②_____
```

11.2

셸 옵션

Bash는 여러 기능을 제공합니다. 이런 기능들이 서로 잘 어우러져 동작해야 리눅스로 원하는 목적을 달성할 수 있습니다. Bash는 기능들이 설정에 따라 다르게 동작할 수 있도록 다양한 옵션을 제공합니다.

셸의 옵션은 set 명령어로 설정합니다. 옵션마다 이름과 플래그를 정의합니다. 플래그는 옵션을 간편하게 표현하기 위한 것으로, 옵션을 활성화 또는 비활성화할 수 있습니다. set 명령어로 설정할 수 있는 옵션은 다음과 같습니다. 옵션별로 플래그를 사용할 수 있는 옵션과 그렇지 않은 옵션이 있습니다. 그리고 set 명령어로 설정하지 못하고 자동으로 설정되는 옵션도 있습니다.

표 11-5 주요 셸 옵션

옵션	플래그	옵션	플래그
allexport	a	noexec	n
braceexpand	B	noglob	f
emacs	없음	nolog	없음
errexit	e	notify	b
errtrace	E	nounset	u
functrace	T	onecmd	t
hashall	h	pipefail	없음
histexpand	H	physical	P
history	없음	posix	없음
ignoreeof	없음	privileged	p
interactive-comments	없음	verbose	v
keyword	k	vi	없음
monitor	m	xtrace	x
noclobber	C		

11.2.1 옵션 활성화/비활성화 방법

set 명령어로 옵션을 활성화하는 방법은 다음과 같습니다.

```
형식    set -o 옵션
        set -플래그
```

예를 들어, errexit 옵션은 e 플래그와 연결돼 있습니다. 이 옵션을 활성화하려면 set -o errexit 명령을 실행하거나 set -e 명령을 실행하면 됩니다. 하지만 pipefail 옵션은 연결된 플래그가 없으므로 set -o pipefail 명령으로 활성화해야 합니다.

옵션을 비활성화할 때는 - 대신 +로 바꾸면 됩니다.

```
형식    set +o 옵션
        set +플래그
```

11.2.2 옵션 상태 확인 방법

현재 셸에서 옵션별 활성화/비활성화 상태를 확인하는 방법이 있습니다. 보통 다음 두 방법을 많이 사용합니다.

● **$-**

첫 번째는 Bash의 확장 기능인 $-를 사용하는 방법입니다. 이 변수는 셸에서 활성화한 옵션의 플래그가 저장돼 있습니다. 간편한 방법이지만, 플래그가 없는 옵션은 표시되지 않는다는 단점이 있습니다. 또한, 어떤 옵션이 활성화 상태인지 플래그를 보고 판단해야 해서 직관적이지 않습니다.

다음 명령을 실행하면 활성화 상태 옵션의 플래그가 표시됩니다.

```
터미널                                                       —  □  ×
gilbut@ubuntu2404:~/script$ echo $-
himBHs
```

실행 결과에서 h, m, B, H는 각각 hashall, monitor, braceexpand, histexpand 옵션이

활성화됐음을 나타냅니다. 이 옵션들은 set 명령어로 활성화하거나 비활성화할 수 있습니다. 반면 i와 s는 각각 interactive shell과 stdin을 의미합니다. 두 옵션은 Bash가 실행될 때 설정하는 옵션으로 셸이 실행된 후에는 옵션을 변경할 수 없습니다.

● **shopt -o**

두 번째는 shopt -o 명령을 이용하는 방법입니다. 이 방법은 모든 옵션의 활성화/비활성화 상태를 출력합니다. 현재 상태와 관계없이 모든 옵션이 출력되고, 플래그가 없는 옵션의 상태도 출력합니다. 또한, 플래그 대신 옵션 이름을 출력하므로 직관적입니다.

shopt -o 명령을 실행하면 모든 옵션의 상태가 표시됩니다.

```
터미널                                              ─    □    ×
gilbut@ubuntu2404:~/script$ shopt -o
allexport          off
braceexpand        on
emacs              on
errexit            off
errtrace           off
functrace          off
hashall            on
histexpand         on
history            on
ignoreeof          off
interactive-comments   on
keyword            off
monitor            on
noclobber          off
noexec             off
noglob             off
nolog              off
notify             off
nounset            off
onecmd             off
physical           off
pipefail           off
posix              off
privileged         off
verbose            off
vi                 off
xtrace             off
```

shopt -o 명령 뒤에 옵션 이름을 넣으면 해당 옵션의 상태만 보여줍니다.

```
터미널                                                          —  □  ×
gilbut@ubuntu2404:~/script$ shopt -o pipefail
pipefail        off
```

TIP — set -o 명령도 shopt -o와 같은 결과를 보여줍니다. 그런데 shopt -o 명령은 옵션 상태를 보여주는 반면, set -o는 해당 옵션을 활성화합니다. 그래서 옵션을 설정할 때는 set -o 명령을 사용하고, 옵션 상태를 조회할 때는 shopt -o 명령을 사용하는 것이 좋습니다. 필수는 아니지만 사용 목적에 맞춰 명령을 사용하면 명확히 구분되는 장점이 있습니다.

11.2.3 주요 옵션

자주 사용하는 옵션 몇 가지를 소개하겠습니다.

● errexit(플래그 e)

errexit 옵션은 실행한 명령이 실패하면(즉, 0이 아닌 값을 반환하면) 실행하던 셸을 즉시 중단하게 합니다. 이 옵션을 활성화한 상태로 스크립트를 실행하거나 스크립트를 실행하면서 이 옵션을 활성화하면 실행 도중에 에러가 발생했을 때 스크립트 실행이 중지됩니다. Bash를 실행 중인 터미널에서 errexit 옵션을 활성화한 상태로 명령어가 실패하면 셸이 중단되면서 터미널이 닫혀버립니다. 그래서 터미널에서 실행 중인 셸에서는 활성화하지 않고, 주로 스크립트 파일 안에서 활성화합니다.

스크립트 파일을 사용해 확인해 봅시다.

1   다음 내용을 errexit.sh 파일에 작성합니다.

errexit.sh
```
#!/bin/bash

cp not-exist-file target-file   ⋯⋯ ①
if [ $? -eq 0 ]; then   ⋯⋯⋯⋯⋯⋯ ②
    echo "success"
else
    echo "fail"
    exit 1
fi
```

① 존재하지 않는 파일을 복사하므로 명령은 실패합니다.

② ①번 명령의 종료 코드를 확인해서 성공 여부를 판단합니다.

2 errexit.sh 파일을 실행하면 예상대로 cp 명령어 실행에 실패합니다. 스크립트 실행에 대한 종료 코드도 실패(1)임을 확인할 수 있습니다.

```
터미널                                                              —  □  ×
gilbut@ubuntu2404:~/script$ chmod +x errexit.sh
gilbut@ubuntu2404:~/script$ ./errexit.sh
cp: cannot stat 'not-exist-file': No such file or directory
fail
gilbut@ubuntu2404:~/script$ echo $?
1
```

3 errexit 옵션을 활성화하도록 스크립트 파일의 시작 부분에 다음과 같이 추가합니다.

———————————————————————————————————— errexit.sh

```
#!/bin/bash

set -o errexit  ································· ①
cp not-exist-file target-file  ······· ②
if [ $? -eq 0 ]; then  ····················· ③
    echo "success"
else
    echo "fail"
    exit 1
fi
```

① errexit 옵션을 활성화합니다.

② errexit 옵션이 활성화돼 cp 명령어가 실패한 즉시 스크립트 실행이 중지됩니다. 스크립트 실행에 실패했으므로 종료 코드로 1을 반환합니다.

③ cp 명령어가 실패한 즉시 스크립트 실행이 중지되므로 if 문은 실행되지 않습니다.

4 실행해 봅시다. cp 명령어가 실패한 후 스크립트 실행이 즉시 중지돼 성공/실패를 출력하는 부분이 실행되지 않음을 확인할 수 있습니다.

```
터미널                                                       —  □  ×
gilbut@ubuntu2404:~/script$ ./errexit.sh
cp: cannot stat 'not-exist-file': No such file or directory
gilbut@ubuntu2404:~/script$ echo $?
1
```

errexit 옵션은 스크립트 파일의 명령이 하나라도 실패하면 그 즉시 스크립트 파일 실행을 중
지합니다. 그래서 강력한 에러 검출 방법으로 사용할 수 있습니다. 그러나 규칙이 너무 엄격해
서 스크립트를 작성하기 어렵다는 단점이 있습니다. 특히 명령 실패가 정상적인 흐름인 경우 스
크립트를 작성할 때 난처해질 수 있습니다.

● pipefail(플래그 없음)

pipefail 옵션은 파이프라인(pipeline) 내에서 어떤 명령이라도 실패하면 전체 파이프라인의
종료 코드로 0이 아닌 값을 반환하게 합니다. pipefail 옵션이 비활성화된 상태에서 어떻게 동
작하는지부터 확인해 봅시다.

1 다음과 같은 명령을 실행합니다.

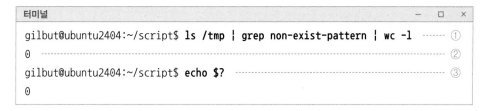
```
터미널                                                       —  □  ×
gilbut@ubuntu2404:~/script$ ls /tmp | grep non-exist-pattern | wc -l ······ ①
0 ··············································································· ②
gilbut@ubuntu2404:~/script$ echo $? ········································· ③
0
```

① tmp 디렉터리의 파일 목록을 조회(ls tmp)해 이름에 non-exist-pattern이 포함된 파
일이 있는지 검색(grep non-exist-pattern)하고 검색 결과의 줄 수를 세서 출력(wc -l)
하는 명령입니다.

② 만족하는 파일이 없어 0(줄 수가 0임을 의미)을 출력합니다.

③ 명령의 실행 결과는 성공(0)입니다.

2 파이프라인의 명령을 한 단계씩 살펴봅시다. 먼저 ls /tmp 명령이 실행됩니다. 명령의 실행
결과와 종료 코드는 다음과 같습니다.

```
터미널                                                          —  □  ×
gilbut@ubuntu2404:~/script$ ls /tmp
snap-private-tmp
systemd-private-7cb8a2028b11443e97df6cb2e41bc26c-colord.service-Te110H
(중략)
gilbut@ubuntu2404:~/script$ echo $?
0
```

3 그다음 grep non-exist-pattern 명령이 실행됩니다. /tmp 디렉터리에는 이름에 non-exist-pattern이 포함되는 파일이 없습니다. 따라서 grep은 아무런 결과도 출력하지 않고 종료 코드로 1을 반환합니다.

```
터미널                                                          —  □  ×
gilbut@ubuntu2404:~/script$ ls /tmp | grep non-exist-pattern
gilbut@ubuntu2404:~/script$ echo $?
1
```

4 종료 코드를 보면 grep 명령은 실패한 명령입니다. 여기에 wc -l 명령을 연결하면 어떻게 될까요? grep이 아무런 결과도 출력하지 않기 때문에 wc -l 명령은 화면에 0을 출력합니다. 이 명령은 성공입니다. 파이프라인에서 마지막 명령인 wc -l이 성공했으므로 파이프라인 명령 전체는 성공한 것으로 간주됩니다.

```
터미널                                                          —  □  ×
gilbut@ubuntu2404:~/script$ ls /tmp | grep non-exist-pattern | wc -l
0
gilbut@ubuntu2404:~/script$ echo $?
0
```

이와 같은 파이프라인의 동작이 자연스러워 보일 수도, 부자연스러워 보일 수도 있습니다. 스크립트의 목적에 따라 올바른 동작이 될 수도 있고, 올바르지 않은 동작이 될 수도 있기 때문입니다. pipefail 옵션을 활성화하면 파이프라인 중간에 실패하는 명령이 있을 경우 최종 종료 코드로 1을 반환합니다.

pipefail을 활성화한 후 동일한 명령을 실행해 봅시다.

1 pipefail 옵션을 활성화하고 shopt -o 명령으로 pipefail 옵션이 활성화됐는지 확인합니다.

```
터미널                                                           —  □  ×
gilbut@ubuntu2404:~/script$ set -o pipefail
gilbut@ubuntu2404:~/script$ shopt -o pipefail
pipefail        on
```

2 grep까지만 실행하면 pipefail 옵션을 활성화하기 전과 동일하게 실패(1)한 결과를 보여줍니다.

```
터미널                                                           —  □  ×
gilbut@ubuntu2404:~/script$ ls /tmp | grep non-exist-pattern
gilbut@ubuntu2404:~/script$ echo $?
1
```

3 이번에는 wc -l 명령까지 실행해 봅시다. wc -l에 의해 0이 출력되지만, 전과 다르게 종료 코드가 1로 변경된 것을 확인할 수 있습니다.

```
터미널                                                           —  □  ×
gilbut@ubuntu2404:~/script$ ls /tmp | grep non-exist-pattern | wc -l
0
gilbut@ubuntu2404:~/script$ echo $?
1
```

pipefail 옵션을 활성화하면 파이프라인의 모든 명령이 성공했는지 확인할 수 있습니다. 그러나 파이프라인에 포함된 명령에 따라 실패를 용인하거나 의도한 것일 수 있으므로 pipefail 옵션이 항상 유용한 것은 아닙니다. 명령어와 옵션의 동작 방식을 이해하고 사용해야 유용한 결과를 얻을 수 있습니다.

● **nounset(플래그 u)**

nounset 옵션은 설정되지 않은 변수를 사용하면 에러 메시지와 함께 에러가 발생하게 합니다. 실습으로 동작 방식을 알아봅시다.

1 nounset 옵션의 상태를 확인해 봅시다. nounset 옵션은 기본으로 비활성화 상태입니다(리눅스 배포판에 따라 달라질 수 있습니다).

```
터미널                                                        ─  □  ×
gilbut@ubuntu2404:~/script$ shopt -o nounset
nounset        off
```

2 한 번도 값을 저장하지 않은 변수를 출력해 봅시다. 값을 저장하지 않은 변수는 기본으로 빈 값입니다. 그래서 값을 출력하면 공백 상태로 나옵니다. 그래도 실행 결과는 성공입니다.

```
터미널                                                        ─  □  ×
gilbut@ubuntu2404:~/script$ echo "$NOT_EXIST_VAR"

gilbut@ubuntu2404:~/script$ echo $?
0
```

3 nounset 옵션을 활성화합니다.

```
터미널                                                        ─  □  ×
gilbut@ubuntu2404:~/script$ set -o nounset
gilbut@ubuntu2404:~/script$ shopt -o nounset
nounset        on
```

4 값을 저장하지 않은 변수를 출력하면 에러가 발생하고, 실행 결과도 실패입니다.

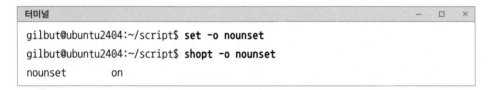

```
터미널                                                        ─  □  ×
gilbut@ubuntu2404:~/script$ echo "$NOT_EXIST_VAR"
bash: NOT_EXIST_VAR: unbound variable
gilbut@ubuntu2404:~/script$ echo $?
1
```

5 변수에 어떤 값을 저장하고 출력하면 에러가 발생하지 않습니다.

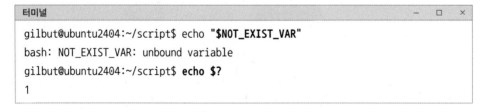

```
터미널                                                        ─  □  ×
gilbut@ubuntu2404:~/script$ NOT_EXIST_VAR="inited"
gilbut@ubuntu2404:~/script$ echo "$NOT_EXIST_VAR"
inited
```

6 변수에 빈 문자열을 저장해도 에러가 발생하지 않습니다.

```
터미널                                                      –  □  ×
gilbut@ubuntu2404:~/script$ NOT_EXIST_VAR=""
gilbut@ubuntu2404:~/script$ echo "$NOT_EXIST_VAR"

gilbut@ubuntu2404:~/script$ echo $?
0
```

nounset 옵션은 규모가 큰 스크립트에서 주로 사용합니다. 스크립트의 로직이 복잡해 변수 설정 여부를 확신할 수 없을 때 활성화해 놓으면 유용합니다. 하지만 if 문의 -z 문자열 테스트 연산자를 사용할 때도 unbound variable 에러가 발생하므로 유의해야 합니다.

1 nounset 옵션을 활성화하고 unset 명령어로 NOT_EXIST_VAR 변수를 초기화되지 않은 상태로 만듭니다.

```
터미널                                                      –  □  ×
gilbut@ubuntu2404:~/script$ shopt -o nounset
nounset        on
gilbut@ubuntu2404:~/script$ unset NOT_EXIST_VAR
```

2 if 문에서 -z로 NOT_EXIST_VAR 변수의 값을 테스트하면 에러가 발생합니다.

```
터미널                                                      –  □  ×
gilbut@ubuntu2404:~/script$ if [ -z "$NOT_EXIST_VAR" ]; then echo "not inited";
fi
bash: NOT_EXIST_VAR: unbound variable
```

3 if 문에서 -z로 테스트하려면 nounset 옵션을 비활성화해야 합니다.

```
터미널                                                      –  □  ×
gilbut@ubuntu2404:~/script$ set +o nounset
gilbut@ubuntu2404:~/script$ if [ -z "$NOT_EXIST_VAR" ]; then echo "not inited";
fi
not inited
```

11장 Bash: 확장과 셸 옵션

● xtrace(플래그 x)

xtrace 옵션은 실행되는 모든 명령을 표준 에러로 출력합니다. 이 기능은 스크립트를 디버깅할 때 매우 유용합니다. 예제를 봅시다.

1 다음 스크립트 파일(guess.sh)은 1~100 사이 난수를 만들어 맞추는 게임입니다. 스크립트 가 시작되면 1~100 사이에서 수 하나를 정하고, 사용자로부터 수를 입력받아 맞출 때까지 반복합니다.

guess.sh

```bash
#!/bin/bash

guess=0
try=1
number=$(($RANDOM % 100 + 1))     ------------- ①
echo "guess the number. input number between 1 and 100..."

read guess     -------------------------------- ②

while [ 1 ]; do     ---------------------------- ③
    if (($guess < $number)); then     ------- ④
        echo "it's too low!!"
    elif (($guess > $number)); then
        echo "it's too high!!"
    else
        break     ----------------------------- ⑤
    fi
    ((try++))     ----------------------------- ⑥
    read guess
done

echo "CORRECT!! it's ${try}th tries."
```

① $RANDOM 변수는 Bash에서 제공하는 특수 변수입니다. 0~32767 사이에서 무작위로 수 하나를 선택합니다. 선택한 난수를 100으로 나눈 나머지에 1을 더하면 1~100 사이 난 수가 됩니다.

② read 명령어는 표준 입력으로부터 값을 입력받는 명령어입니다. 여기에서는 사용자로부 터 값을 입력받아 guess 변수에 저장합니다.

③ 정답을 맞힐 때까지 while 문의 루프를 무한히 반복하게 합니다. 반복하다가 while 문 안에서 조건에 따라 루프를 종료합니다.

④ 입력한 값에 따라 적절한 메시지를 출력합니다.

⑤ 정답을 입력하면 break에 의해 while 문을 즉시 종료합니다.

⑥ 정답을 맞히지 못하면 시도 횟수를 1 증가시키고, 사용자로부터 다시 값을 입력받습니다.

2 스크립트를 실행해 난수를 맞혀봅시다. 7번 시도해서 맞혔네요.

```
터미널                                                    —  □  ×
gilbut@ubuntu2404:~/script$ chmod +x guess.sh
gilbut@ubuntu2404:~/script$ ./guess.sh
Guess the number. input nubmer between 1 and 100...
50
it's too high!!
25
it's too high!!
12
it's too high!!
6
it's too high!!
3
it's too low!!
4
it's too low!!
5
CORRECT!! it's 7th tries.
```

3 xtrace 옵션을 활성화해 코드가 어떻게 동작하는지 확인해 봅시다. 스크립트 앞부분에 set -o xtrace를 추가합니다.

guess.sh

```
#!/bin/bash

set -o xtrace
guess=0
try=1
(생략)
```

4 guess.sh 파일을 저장한 후 다시 실행합니다.

```
터미널                                                          –  □  ×
gilbut@ubuntu2404:~/script$ ./guess.sh
+ guess=0
+ try=1
+ number=80
+ echo 'Guess the number. input nubmer between 1 and 100...'
Guess the number. input nubmer between 1 and 100...
+ read guess
50
+ '[' 1 ']'
+ ((  50 < 80  ))
+ echo 'it'\''s too low!!'
it's too low!!
+ (( try++ ))
+ read guess
90
+ '[' 1 ']'
+ ((  90 < 80  ))
+ ((  90 > 80  ))
+ echo 'it'\''s too high!!'
it's too high!!
+ (( try++ ))
+ read guess
80
+ '[' 1 ']'
+ ((  80 < 80  ))
+ ((  80 > 80  ))
+ break
+ echo 'CORRECT!! it'\''s 3th tries. '
CORRECT!! it's 3th tries.
```

변수 설정이나 while 문과 if 문의 테스트 과정 등이 화면(정확히는 표준 에러 스트림)에 출력
됩니다. 원하면 정답을 한 번에 맞출 수도 있습니다. 이 정보들은 스크립트의 동작을 확인하고
디버깅하는 데 큰 도움이 됩니다.

이 장에서는 Bash가 지원하는 확장과 셸 옵션에 대해 배웠습니다. Bash의 확장은 내린 명령에서 일부를 다른 문자열로 변경하는 것을 말합니다. 가장 쉬운 예로 그동안 여러 실습에서 echo 명령어로 변수의 값을 화면에 출력한 것도 확장의 한 가지입니다.

Bash가 지원하는 여러 확장에 대해 잘 알면 명령을 더 간결하게 사용할 수 있습니다. 간단한 반복을 할 수 있는 중괄호 확장, 홈 디렉터리를 간편하게 사용할 수 있는 틸데 확장이 이런 종류에 속합니다.

명령의 실행 결과를 이용하는 경우 명령어 확장이 요긴하게 사용될 수 있습니다. 셸 스크립트가 여러 명령을 엮어주는 역할을 하기 위해 필요하고, 자주 사용되는 확장입니다. 명령어 확장뿐만 아니라 서브스트링, 패턴 찾아 바꾸기, 대소문자 변경, 패턴 제거 등 변수에 저장된 문자열을 다루는 확장도 제공합니다. 이런 확장들을 잘 이용한다면 다른 커맨드라인 툴의 도움 없이도 여러 종류의 작업을 할 수 있습니다.

Bash에서는 데이터를 문자열로 다루지만 산술 연산을 할 수 있도록 산술 확장을 제공합니다. 산술 확장에서는 산술 연산자뿐만 아니라 비교, 논리, 비트, 할당 연산자를 제공합니다. 이 연산자들은 let 명령어에서도 그대로 사용할 수 있으니 꼭 산술 확장을 사용하지 않더라도 산술 확장에서 사용할 수 있는 연산자들은 반드시 익혀두길 바랍니다.

Bash는 여러 기능을 제공합니다. 그중 몇 가지는 사용자가 활성 여부를 선택할 수 있도록 옵션으로 제공합니다. 옵션의 의미를 알고, 이를 활용하면 Bash를 더욱 풍부하게 사용할 수 있습니다. 여러 옵션 중 스크립트에서 자주 사용하는 errexit, pipefail, nounset, xtrace 옵션은 반드시 알아두세요.

12장은 Bash를 다루는 마지막 단원으로 리디렉션과 파이프라인에 대해 배웁니다. 리디렉션과 파이프라인은 Bash에서 굉장히 자주 사용되는 기능입니다. 리디렉션과 파이프라인의 개념에 대해 설명하고 여러 실습을 진행합니다.

8. errexit 옵션을 활성화할 때 사용할 수 있는 명령을 모두 고르세요.

① set -e   ② set +e   ③ set +o errexit   ④ set -o errexit   ⑤ setopt errexit

9. 다음과 같은 스크립트를 실행했을 때 동작으로 옳은 설명을 고르세요.

```
#!/bin/bash

set -o errexit
set -o pipefail
set -o nounset

echo "login username: $USER"  -------------------------------------- Ⓐ
num_dir=$(ls -al ~ | grep "drwx" | wc -l)  ----------------- Ⓑ
echo "home directory has $num_dir directories."  ------- Ⓒ
```

---

① Ⓐ에서 한 번도 설정하지 않은 USER 변수를 사용해 에러가 발생한다.

② Ⓑ에서 홈 디렉터리에 "drwx"라는 파일 이름이 없어 에러가 발생한다.

③ Ⓑ에서 홈 디렉터리에 "drwx"라는 파일 이름이 없어 num_dir 변수에 0이 저장된다.

④ Ⓒ에서 홈 디렉터리 아래의 디렉터리 수만큼 메시지가 출력된다.

⑤ 보기 중에 옳은 설명이 없다.

마무리

1. 확장

① 확장은 셸이 명령을 해석하고 실행하기 전에 명령에 포함된 문자열, 수, 와일드카드 패턴 등을 변환하는 과정입니다.

② 중괄호 확장은 중괄호({})를 사용해 문자열 시퀀스나 조합을 생성하는 것을 말합니다. 중 괄호 안에 쉼표(,)로 구분한 문자열 목록을 입력하면 셸은 왼쪽에서 오른쪽으로 순서대 로 문자열을 한 번씩 사용해 새로운 문자열을 만들어 냅니다.

③ 틸데 확장은 물결표(~)가 홈 디렉터리로 변환되는 것을 말합니다. 물결표 뒤에 사용자 이 름을 붙이면 해당 사용자의 홈 디렉터리로 확장됩니다.

④ 명령어 치환은 $( )로 둘러싸인 명령을 실행한 결과를 현재 셸의 명령어나 스크립트에서 사용할 수 있게 합니다.

⑤ 산술 확장은 $(( ))나 (( ))로 감싼 표현식을 산술 연산한 결과를 스크립트에서 사용할 수 있게 합니다.

⑥ 서브스트링 확장은 변수에 저장된 문자열의 특정 부분을 추출하는 기능입니다. 변수 부 분에 저장된 문자열에서 오프셋부터 길이만큼의 문자열을 추출합니다. 길이가 생략된 형 태라면 저장된 문자열의 끝까지 추출합니다.

> **형식** ${변수:오프셋}
> ${변수:오프셋:길이}

⑦ 패턴 찾아 바꾸기는 변수에 저장된 문자열에서 패턴과 일치하는 문자나 문자열을 찾으면 다른 값으로 바꾸는 기능입니다.

⑧ 대소문자 바꾸기는 변수에 저장된 첫 번째 문자 또는 문자열 전체에서 패턴과 일치하는 문자가 있으면 대문자 또는 소문자로 바꾸는 기능입니다.

⑨ 변수에 저장된 값의 유무에 따라 값으로 지정하거나 에러를 발생시키는 등 다양한 확장 을 할 수 있습니다.

⑩ 간접 확장은 변수 이름을 저장하는 다른 변수로 해당 변수의 값을 참조하는 기능입니다.

> **형식** ${!변수}

⑪ 일치하는 패턴 제거는 변수의 값 중 지정한 패턴과 일치하는 문자열을 제거한 후 값을 반
환하는 기능입니다.

⑫ 연산자를 적용해 확장할 수도 있습니다. 연산자는 한 번에 한 가지만 사용합니다.

> **형식** ${변수@연산자}

2. 셸 옵션

① Bash는 다양한 기능이 설정에 따라 다르게 동작할 수 있도록 여러 옵션을 제공합니다.
이름과 옵션을 간편하게 표현한 플래그를 정의해 플래그로 옵션을 활성화 또는 비활성화
할 수 있습니다.

② 셸의 옵션은 다음과 같이 set 명령어로 활성화합니다(비활성화 시 − 대신 + 사용).

> **형식** set -o 옵션
> set -플래그

③ 옵션의 활성화/비활성화 상태를 확인하는 방법은 두 가지입니다.
- $-를 사용하는 방법으로, 셸에서 활성화된 옵션의 플래그가 저장돼 있습니다.
- shopt -o 명령을 이용하는 방법으로, 모든 옵션의 활성화/비활성화 상태를 출력합니다.

④ 자주 사용하는 셸 옵션은 다음과 같습니다.
- **errexit 옵션**: 명령이 실패하면 실행하던 셸을 즉시 중단합니다.
- **pipefail 옵션**: 파이프라인 내에서 어떤 명령이라도 실패하면 전체 파이프라인의 종료
코드로 0이 아닌 값을 반환합니다.
- **nounset 옵션**: 값이 저장되지 않은 변수를 사용하면 에러가 발생합니다.
- **xtrace 옵션**: 실행되는 모든 명령을 표준 에러로 출력합니다.

셀프체크

정답 노트 p.551

1. 중괄호 확장을 이용해 40보다 작거나 같은 양수 중에 3으로 나누었을 때 나머지가 1인 수의 목록을 화면에 출력하는 명령문을 작성하세요.

2. 어떤 수 n을 입력받아 1부터 n까지의 수 중에 3의 배수이지만 5의 배수가 아닌 수의 목록을 화면에 출력하는 함수를 작성하려 합니다. 다음 빈칸에 적절한 내용을 채우세요.

```
function find_numbers()
{
    local n=①_____
    for ((②_____))
    do
        if ((③_____&& ④_____)); then
            echo "$i"
        fi
    done
}
```

코딩
자율학습

12장

Bash: 리디렉션과 파이프라인

이 장에서는 리디렉션과 파이프라인에 대해 배웁니다. **리디렉션**은 프로세스의 표준 입출력을 변경해 파일로부터 데이터를 읽거나 데이터를 파일에 쓰는 방법을 제공합니다. **파이프라인**은 한 프로세스의 출력을 다음 프로세스의 입력으로 전달해 프로세스와 프로세스를 연결하는 방법입니다. 리디렉션과 파이프라인을 이용하면 단일 기능의 프로그램들을 엮어 사용자가 원하는 명령을 수행할 수 있습니다. 두 개념은 Bash에서 커맨드라인 툴을 사용하려면 반드시 알아야 합니다.

12.1

리디렉션

리디렉션(redirection)의 사전적 의미는 '방향 전환'입니다. '스트림을 리디렉션한다'고 하면 스트림을 어느 방향으로 보내는 것일까요? 정답은 파일입니다. **리눅스의 리디렉션**은 스트림을 파일로 저장하거나 파일의 내용을 스트림으로 가져오는 것을 의미합니다. 참 간단하죠? 하지만 실제 리디렉션 기능을 사용하기란 개념만큼 쉽지 않습니다. 특히 파이프라인까지 결합되면 더 복잡합니다. 하지만 개념을 알고 충분히 연습하면 능숙하게 사용할 수 있습니다.

리디렉션은 크게 출력 리디렉션과 입력 리디렉션으로 나눌 수 있는데 하나씩 살펴봅시다.

12.1.1 출력 리디렉션

출력 리디렉션은 프로세스의 출력 스트림을 파일로 출력하는 것을 의미합니다. 프로세스의 표준 스트림 중 표준 출력과 표준 에러가 출력 스트림이므로 두 스트림을 파일로 리디렉션할 수 있습니다. 표준 출력과 표준 에러 외에도 프로세스가 열어놓은 다른 스트림을 파일로 출력할 수 있습니다.

그림 12-1 표준 출력을 파일로 리디렉션하는 경우

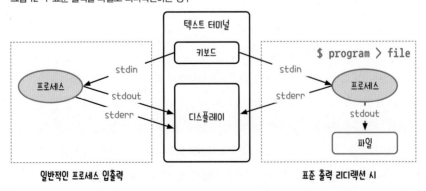

442

● **실습: 표준 출력과 표준 에러 리디렉션하기**

출력 리디렉션의 기본 형식은 다음과 같습니다.

형식	명령 [스트림_번호]> 파일
	명령 [스트림_번호]>> 파일

>를 부등호보다는 화살표로 생각하면 이해하기 쉽습니다. 실행한 명령의 출력 스트림을 파일로 보낸다는 의미입니다. >는 저장할 내용을 파일에 덮어씁니다. 그래서 기존 파일에 리디렉션하면 파일 내용이 삭제되고 새롭게 저장한 내용만 남습니다. 파일이 존재하지 않는 경우에는 파일을 생성하면서 내용을 저장합니다. >>는 파일의 끝부분에 내용을 추가합니다. 이 역시 존재하지 않는 파일에 리디렉션하면 파일을 새롭게 생성해 저장합니다.

>나 >> 앞에 스트림 번호는 입력할 수도 있고, 생략할 수도 있습니다. 스트림 번호를 생략하면 표준 출력(스트림 번호 1)이 기본 값으로 설정됩니다. 표준 에러는 스트림 번호 2로 표기합니다.

표준 출력을 리디렉션하는 실습을 해보겠습니다.

1 홈 디렉터리에 실습용 디렉터리를 만듭니다.

```
터미널                                                    —  □  ×
gilbut@ubuntu2404:~$ mkdir redirect-test
gilbut@ubuntu2404:~$ cd redirect-test/
```

2 echo 명령어가 표준 출력으로 보내는 내용을 파일로 리디렉션해 봅시다. 명령 뒤에 >를 붙이고, 그 뒤에 저장할 파일 이름을 지정합니다. greetings라는 파일이 없던 상태이므로 파일이 새로 생성됩니다.

```
터미널                                                    —  □  ×
gilbut@ubuntu2404:~/redirect-test$ echo "hello world" > greetings
gilbut@ubuntu2404:~/redirect-test$ ls
greetings
```

3 cat 명령어로 파일 내용을 출력하면 echo 명령어로 입력한 'hello world'가 파일에 저장된 것을 확인할 수 있습니다.

```
터미널                                                    —  □  ×
gilbut@ubuntu2404:~/redirect-test$ cat greetings
hello world
```

4 greetings 파일에는 'hello world'라는 텍스트가 저장돼 있습니다. 이미 존재하는
 greetings 파일에 표준 출력을 리디렉션해 봅시다. 이전에 저장한 내용은 없어지고, 새로운
 내용이 저장됩니다.

```
터미널                                                    —  □  ×
gilbut@ubuntu2404:~/redirect-test$ echo "hey~" > greetings
gilbut@ubuntu2404:~/redirect-test$ cat greetings
hey~
```

5 기존 내용을 덮어쓰지 않고 파일에 새로운 내용을 추가하려면 > 대신 >>를 사용합니다. 새
 로운 내용은 파일 끝에 저장됩니다.

```
터미널                                                    —  □  ×
gilbut@ubuntu2404:~/redirect-test$ echo "hi there!" >> greetings
gilbut@ubuntu2404:~/redirect-test$ cat greetings
hey~
hi there!
gilbut@ubuntu2404:~/redirect-test$ echo "how are you?" >> greetings
gilbut@ubuntu2404:~/redirect-test$ cat greetings
hey~
hi there!
how are you?
```

표준 에러를 리디렉션하는 것도 표준 출력을 리디렉션하는 것과 비슷합니다.

그림 12-2 표준 에러를 리디렉션하는 경우

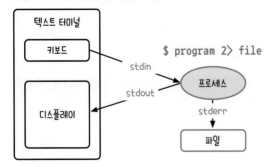

444

표준 에러를 리디렉션하는 방법을 실습해 봅시다. 일반적으로 정상 출력 내용은 표준 출력을 통해, 에러 메시지 등은 표준 에러를 통해 출력됩니다. 강제로 에러를 발생시켜 에러 메시지를 표준 에러로 출력하고, 이를 리디렉션하겠습니다.

1 실행할 수 없는 명령을 입력해 에러를 발생시킵니다.

```
터미널                                                    —  ☐  ✕
gilbut@ubuntu2404:~/redirect-test$ this is error command
Command 'this' not found, did you mean:
  command 'thin' from deb thin (1.8.1-2ubuntu1)
Try: sudo apt install <deb name>
```

2 이 명령을 실행하며 표준 출력을 리디렉션해 봅시다. 리디렉션했지만 에러 메시지가 화면에 그대로 출력되고, errmsg 파일에는 아무런 내용이 없습니다. 에러 메시지가 표준 에러로 출력됐기 때문입니다.

```
터미널                                                    —  ☐  ✕
gilbut@ubuntu2404:~/redirect-test$ this is error command > errmsg
Command 'this' not found, did you mean:
  command 'thin' from deb thin (1.8.1-2ubuntu1)
Try: sudo apt install <deb name>
gilbut@ubuntu2404:~/redirect-test$ cat errmsg
gilbut@ubuntu2404:~/redirect-test$
```

3 이번에는 표준 에러를 리디렉션하고, errmsg 파일의 내용을 확인합니다. 화면에는 아무 내용도 나오지 않고, errmsg 파일을 보면 에러 메시지가 저장돼 있습니다. 이번에는 에러 메시지가 표준 에러로 출력되고, 표준 에러를 파일로 리디렉션했기 때문입니다.

```
터미널                                                    —  ☐  ✕
gilbut@ubuntu2404:~/redirect-test$ this is error command 2> errmsg
gilbut@ubuntu2404:~/redirect-test$ cat errmsg
Command 'this' not found, did you mean:
  command 'thin' from deb thin (1.8.1-2ubuntu1)
Try: sudo apt install <deb name>
```

● 실습: 표준 출력과 표준 에러 한꺼번에 리디렉션하기

어떤 명령을 실행하고, 실행한 내용이 화면에 출력된다고 합시다. 출력되는 내용을 리디렉션하려면 해당 내용이 표준 출력을 통해 출력됐는지, 표준 에러를 통해 출력됐는지 알아야 합니다. 명령의 실행 결과가 성공할지 실패할지 모르는 상황이라면 어떤 스트림을 리디렉션해야 할지 더욱 알 수 없습니다. 이런 경우 어떻게 처리하는지 실습을 통해 알아봅시다.

1 표준 출력과 표준 에러를 각각 리디렉션합니다. ping이 정상적으로 실행되면 결과는 표준 출력으로 출력됩니다.

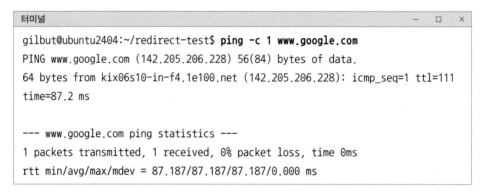

```
gilbut@ubuntu2404:~/redirect-test$ ping -c 1 www.google.com
PING www.google.com (142.205.206.228) 56(84) bytes of data.
64 bytes from kix06s10-in-f4.1e100.net (142.205.206.228): icmp_seq=1 ttl=111
time=87.2 ms

--- www.google.com ping statistics ---
1 packets transmitted, 1 received, 0% packet loss, time 0ms
rtt min/avg/max/mdev = 87.187/87.187/87.187/0.000 ms
```

2 명령 > 파일1 2> 파일2 형태로 명령을 내리면 표준 출력은 '파일1'에, 표준 에러는 '파일2'에 각각 리디렉션됩니다. ping이 성공하는 경우를 실행해 봅시다. 표준 출력이 리디렉션된 파일에 저장된 것을 확인할 수 있습니다.

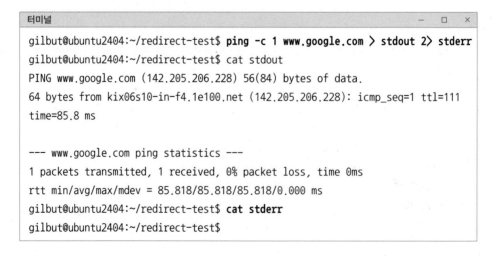

```
gilbut@ubuntu2404:~/redirect-test$ ping -c 1 www.google.com > stdout 2> stderr
gilbut@ubuntu2404:~/redirect-test$ cat stdout
PING www.google.com (142.205.206.228) 56(84) bytes of data.
64 bytes from kix06s10-in-f4.1e100.net (142.205.206.228): icmp_seq=1 ttl=111
time=85.8 ms

--- www.google.com ping statistics ---
1 packets transmitted, 1 received, 0% packet loss, time 0ms
rtt min/avg/max/mdev = 85.818/85.818/85.818/0.000 ms
gilbut@ubuntu2404:~/redirect-test$ cat stderr
gilbut@ubuntu2404:~/redirect-test$
```

3 ping 대상이 올바르지 않은 도메인 주소이면 명령이 실패합니다. 이때 에러 메시지가 표준
에러를 통해 출력됩니다.

```
터미널                                                                    —  □  ×
gilbut@ubuntu2404:~/redirect-test$ ping -c 1 www.unknown-error-site.com
ping: www.unknown-error-site.com: Name or service not known
```

4 ping이 성공했을 때와 같은 방법으로 표준 출력과 표준 에러를 각 파일에 리디렉션해 봅시다.
이번에는 표준 에러를 리디렉션한 파일에 에러 메시지가 저장된 것을 확인할 수 있습니다.

```
터미널                                                                    —  □  ×
gilbut@ubuntu2404:~/redirect-test$ ping -c 1 www.unknown-error-site.com >
stdout 2> stderr
gilbut@ubuntu2404:~/redirect-test$ cat stdout
gilbut@ubuntu2404:~/redirect-test$ cat stderr
ping: www.unknown-error-site.com: Name or service not known
```

표준 출력과 표준 에러를 한 파일에 리디렉션할 수는 없을까요? 조금 복잡하지만 가능합니다.
표준 에러를 표준 출력으로 리디렉션하고, 표준 출력은 파일로 리디렉션하는 방법입니다.

한 스트림을 다른 스트림으로 리디렉션할 때는 기본 형식 뒤에 다음과 같이 추가합니다.

> **형식** 명령 [스트림_번호]> 파일 [n]>&[m]

n은 리디렉션할 소스 스트림 번호이고, m은 리디렉션을 받을 대상 스트림 번호입니다. 예를 들
어, 표준 에러를 표준 출력으로 리디렉션하려면 2>&1이라고 작성합니다.

그림 12-3 표준 에러를 표준 출력으로 리디렉션하는 경우

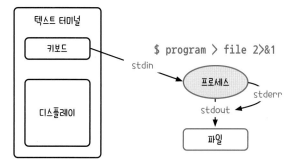

이 방법으로 표준 출력과 표준 에러를 한 번에 리디렉션해 봅시다.

1 표준 에러는 표준 출력으로 리디렉션하고, 표준 출력은 merged라는 파일에 리디렉션하도록 명령을 실행합니다. 이때 표준 에러를 표준 출력으로 리디렉션하는 부분이 명령의 가장 마지막에 나와야 합니다. ping이 성공하는 경우 표준 출력이 merged 파일에 잘 저장된 것을 확인할 수 있습니다.

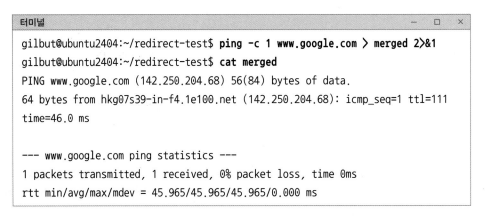

```
gilbut@ubuntu2404:~/redirect-test$ ping -c 1 www.google.com > merged 2>&1
gilbut@ubuntu2404:~/redirect-test$ cat merged
PING www.google.com (142.250.204.68) 56(84) bytes of data.
64 bytes from hkg07s39-in-f4.1e100.net (142.250.204.68): icmp_seq=1 ttl=111
time=46.0 ms

--- www.google.com ping statistics ---
1 packets transmitted, 1 received, 0% packet loss, time 0ms
rtt min/avg/max/mdev = 45.965/45.965/45.965/0.000 ms
```

2 이번에는 ping이 실패하는 경우를 실행해 봅시다. 표준 에러로 출력되는 메시지도 merged 파일에 잘 저장되는 것을 확인할 수 있습니다.

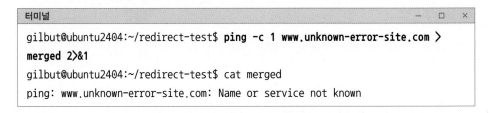

```
gilbut@ubuntu2404:~/redirect-test$ ping -c 1 www.unknown-error-site.com >
merged 2>&1
gilbut@ubuntu2404:~/redirect-test$ cat merged
ping: www.unknown-error-site.com: Name or service not known
```

그런데 명령이 조금 복잡해 보입니다. 특히 명령 순서가 바뀌면 동작하지 않으니 더욱 유의해야 합니다. 그래서 Bash에서는 더 쉬운 방법을 제공합니다. 바로 &>입니다. &>는 표준 출력과 표준 에러를 동시에 리디렉션하라는 명령입니다.

그림 12-4 표준 출력과 표준 에러를 동시에 리디렉션하는 경우

이 방법으로 표준 출력과 표준 에러를 동시에 리디렉션해 봅시다.

1 &>를 사용해 출력 스트림을 msg 파일에 리디렉션하도록 명령을 실행합니다. 표준 출력으로 메시지가 출력되는 경우에 잘 동작하는 것을 확인할 수 있습니다.

```
터미널                                                            –  □  ×
gilbut@ubuntu2404:~/redirect-test$ ping -c 1 www.google.com &> msg
gilbut@ubuntu2404:~/redirect-test$ cat msg
PING www.google.com (142.250.204.68) 56(84) bytes of data.
64 bytes from hkg07s39-in-f4.1e100.net (142.250.204.68): icmp_seq=1 ttl=111
time=151 ms

--- www.google.com ping statistics ---
1 packets transmitted, 1 received, 0% packet loss, time 0ms
rtt min/avg/max/mdev = 150.720/150.720/150.720/0.000 ms
```

2 표준 에러로 출력되는 메시지도 리디렉션한 파일에 잘 저장됐습니다.

```
터미널                                                            –  □  ×
gilbut@ubuntu2404:~/redirect-test$ ping -c 1 www.unknown-error-site.com &> msg
gilbut@ubuntu2404:~/redirect-test$ cat msg
ping: www.unknown-error-site.com: Name or service not known
```

12.1.2 입력 리디렉션

입력 리디렉션은 출력 리디렉션과 반대 개념으로, 파일 내용을 프로세스의 표준 입력으로 전달합니다. 프로세스는 표준 입력으로부터 파일 내용을 읽습니다.

그림 12-5 입력 리디렉션

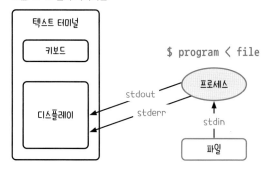

449

입력 리디렉션의 기본 형식은 다음과 같습니다.

명령 [스트림_번호]〈 파일

〉 대신 〈를 사용하는 것만 다르고 출력 리디렉션과 형식이 같습니다. 〈는 지정된 파일의 내용을 스트림 번호에 해당하는 스트림으로 리디렉션하라는 뜻입니다. 스트림 번호가 생략되면 스트림 번호가 0인 표준 입력으로 리디렉션합니다.

입력 리디렉션을 실습해 봅시다.

1   실습을 위해 다음과 같은 노래 가사가 저장된 lyrics 파일을 만듭니다.

```
Baa, baa, black sheep
Have you any wool?
Yes, sir, yes, sir
Three bags full
One for the master
And one for the dame
One for the little boy
Who lives down the lane
Baa, baa, black sheep
Have you any wool?
Yes, sir, yes, sir
Three bags full
Baa, baa, black sheep
Have you any wool?
Yes, sir, yes, sir
Three bags full
One for the master
And one for the dame
One for the little boy
Who lives down the lane
Baa, baa, black sheep
Have you any wool?
Yes, sir, yes, sir
Three bags full
```

2 wc는 텍스트의 줄 수, 단어 수, 문자 수를 출력하는 명령입니다. wc를 실행하면 표준 입력으로부터 텍스트 입력을 기다립니다. 다음과 같이 lyrics 파일의 내용을 wc의 표준 입력으로 리디렉션하면 lyrics 파일의 줄 수, 단어 수, 문자 수를 출력합니다.

```
터미널                                             —  □  ×
gilbut@ubuntu2404:~/redirect-test$ wc < lyrics
  24  98 478
```

3 grep은 파일이나 텍스트에서 특정 문자열을 검색해 출력하는 명령어입니다. grep "문자열" 형태로 명령을 내리면 표준 입력으로부터 텍스트 입력을 기다립니다. wc와 마찬가지로 lyrics 파일을 grep의 표준 입력으로 리디렉션하면 다음과 같이 lyrics 파일에서 일치하는 문자열을 검색해 출력합니다.

```
터미널                                             —  □  ×
gilbut@ubuntu2404:~/redirect-test$ grep "Baa" < lyrics
Baa, baa, black sheep
Baa, baa, black sheep
Baa, baa, black sheep
Baa, baa, black sheep
```

4 입력 리디렉션으로 얻은 결과를 출력 리디렉션으로 파일에 저장할 수도 있습니다. 입력 리디렉션과 출력 리디렉션은 명령 순서가 바뀌어도 동작하는 데 문제없습니다. 하지만 순서를 지키는 것이 명령을 이해하기 좋습니다.

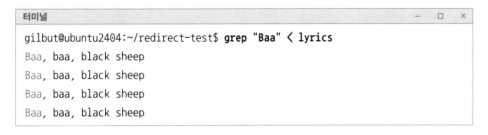

```
터미널                                             —  □  ×
gilbut@ubuntu2404:~/redirect-test$ grep "Baa" < lyrics > blacksheep
gilbut@ubuntu2404:~/redirect-test$ cat blacksheep
Baa, baa, black sheep
Baa, baa, black sheep
Baa, baa, black sheep
Baa, baa, black sheep
```

12.1.3 here documents

입력 리디렉션을 사용하면 파일 내용을 프로세스의 표준 입력으로 쉽게 리디렉션할 수 있습니다. 그런데 프로세스의 표준 입력으로 넣을 데이터를 셸에서 직접 입력하고 싶을 수도 있습니다. 이런 경우 다음과 같은 순서로 입력 리디렉션을 실행합니다.

입력할 데이터를 임시 파일에 저장 → 입력 리디렉션 실행 → 임시 파일 삭제

이 과정은 임시 파일을 생성하고 삭제해야 해서 번거롭습니다. 이럴 때 here documents 기능을 사용하면 임시 파일을 만들지 않고도 입력 리디렉션을 실행할 수 있습니다.

here documents 기능은 프로세스의 입력 스트림에 연결할 내용을 파일에서 읽어오는 대신 셸에서 직접 입력하는 방법을 제공합니다. 지금까지 셸에서 데이터 한 줄만 입력했습니다. 데이터가 여러 줄일 때는 어떻게 입력해야 할까요? here documents 기능은 구분자를 이용해 데이터를 여러 줄 입력할 수 있습니다.

TIP — here documents 기능은 줄여서 heredoc 또는 heredocs라고도 합니다. 이 책에서도 heredoc으로 표시하겠습니다.

사용 형식은 다음과 같습니다.

> **형식** 명령 [스트림_번호]<< 구분자
> [텍스트]
> 구분자

heredoc은 입력 리디렉션의 < 대신 <<를 사용합니다. 프로세스에 연결할 스트림 번호를 지정하는데, 생략하면 표준 입력인 0을 의미합니다. 이 부분은 입력 리디렉션과 같습니다. 입력 리디렉션은 뒤에 파일이 오는데, heredoc은 구분자가 와야 합니다. 여기서 구분자는 입력할 텍스트의 시작과 끝을 지정하는 역할을 합니다. 구분자는 영문 한 단어를 사용하며, 어떤 값이든 사용할 수 있습니다. 의미상 EOF(End of File) 또는 END 등을 주로 사용합니다. 구분자는 입력할 텍스트에 포함되지 않을 만한 값을 사용하는 것이 좋습니다.

heredoc의 사용법을 실습하며 익혀 보겠습니다.

1 wc 명령어에 heredoc을 사용해 봅시다. 구분자로는 EOF를 사용합니다. 텍스트 부분에 EOF가 나오면 텍스트 블록의 끝을 나타냅니다. 입력한 텍스트를 기반으로 wc 명령어가 실행돼 결과를 출력합니다.

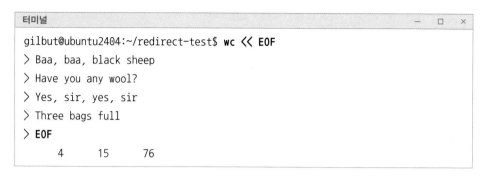

2 입력하는 텍스트에 구분자가 포함돼 있으면 어떻게 동작할까요? 한번 확인해 봅시다.

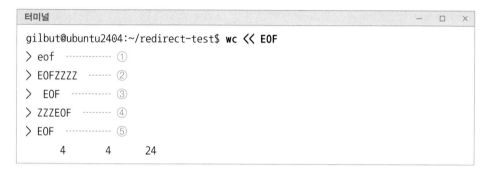

① 소문자여서 일치하지 않습니다.

② EOF 뒤에 불필요한 문자가 있어서 일치하지 않습니다.

③ 문자열 시작 부분에 공백이 있어서 일치하지 않습니다.

④ EOF 앞에 불필요한 문자가 있어서 일치하지 않습니다.

⑤ 정확히 일치합니다.

결과에서 보듯이 구분자와 정확히 일치해야 동작합니다.

heredoc은 여러 용도로 사용할 수 있지만, 새로운 텍스트 파일을 만들 때 특히 유용합니다. 복잡해 보이지만 익숙해지면 쉽게 사용할 수 있습니다.

1 cat 명령어에 heredoc으로 데이터를 입력하면 표준 입력으로 데이터를 읽습니다. cat 명령어는 표준 입력으로 읽은 데이터를 표준 출력으로 출력합니다.

2 이번에는 heredoc을 사용해 원하는 내용을 파일에 저장해 봅시다. 앞에서 cat 명령어가 heredoc으로 받은 데이터를 표준 출력으로 출력했습니다. 이때 cat의 표준 출력을 파일로 리디렉션하면 heredoc으로 입력한 내용이 파일에 저장됩니다.

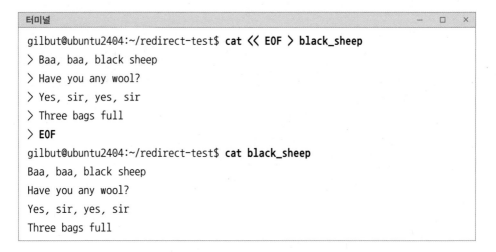

12.1.4 here strings

here strings는 heredoc과 유사한 기능입니다. heredoc이 텍스트 여러 줄을 입력하기 위한 기능이라면, here strings는 텍스트 한 줄을 입력하기 위한 기능입니다. 사용법은 다음과 같습니다.

heredoc은 <<를 사용하지만, here strings는 <를 하나 더 붙인 <<<를 사용합니다. 입력 스트림 번호를 지정하고, 생략하면 표준 입력이 입력 스트림으로 지정됩니다. 문자열 부분에는 프로세스의 입력 스트림에 넣을 문자열을 입력합니다. 문자열이 한 단어라면 쿼팅할 필요가 없지만, 두 단어 이상일 때는 쿼팅해야 합니다.

사용법이 간단하니 실습하며 익혀 보겠습니다.

1 cat 명령어의 표준 입력에 'hello world'를 입력합니다. cat은 입력받은 데이터를 표준 출력으로 내보내고, 이 데이터가 화면에 출력됩니다.

```
터미널                                                      ─  □  ✕
gilbut@ubuntu2404:~/redirect-test$ cat <<< "hello world"
hello world
```

2 here strings는 셸 변수와 함께 사용할 때 유용합니다. VAR 변수에 lyrics 파일 내용을 다음과 같이 저장합니다. 그러면 here strings의 문자열 부분에 $VAR를 입력해 lyrics 파일의 내용을 사용할 수 있습니다.

```
터미널                                                      ─  □  ✕
gilbut@ubuntu2404:~/redirect-test$ VAR=$(cat lyrics)
gilbut@ubuntu2404:~/redirect-test$ grep "Baa" <<< "$VAR"
Baa, baa, black sheep
Baa, baa, black sheep
Baa, baa, black sheep
Baa, baa, black sheep
```

3 다음 절에서 배울 파이프라인을 이용하는 방법도 있습니다. 다음 명령을 실행하면 VAR 변수에 저장된 lyrics 파일의 내용 중에서 'Baa'라는 텍스트가 포함된 결과만 출력합니다.

```
터미널                                                      ─  □  ✕
gilbut@ubuntu2404:~/redirect-test$ echo "$VAR" | grep "Baa"
Baa, baa, black sheep
Baa, baa, black sheep
Baa, baa, black sheep
Baa, baa, black sheep
```

1. ps -ef 명령은 프로세스 목록을 상세한 정보와 함께 화면에 출력합니다. 이 명령의 결과를 process_list라는 파일에 저장하려면 어떤 명령을 내려야 할지 작성하세요.

> **터미널**   — ☐ ✕
>
>
>

2. 어떤 스크립트 파일이 실행될 때마다 실행 시각을 executed라는 파일에 누적해서 저장하려 합니다. 실행 시각을 저장하기 위해 executed 파일에 포함할 다음 명령을 완성하세요.

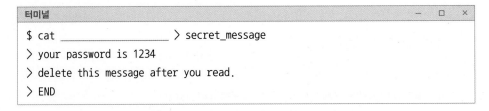

```
date _____ executed
```

3. heredoc을 이용해 셸에서 입력한 문자열 여러 줄을 파일에 저장하려 합니다. 다음 빈칸에 알맞은 표현식을 작성하세요.

> **터미널**   — ☐ ✕
> ```
> $ cat _____ > secret_message
> > your password is 1234
> > delete this message after you read.
> > END
> ```

12.2

파이프라인

파이프라인(pipeline)은 리디렉션에서 한걸음 더 나아간 기능입니다. 리디렉션이 프로세스 스트림과 파일 간 상호작용이라면 파이프라인은 프로세스 스트림 간 상호작용입니다.

12.2.1 파이프라인의 개념과 사용법

어떤 작업을 하는데 여러 프로세스가 상호작용해야 하는 상황을 생각해 봅시다. 예를 들어, ls로 /etc 디렉터리의 파일 중 'cron'이라는 단어가 포함된 파일 목록을 조회해야 한다고 해봅시다. 리디렉션으로 이 작업을 수행하려면 어떻게 해야 할까요?

일반적으로 임시 파일을 이용합니다. ls 명령어로 /etc 디렉터리의 파일 목록을 조회해 result 파일에 저장합니다.

```
터미널                                                    —  □  ×
gilbut@ubuntu2404:~/redirect-test$ ls /etc > result
```

grep으로 result 파일의 내용 중 'cron'이라는 단어가 포함된 파일 이름을 찾습니다.

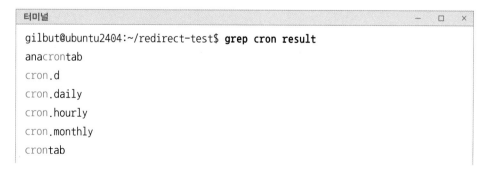

```
터미널                                                    —  □  ×
gilbut@ubuntu2404:~/redirect-test$ grep cron result
anacrontab
cron.d
cron.daily
cron.hourly
cron.monthly
crontab
```

457

```
cron.weekly
cron.yearly
```

원하는 파일을 찾았으니 result 파일을 삭제합니다. 이처럼 임시 파일을 이용하면 작업이 끝났을 때 이를 바로 지워야 합니다. 귀찮기도 하고, 깜빡 잊고 지우지 않을 확률이 높습니다.

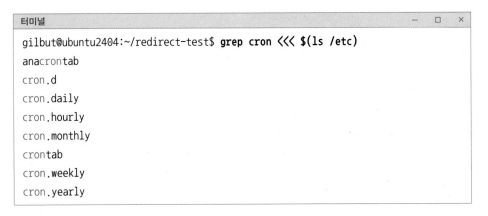

```
터미널                                                              —  □  ×
gilbut@ubuntu2404:~/redirect-test$ rm result
```

임시 파일을 이용하는 방법 대신, 앞서 배운 here strings를 이용하면 명령 한 줄로 작업을 수행할 수 있습니다. ls /etc 명령의 실행 결과를 grep의 입력 스트림으로 리디렉션합니다.

```
터미널                                                              —  □  ×
gilbut@ubuntu2404:~/redirect-test$ grep cron <<< $(ls /etc)
anacrontab
cron.d
cron.daily
cron.hourly
cron.monthly
crontab
cron.weekly
cron.yearly
```

here strings를 이용하는 방법이 임시 파일을 이용하는 방법보다 간편하기는 합니다. 하지만 파이프라인보다는 복잡합니다. 리디렉션은 스트림과 파일의 상호작용이라서 두 프로세스가 상호작용하려면 중간에 파일이 포함될 수밖에 없습니다. 파일을 거치지 않고 프로세스 간에 상호작용을 할 때 필요한 것이 바로 파이프라인입니다. 파이프라인은 스트림과 스트림을 직접 연결해 줍니다. 사용법도 훨씬 간단합니다.

그림 12-6은 세 프로세스 간 상호작용을 나타냅니다. 먼저 프로세스1은 표준 입력(stdin)으로 키보드 입력을 받습니다. 그리고 표준 에러(stderr)를 화면에 출력합니다. 눈여겨볼 부분은 프로세스1의 표준 출력입니다. 프로세스1의 표준 출력(stdout)은 프로세스2의 표준 입력(stdin)과 연결돼 있습니다. 여기가 파이프라인으로 연결된 부분입니다. 마찬가지로 프로세스2의 표준 출력이 프로세스3의 표준 입력과 연결돼 있습니다. 여기도 파이프라인으로 연결됩니다.

그림 12-6 파이프라인의 구조

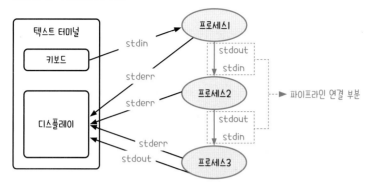

파이프라인의 사용 형식은 다음과 같습니다.

> **형식**   명령1 | 명령2 [| 명령3] ...
>
> 명령1 |& 명령2 [|& 명령3] ...

파이프라인은 파이프(|) 기호로 표시합니다. 명령과 명령 사이에 |를 배치하면 앞 명령으로 생성된 프로세스의 표준 출력을 뒤 명령으로 생성된 프로세스의 표준 입력으로 연결합니다. | 대신 |&를 사용하면 표준 출력과 표준 에러 모두 파이프라인이 됩니다.

TIP —— 파이프라인에서 사용하는 파이프(|) 기호는 윈도우 키보드에서는 원화 기호(₩), 맥 키보드에서는 백슬래시(\)와 함께 있습니다.

앞의 예제로 다시 돌아가 봅시다. 파이프라인으로 간단히 해결할 수 있습니다. ls /etc 명령의 출력 결과를 grep 명령의 표준 입력으로 연결하면 됩니다.

```
터미널                                              —  □  ×
gilbut@ubuntu2404:~/redirect-test$ ls /etc | grep cron
anacrontab
cron.d
cron.daily
cron.hourly
cron.monthly
crontab
cron.weekly
cron.yearly
```

12.2.2 파이프라인의 프로세스 종료 코드

파이프라인은 앞 명령을 실행하는 프로세스의 표준 출력을 뒤 명령을 실행하는 프로세스의 표준 입력에 연결합니다. 이때 두 프로세스는 서로 다른 프로세스라는 점에 유의해야 합니다.

프로세스는 종료될 때 종료 상태를 종료 코드로 남깁니다. 파이프라인을 사이에 두고 실행되는 두 프로세스도 각각 종료 코드를 남깁니다. 그런데 파이프라인은 한 줄로 명령을 내리죠. 이 명령은 어떤 프로세스의 종료 코드를 받아오게 될까요?

파이프라인은 마지막에 실행된 명령의 프로세스 종료 코드를 받아오게 됩니다. 실습으로 확인해 봅시다.

1 grep은 검색에 성공하면 0을, 실패하면 1을 반환합니다. 파이프라인을 이용한 검색에서도 마찬가지입니다.

```
터미널                                                          —  □  ×
gilbut@ubuntu2404:~/redirect-test$ cat lyrics | grep boy
One for the little boy
One for the little boy
gilbut@ubuntu2404:~/redirect-test$ echo $?
0
gilbut@ubuntu2404:~/redirect-test$ cat lyrics | grep girl
gilbut@ubuntu2404:~/redirect-test$ echo $?
1
```

2 grep 명령 뒤에 파이프라인으로 wc 명령을 연결합니다. 그러면 wc 명령의 결과가 명령 전체의 결과가 됩니다. grep 명령이 실패하더라도 그 뒤에 있는 wc 명령이 성공했기 때문에 전체 실행 결과는 성공입니다.

```
터미널                                                          —  □  ×
gilbut@ubuntu2404:~/redirect-test$ cat lyrics | grep girl | wc
      0       0       0
gilbut@ubuntu2404:~/redirect-test$ echo $?
0
```

파이프라인을 사용할 때 여러 프로세스가 생성되고, 프로세스는 종료 코드를 각각 반환합니다. 파이프라인을 포함하는 명령을 내린 셸 입장에서는 프로세스의 종료 상태를 결정하기 위해 여러 종료 코드 중 하나를 선택할 수밖에 없습니다. 그래서 마지막 실행 결과를 전체 실행 결과로 판단하는 것입니다.

'여러 프로세스 중 하나라도 실패하면 전체를 실패로 봐야 하지 않을까?'라고 생각할 수도 있습니다. 11장에서 다룬 셸의 pipefail 옵션을 활성화하면 파이프라인을 실행하는 중에 실패하는 프로세스가 있으면 종료 코드를 실패로 설정합니다.

그림 12-7 pipefail 옵션 비활성화 상태의 종료 코드

1 set -o pipefail 명령으로 pipefail 옵션을 활성화해 봅시다.

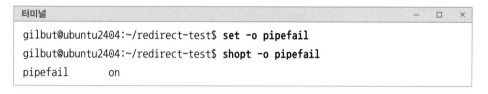

2 파이프라인으로 연결한 명령을 다시 실행합니다.

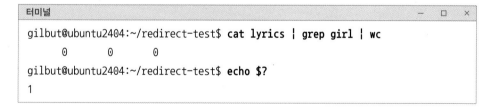

최종 결과가 실패로 나오는 것을 확인할 수 있습니다.

그림 12-8 pipefail 옵션 활성화 상태의 종료 코드

마지막 예제에서 'grep 실행이 실패했을 때 바로 종료돼야 하지 않을까?'라고 생각할 수도 있습니다. pipefail 옵션은 파이프라인에 포함된 명령을 실행하는 중 실패하는 명령이 있으면 명령 실행에 대한 종료 코드를 실패(1)로 설정하는 옵션입니다. 실패하는 명령이 있다 하더라도 명령 자체를 중단하지는 않습니다. 실패하는 명령이 있을 때 바로 중단하게 하려면 errexit 옵션을 활성화해야 합니다.

1분 퀴즈

정답 노트 p.552

4. ps -ef 명령은 전체 프로세스 목록을 표준 출력으로 출력합니다. 프로세스 중에 bash라는 이름이 포함된 프로세스의 수를 알고 싶습니다. 파이프라인을 이용해 한 줄 명령으로 확인하려 할 때, 다음 빈칸에 알맞은 표현식을 작성하세요. 참고로 wc -l 명령은 입력 줄 수를 화면에 출력합니다.

터미널	– □ ×
$ ps -ef _____ wc -l	

1. 리디렉션

리디렉션은 프로세스의 출력 스트림을 파일로 저장하거나 파일 내용을 입력 스트림으로 가져오는 것입니다.

2. 출력 리디렉션

① 프로세스의 출력 스트림을 파일로 출력하는 것으로, 표준 출력과 표준 에러를 파일로 리디렉션할 수도 있고, 프로세스가 열어놓은 다른 스트림을 파일로 출력할 수도 있습니다.

② 기본 형식에서 >는 저장할 내용을 파일에 덮어씁니다. >>는 파일의 끝부분에 내용을 추가합니다. 스트림 번호는 생략할 수도 있습니다.

> **형식** 명령 [스트림_번호]> 파일
> 명령 [스트림_번호]>> 파일

③ 한 스트림을 다른 스트림으로 리디렉션할 때는 다음 형식을 사용합니다. n은 리디렉션할 소스 스트림 번호이고, m은 리디렉션을 받을 대상 스트림 번호입니다.

> **형식** 명령 [스트림_번호]> 파일 [n]>&[m]

3. 입력 리디렉션

① 파일 내용을 프로세스의 입력 스트림으로 전달하는 것으로, 프로세스는 입력 스트림으로부터 파일 내용을 읽습니다.

② 기본 형식은 다음과 같습니다. <는 지정된 파일의 내용을 스트림 번호에 해당하는 스트림으로 리디렉션하라는 뜻입니다.

> **형식** 명령 [스트림_번호]< 파일

4. here documents

① 프로세스의 입력 스트림에 연결할 내용을 파일에서 읽어오는 대신 셸에서 직접 입력하는 방법을 제공하는 기능입니다. heredoc 기능은 구분자를 이용해 데이터를 여러 줄 입력할 수 있습니다.

② <<를 사용하고, 스트림 번호를 지정하지 않으면 표준 입력인 0을 의미합니다. 뒤에 오는 구분자는 입력할 텍스트의 시작과 끝을 지정하는 역할을 합니다.

> **형식**　명령 [스트림_번호]<< 구분자
> [텍스트]
> 구분자

5. here strings

텍스트 한 줄을 입력하기 위한 기능으로, <<<를 사용합니다. 입력 스트림 번호를 지정하는데, 번호를 생략하면 표준 입력이 입력 스트림으로 지정됩니다. 문자열 부분에는 프로세스의 입력 스트림에 넣을 문자열을 입력합니다.

> **형식**　명령 [스트림_번호]<<< 문자열

6. 파이프라인

① 한 프로세스의 출력 스트림을 다른 프로세스의 입력 스트림에 연결하는 것으로, 파일을 거치지 않고 프로세스 간에 상호작용할 때 필요합니다.

② 파이프라인은 파이프(|) 기호로 표시합니다. 명령과 명령 사이에 |를 배치하면 앞 명령으로 생성된 프로세스의 표준 출력을 뒤 명령으로 생성된 프로세스의 표준 입력으로 연결합니다. | 대신 |&를 사용하면 표준 출력과 표준 에러 모두 파이프라인이 됩니다.

> **형식**　명령1 | 명령2 [| 명령3] ...
> 명령1 |& 명령2 [|& 명령3] ...

③ 파이프라인은 마지막 명령의 실행 결과를 전체 실행 결과로 판단해 종료 코드를 반환합니다.

1. test.sh 스크립트 파일을 실행했을 때, 화면에 출력되는 내용을 전부 result 파일에 저장하려 합니다. 화면에 출력되는 내용이 어떤 스트림으로부터 출력되는 것인지에 관계없이 리디렉션하려고 할 때 알맞은 명령을 작성하세요.

2. heredoc을 이용해 셸에서 여러 줄 데이터를 message 파일에 저장해 보세요.

3. find . 명령은 현재 디렉터리 하위의 모든 파일 이름을 화면에 출력합니다. 이 중에서 lyrics라는 이름이 포함된 파일을 찾으려 할 때 다음 빈칸에 알맞은 명령을 작성하세요.

```
$ find . _____
```

12장 Bash: 리디렉션과 파이프라인

코딩
자율학습

13장

시스템 관리

리눅스와 같은 운영체제에서 시스템 관리는 컴퓨터 시스템을 운영하고 유지 및 보수하는 모든 작업을 포함합니다. 이러한 작업은 하드웨어, 소프트웨어, 네트워킹, 보안 같은 다양한 측면을 다룹니다. 시스템 관리의 주요 목표는 시스템이 원활하며 안전하고 효율적으로 작동하는 것을 보장하는 것입니다. 시스템 관리에는 여러 개념과 활동이 있지만, 이 장에서는 시스템에 필요한 소프트웨어를 간편하고 안전하게 설치할 수 있는 패키지 관리 시스템에 대해 배웁니다. 그리고 최근에 리눅스 초기화 및 서비스 관리 시스템으로 사용하는 systemd에 대해 알아봅니다.

13.1

패키지 관리 시스템

리눅스를 비롯한 유닉스 계열 운영체제는 패키지 관리 시스템을 탑재하고 있습니다. **패키지 관리 시스템**(PMS, Package Management System)은 패키지의 설치, 업데이트, 구성, 제거를 자동화하고 관리하는 시스템입니다. 이 절에서는 패키지 관리 시스템의 개념에 대해 알아보고 패키지를 다루는 방법에 대해 실습해 봅니다.

13.1.1 패키지와 패키지 관리 시스템

패키지 관리 시스템이 관리하는 대상인 '패키지'에 대해 먼저 알아봅시다. **패키지**(package)는 소프트웨어 프로그램과 관련 파일들을 포함한 묶음을 의미합니다. 패키지는 소프트웨어의 설치, 업데이트, 구성, 제거를 용이하게 하는 정보를 담고 있습니다. 패키지의 주요 구성 요소는 다음과 같습니다.

- **실행 파일**: 프로그램을 실행할 수 있는 파일
- **라이브러리 파일**: 프로그램을 실행하는 데 필요한 라이브러리
- **문서**: 매뉴얼, 라이선스 정보, 개발자 문서 등의 문서
- **패키지 메타데이터**: 패키지 이름, 버전, 설명, 종속성 정보 등의 메타데이터
- **설정 파일**: 사용자 또는 시스템 관리자가 프로그램을 구성하는 데 필요한 설정 파일

패키지는 한 종류만 있는 것은 아닙니다. 여러 종류의 패키지 형식이 있고, 운영체제 계열에 따라 선호하는 패키지 종류가 있을 뿐 정해져 있는 것은 아닙니다. 운영체제나 배포판 버전이 업데이트되면서 패키지 관리 시스템이 교체되기도 합니다. 주요 패키지 형식으로는 데비안

(Debian) 계열에서 사용하는 .deb 패키지, 레드햇 리눅스 계열에서 주로 사용하는 .rpm 패키지가 있습니다. 소프트웨어를 설치/삭제/업데이트할 때 시스템이 어떤 패키지 관리 시스템을 탑재했는지 확인한 후, 해당 패키지 관리 시스템을 사용하면 됩니다.

패키지 관리 시스템은 일관된 방법으로 소프트웨어를 쉽게 관리할 수 있도록 도와줍니다. 주로 리눅스와 같은 유닉스 기반 운영체제에서 널리 사용합니다. 패키지 관리 시스템의 주요 기능은 다음과 같습니다.

- **패키지 설치**: 소프트웨어 패키지를 시스템에 설치합니다.
- **종속성 관리**: 종속성(dependency, 패키지 간 상호 의존 관계)이 있는 다른 패키지를 자동으로 찾아 설치하기도 합니다.
- **업데이트**: 설치된 패키지를 최신 버전으로 업데이트합니다.
- **설정 관리**: 패키지 설정을 관리하고 사용자 환경에 맞게 설정할 수 있습니다.
- **제거**: 설치된 패키지를 시스템에서 제거합니다.

패키지 관리 시스템의 작동 방식은 다음 그림과 같습니다.

그림 13-1 패키지 관리 시스템의 작동 방식

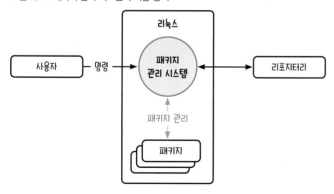

패키지 관리 시스템은 기본적으로 사용자로부터 명령을 입력받아 작동합니다. 사용자는 패키지 관리 시스템을 위한 커맨드라인 툴(CLI)이나 GUI 기반의 애플리케이션을 이용해 패키지 관리 시스템에 명령을 내립니다. 예를 들어, 사용자가 새로운 패키지 설치를 명령하면 패키지 관리 시스템은 설정된 패키지의 리포지터리(repository, 패키지들이 보관된 공간 또는 주소)를 통해 패키지 정보를 취득해 시스템에 설치합니다. 패키지 리포지터리는 일반적으로 운영체제/배포판과 밀접한 관계가 있습니다. 패키지 리포지터리는 운영체제/배포판 관리 업체나 단체가 관리하므로 크게 신경 쓸 필요는 없습니다.

패키지 관리 시스템에 명령을 내리는 CLI나 애플리케이션은 패키지 관리 시스템마다 제공됩니다. 패키지 관리 시스템별로 프로그램의 이름도, 사용 방법도 다르지만 큰 차이는 없습니다. 이 책에서는 apt의 사용법을 간단히 알아보고, 실습을 진행해 보겠습니다.

13.1.2 실습: apt로 패키지 관리하기

apt(Advanced Package Tool)는 데비안과 우분투 계열의 리눅스 배포판에 탑재된 패키지 관리 시스템입니다. 데비안 계열의 배포판인 우분투, 데비안, 리눅스 민트(Linux Mint) 등에서 널리 사용합니다. 실습에 사용하는 우분투 리눅스에도 apt가 기본 탑재돼 있습니다.

● **패키지 조회**

실제 패키지를 시스템에 설치하기 전에 어떤 패키지가 설치돼 있는지 조회합니다. 패키지 조회 명령은 apt list입니다. 아무런 옵션 없이 실행하면 설치 여부와 관계없이 패키지 리포지터리의 패키지 중에서 시스템에 적합한 패키지를 모두 보여줍니다. 시스템에 설치된 패키지만 조회하고 싶다면 --installed 옵션을 추가해야 합니다. 시스템에 설치된 패키지 중 업그레이드 가능한 패키지만 조회하려면 --upgradeable 옵션을 추가합니다.

1 apt list 명령으로 패키지를 조회해 봅시다. 패키지가 너무 많으니 grep으로 원하는 패키지를 골라 검색하는 것이 좋습니다.

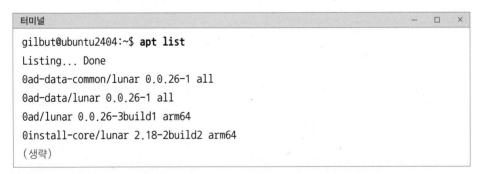

```
터미널                                                    —  □  ×
gilbut@ubuntu2404:~$ apt list
Listing... Done
0ad-data-common/lunar 0.0.26-1 all
0ad-data/lunar 0.0.26-1 all
0ad/lunar 0.0.26-3build1 arm64
0install-core/lunar 2.18-2build2 arm64
（생략）
```

2 전체 패키지 수와 설치된 패키지 수를 확인해 봅시다(경고가 뜨는데 무시해도 됩니다).

```
터미널                                                           —  □  ×

gilbut@ubuntu2404:~$ apt list | wc -l
72759
gilbut@ubuntu2404:~$ apt list --installed | wc -l
1496
```

3 업그레이드 가능한 패키지도 조회해 봅시다. 업그레이드 가능한 패키지는 현재 설치된 패키
   지 버전과 업그레이드 가능한 버전 정보를 함께 출력합니다.

```
터미널                                                           —  □  ×

gilbut@ubuntu2404:~/Desktop$ apt list --upgradable
Listing... Done
clould-init/noble-updates 24.1.3-0ubuntu3.2 all [upgradable from:
24.1.3-0ubuntu2]
(중략)
systemd/noble-updates 255.4-1ubuntu8.1 amd64 [upgradable from: 255.4-1ubuntu8]
tzdata/noble-updates 2024a-3ubuntu1.1 all [upgradable from: 2024a-2ubuntu1]
```

● **패키지 DB 업데이트**

패키지 관리 시스템은 시스템에 설치된 패키지를 관리합니다. 또한, 설치되지 않았지만 설치 가
능한 패키지에 대한 정보도 관리합니다. 이런 패키지 관리를 위해 패키지에 관한 모든 정보를
시스템에 저장해놓고 사용하는데, 이를 **패키지 DB**라고 합니다. 앞에서 apt list 명령을 실행했
을 때 보여주는 정보는 모두 패키지 DB에서 추출한 것입니다.

리눅스 시스템이 설치된 후에도 패키지마다 새로운 버전의 패키지를 제공합니다. 새로운 패키
지는 패키지 리포지터리에 올라갑니다. 이렇게 되면 시스템의 패키지 DB와 패키지 리포지터리
정보가 일치하지 않게 됩니다. 이때 필요한 것이 패키지 DB 업데이트입니다. **패키지 DB 업데이
트**는 패키지 리포지터리의 정보를 시스템의 패키지 DB에 업데이트하는 것을 뜻합니다. 패키지
DB가 업데이트될 뿐 실제 패키지가 설치되거나 업데이트되지는 않습니다.

패키지 DB 업데이트는 apt update 명령으로 간단히 실행할 수 있습니다. 관리자 권한이 필요
하므로 sudo를 사용합니다.

```
터미널                                                           —  □  ×

gilbut@ubuntu2404:~$ sudo apt update
[sudo] password for gilbut: ****  ◀---- gilbut 사용자 비밀번호 입력
```

```
Hit:1 http://kr.archive.ubuntu.com/ubuntu noble InRelease
Get:2 http://kr.archive.ubuntu.com/ubuntu noble-updates InRelease [126 kB]
(중략)
Fetched 938 kB in 9s (102 kB/s)
Reading package lists... Done
Building dependency tree... Done
Reading state information... Done
29 packages can be upgraded. Run 'apt list --upgradable' to see them.
```

패키지를 설치할 때는 되도록 최신 버전 패키지를 설치하는 것이 좋습니다. 따라서 패키지를 설치하거나 업그레이드하기 전에 패키지 DB를 업데이트합시다.

● 패키지 설치

패키지를 설치해 보겠습니다. 패키지 설치 명령어는 다음과 같습니다.

> **형식** apt install 패키지_이름

yq라는 패키지를 설치해 봅니다. yq는 YAML(YAML Ain't Markup Language, 사람이 쉽게 이해할 수 있고 형식으로 데이터를 구조화해 표현하는 언어) 형식의 파일을 분석해 원하는 결과를 화면에 출력해주는 명령입니다.

1 yq 명령을 실행해보면 에러가 발생합니다. yq가 설치되지 않아서 그렇습니다. 에러 메시지를 보면 어떤 명령으로 yq 패키지를 설치할 수 있는지 나와 있습니다.

```
터미널                                                    —  □  ×
gilbut@ubuntu2404:~$ yq
Command 'yq' not found, but can be installed with:
sudo snap install yq  # version v4.44.1, or  ------- ①
sudo apt  install yq  # version 3.1.0-3  ------------ ②
See 'snap info yq' for additional versions.
```

① snap 패키지 관리 시스템을 사용해 yq 패키지를 설치하는 명령을 안내합니다. snap도 apt와 같은 패키지 관리 시스템입니다.

② apt 패키지 관리 시스템을 사용해 yq 패키지를 설치하는 명령을 안내합니다. 여기서는 이 명령을 사용합니다.

2 apt 패키지 관리 시스템을 이용해 yq를 설치합니다. 패키지를 설치할 때는 관리자 권한이 필요하므로 sudo로 설치합니다.

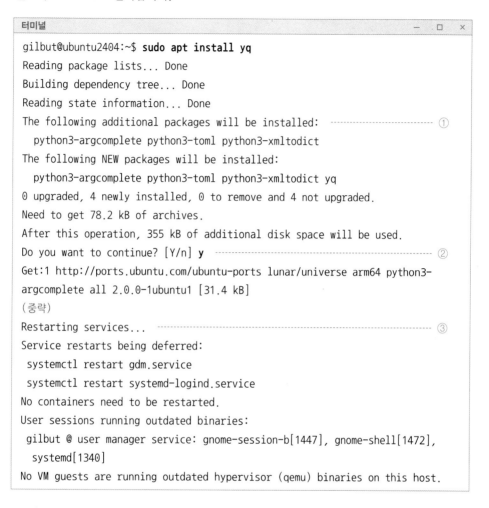

① 의존 관계 때문에 추가로 설치해야 하는 패키지 목록이 출력됩니다. 여기서는 Python3 와 관련한 패키지 3개를 추가로 설치해야 한다고 나옵니다.

② 설치 용량을 보여주고 최종으로 설치 여부를 확인합니다. **y**를 입력하거나 `Enter`를 누르 면 설치를 시작합니다. 설치 과정이 화면에 출력되고 문제가 없는 경우 중단되지 않고 진 행됩니다. 설치 내용을 자세히 볼 필요는 없지만 한 번쯤 읽어봐도 좋습니다.

③ 가끔 재시작할 서비스를 묻는 경우가 있습니다. 일반적으로 **OK**를 선택하면 알아서 처리 됩니다.

3 yq 패키지가 설치되면 yq 명령을 사용할 수 있습니다.

```
터미널                                                              ―  □  ×
gilbut@ubuntu2404:~$ yq
usage: yq [options] <jq filter> [input file...]
          [--indentless-lists] [--in-place] [--version]
          [jq_filter] [files ...]

yq: Command-line YAML processor - jq wrapper for YAML documents
yq transcodes YAML documents to JSON and passes them to jq.
See https://github.com/kislyuk/yq for more information.
(생략)
```

● **패키지 삭제**

설치된 패키지를 삭제할 때는 다음 형식을 사용합니다.

> **형식** apt remove 패키지_이름
>   apt autoremove 패키지_이름

apt remove 명령은 단일 패키지를 삭제합니다. apt autoremove 명령은 대상 패키지를 삭제하면서 불필요해진 패키지까지 함께 삭제합니다. 앞서 설치한 yq 패키지를 삭제해 보겠습니다.

1 apt remove 명령으로 yq 패키지를 삭제합니다. 패키지를 삭제할 때도 관리자 권한이 필요합니다.

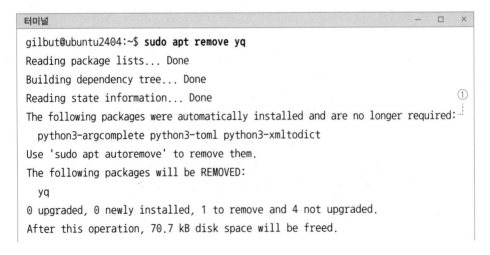

```
터미널                                                              ―  □  ×
gilbut@ubuntu2404:~$ sudo apt remove yq
Reading package lists... Done
Building dependency tree... Done
Reading state information... Done                              ①
The following packages were automatically installed and are no longer required:
  python3-argcomplete python3-toml python3-xmltodict
Use 'sudo apt autoremove' to remove them.
The following packages will be REMOVED:
  yq
0 upgraded, 0 newly installed, 1 to remove and 4 not upgraded.
After this operation, 70.7 kB disk space will be freed.
```

```
Do you want to continue? [Y/n] n ---------------------------------------------------- ②
Abort.
```

① yq 패키지가 삭제되면서 불필요해진 패키지 목록이 출력됩니다.

② 불필요한 패키지까지 삭제하기 위해 **n**을 입력하거나 Ctrl + C 를 눌러 패키지 제거를 중단합니다.

2 apt autoremove 명령으로 불필요해진 패키지까지 함께 삭제해 봅시다.

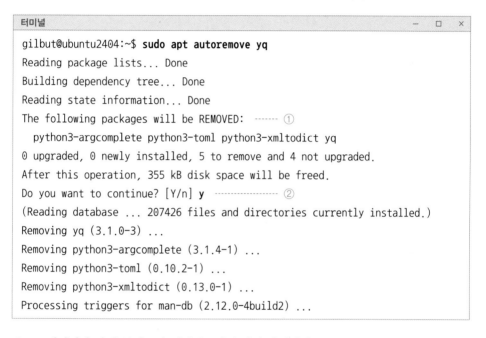

```
터미널                                                          —  □  ×
gilbut@ubuntu2404:~$ sudo apt autoremove yq
Reading package lists... Done
Building dependency tree... Done
Reading state information... Done
The following packages will be REMOVED: ------- ①
  python3-argcomplete python3-toml python3-xmltodict yq
0 upgraded, 0 newly installed, 5 to remove and 4 not upgraded.
After this operation, 355 kB disk space will be freed.
Do you want to continue? [Y/n] y ------------------- ②
(Reading database ... 207426 files and directories currently installed.)
Removing yq (3.1.0-3) ...
Removing python3-argcomplete (3.1.4-1) ...
Removing python3-toml (0.10.2-1) ...
Removing python3-xmltodict (0.13.0-1) ...
Processing triggers for man-db (2.12.0-4build2) ...
```

① yq 패키지와 함께 불필요한 패키지들까지 함께 삭제된다는 메시지가 나옵니다.

② y를 입력하거나 Enter 를 누르면 삭제가 진행됩니다.

1. 다음 중 패키지와 패키지 관리 시스템에 대한 설명으로 옳은 것을 고르세요.

① 패키지는 소프트웨어의 실행 파일을 의미한다.

② 패키지 관리 시스템은 운영체제에 반드시 1개만 존재해야 한다.

③ 패키지 관리 시스템은 패키지를 설치/삭제/업데이트/조회할 수 있다.

④ 패키지 DB를 업데이트하면 모든 패키지가 새로운 버전으로 업데이트된다.

⑤ 패키지를 설치할 때 패키지 종속성 있는 패키지는 사용자가 직접 설치해야 한다.

2. apt 패키지 관리 시스템에서 다음 작업들을 실행하기 위한 명령을 작성하세요.

① 패키지 리포지터리 정보를 패키지 DB로 업데이트 ＿＿＿＿＿＿＿＿＿＿

② 시스템에 설치된 패키지 목록 조회 ＿＿＿＿＿＿＿＿＿＿

③ 시스템에 패키지 설치 ＿＿＿＿＿＿＿＿＿＿

④ 시스템에 설치된 패키지를 삭제할 때 불필요해진 패키지까지 같이 삭제 ＿＿＿＿＿＿＿＿＿＿

13.2

systemd

systemd는 리눅스에서 사용하는 초기화 및 서비스 관리 시스템입니다. systemd는 시스템의 부팅 과정을 관리하고, 다양한 서비스를 시작/종료/관리하는 역할을 담당합니다. 전통적인 유닉스 스타일의 init 시스템을 대체한 systemd는 더 현대적이고 효율적인 방법을 제공해 여러 리눅스 배포판에서 초기화 시스템으로 채택하고 있습니다.

systemd의 전체 구성과 하는 일은 굉장히 방대합니다. 이 절에서는 리눅스 사용자 관점에서 systemd의 기능 중 가장 자주 접하게 되는 서비스 관리 방법을 알아보겠습니다.

systemd는 시스템의 부팅과 설정 과정에서 할 일들을 서비스라는 단위로 구분해 관리합니다. **서비스**는 백그라운드에서 실행되는 프로세스를 의미합니다. 서비스가 꼭 백그라운드에서 실행되는 것은 아니지만, 특정 기능을 하는 프로세스를 백그라운드에서 실행하는 경우가 많습니다. 이런 프로세스를 **데몬**(daemon) **프로세스**라고 합니다.

systemd의 각 서비스가 어떻게 실행되고 관리될지는 유닛 파일로 설정합니다. **유닛 파일**(unit file)은 서비스에 필요한 설정, 실행 방법, 실행 시점, 다른 서비스와의 의존성, 실패 시 재시작 방법 등을 정의해 하나의 서비스를 구성합니다. 필요한 서비스를 유닛 파일로 구성하고 이를 시스템에 등록해 적절한 시점에 적절한 방법으로 서비스가 구동되게 할 수 있습니다.

13.2.1 systemctl의 서비스 조회 및 설정 방법

systemd에 등록된 서비스는 systemctl 명령어로 조회하고 설정할 수 있습니다. systemctl의 주요 사용법은 다음과 같습니다.

- **systemctl list-units**: 현재 시스템의 서비스 목록을 조회합니다.

- **systemctl start 서비스_이름**: 지정한 서비스를 시작합니다.

- **systemctl stop 서비스_이름**: 지정한 서비스를 중지합니다.

- **systemctl enable 서비스_이름**: 부팅할 때 지정한 서비스를 시작하게 합니다.

- **systemctl disable 서비스_이름**: 부팅할 때 지정한 서비스를 시작하지 않게 합니다.

- **systemctl cat 서비스_이름**: 지정한 서비스의 유닛 파일 내용을 조회합니다.

- **systemctl status 서비스_이름**: 지정한 서비스의 현재 상태를 조회합니다.

- **systemctl daemon-reload**: systemd 관리자 설정을 다시 읽어들입니다.

앞의 명령들에서 서비스 이름은 각 서비스의 유닛 파일 이름에서 가져옵니다. 일반적으로 서비스의 유닛 파일 이름은 name.service 형태로 짓습니다. 여기서 name 또는 name.service 전체를 명령의 서비스 이름 부분에 넣으면 됩니다.

systemd는 정해진 디렉터리에서 유닛 파일을 검색하는데, 주로 다음 디렉터리에서 유닛 파일을 읽습니다.

- **/etc/systemd/system/**: 시스템 관리자에 의해 생성되거나 수정된 유닛 파일들이 저장되는 곳입니다. 여기에 저장된 파일은 시스템의 기본 유닛 파일보다 우선순위가 높습니다.

- **/usr/lib/systemd/system/**: 시스템에 설치된 패키지에 의해 제공되는 유닛 파일들이 위치하는 곳입니다. 여기 저장된 파일들은 패키지를 업데이트할 때 변경될 수 있으므로 직접 수정하지 않는 것이 좋습니다.

13.2.2 서비스 유닛 파일의 구조

서비스 유닛 파일은 해당 서비스가 어떻게 동작해야 하는지에 대한 명세(specification)가 저장된 파일입니다. 서비스 유닛 파일은 크게 **섹션**(section)으로 구분하고, 섹션별로 설정이 포함돼 있습니다.

snapd.service라는 서비스 유닛 파일을 예로 들어봅시다. 이 파일은 snap 패키지 관리 시스템을 위한 snapd 서비스의 유닛 파일입니다. 해당 파일은 systemctl cat snapd.service 명령으로 조회할 수 있습니다. 유닛 파일은 섹션으로 구분되고, ①, ②, ③처럼 대괄호로 섹션 이름을 묶어 표시합니다.

```
터미널                                                          —   □   ×

gilbut@ubuntu2404:~$ systemctl cat snapd.service
# /usr/lib/systemd/system/snapd.service
[Unit] ------------------------------------ ①
Description=Snap Daemon
After=snapd.socket
After=time-set.target
After=snapd.mounts.target
Wants=time-set.target
Wants=snapd.mounts.target
Requires=snapd.socket
OnFailure=snapd.failure.service
# This is handled by snapd
# X-Snapd-Snap: do-not-start
[Service] ------------------------------------ ②
# Disabled because it breaks lxd
# (https://bugs.launchpad.net/snapd/+bug/1709536)
#Nice=-5
OOMScoreAdjust=-900
ExecStart=/usr/lib/snapd/snapd
EnvironmentFile=-/etc/environment
Restart=always
WatchdogSec=5m
Type=notify
SuccessExitStatus=42
RestartPreventExitStatus=42
KillMode=process
[Install] ------------------------------------ ③
WantedBy=multi-user.target
```

조회가 끝나면 q 나 Ctrl + C 를 눌러 종료합니다.

● Unit 섹션

Unit 섹션은 설명, 문서 링크 같은 유닛의 기본 정보와 다른 유닛에 대한 의존성을 정의합니다. 자주 사용되는 설정은 다음과 같습니다.

표 13-1 Unit 섹션의 주요 설정

설정	설명	예
Description	유닛에 대한 간단한 설명을 제공합니다. 설명은 systemctl status 명령으로 조회했을 때 출력에 표시됩니다.	Description=Apache HTTP Server
Documentation	유닛과 관련 있는 문서의 URL이나 매뉴얼 페이지를 제공합니다. 이는 시스템 관리자가 유닛에 대해 더 많은 정보를 얻을 수 있는 참조점이 됩니다.	Documentation=man: httpd(8)
After와 Before	두 옵션은 해당 유닛과 다른 유닛을 비교해 언제 시작돼야 하는지를 정의합니다. After는 해당 유닛이 다른 유닛이 시작되고 나서 시작돼야 함을 나타냅니다. 반면에 Before는 해당 서비스가 다른 유닛들이 시작되기 전에 시작돼야 함을 나타냅니다.	After=network.target
Requires	해당 유닛과 함께 시작돼야 하는 다른 유닛들을 지정합니다. Requires로 지정된 유닛이 실패하면 해당 유닛도 시작되지 않습니다.	Requires=network.target
Wants	Requires와 유사하지만 더 느슨한 의존성을 나타냅니다. Wants로 지정된 유닛이 실패하더라도 현재 유닛은 시작할 수 있습니다.	Wants=network.target
BindsTo	Requires보다 더 강한 의존성을 설정합니다. BindsTo로 지정된 유닛이 중지되면 이 옵션을 사용하는 유닛도 함께 중지됩니다.	BindsTo=another.service
Conflicts	해당 유닛과 충돌하는 다른 유닛을 지정합니다. Conflicts로 지정된 유닛이 활성화돼 있는 동안 해당 유닛은 시작되지 않습니다.	Conflicts=other.service
ConditionPathExists와 ConditionPathExists=!	특정 조건이 충족될 때만 유닛을 시작하도록 설정합니다. ConditionPathExists는 지정된 경로가 존재할 때 시작하고, ConditionPathExists=!는 지정된 경로가 존재하지 않을 때 시작합니다.	ConditionPathExists=/etc/httpd.conf

● Service 섹션

Service 섹션은 서비스의 작동 방식을 정의합니다. 여기에는 서비스가 어떻게 시작돼야 하는지와 사용할 환경변수, 실행할 명령어 등이 포함됩니다. 자주 사용하는 설정은 다음과 같습니다.

표 13-2 Service 섹션의 주요 설정

설정	설명	예
Type	서비스 유형을 정의합니다. 이 설정은 systemd 가 서비스를 어떻게 관리할지 결정합니다. 일반적인 옵션은 simple, forking, oneshot, dbus, notify, idle 등이 있습니다.	Type=simple
ExecStart	서비스가 시작될 때 실행할 명령을 지정합니다. 지정된 명령은 서비스의 실행 파일을 가리킵니다.	ExecStart=/usr/bin/mydaemon
ExecStartPre와 ExecStartPost	서비스가 시작되기 전(ExecStartPre)과 후 (ExecStartPost)에 실행할 명령을 각각 지정합니다.	ExecStartPre=/usr/bin/ mydaemon-pre-start-script
ExecStop	서비스가 중지될 때 실행할 명령을 지정합니다. 이는 서비스를 안전하게 종료하기 위해 필요한 경우 사용됩니다.	ExecStop=/usr/bin/mydaemon-stop-script
Restart	서비스가 실패했을 때 재시작할지 여부를 결정합니다. 옵션으로는 always, on-success, on-failure, on-abnormal, on-watchdog, on-abort, never 등이 있습니다.	Restart=on-failure
RestartSec	재시작 간격, 즉 서비스가 실패한 후 재시작하기 전까지 대기할 시간을 초 단위로 설정합니다.	RestartSec=5
Environment	서비스가 실행될 때 사용할 환경변수를 설정합니다.	Environment="VAR1=value1"
WorkingDirectory	서비스가 실행될 때 사용할 작업 디렉터리를 설정합니다.	WorkingDirectory=/var/www
TimeoutStartSec와 TimeoutStopSec	서비스 시작(TimeoutStartSec)과 중지 (TimeoutStopSec)에 대한 타임아웃 시간을 지정합니다. 이 시간 내에 서비스가 시작되거나 중지되지 않으면 systemd는 해당 서비스를 강제로 중지합니다.	TimeoutStartSec=30

● Install 섹션

Install 섹션은 서비스를 시스템에 설치하거나 제거할 때 필요한 정보를 포함합니다. 여기에는 어떤 시점에 서비스를 재시작해야 하는지 등을 포함합니다. 자주 사용하는 설정은 다음과 같습니다.

1. WantedBy

현재 서비스가 어떤 대상에 필요한지를 나타내며 주로 타깃 유닛을 설정합니다. 타깃 유닛은 시스템의 특정 상태나 목표를 나타내는 유닛입니다. 시스템의 부팅 과정에서 다양한 서비스를 그룹화해 원하는 상태를 달성하는 데 사용합니다. 예를 들어, 어떤 서비스의 WantedBy에 graphical.target을 설정하면 GUI를 포함한 멀티 유저 시스템을 초기화할 때 이 서비스를 활성화합니다. 하지만 시스템이 복구 모드 목표(rescue.target)로 초기화될 때는 이 서비스를 활성화하지 않습니다.

주요 타깃 유닛은 다음과 같습니다.

표 13-3 주요 타깃 유닛

유닛 이름	설명
graphical.target	GUI를 포함한 전체 시스템을 시작합니다. 이는 전통적인 런레벨 5에 해당하며, 대부분 우분투 데스크톱 환경에서 기본 타깃 유닛으로 설정됩니다.
multi-user.target	네트워크와 함께 여러 사용자를 지원하는 전체 시스템을 시작하지만, GUI는 제외합니다. 전통적인 런레벨 3에 해당합니다.
rescue.target	제한된 기능을 가진 복구 모드로 시스템을 시작합니다. 일반적으로 시스템 문제를 해결할 때 사용합니다. 전통적인 런레벨 1에 해당합니다.
emergency.target	아주 기본적인 시스템으로 시작해 시스템 복구나 문제 해결에 사용합니다.
reboot.target	시스템을 재부팅합니다.
poweroff.target	시스템을 안전하게 종료하고 전원을 끕니다.
suspend.target, hibernate.target, hybrid-sleep.target	시스템을 절전 모드로 전환합니다. 각각 일시 정지, 하이버네이션(hibernation, 최대 절전 모드), 하이브리드(hybrid) 절전 모드에 해당합니다.

2. Alias

이 설정은 서비스에 추가 이름(별칭)을 설정할 수 있습니다. systemctl 명령어를 사용할 때나 다른 서비스에서 별칭으로 해당 서비스를 참조할 수 있습니다.

예 Alias=mycustom.service

3. Also

systemctl enable 명령으로 해당 서비스를 활성화할 때 함께 활성화해야 하는 다른 서비스를 지정합니다.

예 Also=another.service

13.2.3 실습: 서비스 등록하기

간단한 스크립트를 작성하고 이 스크립트를 실행하는 서비스를 등록해 보겠습니다.

● 스크립트 작성

1 다음 내용을 /tmp/myservice.sh 파일에 작성(nano /tmp/myservice.sh)합니다.

— myservice.sh

```bash
#!/bin/bash

while [ 1 ];
do
```

483

```
    echo "myservice is running..."
    date >> /tmp/myservice.log
    sleep 10
done
```

2 파일 실행 권한을 줍니다.

```
터미널                                          —  □  ×
gilbut@ubuntu2404:~$ chmod +x myservice.sh
```

● 유닛 파일 작성

다음 내용을 /etc/systemd/system/myservice.service 파일에 작성합니다. 해당 디렉터리는 관리자 권한(sudo nano /etc/systemd/system/myservice.service)이 있어야 파일을 생성할 수 있습니다.

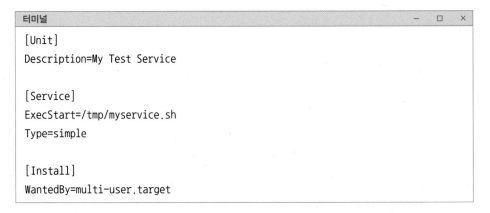

```
터미널                                          —  □  ×
[Unit]
Description=My Test Service

[Service]
ExecStart=/tmp/myservice.sh
Type=simple

[Install]
WantedBy=multi-user.target
```

● 서비스 활성화 및 시작

추가한 서비스의 상태를 확인해 봅시다. 서비스 유닛 파일만 생성했을 뿐 아직 아무 작업도 하지 않았습니다. 그래도 서비스 상태는 조회할 수 있습니다. /etc/systemd/system 디렉터리에 서비스 유닛 파일을 작성했기 때문입니다.

1 홈 디렉터리에서 systemctl status 명령으로 myservice 서비스 상태를 확인해 봅시다. 관리자 권한으로 실행해야 합니다.

```
터미널                                                            —  □  ×

gilbut@ubuntu2404:~$ sudo systemctl status myservice
○ myservice.service - My Test Service
     Loaded: loaded (/etc/systemd/system/myservice.service; disabled; preset:
enabled) ------------------------------------------ ①
     Active: inactive (dead) ------- ②
```

① Loaded 항목은 유닛 파일의 위치(/etc/systemd/system/myservice.service), 서비스의
   활성/비활성 상태(disabled), 프리셋 정책에 의한 기본 활성화 상태(preset: enabled)가
   표시됩니다.

② Active 항목은 현재 작동 상태(inactive)를 보여줍니다.

Note **프리셋 정책**

프리셋(preset)은 systemd에서 제공하는 메커니즘 중 하나로, 서비스의 기본 활성화 상태를 미리 정의하고
이를 자동으로 설정하는 프리셋 정책을 지원합니다. 서비스별로 프리셋 설정을 활성 또는 비활성으로 설정합
니다. 프리셋 전체 적용 명령을 내리면 서비스의 프리셋 정책 설정에 따라 서비스가 활성화 또는 비활성화됩
니다.

---

2 현재는 서비스가 비활성화 상태(disabled)입니다 이 상태에서 서비스를 활성화해 봅시다.
서비스 활성화란 시스템이 초기화될 때 해당 서비스를 시작한다는 의미입니다. 다음과 같이
서비스를 활성화하고 서비스 상태를 조회합니다.

```
터미널                                                            —  □  ×

gilbut@ubuntu2404:~$ sudo systemctl enable myservice
gilbut@ubuntu2404:~$ sudo systemctl status myservice
○ myservice.service - My Test Service
     Loaded: loaded (/etc/systemd/system/myservice.service; enabled; preset:
enabled) ------------------------------------------ ①
     Active: inactive (dead) ------- ②
```

① Loaded 항목이 disabled에서 enabled로 변경됐습니다.

② Active 항목은 여전히 inactive입니다. 서비스를 시작하지 않았기 때문입니다.

3 서비스를 활성화했지만, 아직 시작하지는 않은 상태입니다. 다음과 같이 서비스를 시작하고
서비스 상태를 조회해 봅시다.

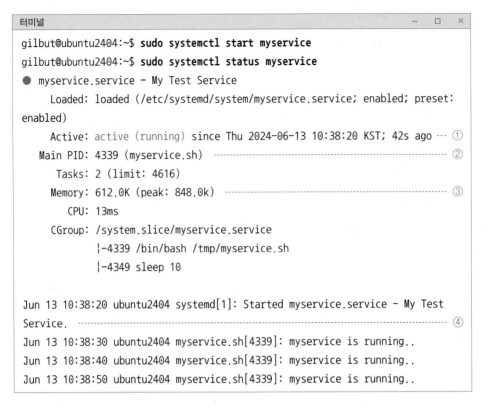

```
터미널                                                    ─  □  ×

gilbut@ubuntu2404:~$ sudo systemctl start myservice
gilbut@ubuntu2404:~$ sudo systemctl status myservice
● myservice.service - My Test Service
     Loaded: loaded (/etc/systemd/system/myservice.service; enabled; preset:
enabled)
     Active: active (running) since Thu 2024-06-13 10:38:20 KST; 42s ago --- ①
   Main PID: 4339 (myservice.sh) ------------------------------------------- ②
      Tasks: 2 (limit: 4616)
     Memory: 612.0K (peak: 848.0k) --------------------------------------- ③
        CPU: 13ms
     CGroup: /system.slice/myservice.service
             ├─4339 /bin/bash /tmp/myservice.sh
             ├─4349 sleep 10

Jun 13 10:38:20 ubuntu2404 systemd[1]: Started myservice.service - My Test
Service. ------------------------------------------------------------------- ④
Jun 13 10:38:30 ubuntu2404 myservice.sh[4339]: myservice is running..
Jun 13 10:38:40 ubuntu2404 myservice.sh[4339]: myservice is running..
Jun 13 10:38:50 ubuntu2404 myservice.sh[4339]: myservice is running..
```

① Active 항목이 active (running) 상태로 바뀌고 시작 시각, 경과 시간이 함께 표시됩니다.

② 이 서비스에 의해 시작된 스크립트 파일의 PID가 조회됩니다.

③ CPU와 Memory 사용량이 표시됩니다.

④ systemd가 서비스를 시작했다는 로그가 출력됩니다. 그 아래부터 서비스가 실행한 실제
프로그램(여기서는 myservice.sh 파일)이 표준 출력으로 출력하는 내용을 표시합니다.

4 서비스가 실행한 스크립트는 10초에 한 번씩 /tmp/myservice.log 파일에 시간을 저장합
니다. 잘 저장되는지 확인해 봅시다.

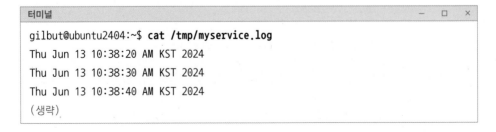

```
터미널                                                    ─  □  ×

gilbut@ubuntu2404:~$ cat /tmp/myservice.log
Thu Jun 13 10:38:20 AM KST 2024
Thu Jun 13 10:38:30 AM KST 2024
Thu Jun 13 10:38:40 AM KST 2024
(생략)
```

5 서비스가 실행한 프로그램이 표준 출력으로 출력한 내용은 systemctl status 명령으로도 일부 조회가 가능하지만, 전체 로그는 조회되지 않습니다. 해당 서비스에서 표준 출력으로 남긴 전체 로그를 조회하려면 journalctl -u 서비스_이름 명령을 사용합니다.

```
터미널                                                    —  □  ×
gilbut@ubuntu2404:~$ journalctl -u myservice
Jun 13 10:38:20 ubuntu2404 systemd[1]: Started myservice.service - My Test
Service.
Jun 13 10:38:30 ubuntu2404 myservice.sh[4339]: myservice is running..
Jun 13 10:38:40 ubuntu2404 myservice.sh[4339]: myservice is running..
Jun 13 10:38:50 ubuntu2404 myservice.sh[4339]: myservice is running..
(생략)
```

● 서비스 종료 및 비활성화

1 서비스를 종료하고 서비스 상태를 조회해 봅시다. 서비스 종료는 systemctl stop 서비스_이름 명령을 사용합니다.

```
터미널                                                    —  □  ×
gilbut@ubuntu2404:~$ sudo systemctl stop myservice
gilbut@ubuntu2404:~$ sudo systemctl status myservice
○ myservice.service - My Test Service
     Loaded: loaded (/etc/systemd/system/myservice.service; enabled; preset:
enabled)
     Active: inactive (dead) since Thu 2024-06-13 10:53:42 KST; 8s ago  ----- ①
   Duration: 15min 33.970s  -------------------------------------------------- ②
    Process: 4339 ExecStart=/tmp/myservice.sh (code=killed, signal=TERM) ---- ③
   Main PID: 4339 (code=killed, signal=TERM)
        CPU: 258ms
(생략)
```

① 서비스 상태를 확인해보면 Active 항목이 inactive로 바뀌었습니다.

② 서비스가 작동한 시간 정보가 출력됩니다.

③ 작동한 프로세스 정보도 출력됩니다.

2 서비스를 비활성화하고 서비스를 조회해 봅시다. 서비스 비활성화는 systemctl disable 서비스_이름 명령을 사용합니다.

```
터미널                                                          —  □  ✕

gilbut@ubuntu2404:~$ sudo systemctl disable myservice
Removed "/etc/systemd/system/multi-user.target.wants/myservice.service".
gilbut@ubuntu2404:~$ sudo systemctl status myservice
○ myservice.service - My Test Service
     Loaded: loaded (/etc/systemd/system/myservice.service; disabled; preset:
enabled)  ⋯⋯⋯ ①
     Active: inactive (dead)
(중략)
Jun 13 10:53:42 ubuntu2404 systemd[1]: Stopping myservice.service - My Test
Service...
Jun 13 10:53:42 ubuntu2404 systemd[1]: myservice.service: Deactivated
successfully
Jun 13 10:53:42 ubuntu2404 systemd[1]: Stopped myservice.service - My Test
Service...
```

① Loaded 항목에서 서비스가 비활성화(disabled)된 것을 확인할 수 있습니다.

3 생성한 파일들을 삭제해 깨끗이 정리합니다.

```
터미널                                                          —  □  ✕

gilbut@ubuntu2404:~$ sudo rm /etc/systemd/system/myservice.service
gilbut@ubuntu2404:~$ sudo rm /tmp/myservice.sh
gilbut@ubuntu2404:~$ sudo rm /tmp/myservice.log
```

1분 퀴즈 ▰▰▰▰▰▰▰▰▰▰▰▰▰▰▰▰▰▰▰▰▰▰▰▰▰▰▰▰▰▰ 정답 노트 p.552

3. systemctl 명령어를 사용하는 방법으로 옳지 않은 것을 고르세요.

① systemctl start 서비스_이름: 지정한 서비스를 시작합니다.

② systemctl daemon-reload: systemd 관리자 설정을 다시 읽어들입니다.

③ systemctl state 서비스_이름: 지정한 서비스의 현재 상태를 조회합니다.

④ systemctl cat 서비스_이름: 지정한 서비스의 유닛 파일 내용을 조회합니다.

⑤ systemctl enable 서비스_이름: 부팅할 때 지정한 서비스를 시작하게 합니다.

.bashrc 파일을 이용한 개인화

.bashrc 파일은 Bash가 초기화될 때 읽어들이는 셸 스크립트 파일입니다. Bash의 초기화 과정에서 읽어들이는 파일들이 있지만 사용자별 설정은 주로 .bashrc 파일에 설정합니다. 이 절에서는 .bashrc 파일을 사용해 사용자별로 설정하는 방법을 알아봅니다.

13.3.1 .bashrc 파일이란

.bashrc 파일은 사용자별로 관리하는 파일입니다. 그래서 이 파일은 사용자의 홈 디렉터리에 위치해야 합니다.

```
터미널                                                    —  □  ×
gilbut@ubuntu2404:~$ ls -al .bashrc
-rw-r--r-- 1 gilbut gilbut 3771 Mar 31 17:41 .bashrc
```

.bashrc 파일은 일종의 셸 스크립트 파일입니다. 사용자를 추가하면 사용자의 홈 디렉터리에 .bashrc 파일을 기본으로 생성합니다. 어떤 사용자의 Bash를 초기화하면 사용자의 .bashrc 파일을 읽어들입니다.

.bashrc 파일을 읽어들일 때는 source 명령어를 사용합니다. source 명령어는 다음과 같이 사용합니다. 읽어들일 파일의 이름을 입력하고 인자 부분에는 읽어들일 파일의 위치 매개변수로 입력합니다.

형식	source 파일_이름 [인자]

'읽어들인다'는 표현을 더 정확히 설명하면 source 명령어로 이 파일을 실행한다는 뜻입니다. source는 인자로 주어지는 파일을 실행하는 명령어입니다. 일반적으로 스크립트 파일을 실행하면 자식 프로세스를 생성해 스크립트를 실행합니다. 하지만 source 명령어는 source 명령어를 실행하는 프로세스가 그대로 스크립트를 실행합니다. 그래서 source 명령어로 스크립트를 실행하면 스크립트 내에 설정한 변수나 alias가 그대로 현재 셸에 남아 있게 됩니다. source 명령어가 스크립트를 실행하지만, 스크립트 내에 설정한 변수나 alias 설정이 현재 셸에 남게 되므로 읽어들인다는 표현을 사용합니다.

현재 로그인 사용자의 .bashrc 파일을 조회해 봅시다.

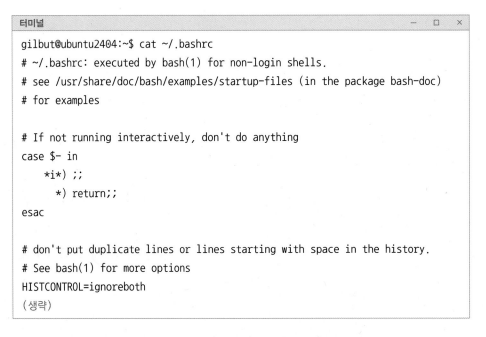

.bashrc 파일에는 복잡한 설정이 많습니다. 이 파일은 크게 4가지 일을 합니다.

1. 다른 파일 읽어들인다

어떤 조건에 따라 source 명령어나 . 명령어를 사용해 다른 파일을 읽어들입니다. source 명령어와 . 명령어는 같은 기능을 합니다.

2. 변수를 설정한다

셸을 실행했을 때 필요한 변수를 설정합니다. .bashrc 파일에 변수를 설정하면 셸에서 그대로 사용할 수 있어 변수를 설정하기 적합합니다.

3. alias를 설정한다

변수와 마찬가지로 alias도 이 파일에서 설정하면 셸에서 그대로 사용할 수 있어 유용합니다.

4. Bash 셸 옵션을 설정한다

셸 옵션을 변경하면 현재 셸에 그대로 적용되므로 .bashrc에서 설정하기에 적합합니다.

13.3.2 실습: .bashrc에 변수 설정하기

.bashrc 파일은 사용자별로 초기화할 내용이 저장돼 있어서 사용자가 직접 변경할 수 있습니다. 일반적으로 사용자를 추가할 때 설정되는 내용은 그대로 두고, 개인별로 필요한 설정을 추가하는 경우가 많습니다. .bashrc 파일에 개인별 설정을 어떻게 하는지 실습해 봅시다.

1 .bashrc 파일을 수정하기 전에 백업본(.bashrc-backup)을 만듭니다.

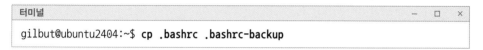

```
터미널                                                        —  □  ×
gilbut@ubuntu2404:~$ cp .bashrc .bashrc-backup
```

2 텍스트 편집기로 .bashrc 파일의 가장 하단에 다음 내용을 추가하고 저장합니다.

```
MY_VARIABLE="configured from .bashrc"
```

3 열려 있는 터미널에서는 MY_VARIABLE 변수를 출력하면 아무 값도 나오지 않습니다.

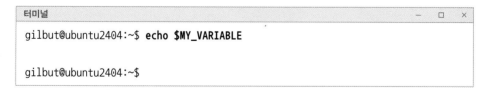

```
터미널                                                        —  □  ×
gilbut@ubuntu2404:~$ echo $MY_VARIABLE

gilbut@ubuntu2404:~$
```

4 새로운 터미널을 열어 MY_VARIABLE 변수를 출력합니다. 새로운 터미널에는 MY_VARIABLE 변수가 설정돼 있습니다. 왜 이렇게 나올까요?

```
터미널                                                        —  □  ×
gilbut@ubuntu2404:~$ echo $MY_VARIABLE
configured from .bashrc
```

.bashrc 파일에 MY_VARIABLE 변수를 새로 설정했습니다. 새로운 터미널을 열면 Bash 가 초기화되고, 이 과정에서 .bashrc를 읽어들여 새로운 터미널의 Bash에서는 MY_ VARIABLE 변수가 설정된 상태가 됐습니다. 기존 터미널은 .bashrc 파일을 편집하기 전 에 이미 초기화한 상태라서 MY_VARIABLE 변수가 설정되지 않았습니다.

5 기존 터미널에서 source 명령어로 .bashrc 파일을 다시 읽어들이고, MY_VARIABLE 변 수를 다시 확인해 봅시다. MY_VARIABLE 변수가 설정 상태임을 확인할 수 있습니다.

```
터미널                                                          _  □  ×
gilbut@ubuntu2404:~$ source ~/.bashrc
gilbut@ubuntu2404:~$ echo $MY_VARIABLE
configured from .bashrc
```

.bashrc 파일에 변수를 설정하면 셸에서 그대로 사용할 수 있음을 확인했습니다. 이런 기능은 PATH나 PS1과 같은 셸 사용과 관련 있는 환경변수를 설정할 때 유용합니다.

13.3.3 실습: .bashrc에 alias 설정하기

alias는 어떤 명령에 대한 별칭을 설정합니다. 주로 자주 사용하는 명령을 짧은 alias로 설정 해 사용하거나 어떤 명령어의 기본 옵션을 활성화하기 위해 alias를 설정하기도 합니다. 우분 투 24.04 버전의 .bashrc 파일은 다음과 같은 alias 설정을 포함합니다.

TIP — 배포나 버전이 다르면 alias 설정이 없거나 전혀 없을 수 있습니다.

```
alias ll='ls -alF'
```

이 설정은 ll 명령을 내리면 내부적으로 ls -alF를 실행하라는 의미입니다. 현재 셸에 설정된 alias는 다음과 같이 조회할 수 있습니다.

형식 alias [설정]

설정을 입력하지 않으면 모든 alias 설정을 출력합니다.

```
터미널                                                            —  □  ×

gilbut@ubuntu2404:~$ alias ll
alias ll='ls -alF'
gilbut@ubuntu2404:~$ alias
alias alert='notify-send --urgency=low -i "$([ $? = 0 ] && echo terminal
|| echo error)" "$(history|tail -n1|sed -e '\''s/^\s*[0-9]\+\s*//;s/
[;&|]\s*alert$//'\'')"'
alias egrep='egrep --color=auto'
alias fgrep='fgrep --color=auto'
alias grep='grep --color=auto'
alias l='ls -CF'
alias la='ls -A'
alias ll='ls -alF'
alias ls='ls --color=auto'
```

alias 설정 및 조회 방법을 알았으니 .bashrc 파일에 alias를 설정해 봅시다.

1 .bashrc 파일의 가장 아랫부분에 다음 내용을 추가합니다.

```
alias rm="rm -i"
```

이 alias 설정은 rm 명령어를 실행할 때 rm -i를 실행하라는 의미입니다. 즉, rm 명령어를
실행할 때 파일을 지울지 말지 사용자에게 확인하는 -i 옵션을 기본으로 설정한 것입니다.

2 source 명령어로 .bashrc 파일을 다시 읽어들이고, rm에 대한 alias 설정을 확인합니다.

```
터미널                                                            —  □  ×

gilbut@ubuntu2404:~$ source ~/.bashrc
gilbut@ubuntu2404:~$ alias rm
alias rm='rm -i'
```

3 임시 파일을 만들고 rm 명령을 실행해 봅시다. 파일을 삭제하기 전에 삭제 여부를 묻는지 확
인합니다.

```
터미널                                                            —  □  ×

gilbut@ubuntu2404:~$ touch haha
gilbut@ubuntu2404:~$ rm haha
rm: remove regular empty file 'haha'? y
```

4 alias를 적용하지 않은 rm을 사용하고 싶다면 rm 앞에 백슬래시를 붙입니다. 그러면 alias 설정이 적용되지 않아 파일을 삭제하기 전에 삭제 여부를 물어보지 않습니다.

```
터미널                                                    —  □  ×
gilbut@ubuntu2404:~$ touch haha
gilbut@ubuntu2404:~$ \rm haha
```

5 .bashrc 파일에 대한 실습이 끝났으니 .bashrc 파일을 백업본으로 복구합니다.

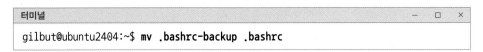

```
터미널                                                    —  □  ×
gilbut@ubuntu2404:~$ mv .bashrc-backup .bashrc
```

1분 퀴즈

정답 노트 p.552

4. Bash가 초기화하면서 읽어들이는 파일 중 하나로 사용자 홈 디렉터리에 위치한 파일의 이름이 무엇인지 작성하세요.

답: _____

5. .bashrc 파일에 새로운 alias를 설정하려 합니다. lsal이라는 명령어를 사용하면 ls -al 명령을 실행하도록 설정하고 싶습니다. 다음 빈칸에 알맞은 표현식을 작성하세요.

alias ①_____="②_____"

6. 5번에서 새로 설정한 lsal 명령어를 현재 셸에서도 사용하려 합니다. .bashrc를 다시 읽어들이는 명령을 작성할 때, 다음 빈칸에 알맞은 표현식을 작성하세요.

```
터미널                                                    —  □  ×
$_____ ~/.bashrc
```

마무리

1. 패키지 관리 시스템

패키지 관리 시스템은 패키지의 설치, 업데이트, 구성, 제거를 자동화하고 관리하는 시스템입니다.

2. 패키지

① 소프트웨어 프로그램과 관련 파일들을 포함한 묶음을 패키지(package)라고 합니다.

② 소프트웨어의 설치, 업데이트, 구성, 제거를 용이하게 하는 정보를 담고 있으며, 실행 파일, 라이브러리 파일, 문서 파일, 패키지 메타데이터, 설정 파일 등을 포함합니다.

3. apt

① apt(Advanced Package Tool)는 데비안과 우분투 계열 리눅스 배포판에 탑재된 패키지 관리 시스템입니다.

② 시스템에 설치된 패키지를 조회하는 명령은 apt list입니다. 옵션 없이 실행하면 시스템에 적합한 패키지를 모두 보여주고, 설치된 패키지만 조회하고 싶다면 --installed 옵션을 추가합니다. 업그레이드 가능한 패키지만 조회하려면 --upgradeable 옵션을 추가합니다.

③ 패키지에 관한 모든 정보를 시스템에 저장해놓은 것은 패키지 DB라고 합니다. 패키지 리포지터리의 정보를 패키지 DB에 업데이트하는 것을 패키지 DB 업데이트라고 하며, apt update 명령으로 실행할 수 있습니다.

④ 패키지를 설치하는 명령은 apt install 패키지_이름입니다.

⑤ 설치된 패키지를 삭제할 때는 apt remove 패키지_이름 또는 apt autoremove 명령을 사용합니다. apt remove 명령은 단일 패키지를 삭제하고, apt autoremove 명령은 대상 패키지를 삭제하면서 불필요해진 패키지까지 함께 삭제합니다.

4. systemd

① systemd는 리눅스에서 사용하는 초기화 및 서비스 관리 시스템으로, 시스템의 부팅 과정을 관리하고 서비스 시작/종료/관리를 담당합니다.

② systemd에 등록된 서비스를 조회하고 설정하는 명령은 다음과 같습니다.

명령	의미
systemctl list-units	현재 시스템의 서비스 목록 조회
systemctl start 서비스_이름	지정한 서비스 시작
systemctl stop 서비스_이름	지정한 서비스 중지
systemctl enable 서비스_이름	부팅할 때 지정한 서비스 시작
systemctl disable 서비스_이름	부팅할 때 지정한 서비스 시작 안 함
systemctl cat 서비스_이름	지정한 서비스의 유닛 파일 조회
systemctl status 서비스_이름	지정한 서비스의 현재 상태 조회
systemctl daemon-reload	systemd 관리자 설정을 다시 읽어들임

5. 유닛 파일

① 유닛 파일은 해당 서비스가 어떻게 동작해야 하는지에 대한 명세가 저장된 파일입니다.

② 크게 섹션(section)으로 구분하고, 섹션별로 설정이 포함돼 있습니다.

- **Unit 섹션**: 설명, 문서 링크 같은 유닛의 기본 정보와 다른 유닛에 대한 의존성을 정의합니다.
- **Service 섹션**: 서비스가 어떻게 시작돼야 하는지와 사용할 환경변수, 실행할 명령어 등 서비스 작동 방식을 정의합니다.
- **Install 섹션**: 서비스를 시스템에 설치하거나 제거할 때 필요한 정보와 어느 시점에 서비스를 재시작해야 하는지 등을 정의합니다.

6. .bashrc 파일

① 시스템의 사용자별 Bash 설정은 주로 .bashrc 파일에 합니다. .bashrc 파일은 Bash를 초기화할 때 읽어들이며 사용자의 홈 디렉터리에 위치합니다.

② .bashrc 파일을 변경한 후 변경된 내용을 셸에 적용할 때는 source ~/.bashrc 명령을 사용합니다. source 명령어는 입력 파일을 현재 프로세스에서 직접 읽어들이기 때문에 입력 파일에서 설정하는 변수, alias, 셸 옵션 등이 현재 셸에 그대로 남게 됩니다.

셀프체크

정답 노트 p.552

1. apt를 사용해 시스템에 설치한 패키지 중 python이라는 이름이 포함된 패키지 목록을 조회하려 합니다. 알맞은 명령을 작성하세요.

2. 시스템에 hello라는 패키지가 설치된 상태입니다. 이 패키지를 삭제할 때 패키지 종속성 때문에 함께 설치된 패키지까지 삭제하려 합니다. 알맞은 명령을 작성하세요.

3. PATH 환경변수의 기존 값 뒤에 /home/gilbut/bin 디렉터리를 추가하려 합니다. .bashrc 파일에서 변경할 때 다음 빈칸에 들어갈 내용을 작성하세요.

```
PATH="${_____}:/home/gilbut/bin"
```

4. 3번에서 변경한 내용을 현재 셸에 적용하려 합니다. 알맞은 명령을 작성하세요.

13장 시스템 관리

코딩
자율학습

14장

필수 커맨드라인 툴

리눅스에서 **커맨드라인 툴**(command line tool)은 명령어 기반 인터페이스에서 사용하는 소프트
웨어 프로그램을 뜻합니다. 즉, 셸로 리눅스를 다룰 때 사용하는 도구입니다. 셸을 사용할 때 커맨
드라인 툴은 없어서는 안 될 존재입니다.

세상에는 수많은 커맨드라인 툴이 있습니다. 모든 툴을 알 필요는 없지만, 여러 툴을 알고 있으면
같은 작업도 빠르고 정확하게 처리할 수 있습니다. 이 장에서는 리눅스 셸을 사용하는 데 필요한
커맨드라인 툴의 사용법을 알아봅니다.

14.1

grep

grep은 'Global Regular Expression Print'의 약자로, 표준 입력이나 텍스트 파일에서 특정 패턴이나 문자열을 검색하는 강력한 커맨드라인 툴입니다. grep은 텍스트 처리와 데이터 분석에서 중요한 역할을 합니다. 정규 표현식(regular expression)을 사용해 복잡한 검색 패턴을 생성할 수 있습니다. 또한, 파일 내부의 특정 문자열을 찾거나 다른 명령어의 출력에서 특정 줄을 필터링하는 데 사용할 수 있습니다.

grep은 다음과 같이 사용합니다.

> **형식** grep [옵션] 검색_패턴 [파일]

파일 부분을 입력하지 않으면 표준 입력으로 받은 데이터를 검색합니다. 그래서 파이프라인과 결합해 자주 사용합니다. 다음은 cat 명령어의 출력 결과를 grep으로 검색하는 형식입니다.

> **형식** cat 파일 | grep [옵션] 검색_패턴

grep에서 주로 사용하는 옵션은 다음과 같습니다.

표 14-1 grep 명령어의 주요 옵션

옵션	설명
-r	하위 디렉터리를 포함해 재귀적으로 검색합니다.
-i	대소문자를 구분하지 않고 검색합니다.
-v	지정한 패턴을 포함하지 않는 줄을 출력합니다.

➎ 계속

옵션	설명
-n	지정한 패턴과 일치하는 줄과 줄 번호를 함께 출력합니다.
-c	지정한 패턴과 일치하는 줄의 수를 출력합니다.
-l	지정한 패턴을 포함하는 파일의 이름만 출력합니다.
-L	지정한 패턴을 포함하지 않는 파일의 이름만 출력합니다.
-E	확장된 정규 표현식을 사용합니다.
-o	지정한 패턴과 일치하는 문자열만 각 줄에 출력합니다.
-A [수]	지정한 패턴과 일치하는 줄부터 수 부분에 지정한 줄 수만큼 더 출력합니다.

14.1.1 실습: 문자열 검색하기

grep을 실행할 때 파일명을 직접 입력하는 방법과 파이프라인 표준 입력으로 내용을 입력받는 방법이 있습니다. 첫 번째 방법이 프로세스 하나만 생성되므로 여기서는 이 방법을 사용합니다. 두 방법은 큰 차이가 없으니 각자 편한대로 사용하면 됩니다.

```
터미널                                                              –  □  ×
$ grep "full" lyrics   ◄·············· 파일명 직접 입력
$ cat lyrics | grep "full"   ◄···· 파이프라인 사용
```

11.1.2 입력 리디렉션에서 작성한 lyrics 파일을 사용해 grep의 사용법을 익혀 보겠습니다.

1 cat 명령어로 lyrics 파일을 조회합니다.

```
gilbut@ubuntu2404:~/redirect-test$ cat lyrics
Baa, baa, black sheep
Have you any wool?
Yes, sir, yes, sir
Three bags full
One for the master
And one for the dame
One for the little boy
Who lives down the lane
(생략)
```

2 grep을 실행할 때 별도 옵션을 추가하지 않으면 대소문자를 구분해 검색합니다.

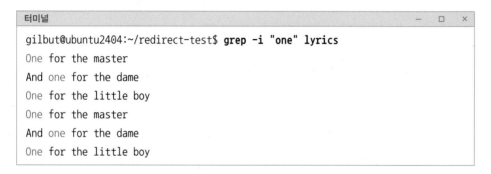

```
터미널                                                    —  □  ×
gilbut@ubuntu2404:~/redirect-test$ grep "one" lyrics
And one for the dame
And one for the dame
```

3 -i 옵션을 추가하면 대소문자 구분없이 검색한 결과를 보여줍니다.

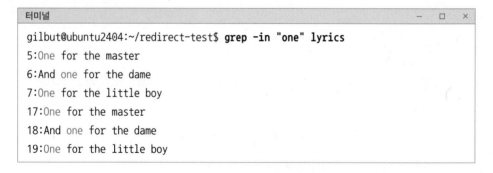

```
터미널                                                    —  □  ×
gilbut@ubuntu2404:~/redirect-test$ grep -i "one" lyrics
One for the master
And one for the dame
One for the little boy
One for the master
And one for the dame
One for the little boy
```

4 -n 옵션을 추가하면 검색된 결과의 줄 번호를 표시합니다.

```
터미널                                                    —  □  ×
gilbut@ubuntu2404:~/redirect-test$ grep -in "one" lyrics
5:One for the master
6:And one for the dame
7:One for the little boy
17:One for the master
18:And one for the dame
19:One for the little boy
```

5 공백이 포함된 문자열을 검색할 때는 반드시 쿼팅해야 합니다.

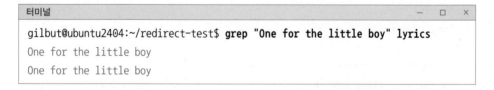

```
터미널                                                    —  □  ×
gilbut@ubuntu2404:~/redirect-test$ grep "One for the little boy" lyrics
One for the little boy
One for the little boy
```

6 검색 패턴 부분에 정규 표현식을 사용할 수 있습니다. 다음 예에서 사용한 ^One.*boy$ 패턴
은 One으로 시작해 boy로 끝나면서 그 사이에는 아무 글자나 와도 된다는 의미입니다.

```
터미널                                                          —  □  ×
gilbut@ubuntu2404:~/redirect-test$ grep "^One.*boy$" lyrics
One for the little boy
One for the little boy
```

7 -r 옵션을 사용하면 지정된 디렉터리 하위의 모든 디렉터리와 파일을 대상으로 검색합니다.
/etc 디렉터리 하위의 파일 중에 현재 로그인된 사용자인 gilbut을 검색해 봅시다. /etc 디
렉터리 하위에는 관리자 권한이 있어야 읽을 수 있는 파일이 많습니다. 그래서 sudo를 사용
해 관리자 권한으로 명령을 실행해야 합니다.

```
터미널                                                          —  □  ×
gilbut@ubuntu2404:~/redirect-test$ sudo grep -r gilbut /etc
[sudo] password for gilbut: ****  ◀---- gilbut 사용자의 비밀번호 입력
/etc/subgid-:gilbut:100000:65536
/etc/subuid:gilbut:100000:65536
/etc/subgid:gilbut:100000:65536
/etc/gshadow:adm:*::syslog,gilbut
/etc/gshadow:cdrom:*::gilbut
(생략)
```

8 검색된 파일 이름만 출력하려면 -l 옵션을 추가합니다. 반대로, 검색되지 않은 이름만 출력
하고 싶다면 -L을 추가합니다.

```
터미널                                                          —  □  ×
gilbut@ubuntu2404:~/redirect-test$ sudo grep -rl gilbut /etc
/etc/subgid-
/etc/subgid
/etc/subuid
/etc/shadow
(생략)
gilbut@ubuntu2404:~/redirect-test$ sudo grep -rL gilbut /etc/
/etc/fprintd.conf
/etc/apt/apt.conf.d/15update-stamp
/etc/apt/apt.conf.d/20dbus
/etc/apt/apt.conf.d/20archive
(생략)
```

1. 실습에서 사용한 lyrics 파일의 내용 중 대소문자 구분없이 one이 포함된 줄 수를 출력하려 합니다. 다음 빈칸에 알맞은 옵션을 작성하세요.

```
터미널                                                        —  □  ×
$ grep_____ _____"one" lyrics
```

2. lyrics 파일의 내용 중 a가 포함되지 않은 줄을 화면에 출력하려 합니다. 다음 빈칸에 알맞은 옵션을 작성하세요.

```
터미널                                                        —  □  ×
$ grep_____"a" lyrics
```

14.2

find

find 명령어는 파일이나 디렉터리를 검색하는 커맨드라인 툴입니다. grep이 파일의 내용을 검색하는 반면, find는 파일이나 디렉터리 자체를 검색합니다. 다양한 기준과 조건으로 파일 시스템을 탐색할 수 있고, 검색한 파일에 대해 다양한 작업을 수행할 수 있습니다. find는 파일 이름, 파일 유형, 파일 크기, 수정 시간, 권한 등 다양한 속성으로 파일을 찾을 수 있습니다. 리눅스를 사용하면서 어떤 파일을 찾는 일은 자주 발생하므로 옵션과 사용법을 익히면 좋습니다.

find는 다음과 같이 사용합니다.

> **형식** find [옵션] [경로] [표현식]

find 명령어에서 주로 사용하는 옵션은 다음과 같습니다.

표 14-2 find 명령어의 주요 옵션

옵션	설명
-L	심볼릭 링크의 대상 파일을 쫓습니다. 즉, 파일을 다루거나 정보를 출력할 때 심볼릭 링크의 대상 파일에 대해 작업합니다.
-P	심볼릭 링크의 대상 파일이 아닌 심볼릭 링크 자체에 대해 작업합니다. 심볼릭 링크에 대한 옵션이 주어지지 않으면 이 옵션을 기본으로 동작합니다.

파일 검색을 시작할 경로를 하나 이상 입력해야 합니다. 입력된 경로의 하위 디렉터리는 모두 검색 대상에 포함됩니다. 하위 디렉터리의 깊이를 조절하려면 표현식에서 깊이를 지정해야 합니다.

표현식은 파일을 어떻게 찾고, 찾은 파일을 어떻게 다룰지에 대한 부분을 정의합니다. find를 실행할 때 경로만 지정하고 표현식을 지정하지 않으면 해당 경로 하위의 모든 파일을 화면에 출력합니다. 검색 조건을 입력하지 않아서 모든 파일이 일치되기 때문입니다.

find에서 주로 사용하는 표현식은 다음과 같습니다.

표 14-3 find 주요 표현식

표현식	설명
-name [패턴]	주어진 패턴과 일치하는 파일을 찾습니다.
-type [유형]	특정 유형의 파일을 찾습니다. 유형은 다음과 같습니다. f: 일반 파일, d: 디렉터리, l: 심볼릭 링크(소프트 링크) 파일 s: 소켓 파일, b: 블록 디바이스 파일, c: 문자 디바이스 파일 p: 명명된 파이프(named pipe) 파일
-size [크기]	특정 크기의 파일을 찾습니다. - 또는 +를 사용해 미만/초과를 지정할 수 있습니다. - 또는 +를 지정하지 않으면 정확히 일치하는 파일만 검색합니다. 파일 크기는 숫자 + 단위로 표기합니다. 자주 사용하는 단위는 다음과 같습니다. c: 바이트(byte), k: 킬로 바이트(kilo byte) M: 메가 바이트(mega byte), G: 기가 바이트(giga byte)
-perm [권한]	특정 권한을 가진 파일을 찾습니다.
-user [사용자]	특정 사용자가 소유한 파일을 찾습니다.
-mtime [일수]	마지막 수정일에서 지정한 일수가 지난 파일을 찾습니다.
-exec [명령] {} \;	찾은 파일에 특정 명령을 실행합니다. {} 부분이 찾은 파일 이름으로 대체돼 실행됩니다.
-maxdepth [레벨]	검색할 디렉터리의 최대 깊이(레벨)를 지정합니다.
-mindepth [레벨]	검색을 시작할 최소 디렉터리 깊이(레벨)를 지정합니다.
-printf [형식_한정자]	검색된 파일의 정보를 형식 한정자(format specifier)에 맞게 화면에 출력합니다. 주요 형식 한정자는 다음과 같습니다. %p: 파일 이름, %s: 파일 크기, %u: 파일 소유자 이름 %g: 파일 그룹 이름, %i: 파일의 아이노드 번호 %M: 파일의 권한을 rwxrwxrwx 형태로 출력 \n: 개행 문자

현재 디렉터리 하위의 파일 목록을 단순히 출력할 때는 다음과 같이 사용합니다.

```
터미널                                                    —  □  ×
gilbut@ubuntu2404:~$ find .
.
```

```
./Music
./Public
./script
./script/for-loop.sh
(생략)
```

특정 디렉터리 하위에서 파일 이름으로 검색할 때는 다음과 같이 사용하기도 합니다.

```
터미널                                                            —  ☐  ✕
gilbut@ubuntu2404:~$ sudo find /etc | grep "passwd"
/etc/security/opasswd
/etc/passwd
/etc/passwd-
/etc/pam.d/passwd
/etc/pam.d/chpasswd
```

14.2.1 실습: 파일과 디렉터리 검색하기

/etc 디렉터리에서 find로 여러 파일을 검색해 보겠습니다. /etc 디렉터리 하위에는 권한이 있어야 읽을 수 있는 파일이 많으므로 sudo를 사용해야 합니다.

1 /etc 디렉터리 하위에서 'passwd'라는 이름의 파일을 검색해 봅시다.

```
터미널                                                            —  ☐  ✕
gilbut@ubuntu2404:~ $ sudo find /etc -name "passwd"
/etc/passwd
/etc/pam.d/passwd
```

2 'passwd'라는 단어가 포함된 파일명을 검색할 때는 앞뒤에 *를 붙여줍니다.

```
터미널                                                            —  ☐  ✕
gilbut@ubuntu2404:~$ sudo find /etc -name "*passwd*"
/etc/security/opasswd
/etc/passwd
/etc/passwd-
/etc/pam.d/passwd
/etc/pam.d/chpasswd
```

3 검색된 파일에 특정 명령을 실행해 봅시다. -exec 표현식을 사용하면 검색된 파일별로 지정된 명령을 실행할 수 있습니다. {} 부분은 검색된 파일 이름으로 대체됩니다. rm과 같이 파괴적인 기능을 하는 명령어를 실행할 때는 특별히 주의해야 합니다. 여기에서는 검색된 파일에 stat 명령어를 실행합니다. stat은 파일의 상태 정보를 표시하는 명령어로, 자세한 내용은 **14.3 stat**에서 다룹니다.

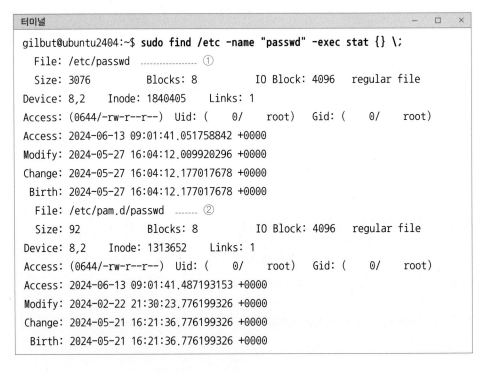

① stat /etc/passwd 명령이 실행된 결과입니다.

② stat /etc/pam.d/passwd 명령이 실행된 결과입니다.

4 디렉터리를 검색해 봅시다. 디렉터리를 지정하려면 -type 표현식에 d를 설정해야 합니다.

```
터미널                                                    —  □  ×
gilbut@ubuntu2404:~$ sudo find /etc -type d
/etc
/etc/rc3.d
/etc/apt
/etc/apt/apt.conf.d
/etc/apt/trusted.gpg.d
(생략)
```

508

5 하위 디렉터리 중 깊이 1인 디렉터리만 출력해 봅시다. -maxdepth 표현식을 사용합니다.

```
터미널                                                          —  □  ×
gilbut@ubuntu2404:~$ sudo find /etc -maxdepth 1 -type d
/etc
/etc/rc3.d
/etc/apt
/etc/binfmt.d
/etc/dictionaries-common
(생략)
```

6 조건에 해당하는 크기의 파일을 검색할 수도 있습니다. -size 표현식으로 100KB 이상의
파일을 찾아봅시다. 실습 환경에 따라 검색 결과가 달라질 수 있으니 크기를 잘 조절해서 실
습하길 바랍니다.

```
터미널                                                          —  □  ×
gilbut@ubuntu2404:~$ sudo find /etc -size +100k
/etc/ssl/certs/ca-certificates.crt
/etc/brltty/Contraction/zh-tw.cti
/etc/brltty/Contraction/zh-TW.ctb
/etc/brltty/Contraction/ko-g0.ctb
```

7 -printf 표현식을 사용해 원하는 형태로 결과를 출력할 수 있습니다. 다음과 같이 작성하면
검색된 파일을 파일 이름(%p): 파일 크기(%s) 형태로 결과를 출력합니다.

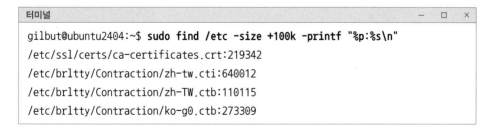

```
터미널                                                          —  □  ×
gilbut@ubuntu2404:~$ sudo find /etc -size +100k -printf "%p:%s\n"
/etc/ssl/certs/ca-certificates.crt:219342
/etc/brltty/Contraction/zh-tw.cti:640012
/etc/brltty/Contraction/zh-TW.ctb:110115
/etc/brltty/Contraction/ko-g0.ctb:273309
```

3. 현재 디렉터리와 그 하위 디렉터리에 존재하는 파일의 이름을 화면에 출력하려 합니다. 다음 빈칸에 알맞은 옵션을 작성하세요.

터미널	– □ ×
$ find _____	

4. 현재 디렉터리와 그 하위 디렉터리에 존재하는 파일 중 파일 이름에 bash가 포함된 파일을 찾으려 합니다. 다음 빈칸에 알맞은 옵션을 작성하세요.

터미널	– □ ×
$ find ._____ "*bash*"	

5. 현재 디렉터리의 하위 디렉터리 중 깊이가 1인 디렉터리의 이름만 화면에 출력하려 합니다. 다음 빈칸에 알맞은 옵션을 작성하세요.

터미널	– □ ×
$ find ._____ 1 -type d	

stat

stat 명령어는 파일이나 파일 시스템의 상세한 상태 정보를 표시하는 커맨드라인 툴입니다. 파일 크기, 디스크 사용량, 권한, 최근 접근 및 수정 날짜, 아이노드 번호 등을 포함한 다양한 메타데이터를 제공합니다. stat 명령어를 사용하면 시스템 관리자나 개발자가 파일 속성을 파악하기 쉽습니다.

stat 명령어는 다음과 같이 사용합니다.

| 형식 | stat [옵션] [파일] |

stat 명령어에서 주로 사용하는 옵션은 다음과 같습니다.

표 14-4 stat 명령어의 주요 옵션

옵션	설명
-f	파일이 아닌 파일 시스템의 상태를 표시합니다.
-c [사용자_정의_형식]	출력 형식을 사용자 정의 형식으로 지정합니다. 출력 형식을 지정할 때 자주 사용하는 형식 한정자는 다음과 같습니다. %n: 파일 이름, %s: 파일 크기, %a: 파일 권한(8진수 표기법) %A: 파일 권한(rwxrwxrwx 형태), %h: 하드 링크의 개수, %i: 아이노드 넘버 %U: 소유자 이름, %w: 파일 생성 시각, %y: 파일 수정 시각, %F: 파일 타입
-L	심볼릭 링크가 가리키는 대상 파일의 정보를 표시합니다.
-t	파일에 대한 정보를 소프트웨어가 읽어서 처리하기 좋은 형태로 출력합니다.

TIP —— 형식 한정자에 대해 더 알고 싶다면 stat 맨페이지(man stat)를 참고하세요.

14.3.1 실습: 파일 상태 정보 조회하기

stat 명령어를 사용해 봅시다.

1 stat 명령어로 /etc/passwd 파일의 정보를 확인합니다.

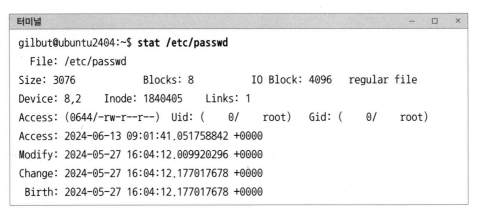

```
터미널
gilbut@ubuntu2404:~$ stat /etc/passwd
  File: /etc/passwd
Size: 3076          Blocks: 8          IO Block: 4096    regular file
Device: 8,2    Inode: 1840405   Links: 1
Access: (0644/-rw-r--r--)  Uid: (    0/    root)  Gid: (    0/    root)
Access: 2024-06-13 09:01:41.051758842 +0000
Modify: 2024-05-27 16:04:12.009920296 +0000
Change: 2024-05-27 16:04:12.177017678 +0000
 Birth: 2024-05-27 16:04:12.177017678 +0000
```

2 -t 옵션을 주면 소프트웨어가 읽어서 처리하기 좋은 형태로 출력합니다.

```
터미널
gilbut@ubuntu2404:~$ stat -t /etc/passwd
/etc/passwd 2929 8 81a4 0 0 802 1840405 1 0 0 1706366446 1697881968 1697881968
1697881968 4096
```

3 -c 옵션으로 파일 이름과 크기, 파일 권한을 출력해 봅시다.

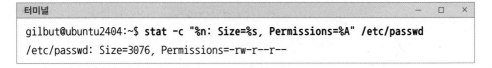

```
터미널
gilbut@ubuntu2404:~$ stat -c "%n: Size=%s, Permissions=%A" /etc/passwd
/etc/passwd: Size=3076, Permissions=-rw-r--r--
```

4 find로 검색한 파일에 stat을 사용할 수도 있습니다.

```
터미널
gilbut@ubuntu2404:~$ sudo find /etc -name passwd -exec stat -c "%n: Size=%s,
Permission=%A" {} \;
/etc/passwd: Size=3076, Permission=-rw-r--r--
/etc/pam.d/passwd: Size=92, Permission=-rw-r--r--
```

5 심볼릭 링크를 조회하면 어떻게 출력될까요? /etc/systemd/system/syslog.service 파일은 /lib/systemd/system/rsyslog.service 파일을 가리키는 심볼릭 링크입니다. 아무옵션 없이 stat으로 파일 정보를 조회하면 심볼릭 링크 자체의 정보가 출력됩니다.

```
터미널                                                        ─  □  ×
gilbut@ubuntu2404:~/redirect-test$ stat /etc/systemd/system/syslog.service
  File: /etc/systemd/system/syslog.service -> /lib/systemd/system/rsyslog.service
  Size: 39          Blocks: 0       IO Block: 4096    symbolic link
Device: 8,2     Inode: 1837057    Links: 1
Access: (0777/lrwxrwxrwx) Uid: (   0/   root) Gid: (   0/   root)
Access: 2024-06-13 09:01:55.698711929 +0900
Modify: 2024-04-24 19:47:24.000000000 +0900
Change: 2024-05-21 16:21:36.132997670 +0900
 Birth: 2024-05-21 16:21:36.132997670 +0900
```

6 -L 옵션을 설정하고 다시 심볼릭 링크를 조회하면 심볼릭 링크가 가리키는 파일의 정보가출력됩니다.

```
터미널                                                        ─  □  ×
gilbut@ubuntu2404:~/redirect-test$ stat -L /etc/systemd/system/syslog.service
  File: /etc/systemd/system/syslog.service
  Size: 890         Blocks: 8       IO Block: 4096    regular file
Device: 8,2     Inode: 1848026    Links: 1
Access: (0644/-rw-r--r--) Uid: (   0/   root) Gid: (   0/   root)
Access: 2024-06-13 09:01:55.328247019 +0900
Modify: 2024-03-22 11:28:54.000000000 +0900
Change: 2024-05-21 16:22:00.578467748 +0900
 Birth: 2024-05-21 16:22:00.578467748 +0900
```

7 심볼릭 링크가 가리키는 대상 파일에 대해 stat 명령을 실행해보면 같은 정보가 출력되는것을 확인할 수 있습니다.

```
터미널                                                        ─  □  ×
gilbut@ubuntu2404:~/redirect-test$ stat /lib/systemd/system/rsyslog.service
  File: /lib/systemd/system/rsyslog.service
  Size: 890         Blocks: 8       IO Block: 4096    regular file
Device: 8,2     Inode: 1848026    Links: 1
Access: (0644/-rw-r--r--) Uid: (   0/   root) Gid: (   0/   root)
```

```
Access: 2024-06-13 09:01:55.328247019 +0900
Modify: 2024-03-22 11:28:54.000000000 +0900
Change: 2024-05-21 16:22:00.578467748 +0900
 Birth: 2024-05-21 16:22:00.578467748 +0900
```

1분 퀴즈

정답 노트 p.553

6. stat 명령어를 아무 옵션 없이 사용하면 파일의 여러 정보를 화면에 출력합니다. 다음 중 출력 결과에 포함되지 <u>않는</u> 정보를 고르세요.

① 파일 경로   ② 파일 크기   ③ 파일 생성 시각   ④ 아이노드 번호   ⑤ 파일 내용

7. find의 -exec 표현식과 stat의 -c 옵션을 사용해 깊이가 1인 디렉터리 목록을 구하고, 이 디렉터리의 이름과 권한 정보를 "이름:권한" 형식으로 화면에 출력하려 합니다. 다음 빈칸에 알맞은 표현식을 작성하세요.

터미널

```
$ find . -maxdepth 1 -type d -exec stat -c "_____"_____
```

14.4

WC

wc(Word Count) 명령어는 텍스트 파일의 줄 수, 단어 수, 바이트 수 등을 계산하는 커맨드라인 툴입니다. 텍스트 파일의 내용을 분석할 때나 파일 크기를 빠르게 파악할 때 유용합니다. 스크립트나 프로그래밍에서 데이터의 양을 측정하는 데도 자주 사용합니다.

wc는 다음과 같이 사용합니다.

형식 wc [옵션] [파일]

wc도 grep과 마찬가지로 파일을 입력하지 않으면 표준 입력에서 데이터를 읽어 동작합니다. 다음 두 명령은 결과가 같습니다.

터미널	— □ ×
$ wc filename ◀------------- 파일명 직접 입력	
$ cat filename ¦ wc ◀---- 파이프라인 사용	

wc에서 주로 사용하는 옵션은 다음과 같습니다.

표 14–5 wc 명령어의 주요 옵션

옵션	설명
-l	줄 수를 출력합니다.
-w	단어 수를 출력합니다.
-c	바이트 수를 출력합니다.
-m	문자 수를 출력합니다.
-L	가장 긴 줄의 길이를 출력합니다.

14.4.1 실습: 텍스트 파일 정보 출력하기

wc를 간단히 사용해 봅시다.

1 wc를 옵션 없이 사용하면 줄 수, 단어 수, 바이트 수를 차례로 출력합니다.

```
터미널                                                    —  □  ×
gilbut@ubuntu2404:~$ wc /etc/passwd
   54   94 3076 /etc/passwd
```

2 -l, -w, -c 옵션을 줘서 줄 수, 단어 수, 바이트 수를 따로 출력할 수도 있습니다.

```
터미널                                                    —  □  ×
gilbut@ubuntu2404:~$ wc -l /etc/passwd
54 /etc/passwd
gilbut@ubuntu2404:~$ wc -w /etc/passwd
94 /etc/passwd
gilbut@ubuntu2404:~$ wc -c /etc/passwd
3076 /etc/passwd
```

1분 퀴즈

정답 노트 p.553

8. 로그인한 사용자의 .bashrc 파일 줄 수를 알아내려 합니다. 다음 두 명령의 빈칸에 공통으로 들어갈
표현식을 작성하세요.

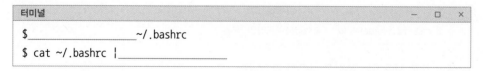

```
터미널                                                    —  □  ×
$_____~/.bashrc
$ cat ~/.bashrc |_____
```

df

df(Disk Free) 명령어는 파일 시스템의 디스크 사용량을 출력하는 커맨드라인 툴입니다. df는 각 파일 시스템의 총 공간, 사용 중인 공간, 사용 가능한 공간, 사용률을 표시합니다. 시스템의 디스크 사용량을 모니터링하고, 공간이 부족한 파일 시스템을 식별할 때 유용합니다.

df는 다음과 같이 사용합니다.

> **형식** df [옵션] [파일]

주로 사용하는 옵션은 다음과 같습니다.

표 14-6 df 명령어의 주요 옵션

옵션	설명
-h	용량을 읽기 쉬운 형태(KB, MB, GB 등)로 표시합니다.
-a	모든 파일 시스템을 포함합니다. 0 블록의 파일 시스템도 포함합니다.
-T	파일 시스템의 종류를 표시합니다.
-i	아이노드 정보(사용 가능한 아이노드 수와 사용률)를 표시합니다.
--total	총합계를 표시합니다.

파일 부분을 입력하면 해당 파일이 존재하는 파일 시스템의 정보만 출력합니다.

14.5.1 실습: 파일 시스템 정보 출력하기

df를 사용해 보겠습니다.

1 df를 아무 옵션 없이 실행하면 전체 파일 시스템에 관한 정보를 보여줍니다. HDD, SSD 등 디스크는 실제로 /dev/sda, /dev/hda 등으로 표시됩니다. 가상 머신은 /dev/vda, /dev/vdb 등으로 표시됩니다.

```
터미널                                                    ─  □  ×
gilbut@ubuntu2404:~$ df
Filesystem              1K-blocks      Used Available Use% Mounted on
tmpfs                      400024      1700    398324   1% /run
/dev/sda2                40970464  10336364  28520720  27% /
tmpfs                     2000112         0   2000112   0% /dev/shm
tmpfs                        5120         8      5112   1% /run/lock
tmpfs                      400020       100    399920   1% /run/user/1000
```

2 파일 이름을 넣으면 파일이 포함된 파일 시스템의 정보를 출력합니다.

```
터미널                                                    ─  □  ×
gilbut@ubuntu2404:~$ df /etc/passwd
Filesystem              1K-blocks      Used Available Use% Mounted on
/dev/sda2                40970464  10336364  28520720  27% /
```

3 -h 옵션을 추가하면 파일 시스템이 사용 중인 공간과 사용 가능한 공간이 M(MB), G(GB) 등 단위로 축약돼 표시됩니다. 여기에 -T 옵션을 더하면 파일 시스템의 종류도 출력합니다.

```
터미널                                                    ─  □  ×
gilbut@ubuntu2404:~$ df -hT
Filesystem              Type   Size  Used Avail Use% Mounted on
tmpfs                   tmpfs  391M  1.7M  389M   1% /run
/dev/sda                ext4    40G  9.9G   28G  27% /
tmpfs                   tmpfs  2.0G     0  2.0G   0% /dev/shm
tmpfs                   tmpfs  5.0M  8.0K  5.0M   1% /run/lock
tmpfs                   tmpfs  391M  100K  391M   1% /run/user/1000
```

4 여기에 -i 옵션을 추가하면 사용 중인 아이노드와 사용 가능한 아이노드 정보를 보여줍니다.

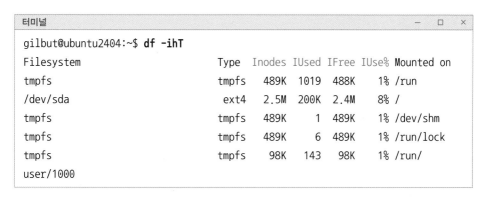

```
gilbut@ubuntu2404:~$ df -ihT
Filesystem                Type  Inodes IUsed IFree IUse% Mounted on
tmpfs                     tmpfs 489K   1019  488K  1%    /run
/dev/sda                  ext4  2.5M   200K  2.4M  8%    /
tmpfs                     tmpfs 489K   1     489K  1%    /dev/shm
tmpfs                     tmpfs 489K   6     489K  1%    /run/lock
tmpfs                     tmpfs 98K    143   98K   1%    /run/
user/1000
```

1분 퀴즈

정답 노트 p.553

9. 시스템의 전체 파일 시스템에 대해 사람이 읽기 좋은 단위로 정보를 출력하고 싶습니다. 다음 빈칸에 알맞은 옵션을 작성하세요.

```
$ df _____
```

14.6

du

du(Disk Usage) 명령어는 파일이나 디렉터리가 차지하는 디스크 사용량을 추정해 화면에 출력하는 커맨드라인 툴입니다. du는 파일 시스템을 탐색해 각 파일 및 디렉터리의 공간 사용량을 출력합니다. 공간을 많이 차지하는 파일이나 디렉터리를 식별하는 데 유용합니다.

du를 사용하는 방법은 다음과 같습니다.

> **형식** du [옵션] [파일]

du에서 주로 사용하는 옵션은 다음과 같습니다.

표 14-7 du 명령어의 주요 옵션

옵션	설명
-h	용량을 읽기 쉬운 형태(KB, MB, GB 등)로 표시합니다.
-s	지정한 디렉터리의 총 사용량만 표시합니다.
-a	디렉터리 내에 모든 파일의 사용량을 표시합니다.
--max-depth=[레벨]	지정한 깊이(레벨)까지 디렉터리 사용량을 표시합니다.
-c	각 디렉터리의 사용량과 함께 총합계를 표시합니다.

파일 부분을 입력하면 해당 파일에 대한 정보만 출력합니다. 보통 알려고 하는 대상 디렉터리를 입력합니다.

14.6.1 실습: 디렉터리 사용량 출력하기

du를 사용해 보겠습니다.

1 du를 아무런 옵션 없이 실행하면 디렉터리별 사용량을 화면에 출력합니다. 출력하는 수는 각 디렉터리가 차지하는 블록(block)의 개수를 의미합니다. 일반적으로 한 블록의 크기는 1024바이트입니다.

```
터미널                                                          —  □  ×
gilbut@ubuntu2404:~$ du
4         ./Music
4         ./Public
152       ./script
(중략)
17680     ./.cache
19212     .
```

2 -h 옵션을 추가하면 사람이 읽기 편한 단위로 축약해 보여줍니다.

```
터미널                                                          —  □  ×
gilbut@ubuntu2404:~$ du -h
4.0K      ./Music
4.0K      ./Public
152K      ./script
(중략)
18M       ./.cache
19M       .
```

3 디렉터리가 너무 많거나 깊이가 깊으면 du로 출력하는 양이 많아 한눈에 보기가 어렵습니다. 이럴 때 --max-depth 옵션으로 디렉터리 깊이를 제어하면 좋습니다. 깊이가 1인 디렉터리만 출력해 봅시다. 깊이가 1보다 큰 디렉터리는 출력되지 않지만 파일 크기에는 포함됩니다.

```
터미널                                                          —  □  ×
gilbut@ubuntu2404:~$ du -h --max-depth=1
4.0K      ./Music
4.0K      ./Public
152K      ./script
4.0K      ./Pictures
```

```
8.0K    ./linktest
4.0K    ./.ssh
644K    ./.local
4.0K    ./Downloads
112K    ./snap
112K    ./.config
4.0K    ./Videos
8.0K    ./bin
44K     ./redirect-test
4.0K    ./Desktop
4.0K    ./Documents
4.0K    ./Templates
18M     ./.cache
19M     .
```

4 `-s` 옵션을 추가하면 모든 디렉터리를 생략하고 현재 디렉터리만 출력합니다.

```
터미널                                              —  □  ×
gilbut@ubuntu2404:~$ du -sh
19M    .
```

1분 퀴즈 ▰▰▰▰▰▰▰▰▰▰▰▰▰▰▰▰▰▰▰▰▰▰▰▰ 정답 노트 p.553

10. 루트 디렉터리에서 깊이가 2인 디렉터리의 디스크 사용량을 사람이 읽기 좋은 단위로 출력하려 합니다.
다음 빈칸에 알맞은 옵션을 작성하세요.

```
터미널                                              —  □  ×
$ sudo du _____
```

14.7

tar

tar(Tape Archive) 명령어는 파일과 디렉터리를 아카이브하고 압축하는 데 사용하는 커맨드라인 툴입니다. tar는 여러 파일과 디렉터리를 하나의 아카이브 파일로 묶거나 아카이브 파일을 추출할 때 사용합니다. 다양한 압축 옵션과 함께 사용할 수 있으며, 대용량 데이터를 관리하거나 백업할 때 매우 유용합니다. 특히 소스 코드를 .tar.gz 등 압축 파일 형태로 공개하는 경우가 많아 반드시 사용법을 알고 있어야 합니다.

아카이브(archive)는 여러 파일과 디렉터리를 한 덩어리로 만드는 것을 뜻합니다. 압축이 아니라 단순히 파일을 붙였다고 생각할 수 있는데, 여기에 gzip, uzip2, xz와 같은 압축을 적용하면 흔히 말하는 압축 파일이 됩니다.

그림 14-1 아카이브와 압축

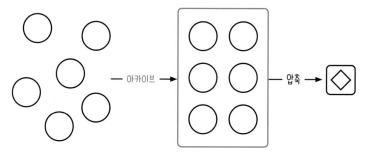

tar는 다음과 같이 사용합니다.

형식	tar [옵션] [-f 아카이브_파일] [파일]

tar에서 주로 사용하는 옵션은 다음 표와 같습니다.

표 14-8 tar 명령어의 주요 옵션

옵션	설명
-f	아카이브 파일의 이름을 지정합니다.
-c	새로운 아카이브 파일을 생성합니다.
-x	아카이브 파일에서 개별 파일을 추출합니다.
-t	아카이브 파일의 내용을 목록으로 만듭니다.
-r	아카이브 파일에 새로운 파일을 추가합니다.
-p	파일 권한을 그대로 유지하며 추출합니다.
-z	아카이브 파일을 압축하거나 압축을 해제할 때 gzip(확장자 .tar.gz 또는 .tgz)을 사용합니다.
-j	아카이브 파일을 압축하거나 압축을 해제할 때 bzip2(확장자 .tar.bz2 또는 .tbz2)를 사용합니다.
-J	아카이브 파일을 압축하거나 압축을 해제할 때 xz(확장자 .tar.xz 또는 .txz)를 사용합니다.
-v	진행 과정을 자세히 보여줍니다.

입력 파일의 목록이 필요할 때는 파일 부분에 공백으로 구분해 파일 목록을 입력합니다.

14.7.1 실습: 파일 아카이브하고 압축하기

tar로 파일과 디렉터리를 아카이브하고 압축해 보겠습니다.

1 실습에 사용할 디렉터리와 몇 가지 파일을 만듭니다.

```
터미널                                                        –  □  ×
gilbut@ubuntu2404:~$ mkdir tar-test
gilbut@ubuntu2404:~$ cd tar-test/
gilbut@ubuntu2404:~/tar-test$ ls -al /etc > etc-files
gilbut@ubuntu2404:~/tar-test$ cp /etc/passwd .
gilbut@ubuntu2404:~/tar-test$ cp /var/log/syslog .
gilbut@ubuntu2404:~/tar-test$ ls -al
total 2352
drwxrwxr-x  2 gilbut gilbut    4096 Jun 14 08:54 .
drwxr-x--- 20 gilbut gilbut    4096 Jun 14 08:53 ..
-rw-rw-r--  1 gilbut gilbut   20410 Jun 14 08:53 etc-files
-rw-r--r--  1 gilbut gilbut    3076 Jun 14 08:53 passwd
-rw-r-----  1 gilbut gilbut 2372378 Jun 14 08:54 syslog
```

2 passwd 파일과 syslog 파일을 아카이브로 만들어 봅시다. -c 옵션으로 아카이브 파일을 생성하고, -f 옵션으로 아카이브 파일의 이름을 지정합니다. 아카이브할 passwd 파일과 syslog 파일은 뒤쪽에 인자로 넣어줍니다.

```
터미널                                                    -  □  ×
gilbut@ubuntu2404:~/tar-test$ tar -c -f archive.tar passwd syslog
gilbut@ubuntu2404:~/tar-test$ ls -al archive.tar
-rw-rw-r--  1 gilbut gilbut 2385920 Jun 14 08:58 archive.tar
```

3 -t 옵션으로 아카이브 파일의 내용을 살펴봅시다. 아카이브 파일로 묶인 파일 목록을 확인할 수 있습니다.

```
터미널                                                    -  □  ×
gilbut@ubuntu2404:~/tar-test$ tar -t -f archive.tar
passwd
syslog
```

4 -r 옵션으로 아카이브 파일에 etc-files 파일을 추가해 봅시다.

```
터미널                                                    -  □  ×
gilbut@ubuntu2404:~/tar-test$ tar -r -f archive.tar etc-files
gilbut@ubuntu2404:~/tar-test$ tar -t -f archive.tar
passwd
syslog
etc-files
```

5 생성한 아카이브 파일을 다른 디렉터리에 풀어봅시다. 먼저 홈 디렉터리로 가서 new-dir이라는 디렉터리를 새로 생성합니다. new-dir 디렉터리에 진입해 아카이브 파일을 해제합니다. 해제할 때 -x 옵션으로 아카이브 파일 해제를 명령하고, -f로 해제할 아카이브 파일을 지정합니다. -v 옵션을 주면 아카이브 파일에서 해제되는 파일들의 이름을 확인할 수 있습니다.

```
터미널                                                    -  □  ×
gilbut@ubuntu2404:~/tar-test$ cd ..
gilbut@ubuntu2404:~$ mkdir new-dir
gilbut@ubuntu2404:~$ cd new-dir/
```

```
gilbut@ubuntu2404:~/new-dir$ tar -xvf ../tar-test/archive.tar
passwd
syslog
etc-files
gilbut@ubuntu2404:~/new-dir$ ls -al
total 2352
drwxrwxr-x  2 gilbut gilbut     4096 Jun 14 09:04 .
drwxr-x--- 20 gilbut gilbut     4096 Jun 14 09:03 ..
-rw-rw-r--  1 gilbut gilbut    20410 Jun 14 08:53 etc-files
-rw-r--r--  1 gilbut gilbut     3076 Jun 14 08:53 passwd
-rw-r-----  1 gilbut gilbut  2372378 Jun 14 08:54 syslog
```

6 이번에는 아카이브 파일을 만든 후 압축까지 해보겠습니다. 다시 tar-test 디렉터리로 돌아
   옵니다. -z 옵션을 추가해 아카이브한 후 gzip을 사용해 압축합니다. gzip으로 압축한 파일
   의 확장자는 주로 .tar.gz나 .tgz를 사용합니다.

```
터미널                                                        _  □  ×
gilbut@ubuntu2404:~/new-dir$ cd ../tar-test
gilbut@ubuntu2404:~/tar-test$ tar -cvzf compress.tar.gz etc-files passwd
syslog
etc-files
passwd
syslog
```

7 아카이브한 후 압축한 파일이 아카이브만 한 파일보다 파일 크기가 작은 것을 확인할 수 있
   습니다.

```
터미널                                                        _  □  ×
gilbut@ubuntu2404:~/tar-test$ ls -al
total 2352
drwxrwxr-x  2 gilbut gilbut     4096 Jun 14 09:08 .
drwxr-x--- 20 gilbut gilbut     4096 Jun 14 09:03 ..
-rw-rw-r--  1 gilbut gilbut  2406400 Jun 14 09:01 archive.tar
-rw-rw-r--  1 gilbut gilbut   422757 Jun 14 09:08 compress.tar.gz
-rw-rw-r--  1 gilbut gilbut    20410 Jun 14 08:53 etc-files
-rw-r--r--  1 gilbut gilbut     3076 Jun 14 08:53 passwd
-rw-r-----  1 gilbut gilbut  2372378 Jun 14 08:54 syslog
```

8 압축한 파일을 해제해 봅시다. 홈 디렉터리에 tgz-test 디렉터리를 새로 만듭니다. tgz-test 디렉터리로 가서 -z 옵션을 추가해 압축을 해제합니다.

```
터미널                                                  ─  □  ×
gilbut@ubuntu2404:~/tar-test$ cd ..
gilbut@ubuntu2404:~$ mkdir tgz-test
gilbut@ubuntu2404:~$ cd tgz-test/
gilbut@ubuntu2404:~/tgz-test$ tar -xvzf ../tar-test/compress.tar.gz
etc-files
passwd
syslog
gilbut@ubuntu2404:~/tgz-test$ ls -al
total 2352
drwxrwxr-x  2 gilbut gilbut    4096 Jun 14 09:13 .
drwxr-x--- 20 gilbut gilbut    4096 Jun 14 09:11 ..
-rw-rw-r--  1 gilbut gilbut   20410 Jun 14 08:53 etc-files
-rw-r--r--  1 gilbut gilbut    3076 Jun 14 08:53 passwd
-rw-r-----  1 gilbut gilbut 2372378 Jun 14 08:54 syslog
```

14.7.2 실습: 디렉터리 아카이브하고 압축하기

파일 단위뿐만 아니라 디렉터리 단위로도 아카이브와 압축을 할 수 있습니다.

1 tar-test 디렉터리로 돌아와 앞에서 실습하며 생성한 archive.tar 파일과 compress.tar.gz 파일을 삭제합니다.

```
터미널                                                  ─  □  ×
gilbut@ubuntu2304:~/tgz-test$ cd ../tar-test/
gilbut@ubuntu2304:~/tar-test$ rm -f archive.tar compress.tar.gz
gilbut@ubuntu2404:~/tar-test$ ls -al
total 2352
drwxrwxr-x  2 gilbut gilbut    4096 Jun 14 09:17 .
drwxr-x--- 20 gilbut gilbut    4096 Jun 14 09:11 ..
-rw-rw-r--  1 gilbut gilbut   20410 Jun 14 08:53 etc-files
-rw-r--r--  1 gilbut gilbut    3076 Jun 14 08:53 passwd
-rw-r-----  1 gilbut gilbut 2372378 Jun 14 08:54 syslog
```

2 상위 디렉터리로 가서 tar-test 디렉터리 전체를 아카이브하고 압축합니다.

```
터미널                                                    —   □   ×
gilbut@ubuntu2404:~/tar-test$ cd ..
gilbut@ubuntu2404:~$ tar -cvzf dir-compress.tgz tar-test/
tar-test/
tar-test/etc-files
tar-test/passwd
tar-test/syslog
```

3 /tmp 디렉터리로 이동해 압축 파일을 풀어봅시다. 디렉터리를 아카이브한 경우 디렉터리
자체가 생성되면서 압축이 해제됩니다.

```
터미널                                                    —   □   ×
gilbut@ubuntu2404:~$ cd /tmp
gilbut@ubuntu2404:/tmp$ tar -xvzf ~/dir-compress.tgz
tar-test/
tar-test/etc-files
tar-test/passwd
tar-test/syslog
gilbut@ubuntu2404:/tmp$ ls tar-test/
etc-files  passwd  syslog
gilbut@ubuntu2404:/tmp$ cd tar-test/
gilbut@ubuntu2404:/tmp/tar-test$ ls -al
total 2352
drwxrwxr-x  2 gilbut gilbut    4096 Jun 14 09:17 .
drwxr-x--- 20 gilbut gilbut    4096 Jun 14 09:20 ..
-rw-rw-r--  1 gilbut gilbut   20410 Jun 14 08:53 etc-files
-rw-r--r--  1 gilbut gilbut    3076 Jun 14 08:53 passwd
-rw-r-----  1 gilbut gilbut 2372378 Jun 14 08:54 syslog
```

11. /var/log 디렉터리는 전통적으로 시스템 로그가 저장되는 디렉터리입니다. 이 디렉터리 하위의 모든 파일을 압축해 log.tar.gz 파일로 만들려 합니다. 다음 빈칸에 알맞은 옵션을 넣으세요.

터미널	— □ ×

```
$ sudo tar _____ log.tar.gz /var/log/
```

12. 인터넷에서 source.tar.gz라는 파일을 다운로드했습니다. 명령 한 번으로 다운로드한 파일의 압축 해제하려 합니다. 다음 빈칸에 알맞은 옵션을 넣으세요.

터미널	— □ ×

```
$ tar _____ source.tar.gz
```

14.8

read

read는 Bash의 내장 명령어(built-in command)로, 표준 입력(보통 키보드 입력)에서 한 줄을 읽어 변수에 저장하는 데 사용합니다. read는 스크립트에서 사용자 입력을 받아 처리할 때 자주 사용합니다. 또한, 파일에서 내용을 읽어 처리할 때도 사용합니다. read는 입력된 데이터를 공백으로 구분해 여러 변수에 할당할 수 있습니다.

read는 다음과 같이 사용합니다.

> **형식**   read [옵션] [변수]

read 명령어에서 자주 사용하는 옵션은 다음과 같습니다.

표 14-9 read 명령어의 주요 옵션

옵션	설명
-p	입력 전에 프롬프트 메시지를 출력합니다.
-t [초]	입력 제한 시간(초 단위)을 설정합니다.
-s	사용자 입력을 화면에 표시하지 않습니다(예: 비밀번호 입력 시).
-r	백슬래시를 이스케이프 문자로 해석하지 않습니다.
-a [배열]	입력된 데이터를 배열 변수에 할당합니다.

변수 부분에는 read가 읽은 데이터를 저장할 변수의 이름을 지정합니다. 변수를 지정하지 않으면 기본으로 REPLY 변수에 데이터가 저장됩니다.

14.8.1 실습: 사용자 입력받아 처리하기

read 명령어의 사용법을 익혀 보겠습니다.

1   옵션을 넣지 않고 read 명령어만 실행해 봅시다. 사용자 입력을 기다리며 아무 동작도 하지
    않습니다. 문자열을 입력한 후 Enter 를 누르면 read 명령이 종료됩니다. REPLY 변수를 출력
    하면 입력한 문자열이 저장돼 있습니다.

```
터미널                                                    ─  □  ×
gilbut@ubuntu2404:~$ read
miracle morning   ◀---- 사용자 입력
gilbut@ubuntu2404:~$ echo $REPLY
miracle morning
```

2   read 명령어 뒤에 문자열을 입력받을 변수 이름을 지정하면 해당 변수에 입력한 문자열이
    저장됩니다. 이때 REPLY 변수의 값은 변경되지 않습니다.

```
터미널                                                    ─  □  ×
gilbut@ubuntu2404:~$ read msg
message from unknown   ◀---- 사용자 입력
gilbut@ubuntu2404:~$ echo $msg
message from unknown
gilbut@ubuntu2404:~$ echo $REPLY
miracle morning
```

3   -p 옵션을 사용해 사용자 입력을 받을 때 표시할 프롬프트 메시지를 추가해 봅시다.

```
터미널                                                    ─  □  ×
gilbut@ubuntu2404:~$ read -p "input reply message: " reply_msg
input reply message: hello unknown!   ◀---- 사용자 입력
gilbut@ubuntu2404:~$ echo $reply_msg
hello unknown!
```

4   -s 옵션을 사용하면 사용자가 입력하는 내용을 화면에 출력하지 않을 수 있습니다. 특히 비
    밀번호를 입력받을 때 유용합니다. 이 방법은 입력한 값이 그대로 변수에 저장돼 보안상으
    로 취약하니 유의해야 합니다.

```
터미널                                                    —  □  ×
gilbut@ubuntu2404:~$ read -s -p "Enter password: " password
Enter password:   ◄---- 사용자가 입력한 내용이 화면에 노출되지 않음
gilbut@ubuntu2404:~$ echo $password
1234
```

5 -a 옵션을 사용하면 입력한 문자열을 인덱스 배열에 저장할 수 있습니다. -a 옵션 바로 뒤에
    배열 변수 이름을 입력해야 합니다. 문자열은 공백으로 구분합니다. 공백을 포함한 문자열
    을 하나의 요소로 저장하려면 공백 앞에 백슬래시를 붙입니다.

```
터미널                                                    —  □  ×
gilbut@ubuntu2404:~$ read -a animals -p "input favorite animals: "
input favorite animals: dog cat monkey panda   ◄---- 사용자 입력, 공백으로 구분
```

6 인덱스 배열에 입력한 정보가 잘 저장됐는지 확인해 봅시다.

```
터미널                                                    —  □  ×
gilbut@ubuntu2404:~$ echo ${animals}   ◄---------- 인덱스 0의 값에 접근
dog
gilbut@ubuntu2404:~$ echo ${#animals[@]}   ◄---- 인덱스 배열의 요소 개수 출력
4
gilbut@ubuntu2404:~$ echo ${animals[0]}   ◄------ 인덱스 0의 값에 접근
dog
gilbut@ubuntu2404:~$ echo ${animals[1]}   ◄------ 인덱스 1의 값에 접근
cat
gilbut@ubuntu2404:~$ echo ${animals[2]}   ◄------ 인덱스 2의 값에 접근
monkey
gilbut@ubuntu2404:~$ echo ${animals[3]}   ◄------ 인덱스 3의 값에 접근
panda
```

14.8.2 실습: 파일/변수/명령 결과를 읽어와 처리하기

read는 사용자 입력뿐만 아니라 파일이나 변수, 다른 명령의 수행 결과를 한 줄씩 읽어들여 처
리할 때도 활용할 수 있습니다. 파일 내용이나 다른 명령의 수행 결과 등을 표준 입력으로 리디
렉션하고, 그 내용을 읽게 하면 됩니다.

1 다음 내용을 /script/read-from-file.sh 파일에 작성합니다. /etc/passwd 파일을 읽어들여 파일의 내용을 한 줄씩 화면에 출력하는 스크립트입니다.

read-from-file.sh

```
#!/bin/bash

file="/etc/passwd"      ----------------- ①
while read -r line      ----------------- ②
do
    echo "read line: $line"
done < "$file"          ----------------- ③
```

스크립트 파일이 어떻게 동작하는지 살펴봅시다.

① 내용을 읽어들일 파일 이름을 file 변수에 저장합니다.

② read -r line 명령이 실패할 때까지 while 문을 반복합니다. while 문이 실행될 때마다 파일 내용을 한 줄씩 표준 입력으로 받아 line 변수에 저장합니다. -r 옵션은 백슬래시를 문자 그대로 해석하게 하는 옵션으로, 파일에서 내용을 읽을 때 유용합니다.

③ read는 표준 입력으로부터 데이터를 입력받습니다. while 문의 done 다음에 파일을 리디렉션했기 때문에 read는 파일 내용을 표준 입력으로 받습니다.

2 실행 권한을 주고 read-from-file.sh 파일을 실행해 봅시다. 화면에 /etc/passwd의 파일 내용이 한 줄씩 출력됩니다.

```
터미널                                                    ─  □  ×
gilbut@ubuntu2404:~/script$ chmod +x read-from-file.sh
gilbut@ubuntu2404:~/script$ ./read-from-file.sh
read line: root:x:0:0:root:/root:/bin/bash
read line: daemon:x:1:1:daemon:/usr/sbin:/usr/sbin/nologin
read line: bin:x:2:2:bin:/bin:/usr/sbin/nologin
read line: sys:x:3:3:sys:/dev:/usr/sbin/nologin
(생략)
```

read는 heredoc이나 here strings로 내용을 읽을 때도 사용합니다.

1 다음 내용을 read-from-herestr.sh 파일에 작성합니다. here strings를 사용해 변수의
  내용을 한 줄씩 읽어들이는 스크립트입니다.

read-from-herestr.sh

```bash
#!/bin/bash

RESULT=$(df)  ----------------------------------  ①
while read -r line  ----------------------  ②
do
    echo "read line: $line"
done <<< "$RESULT"  ----------------------  ③
```

① df 명령어의 실행 결과를 RESULT 변수에 저장합니다. RESULT 변수에는 여러 줄 결과가
  저장됩니다.

② read -r line 명령이 실패할 때까지 while 문을 반복합니다.

③ done 다음에 here strings를 사용해 변수 내용을 read의 입력으로 가져오게 됩니
  다. while 문은 RESULT 변수를 here strings로 리디렉션해 한 줄씩 읽어 처리합니다.
  read-from-file.sh 파일과 비교했을 때 read의 표준 입력을 리디렉션하는 방법만 다
  릅니다.

2 파일 실행 권한을 주고 read-from-herestr.sh 파일을 실행해 봅시다. 화면에 df 명령어
  의 실행 결과가 한 줄씩 출력됩니다.

```
터미널                                                          —   □   ×
gilbut@ubuntu2404:~/script$ chmod +x read-from-herestr.sh
gilbut@ubuntu2404:~/script$ ./read-from-herestr.sh
read line: Filesystem        1K-blocks     Used Available Use% Mounted on
read line: tmpfs                400024     1700    398324  1% /run
read line: /dev/sda2         40970464 10336364 28520720  27% /
read line: tmpfs               2000112        0   2000112  0% /dev/shm
read line: tmpfs                  5120        8      5112  1% /run/lock
read line: tmpfs                400020      100    399920  1% /run/user/1000
```

3 here strings에 변수 대신 명령어 치환을 직접 이용하는 방법도 있습니다. read-from-herestr.sh 파일을 다음과 같이 수정합니다.

read-from-herestr.sh

```
#!/bin/bash

while read -r line
do
    echo "read line: $line"
done <<< $(df)
```

4 read-from-herestr.sh 파일을 다시 실행하면 동일한 결과가 출력됩니다.

```
터미널                                                        — □ ×
gilbut@ubuntu2404:~/script$ ./read-from-herestr.sh
read line: Filesystem        1K-blocks      Used Available Use% Mounted on
read line: tmpfs               400024       1700    398324   1% /run
read line: /dev/sda2         40970464   10336364  28520720  27% /
read line: tmpfs              2000112          0   2000112   0% /dev/shm
read line: tmpfs                 5120          8      5112   1% /run/lock
read line: tmpfs               400020        100    399920   1% /run/user/1000
```

5 자주 사용하지는 않지만 here document를 이용하는 방법도 있습니다. read-from-herestr.sh 파일을 다음과 같이 수정합니다.

read-from-herestr.sh

```
#!/bin/bash

while read -r line
do
    echo "read line: $line"
done << EOF
hello world.
this is from here docs.
byebye.
EOF
```

6 read-from-herestr.sh 파일을 실행하면 다음과 같이 출력됩니다.

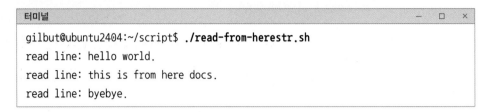

터미널 — □ ×

```
gilbut@ubuntu2404:~/script$ ./read-from-herestr.sh
read line: hello world.
read line: this is from here docs.
read line: byebye.
```

1분 퀴즈

정답 노트 p.553

13. 사용자에게 "input password..."라는 메시지를 보여주고 사용자가 입력한 값을 PW 변수에 저장하려 합니다. 사용자가 입력하는 내용은 화면에 출력되지 않아야 합니다. 이 조건을 만족하도록 다음 빈칸에 알맞은 옵션을 넣으세요.

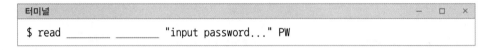

터미널 — □ ×

```
$ read _____ _____ "input password..." PW
```

14. 다음은 ~/.bashrc 파일의 내용을 읽어 한 줄씩 화면에 출력하는 스크립트입니다. 다음 빈칸에 알맞은 표현식을 넣으세요.

```
#!/bin/bash

while _____
do
    echo "read line: $line"
done <<< $(cat ~/.bashrc)
```

536

14.9

tr

tr(translate) 명령어는 표준 입력으로 받은 문자들을 변환, 삭제, 압축하는 커맨드라인 툴입니다. tr은 표준 입력으로 데이터를 입력받아 적절한 처리를 한 후 그 결과를 표준 출력으로 내보냅니다. 그래서 파이프라인과 함께 다른 명령어의 출력을 변환하는 데 자주 사용합니다. Bash 확장을 사용하는 경우도 많지만, tr을 사용하는 경우도 많아 사용법을 알고 있으면 좋습니다.

tr 명령어는 다음과 같이 사용합니다.

> **형식**   tr [옵션] 문자1 [문자2]

문자1 부분에 하나 이상의 문자 또는 문자 집합을 지정합니다. 그러면 해당 문자나 문자 집합을 기준으로 변환, 삭제, 압축 작업을 수행합니다. 자주 사용하는 문자 집합은 다음과 같습니다.

표 14–10 주요 문자 집합

문자 집합	의미
문자1-문자2	문자1부터 문자2까지 연속된 문자열(예: a–z, A–Z)
[:alnum:]	모든 알파벳과 숫자
[:alpha:]	모든 알파벳
[:blank:]	공백, 탭
[:space:]	공백, 탭, 개행 문자도 포함
[:digit:]	모든 숫자
[:lower:]	모든 소문자
[:upper:]	모든 대문자

옵션이 없으면 문자1 부분에 해당하는 문자를 문자2 부분에 해당하는 문자로 변환합니다. 주로 사용하는 옵션은 다음과 같습니다.

표 14-11 tr 명령어의 주요 옵션

옵션	설명
-d	지정한 문자 집합을 삭제합니다.
-s	연속적으로 반복되는 문자를 하나의 문자로 압축합니다.
-c	지정한 문자 집합에 포함되지 않은 모든 문자에 대해 작업을 수행합니다.

14.9.1 실습: 다른 명령의 출력 변환하기

간단한 예제로 사용 방법을 익혀봅시다. 자주 사용하는 형태는 파이프라인으로 다른 명령의 출력을 변환하는 것입니다.

1 소문자(a-z)를 대문자(A-Z)로 변환해 봅시다.

```
터미널                                                          _  □  ×
gilbut@ubuntu2404:~$ echo "Hello World" | tr "a-z" "A-Z"
HELLO WORLD
```

2 -d 옵션을 추가해 대문자(A-Z)를 삭제해 봅시다.

```
터미널                                                          _  □  ×
gilbut@ubuntu2404:~$ echo "Hello World" | tr -d "A-Z"
ello orld
```

3 -s 옵션으로 연속된 공백을 하나로 압축해 봅시다. 특정 문자도 가능하고, 여러 문자나 a-z 형태로 입력해도 됩니다.

```
터미널                                                          _  □  ×
gilbut@ubuntu2404:~$ echo "Helloooooo    World    ~~" | tr -s " "
Helloooooo World ~~
gilbut@ubuntu2404:~$ echo "Helloooooo    World    ~~" | tr -s "o"
Hello    World    ~~
gilbut@ubuntu2404:~$ echo "Helloooooo    World    ~~" | tr -s "lo "
Helo World ~~
```

4 -c 옵션으로 지정한 문자를 tr 명령어의 실행에서 제외합니다. -d 옵션과 함께 사용하면 지정한 문자를 제외한 모든 문자를 표준 입력에서 제거합니다.

```
터미널                                                      —  □  ×
gilbut@ubuntu2404:~$ echo "Helloooooo    World    ~~" | tr -cd "a-z"
elloooooworld
```

이 책에서 소개한 커맨드라인 툴 말고도 수많은 커맨드라인 툴이 존재합니다. 모든 툴을 책에서 다룰 수도 없고, 한 번에 배울 수도 없습니다. 셸에서 무언가를 하고 싶을 때 어떻게 해야 할지 잘 모르겠다면 구글 등 검색 엔진으로 검색해 보거나 ChatGPT 같은 생성형 AI 서비스를 이용해 방법을 찾아보세요. 이때 찾은 답을 그대로 복사해 사용하지는 않아야 합니다. 찾은 답에서 새로운 커맨드라인 툴을 사용했다면 사용법을 알아보고, 잘 모르는 옵션을 사용했다면 옵션이 어떤 의미인지 확인해 보세요. 찾은 답이 어떻게 작동하는지 정확히 이해하려는 노력이 중요합니다. 그래야 다음에 내 힘으로 해낼 수 있습니다.

1분 퀴즈

정답 노트 p.553

15. 다음 명령의 실행 결과로 출력되는 내용을 작성하세요.

```
터미널                                                      —  □  ×
$ echo "Helloooooo    Woooooorld    ~~" | tr -s "o " | tr -d "~" | tr [:lower:]
[:upper:]
```

_____

1. 커맨드라인 툴

명령어 기반 인터페이스에서 사용하는 소프트웨어 프로그램으로, 리눅스를 다룰 때 사용하는 도구입니다.

2. grep

표준 입력 또는 파일에서 특정 패턴이나 문자열을 검색하는 데 사용하는 커맨드라인 툴입니다.

> **형식** grep [옵션] 검색_패턴 [파일]

3. find

다양한 조건에 맞는 파일을 찾는 커맨드라인 툴입니다. 파일 유형, 이름, 크기 등의 조건으로 원하는 파일을 찾아 찾은 파일에 대한 정보를 출력할 수 있고, 찾은 파일에 대해 명령을 수행할 수 있습니다.

> **형식** find [옵션] [경로] [표현식]

4. stat

파일의 상태 정보를 출력하는 명령어로, 파일의 생성 시각이나 마지막 수정 시각 등을 확인하는 경우에 자주 사용합니다.

> **형식** stat [옵션] [파일]

5. wc

파일이나 입력 데이터의 크기를 측정할 수 있는 도구입니다. 파일에 포함된 단어 수와 줄 수까지 확인할 수 있습니다.

형식   wc [옵션] [파일]

6. df와 du

① 파일 시스템의 상태를 확인할 수 있는 도구입니다. df는 파일 시스템별 사용 현황을, du
는 파일이 점유하는 디스크의 사용량을 측정할 수 있습니다.

형식   df [옵션] [파일]
       du [옵션] [파일]

② 두 도구를 사용하면 파일 시스템의 현재 사용량, 파일 시스템을 점유하고 있는 디렉터리
나 파일의 위치를 확인할 수 있습니다.

7. tar

여러 파일을 하나의 파일로 다루기 위해 사용합니다. 특히 여러 압축 도구를 연동할 수 있어
서 여러 파일을 하나의 압축 파일로 만들 때나 압축 파일을 원래의 형태로 풀어놓을 때 사용
합니다.

형식   tar [옵션] [-f 아카이브_파일] [파일]

8. read

표준 입력으로부터 데이터를 읽어 변수에 저장하는 명령어입니다. 사용자의 입력 데이터를
받아 처리하거나 파일에서 데이터를 한 줄씩 읽어 처리할 때 자주 사용합니다.

형식   read [옵션] [변수]

9. tr

표준 입력으로 받은 문자들을 변환하는 도구입니다. 정해진 문자열을 삭제하거나 규칙에 맞
게 변환할 수 있습니다. 중복 문자를 하나로 압축하기도 합니다.

형식   tr [옵션] 문자1 [문자2]

1. 파일 시스템별로 디스크 사용량을 확인하고 싶습니다(①). 또한, 루트 파일 시스템(루트 디렉터리가 마운트돼 있는 파일 시스템)의 남은 용량이 대략 얼마나 되는지 확인하고 싶습니다(②). 이때 적합한 명령을 작성하세요.

2. 사용자 홈 디렉터리는 /home 하위에 존재합니다. 사용자 홈 디렉터리별 사용량을 확인하고, 사용자 홈 디렉터리 전체 사용량을 구하고 싶습니다. 알맞은 명령을 작성하세요.

3. 어떤 사용자의 홈 디렉터리에 homework라는 디렉터리가 있고, homework 디렉터리 안에는 여러 파일이 존재합니다. homework 디렉터리와 하위의 모든 파일을 통째로 압축하려 합니다. 압축 파일의 이름은 homework.tgz로 하고, 압축을 풀었을 때 homework라는 디렉터리가 압축 해제되게 하고 싶습니다. 홈 디렉터리에서 명령을 실행할 때 적합한 명령을 작성하세요.

4. /etc/passwd 파일에 등록된 여러 사용자 중에 로그인 셸이 Bash가 아닌 사용자의 정보를 확인하고 싶습니다. 적합한 명령을 작성하세요.

지금까지 리눅스를 사용할 때 알아야 할 내용을 살펴봤습니다. 크게 나누면 리눅스라는 운영체제를 이해하기 위해 알아야 할 내용과 리눅스를 잘 다루기 위해 알아야 할 내용으로 나눌 수 있습니다.

먼저 리눅스라는 운영체제를 이해하기 위해 운영체제의 주요 구성 요소와 역할에 대해 알아봤습니다. 리눅스의 프로세스 관리, 사용자와 사용자 그룹, 파일의 소유권과 권한에 대해서도 살펴봤고요. 이는 리눅스의 작동 방식을 이해하려면 반드시 알아야 할 내용입니다.

다음으로 리눅스를 다루는 데 필요한 Bash의 사용 방법을 알아봤습니다. 변수, 함수, 조건문, 반복문 등 프로그래밍 요소는 물론 여러 확장과 셸 옵션도 알아봤습니다. 복잡한 셸 스크립트를 작성할 일이 없다 해도 다른 사람이 작성한 셸 스크립트를 분석해야 하는 경우도 많으니 Bash의 다양한 사용 방법에 익숙해져야 합니다.

이 책을 읽은 독자라면 리눅스를 다뤄야 할 이유가 있었을 것입니다. 리눅스를 처음 배우는 학생일 수도 있고, 리눅스 환경에서 소프트웨어를 개발하는 개발자나 리눅스를 관리하는 시스템 운영자일 수도 있습니다. 또한 머신러닝이나 인공지능 프로젝트를 진행하는 시스템이 리눅스에 구축된 경우도 있을 것입니다. 리눅스를 어떤 분야에서 어떻게 다룰지는 저마다 다르겠지만, 현업 또는 미래 업무로 리눅스를 다루게 된다면 이 책에서 살펴본 내용 정도는 잘 알고 있어야 합니다. 이 책의 내용을 기반으로 본인의 업에 맞춰 더 많은 지식을 쌓아나가길 바랍니다. 긴 시간 고생하셨습니다. 감사합니다.

코딩
자율학습

정답 노트

## 3장

1분 퀴즈

1. 셸

2. ②

3. ③

4. ① O ② X ③ O ④ X ⑤ X ⑥ O

4장

1분 퀴즈

1. 파일 시스템

2. ③

3. ②

4. ..

5. ②

6. ①

7. ① -r ② -r ③ -f

8. ① 소프트 링크 ② 아이노드 ③ 덴트리 ④ 하드 링크

9. ④

셀프체크

1. `mv hello /tmp/world`

2. `mkdir -p subjects/math subjects/english`

3. `rm -r subjects 또는 rm -rf subjects`

4. `ln -s /tmp my_soft_tmp`

5장

1분 퀴즈

1. root

2. ②

3. ③

4. ② / 사용자는 1개 이상의 그룹에 속하며 한 사용자가 여러 그룹에 속할 수도 있습니다.

5. ③

셀프체크

① $ sudo addgroup vegies

② $ adduser --ingroup vegies onion

③ $ su onion (또는 su - onion)

④ $ passwd

⑤ $ sudo deluser --remove-home onion

⑥ $ sudo delgroup vegies

6장

1분 퀴즈

1. ① chown ② -r, -recursive

2. ④

3. o-r

4. ①

셀프체크

① $ echo "this is file for shared" > shared

  $ ls -l shared

  -rw-rw-r-- 1 gilbut gilbut 24 May 28 14:17 shared

② $ chmod 600 shared

  $ ls -l shared

  -rw------- 1 gilbut gilbut 24 May 28 14:17 shared

③ $ chmod g+r shared

  $ ls -l shared

  -rw-r----- 1 gilbut gilbut 24 May 28 14:17 shared

④
```
$ echo "echo hooray~" > hooray.sh
$ cat hooray.sh
echo hooray~
$ ls -l hooray.sh
-rw-rw-r-- 1 gilbut gilbut 13 May 28 14:24 hooray.sh
```
⑤
```
$ chmod u+x hooray.sh
-rwxrw-r-- 1 gilbut gilbut 13 May 28 14:24 hooray.sh
$ ./hooray.sh
hooray~
```

7장

1분 퀴즈

1. ① init ② 좀비 ③ 고아

2. ps -ef --forest

3. ① 프로세스 스케줄링 ② 프로세스 스케줄러 ③ 컨텍스트 스위칭 ④ 스레드

4. ① 파일 디스크립터 ② 입력, 출력, 에러

5. ① 입력 ② fg ③ bg ④ &

6. ① IPC ② 부모, 자식 ③ 소켓 ④ 공유 메모리 ⑤ 세마포어

셀프체크

① ping -c 10 8.8.8.8 &

② ping 8.8.8.8 → Ctrl + Z → bg

③ fg

8장

1분 퀴즈

1. ②

2. 코어 덤프

셀프체크

1. kill -INT 12345 / kill -SIGINT 12345 / kill -s SIGINT 12345 / kill -2 12345

2. killall -TERM ping

## 9장

1분 퀴즈

1. ③

2. ① a + b ② $a + $b

3. ④

4. ① -a, -o ② &&, ¦¦

셀프체크

1.

```
#!/bin/bash

KOREAN="76"
ENGLISH="64"
MATH="53"

if [ "${KOREAN}" -lt "${ENGLISH}" -a "${KOREAN}" -lt "${MATH}" ]; then
    echo "Korean is lowest"
elif [ "${ENGLISH}" -lt "${KOREAN}" -a "${ENGLISH}" -lt "${MATH}" ]; then
    echo "English is lowest"
elif [ "${MATH}" -lt "${KOREAN}" -a "${MATH}" -lt "${ENGLISH}" ]; then
    echo "Math is lowest"
fi
```

2.

```
#!/bin/bash

AMERICANO="4"
let "LATTE = 10 - AMERICANO"
let "TOTAL = AMERICANO * 4000 + LATTE * 5000"
echo "$TOTAL"
```

## 10장

1분 퀴즈

1. ① $fruits ② $item

2. 55

3. ③

4. $(print_message "chicken" "beer")

5. ③

6. ②

7. "a" "b" "c" 또는 a b c

8. ("d") 또는 (d)

9. ① ${!asso_array[@]} ② ${asso_array[$key]}

10. ①

11. ① echo '$USER has login user name.'

   ② echo "\$USER has login user name."

   ③ echo \$USER has login user name.

셀프체크

1.

```
function sum()
{
    local n="$1"
    local total="0"
    for ((i = 1; i <= $n; i++))
    do
        let "total += i"
    done
    echo $total
}
```

2.

```
declare -a distance_arr
function add_distance()
{
    local today="$1"
    local total="0"
    distance_arr+=($today)

    for distance in "${distance_arr[@]}"
    do
        let "total += distance"
    done
    echo $total
}
```

11장

1분 퀴즈

1. 2024/{01,02,03,04,05,06,07,08,09,10,11,12}

2. $(date)

3. total = 55

4. ②

5. ${var^^} 또는 ${var@U}

6. ① new value ② 공백

7. ① old value ② old value

8. ①, ④

9. ④

셀프체크

1. echo {1..40..3}

2. ① "$1" ② i = 0; i < n; i++ ③ i % 3 == 0 ④ i % 5 != 0

12장

1분 퀴즈

1. ps -ef > process_list 또는 ps -ef &> process_list

2. >>

3. << END

4. | grep bash |

셀프체크

1. ./test.sh &> result

2. $ cat << EOF > message
   > multi-line message
   > using heredoc
   > EOF

3. | grep lyrics

13장

1분 퀴즈

1. ③

2. ① apt update ② apt list --installed ③ apt install ④ apt autoremove

3. ③

4. .bashrc

5. ① lsal ② ls -al

6. source

셀프체크

1. sudo apt list --installed | grep python

2. sudo apt autoremove hello

3. PATH

4. source ~/.bashrc

14장

1분 퀴즈

1. -i, -c

2. -v

3. .

4. -name

5. -maxdepth

6. ⑤

7. %n:%A, {} \;

8. wc -l

9. -h

10. -h --max-depth=2

11. -czf

12. -xzf

13. -s, -p

14. read -r line

15. HELLO WORLD

셀프체크

1. ① df -h ② df -h /

2. sudo du -h /home --max-depth=1

3. tar -czf homework.tgz homework

4. grep -v "bash" /etc/passwd

INDEX

A

absolute path   113
application software   025
argument   342
arithmetic expansion   396
array   368
associative array   372

B

Bash   074
binary semaphore   256
brace expansion   390

C

Central Processing Unit   029
child process   217
CLI   031
Cloud Service   041
Command Line Interface   031
command substitution   394
context switching   232
context switching overhead   234
counting semaphore   256
CPU   029
critical section   256
Current Working Directory   086
CWD   086

D

daemon   252
dentry   130
device driver   027
directory   108
directory entry   130
disk–based file system   099
double bracket   296
double parenthesis   297
double quote   378

E

environment variable   361
escape character   380

F

file descriptor   239
file system   027, 098
format   099
function   338
function local variable   357

G

global   357
GNU   032
Graphical User Interface   031
GUI   031

H

here documents   452
here strings   454
home directory   110

I

IaaS   041
ICMP   244
indexed array   368
index node   130
Infrastructure as a Service   041
init 프로세스   218
inode   130
inode number   130
Internet Control Message
    Protocol   244
Inter–Process Communication   253
interrupt   030
IPC   253

K~M

kernel   026
kernel space   222
Linux distribution   032
message queue   254
mount   104
multi–tasking   030
multi–threaded process   237
mutex   256

mutual exclusion   256

N

named pipe   253
network–based file system   100
network driver   028
network protocol   028
network stack   028

O

Operating System   024
orphan process   219
OS   024
ownership   180

P

PaaS   041
Package Management
    System   468
parameter   342
parent process   217
PCB   232
permission   184
pipe   253
pipeline   457
Platform as a Service   041
PMS   468
Portable Operating System
    Interface   263
positional parameter   349
POSIX   263
process   216
Process Control Block   232
process exit status   236
process scheduler   030
process scheduling   030
process state   235
prompt   089
pseudo file system   101

Q, R

quoting   377

redirection 442
register 214
relative path 111
return value 342
root 150
root directory 108

S

SaaS 041
scheduling algorithm 030
semaphore 256
shabang 079
shared memory 255
shell script 076
signal 262
signal number 264
single bracket 296
single quote 377
single-threaded process 237
socket 254
soft link 132
Software as a Service 041
standard error 240
standard input 240
standard output 240
standard stream 240
stderr 240
stdin 240
stdout 240
substring expansion 406
swapping 031
symbolic link 132
symlink 132
system bus 215
systemd 477
system software 025

T

terminal 072
thread 237
tilde 110
tilde expansion 392

U~Z

unit file 477
user interface 031

user space 222
variable 284
Virtual machine 040
zombie process 219

ㄱ

가상 머신 040
가상 파일 시스템 101
고아 프로세스 219
공유 메모리 255
권한 184
그래픽 사용자 인터페이스 031
글로벌 변수 357

ㄴ

네트워크 기반 파일 시스템 100
네트워크 드라이버 028
네트워크 스택 028
네트워크 프로토콜 028

ㄷ

더블 브래킷 296
더블 쿼트 378
데몬 252
덴트리 130
디렉터리 108
디렉터리 권한 199
디스크 기반 파일 시스템 099

ㄹ

레지스터 214
루트 디렉터리 108
리눅스 배포판 032
리디렉션 442
리턴 코드 236

ㅁ

마운트 104
매개변수 342
멀티 스레드 프로세스 237
멀티 태스킹 030
메시지 큐 254
명령어 기반 인터페이스 031
명령어 치환 394
명명된 파이프 253
문맥 교환 232
뮤텍스 256

ㅂ

바이너리 세마포어 256
반환값 342
배열 368
백그라운드 242
변수 284
부모 프로세스 217

ㅅ

사용자 150
사용자 그룹 159
사용자 영역 222
사용자 인터페이스 031
산술 확장 396
상대 경로 111
서브스트링 확장 406
세마포어 256
셸 074
셸 스크립트 076
소유권 180
소켓 254
소프트 링크 132
소프트웨어 서비스 041
스레드 237
스와핑 031
스케줄링 알고리즘 030
시그널 262
시그널 번호 264
시스템 버스 215
시스템 사용자 150
시스템 소프트웨어 025
심링크 132
심볼릭 링크 132
싱글 브래킷 296
싱글 스레드 프로세스 237
싱글 쿼트 377

ㅇ

아이노드 130
아이노드 번호 130
연관 배열 372
운영체제 024
위치 매개변수 349
유닛 파일 477
응용 소프트웨어 025

의미 표기법 188
이스케이프 문자 380
이중 괄호 297
인덱스 배열 368
인자 342
인터럽트 030
인프라 서비스 041
일반 사용자 151
임계 영역 256

ㅈ, ㅊ

자식 프로세스 217
장치 드라이버 027
절대 경로 113
좀비 프로세스 219
종료 코드 236
중괄호 확장 390
중앙 처리 장치 029
출력 리디렉션 442

ㅋ, ㅌ

카운팅 세마포어 256
커널 026
커널 영역 222
컨텍스트 스위칭 232
컨텍스트 스위칭 오버헤드 234
쿼팅 377
클라우드 서비스 041
터미널 072
틸데 확장 392

ㅍ

파이프 253
파이프라인 457
파일 디스크립터 239
파일 시스템 027, 098
패키지 관리 시스템 468
패턴 찾아 바꾸기 409
포맷 099
포어그라운드 242
표준 스트림 240
표준 에러 240
표준 입력 240
표준 입출력 240
표준 출력 240
프로세스 216

프로세스 상태 235
프로세스 스케줄러 030
프로세스 스케줄링 030
프로세스 제어 블록 232
프로세스 종료 상태 236
프롬프트 089
플랫폼 서비스 041

ㅎ

하드 링크 138
함수 338
함수 로컬 변수 357
함수 선언 340
함수 호출 340
현재 작업 디렉터리 086, 109
홈 디렉터리 110
환경변수 361

기타

~ 110
8진수 표기법 186

명령어

[295
addgroup 166
adduser 162
apt 470
bg 248
break 330
case 312
cat 090
cd 086
chmod 186
chown 181
continue 330
cp 119
declare 369
delgroup 166
deluser 163
df 517
du 520
exit 090
export 359
expr 288
find 505
for 320

grep 500
if 291
jobs 250
kill 223, 269
killall 223, 273
let 288
ln 132
ls 085
man 083
mv 121
nano 091
passwd 172
ping 244
ps 219
pwd 089
read 530
rm 125
rmdir 117
runuser 153
set 423
shopt 424
sleep 224
stat 134, 511
su 152
sudo 153
systemctl 477
tar 523
tr 537
until 328
wc 515
while 325
whoami 168